DICTIONNAIRE

UNIVERSEL

DE MARINE

L'éditeur de cet ouvrage se réserve le droit de le traduire ou de le faire traduire en toutes langues. Il poursuivra, en vertu des lois, décrets et traités internationaux, toutes contrefaçons ou toutes traductions faites au mépris de ses droits.

Le dépôt légal de ce volume a été fait, et toutes les formalités prescrites par les traités ont été remplies dans les divers États avec lesquels la France a conclu des conventions littéraires.

Typographie de H. Firmin Didot. — Mesnil (Eure).

DICTIONNAIRE
UNIVERSEL
DE MARINE

A L'USAGE

DES MARINS, DES VOYAGEURS ET DES GENS DU MONDE

AVEC LA TRADUCTION DES TERMES DE LA MARINE FRANÇAISE

EN TERMES DE LA MARINE ANGLAISE

PAR M. CH. DE BUSSY

PARIS

LIBRAIRIE DE FIRMIN DIDOT FRÈRES, FILS ET CIE

IMPRIMEURS DE L'INSTITUT, RUE JACOB, 56

1862

PRÉFACE DE L'AUTEUR.

Cet ouvrage a été composé : 1° pour les jeunes gens qui se destinent à la carrière maritime ; 2° pour les voyageurs ; 3° pour les gens du monde qui, par goût, lisent des voyages de mer ou des relations d'opérations maritimes.

Les uns et les autres y trouveront l'explication des termes de *l'art maritime* qui pourraient les embarrasser.

La langue de mer est une langue à part, qui fut composée par les marins pour s'entendre réciproquement dans leurs manœuvres et leurs opérations ; elle est poétique, précise, énergique, et la langue commune lui a fait déjà de nombreux emprunts.

La multiplication des rapports politiques et commerciaux qui lient la France avec la Grande-Bretagne nous a engagé à placer, auprès des termes de la Marine française, les termes correspondants de la Marine anglaise.

Le *Dictionnaire universel de la Marine* forme un volume imprimé avec soin, en caractères neufs, et dans un format commode.

Enfin, par la modicité de son prix, eu égard au texte qu'il contient et à sa confection typographique, ce livre instructif et intéressant est mis à la portée de tous.

DICTIONNAIRE

UNIVERSEL

DE MARINE.

A

A (*To, at, in, on, by, with, for, after, of, etc.*). Préposition qui sert à exprimer des rapports. Les marins l'emploient pour abréger leurs discours et faire connaître avec laconisme et précision leurs idées, leurs manœuvres, leurs avis, leur situation, etc. — La signification de la préposition A est quelquefois semblable à celle des prépositions : *dans, pendant, sur, avec, selon, vers, par, pour,* etc. Exemples : aller *à* bord ; couler *à* fond ; être *à* poste ; lancer *à* l'eau ; mettre *à* fond de cale ; courir *a* bord opposé, ou *à* bord contre, ou *à* contre-bord ; être *à* l'autre bord ; aller *à* terre ; gouverner *à* la lame, *à* barre franche ; être *à* babord, *à* tribord, *à* l'avant, *à* l'arrière, *à* tel air de vent, *à* tant d'encablures ; vaisseau *à* tant de mâts ; bateau *à* tant d'avirons ; rester *à* l'ancre ; canon *à* la serre ; hommes *à* la poupe, *à* la mer ; tirer *à* la cordelle ; voile *à* livarde ; amener *à* mi-mât ; hisser *à* tête de mât ; être *à* quai, etc. — A est aussi adopté pour composer des expressions adverbiales, particulièrement propres à la marine. Telles sont celles-ci : *à*-Dieu-va! *à* l'autre et bon quart ; *à* la bordée ; *à* la risée ; *à* la marée ; *à* marée montante ou descendante ; *à* mer étale ; *à* la mer ; *à* poste ; *à*

fond ; *à* la voile ; *à* l'aviron ; *à* trait et *à* rames ; *à* l'attérage ; *à* vue de terre ; *à* tant de mâts ; *à* bout de bordée ; *à* la bordée ; *à* la bouline ; *à* courir ; *à* toutes voiles ; *à* honneur ; *à* petits bords ; *à* sec ; *à* mâts et *à* cordes ; *à* la flottaison ; *à* la sonde ; *à* la demande ; *à* la mise à l'eau ; *à* l'appel ; *a* petites bordées, etc. — Les différents sens de toutes ces phrases seront développés aux articles principaux dont elles font partie.

ABABOUINÉ, adj. État d'un bâtiment qui, en mer, est surpris par un calme subit (*soothing*, *sudden calm*).

ABAISSEMENT DE L'HORIZON DE LA MER, s. m. (*Dip of the horizon, or Dip of the sea.*) Dépression. Inclinaison de deux lignes tangentes, toutes deux à la surface du globe, et menées de l'œil de deux observateurs, dont l'un est supposé toujours placé au niveau de la mer, et l'autre plus ou moins élevé au-dessus de ce niveau.

ABANDON, s. m. (*Renunciation.*) Délaissement, à des assureurs, à un ennemi, à la fureur des vents ou de la mer. (*Voyez* ABANDONNER.)

ABANDONNER, v. a. (*To desert.*) Quitter, délaisser, abandonner un navire qu'on devait conduire, un poste qu'on devait garder, une place confiée par l'État. — C'est laisser en proie (*to leave off*), lorsqu'on abandonne des bâtiments, ou un convoi, ou une prise, qu'on devait protéger, qu'on devait défendre. C'est discontinuer ou cesser (*to cease*), lorsqu'on abandonne la chasse ou la poursuite d'un ennemi (*to give over the chase, or to leave off chasing*). C'est laisser ou renoncer (*to give up*), lorsqu'on abandonne, soit une ancre que les circonstances ne permettent pas de tirer du fond de la mer, soit un canot, soit d'autres objets qu'on ne peut embarquer, parce qu'on est obligé de les livrer à la merci d'un ennemi ou à la fureur des vents et de la mer.

ABATTAGE EN CARÈNE, s. m. Action d'abattre ou d'incliner un vaisseau latéralement. (*Voyez* ABATTRE.)

ABATTÉE, s. f. (*Casting or falling off.*) Mouvement horizontal de rotation que le vent, les lames, ou un courant, impriment à un vaisseau sur lui-même, lorsqu'il n'est animé d'aucune vitesse progressive. Pendant que cette rotation a lieu, le bâtiment est dit *faire son abattée* (*to cast*), et si ce mouvement est considérable, il fait une grande abattée. Un vaisseau à voiles est-il en APPAREILLAGE? (*voyez* ce mot) s'il présente directement sa proue au vent, il est obligé de *faire une abattée* à droite ou à gauche, pour que le vent puisse frapper dans les voiles déployées et le faire avancer dans l'espace. Est-il en *panne*, et les efforts de ses voiles, qu'on fait contrarier pour le maintenir sans vitesse progressive, ne se balancent-ils pas parfaitement, à l'égard du centre de gravité? alors il obéit alternativement à ces forces opposées et fait les abattées plus ou moins grandes. — De semblables mouvements de rotation dans un vaisseau en marche reçoivent un nom différent, et sont distingués par celui d'arrivées (*lee lurches*) (*voyez* ARRIVÉE). Ainsi, un bâtiment en panne ou en appareillage fait des *abattées*, mais en marche, sous voiles ou mû par la vapeur, il fait des *arrivées*.

ABATTRE, v. n. Se dit d'un vaisseau qui tourne sur lui-même, autour d'un axe vertical, ou qui fait une abattée (*to cast*). — Abattre du mauvais côté (*to cast the wrong way*); laisser abattre (*to let her swing*); abattre après avoir pris vent devant (*to box*).

ABATTRE, v. a. Faire tourner un vaisseau sur lui-même autour d'un axe horizontal; à l'aide de puissances quelconques donner à ce vaisseau une inclinaison latérale (*to heave down a ship*), dans le dessein de faire démerger une partie plus ou moins grande de son volume submergé ou de sa carène, afin qu'elle puisse être visitée et réparée s'il est nécessaire. On abat ainsi un vaisseau pour le caréner (*to careen*); et lorsque l'inclinaison est portée assez loin, pour que la quille même se trouve démergée, alors on dit non-seulement qu'il est abattu, mais qu'il est viré en quille. — On dit aussi *abattre*, pour mettre à bas. Abattre un mât (*to carry away a mast*).

ABORDABLE, adj. (*Accessible.*) Tel est un vaisseau qui, dans un combat, permet un facile ABORDAGE (*voyez* ce mot); telle est encore une côte dont l'approche n'est pas défendue par des écueils, ou sur laquelle on peut débarquer avec facilité. — Dans le cas contraire, on dit inabordable (*inaccessible*).

ABORDAGE, s. m. (*Boarding.*) Jonction ou choc de deux choses. Ce terme reçoit, suivant les circonstances, ces deux sens différents. Un vaisseau qui atteint son ennemi et qui s'accroche à lui pour le combattre est dit aller à l'abordage (*boarding*); si, dans cette position, son équipage s'élance dans le vaisseau attaqué, et s'il s'en empare, il est dit, sauter, prendre, enlever à l'abordage (*to board a ship*). — Deux navires qui se rencontrent et se heurtent font aussi un abordage (*running foul*). Tout marin qui se heurte ou qui est heurté d'une manière quelconque, dit avoir fait ou reçu un abordage. Un canot fait un bel abordage lorsque, dirigé vers la côte ou vers un bâtiment, sa vitesse est modérée graduellement, de manière qu'il les atteint sans les heurter avec violence.

ABORDER, v. a. (*To accost.*) Joindre ou choquer. C'est, dans un sens, aller à l'ABORDAGE (*voyez* ce mot). — Les points par lesquels un bâtiment se joint à un autre pour le combattre servent à désigner les diverses manières d'aborder. Un vaisseau aborde, ou de long en long, ou par la hanche (*to board upon the quarter*), ou par l'avant, ou par l'arrière, ou par le bossoir, ou debout au corps. — Aborder un quai, une terre, un bâtiment, c'est atteindre ces objets, c'est les toucher (*to meet*). — Aborder est aussi synonyme avec choquer (*to fall aboard, or to fall on board.*). Des vaisseaux que les courants, les lames, ou de mauvaises manœuvres portent les uns contre les autres, sont dits s'aborder (*to meet each other, to fall aboard one another, or to run aboard of each other*). L'un aborde, l'autre est abordé, et quelquefois chacun est abordeur (*boarder*) et abordé.

ABORDEUR, s. m. Vaisseau qui fait un ABORDAGE (*voyez* ce mot).

ABOSIR (S'). (*To appease.*) S'apaiser, se calmer.

ABOUT, s. m. (*Butt-end.*) Bout d'une pièce de bois, ou bout de bois. Nom donné à la partie extrême d'une planche ou d'un bordage, ainsi qu'à un morceau de planche qui sert à en allonger un autre.

ABOUTEMENT, s. m. (*Joining.*) Jonction des extrémités de deux pièces de bois mises bout à bout.

ABRAQUER, v. a. Tirer à l'aide des bras. Si un cordage est lâche et qu'on lui donne un commencement de tension pour le ranger dans un meilleur ordre, c'est l'abraquer (*to haul taught a rope*); c'est abraquer le mou , le balant (*to rouse in*). On abraque dans ce sens diverses *manœuvres* d'un vaisseau, telles qu'une *aussière*, un *bras*, une *écoute* , etc. Le commandement d'abraquer, consiste à dire : *Abraque!*

ABRI, s. m. (*Shelter.*) Lieu retiré qui peut servir de retraite à un bâtiment pour se soustraire à la tempête ou à une mer violemment agitée.

ABRIER, v. a., ou **ABRITER**, v. a. Mettre à l'abri. (*To becalm.*) Une voile d'un vaisseau est abritée par une autre, lorsque celle-ci lui intercepte le vent. — Un vaisseau qui passe sous une terre élevée, est souvent abrité du vent (*landlocked, or becalmed by the land*). — Un port, une rade sont d'autant plus convenables qu'ils sont plus abrités ou plus à couvert des vents impétueux et de la grosse mer. — Les lames, par leur élévation, abritent les voiles déployées d'un vaisseau, lorsqu'elles leur dérobent par intervalle l'impulsion du vent régnant. — Les grands bâtiments, dans le même sens, abritent les petits, dans certaines positions.

ABUTTER, v. n., ou **BUTTER**, v. n. Toucher par un bout (*to butt.*) Deux pièces de bois, placées l'une à la suite de l'autre, de manière que leurs extrémités soient en contact immédiat, abuttent ou buttent l'une contre l'autre.

1.

ACCALMIE, s. f., ou **CALMIE**, s. f. (*Calmness.*) Calme momentané, ou relâche passagère dans la violence du vent, ou l'agitation de la mer.

ACCASTILLAGE, s. m. (*Upper-works.*) Toute la partie d'un vaisseau qui est au-dessus des *préceintes*, ou encore toute la partie qui paraît au-dessus de l'eau, lorsque le vaisseau flotte avec toute la charge qu'il peut porter. — L'accastillage comprend essentiellement les gaillards, la dunette, la tangue, les passavants, et par extension toutes les parties apparentes qui reçoivent des ornements de sculpture. Suivant son plus ou moins d'élévation au-dessus de l'eau, l'accastillage est dit élevé ou ras.

ACCASTILLER, v. a. Donner extérieurement à toutes les parties d'un vaisseau qui sont placées au-dessus du niveau de l'eau des formes plus ou moins agréables. — On dit d'un navire dont l'œuvre-morte s'élève beaucoup au-dessus du niveau de l'eau, qu'il est haut accastillé (*deep-waisted*).

ACCON, s. m. (*Flat-boat.*) Nom donné : 1° à des bâtiments dont le fond et les côtés sont autant de faces planes jointes ensemble, et qui servent aux pêcheurs pour glisser sur la vase molle, lorsque le flux a fait retirer la mer; 2° au transport des marchandises sur une belle mer et dans les rades.

ACCORAGE, s. m. (*Propping.*) Action D'ACCORER (*voyez* ce mot). Se dit aussi de l'ouvrage qu'on a fait pour accorer, ou de l'assemblage des moyens employés pour ce même but.

ACCORE, s. f. (*Prop.*) Étai. Pièce de bois placée pour soutenir un objet et l'empêcher de tomber ou de se renverser. — Les bords extérieurs d'un rocher caché sous l'eau, ou d'un banc, ou d'un bas-fond, etc., sont aussi nommés leurs accores (*edges*).

ACCORE ou **ESCARPE**, adj. (*Steep.*) Se dit d'une terre, d'une côte, dont la face extérieure forme un très-grand angle avec l'horizon, en se prolongeant sous la surface de la mer.

ACCORER, v. a. Étayer d'une manière quelconque. Accorer un vaisseau échoué, un bâtiment en construction (*to prop a ship*), c'est l'étayer avec des pièces de bois placées obliquement à l'horizon ou autrement. — Accorer des objets dans l'intérieur d'un navire (*to jam, or wedge*), c'est les caler, afin que leur déplacement ne puisse être produit par l'effet des mouvements que la mer imprime aux corps flottants.

ACCOSTABLE, adj. (*Accessible.*) Accessible, dont l'approche est facile, et qu'on peut ACCOSTER (*voyez* ce mot).

ACCOSTER, v. a. Approcher un objet d'un autre, à une distance plus ou moins petite (*to accost, or come along side*). Un bâtiment accoste un quai, une cale, un autre bâtiment, etc., lorsqu'il se range le long de ces objets sans laisser aucun intervalle qui les sépare. C'est dans ce sens qu'en commandant d'approcher d'un vaisseau, d'un quai, on dit : *Accoste à bord ! accoste le quai !* — Un bâtiment qui accoste la terre est celui qui, naviguant le long de cette terre, s'en approche à une distance aussi petite que sa sûreté peut le permettre. — On ne doit pas accoster de trop près certaines terres trop basses.

ACCOTAR, s. m. (*Plank.*) Nom donné à certains bouts de planches qu'on introduit horizontalement dans les intervalles des couples d'un vaisseau, à la hauteur de l'extrémité des varangues, afin d'arrêter dans leur passage les immondices qui descendent des parties supérieures d'un vaisseau dans ces espaces ; et afin qu'elles ne puissent pas aller produire au fond de la cale de l'engorgement dans les pompes. Chaque accotar est enchâssé à coulisse, entre deux couples voisins, et dans une vaigre placée au-dessous de celle d'empâture.

ACCOTÉ, part. Incliné extraordinairement sur le côté. Un vaisseau qui, sous un effort extrême du vent, se couche latéralement, est dit accoté (*inclining*), position qui devient souvent dangereuse, parce qu'alors un vaisseau est parvenu aux limites de sa stabilité.

ACCROCHER, v. a. *Voyez* CROCHER.

ACCUL, s. m. (*Small bay.*) Petite baie, ou enfoncement peu vaste, mais plus ou moins profond, de la mer, entre les terres.

ACCULÉ, adj. Qui a de l'ACCULEMENT (*voyez* ce mot). Des varangues plus ou moins acculées sont celles dont l'extrémité s'élève plus ou moins au-dessus du plan prolongé de la face supérieure de la quille. De là viennent les expressions : varangues acculées, demi-acculées, très-acculées.

ACCULEMENT, s. m., ou **CULEMENT**, s. m. (*Rising of the floor timbers.*) Distance de chacune des extrémités d'une varangue au plan prolongé de la face supérieure de la quille. — Dans un autre sens (*stern way*), secousse et mouvement de recul qui accompagnent les tangages de certains bâtiments.

ACCULER, v. n. (*To be pooped.*) Avoir des acculements dans les tangages.

ADENT, s. m. (*Tabling.*) Entaille, ou partie saillante, travaillée sur les faces correspondantes de deux ou plusieurs pièces de bois pour assurer leur assemblage et leur liaison, lorsqu'elles sont réunies ensemble. C'est ainsi que ces pièces, se touchant par des faces qui présentent des excavations et des excédents, sous des formes assorties, s'endentent et s'accrochent mutuellement, de manière à ne pouvoir être séparées ou glisser l'une sur l'autre. (*Voyez* CRÉMAILLÈRE.)

ADMINISTRATION DES PORTS, s. f. (*Government of the sea ports.*) Elle consiste à gouverner, diriger et conduire les travaux ou les operations dont on s'occupe dans les ports de mer pour le service de la marine de l'État. Elle embrasse aussi la recette, la dépense ainsi que la comptabilité, soit des matières employées dans ces vastes arsenaux, soit encore des deniers distribués pour le payement des fournitures, des ouvriers, etc. De là est venue la dénomination d'officiers d'administration des ports et arsenaux, parce que les fonctions de ces officiers sont d'administrer, dans les ports de l'État, la police et

les finances, de recevoir, conserver et délivrer toutes les matières qui sont nécessaires pour les travaux des ports ou les approvisionnements des vaisseaux ; de faire les marchés et les ad-
judications de ces matières ou de ces ouvrages ; d'ordonner le
payement des gens de mer et de toutes les personnes employées
dans la marine, etc. Toutes ces fonctions sont remplies sous
l'autorité immédiate des préfets maritimes.

ADONNER, v. n. (*To veer aft ; to become favourable.*) Devenir favorable ; c'est le contraire de refuser. Se dit d'un vent,
d'abord plus ou moins contraire, lorsque sa direction vient à
changer, et permet de l'employer avec plus d'avantage qu'auparavant à faire suivre à un vaisseau une route déterminée. Le
vent adonne d'un quart ou de deux quarts, lorsque sa nouvelle
direction fait avec la précédente un angle de 12° ou 23° environ.
— Le vent adonne aussi à un vaisseau, lorsque celui-ci peut
reprendre une route que les vents régnant précédemment l'a-
vaient forcé d'abandonner.

AFFALER, v. a. (*To shift.*) Aider, faciliter la descente d'un
cordage qui passe sur des poulies. Affaler un objet par un palan
(*to lower any thing by a tackle*), c'est le faire descendre à
l'aide d'un palan. Un homme qui descend le long d'un cordage
est dit s'affaler, et ce dernier sens est donné par extension.

AFFALÉ, part. Un vaisseau est dit être affalé sous une
côte (*to be embayed ; to be upon a lee shore*), lorsque sa position, relativement à la direction de la côte et à celle du vent,
est devenue telle, qu'il ne lui reste le choix d'aucune route qui
puisse, à l'aide du vent, l'éloigner de cette même côte. Quelquefois les courants ou une grande dérive, ou des changements
de vent, le placent dans cette situation si dangereuse par ses
conséquences, et si elle est l'effet d'une certaine négligence dans
la manœuvre ou la conduite d'un vaisseau, on dit alors que ce
vaisseau s'est laissé affaler (*to entangle herself upon a lee shore,
or upon the land*).

AFFINER, v. n. et pr. (*To become fair.*) Devenir plus beau.

Le temps est dit affiné et s'affiner lorsque les nuages se dissipent et que le ciel devient plus clair.

AFFINER, v. a. (*To make finer.*) Rendre plus fin. Se dit du chanvre dans les corderies des ports, lorsqu'on le passe sur des peignes serrés, afin de l'obtenir propre à faire le fil avec lequel les voiles sont cousues et quelques cordages composés.

AFFLEURER, v. a. (*To fay.*) Toute pièce de bois est dite en affleurer une autre, lorsqu'en touchant celle-ci, par quelque face que ce soit, elle n'en dépasse pas les bords. — Ce mot est souvent employé comme synonyme de toucher ou être en contact.

AFFOLÉE ou **FOLLE**, adj. (*Defective.*) Se dit de l'aiguille d'une boussole, lorsque la force magnétique qui agit sur elle étant altérée ou détruite par quelque cause étrangère, ne l'oblige plus, comme auparavant, d'affecter une situation constamment dirigée vers les pôles magnétiques. — Souvent une aiguille aimantée n'est affolée que pour quelques instants; d'autres fois, l'altération de sa force est si grande que l'aiguille ne revient plus d'elle-même à sa direction primitive lorsqu'elle en a été écartée.

AFFOURCHE, s. f. Dénomination distinctive d'une certaine ancre et de son câble à bord d'un vaisseau. On dit l'ancre d'affourche, le câble d'affourche. (*Voyez* ANCRE, CABLE et AFFOURCHER.)

AFFOURCHER, v. a. (*To moor across.*) Un vaisseau est dit affourcher, lorsqu'après avoir mouillé ou laissé tomber une première ancre sur le fond de la mer, il en mouille une seconde. Souvent l'une sert à soutenir le bâtiment contre l'action du flux ou de la marée affluente, et l'autre contre le reflux. Quelquefois aussi les résistances réunies de ces deux ancres, dont les pattes sont engagées dans le fond de la mer, servent à maintenir le vaisseau contre l'effort violent ou d'un vent furieux ou d'une grosse mer; et comme, dans cette réunion, les cables qui tiennent aux ancres forment alors entre eux une espèce de fourche, cet état de

choses ou cette forme a fait donner à cette manière d'opérer, le nom d'affourcher. — L'ancre d'affourche est la plus petite des deux ancres qu'un vaisseau mouille pour être affourché ; son cable est dit cable d'affourche. Lorsque ces deux ancres doivent concourir ensemble à soutenir un vaisseau contre les efforts souvent réunis des lames et d'un vent violent, elles sont situées de manière que la ligne droite qu'on imaginerait menée de l'une à l'autre est toujours perpendiculaire à la direction du vent régnant. Comme ces deux ancres par lesquelles un vaisseau est affourché peuvent toujours être imaginées aux extrémités d'une ligne droite, qui a par conséquent une direction déterminée à l'égard des points principaux de l'horizon, cette direction sert aux marins pour désigner la position actuelle ou nécessaire des ancres d'un vaisseau dans un mouillage particulier. Ils disent, par exemple, qu'un bâtiment est affourché N. E. et S. O., lorsque l'une des ancres mouillées est au N. E. de la seconde. C'est par de telles expressions qu'ils indiquent aux navigateurs comment ils doivent s'affourcher dans des parages qui imposent l'obligation d'user de prévoyance ou de précautions contre les vents, ou les courants, ou la grosse mer habituelle, ou les marées. — *Affourcher avec le vaisseau*, se dit lorsqu'un vaisseau, ayant mouillé une première ancre, s'en éloigne ensuite, à la voile ou au moyen de la vapeur, pour en venir mouiller une seconde dans un lieu convenable. — *Affourcher à la chaloupe*, se dit lorsque c'est la chaloupe qui sert à transporter l'ancre d'affourche. — Un vaisseau est bien ou mal affourché, selon que le lieu des deux ancres mouillées est bien ou mal choisi. — On dit qu'il est affourché en patte d'oie ou en barbe de chat, d'un vaisseau forcé de mouiller trois ancres, pour qu'elles se soutiennent ensemble contre les efforts qui tendent à l'entraîner.

AFFRAICHIR, v. n. *Voyez* FRAICHIR.

AFFRANCHIR ou **FRANCHIR**, v. a. (*To free, or to free a ship.*) Élever du fond d'un navire, à l'aide d'une ou plusieurs pompes, un volume d'eau plus grand que la mer environnante ne peut en introduire par les ouvertures accidentelles

qui se sont faites à la carène. Quand les pompes ne peuvent arriver à ce résultat, on dit qu'elles refusent de franchir, qu'elles ne franchissent plus.

AFFRÉTEMENT ou **NOLISSEMENT** , s. m. (*Freighting ; the chartering of a vessel.*) Louage d'un navire et dont les conditions sont convenues avec le propriétaire, ou pour un voyage, ou pour un temps déterminé. (*Voyez* AFFRÉTER et FRÉTER.)

AFFRÉTER ou **NOLISER**, v. a. (*To freight.*) Prendre un navire à louage. (*Voyez* FRÉTER.)

AFFRÉTEUR, s. m. (*Freighter.*) Celui qui prend ou tient un navire à louage.

AFFÛT, s. m. (*Carriage.*) Espèce de chariot destiné à porter un canon à bord, pour en faciliter le service. Il roule sur quatre petites roues, et il sert, soit à retirer le canon qu'il porte en dedans du vaisseau, soit à le mettre en batterie ou au sabord en faisant sortir sa volée hors du vaisseau. — Un *affût garni* est celui qui est fourni de tous les cordages, poulies et autres choses nécessaires pour l'emploi auquel il est destiné. — Par extension, on donne le nom d'affût aux bases des mortiers et des caronades.

AFFÛTER UN CANON, v. a. Placer un canon sur son affût. (*To mount a gun uponits carriage.*)

AGRÉER, v. a. *Voyez* GRÉER.

AGRENER, v. a. (*To bale the boat.*) Vider l'eau qui se trouve accidentellement dans un canot ou une chaloupe.

AGRÈS, s. m. (*Tackle ; all the rigging of the ship.*) Nom collectif donné à l'assemblage des poulies, cordages, voiles et vergues qui sont nécessaires à un vaisseau pour qu'il soit susceptible d'être mu à l'aide du vent. Les mâts ne sont pas compris sous cette dénomination générale , mais les étais, les hau-

bans et les autres manœuvres dormantes ou courantes n'en sont pas exemptés. (*Voyez* APPARAUX.)

AIDE, s. m. (*Mate.*) Celui qui travaille en sous-ordre concurremment avec une ou plusieurs autres personnes : aide calfat, aide charpentier, etc.

AIGUADE, s. f. (*Watering place.*) Source d'eau douce située sur les bords de la mer, et pouvant facilement fournir aux approvisionnements d'un ou de plusieurs vaisseaux.

AIGUILLE, s. f. (*Needle.*) Terme qui a plusieurs acceptions différentes : 1° C'est le nom d'un petit bateau de pêche. 2° On appelle aiguilles de carène (*out-riggers*) de longues et fortes pièces de bois qui servent à étayer les bas-mâts d'un vaisseau lorsqu'il est abattu en carène. On les appelle aussi aiguilles de mâts. 3° Il y a des aiguilles d'éperon ou de taille-mer (*upper part of the knee of the head*); ce sont deux pièces de bois courbées et placées dans le plan diamétral du vaisseau; elles présentent un appui à la figure emblématique qui est ordinairement placée en avant du vaisseau. Ornées de sculpture, ainsi que la pièce de bois qui remplit l'intervalle qui les sépare, elles servent à l'embellissement de l'éperon, dont elles font partie. 4° Une aiguille aimantée (*magnetical needle*) est un morceau d'acier trempé auquel on a communiqué la vertu magnétique. 5° Les aiguilles employées par les voiliers (*sail needle*) sont cylindriques depuis le chas jusqu'au milieu de leur longueur; l'autre partie est de forme triangulaire. Leurs dimensions sont variées, pour les rendre propres à différents ouvrages; telles sont les aiguilles à grosse ralingue (*boltrope needles*), celles à moyenne et à petite ralingue (*larger sail needle*), celles à œillet (*larger sort of sail needles*), à couture (*common sewing needles*). 6° On appelle aiguilles de fanal (*lantern braces*) des barres de fer faites pour soutenir un fanal élevé.

AIGUILLETAGE, s. m. (*Seizing.*) Faire un aiguilletage

2

c'est lier, attacher, réunir deux objets ensemble par le moyen d'un cordage dit AIGUILLETTE (*voyez* ce mot).

AIGUILLETTE. 1º Cordage qui sert à lier deux objets l'un à l'autre, ou l'un après l'autre, ou l'un au bout de l'autre. On le nomme aussi aiguillette pour amarrage (*knittles or lashings*). 2º Espèce de fouet ou de cordage attaché à la tête d'une bosse (*laniards of the stoppers*). 3º L'aiguillette de porque (*upper futtock riders*) est la dernière allonge ou encore l'allonge la plus haute de certains couples dits porques, qui sont faits pour fortifier intérieurement la carcasse d'un vaisseau. 4º Les aiguillettes de carène (*careening geers*) sont des bouts de corde avec lesquels on attache des caliornes, qui servent à abattre un vaisseau, soit à la tête des mâts, soit au ponton qui fait fonction d'appui pour produire cette inclinaison latérale d'un bâtiment.

AIGUILLETER, v. a. (*To seize; to lash.*) Faire un AIGUIL-LETAGE (*voyez* ce mot). Aiguilleter un palan (*to seize*); aiguilleter une poulie (*to frap or rack a tackle*), un croc de palan (*to mouse a hook*).

AIGUILLOTS, s. pl. m. (*Pintles.*) Gonds dont le gouvernail est garni pour être attaché à l'étambot; ils sont introduits dans les femelots, avec lesquels on les désigne sous le nom général de ferrures du gouvernail *hinges*).

AILE, s. f. (*Wing.*) Assemblage de planches dit aussi *dérive* et *semelle*, et qui sert à diminuer la dérive des petits bâtiments. — Ailes de touret se dit, dans les corderies des ports, de deux planches en croix qui servent à maintenir sur le touret le fil de caret dont on l'enveloppe. — Dans la cale d'un vaisseau, on nomme ailes de l'archipompe (*wings of the hold*) les espaces qui, de chaque côté de l'archipompe, séparent celle-ci de la muraille du vaisseau. — Dans une armée navale, comme dans une armée de terre, on distingue des ailes (*wings of a fleet*).

AIMANT, s. m. (*Loadstone.*) Nom donné, en langage maritime, à une petite barre d'acier poli qu'on a aimantée avant de

quitter le port, pour qu'elle serve, au besoin, à renouveler la
vertu magnétique des aiguilles des boussoles. On nomme aussi
ces aimants *barreaux*.

AIMANTER, v. a. (*To magnetize.*) Communiquer la vertu
magnétique à l'aiguille d'une boussole, en la frottant sur un
aimant généreux.

AIR DE VENT, s. m., **POINT**, s. m. (*Point of compass.*) Nom
donné à tout rayon mené du centre de l'horizon à un point quelconque de sa circonférence. Entre ces rayons, il en est 32 qui sont
distingués par des dénominations particulières. Ceux qui sont dirigés au Nord, au Sud, à l'Est et à l'Ouest, portent les noms de
ces points cardinaux, et en les écrivant, on les désigne par les
lettres initiales N. S. E. O. (*North, South, East, West*). Les
28 autres qui, avec les premiers, partagent l'horizon en 32 parties égales, reçoivent des noms assortis à leur position relativement aux points N., S., E., O. Celui qui tient le milieu entre le
N. et l'E., ou le N. et l'O., ou le S. et l'E., ou le S. et l'O. a un
nom composé de ceux des airs de vent dont il est l'intermédiaire.
On nomme ces airs de vent N. E., ou N. O., ou S. E., ou S. O. : on
prononce nordai, norrouai, suai, surroua (*North-east, North-
west, South-east, South-west*). Les mêmes considérations ont
fait nommer N. N. E., N. N. O., E. N. E., O. S. O., O. S. E., O.
N. O., S. S. E., S. S. O., ceux qui partagent également l'espace
du N. au N. E., du N. au N. O., etc. (*North-North-East;
North-North-West*, etc.), et on prononce nornordai, nornor-
roua, ainordai, ouaisurroua, aisuai, ouanorroua, susuai, susur-
roua ; enfin les airs de vent placés à égale distance du N. N. E. et
du N., du N. N. E. et du N. E., etc., reçoivent les noms de N. 1/4
N. E. (*North by east*); N. E. 1/4 N. (*North-east by north*), etc.,
et on prononce norquart nordai, nordai quart de nord, etc. Cette
dénomination vient de ce qu'ils correspondent au quart de la
distance qui sépare le N. et le N. E., le N. E. et le N., etc. Lorsque la direction de la route d'un vaisseau, ou des lignes menées
d'un observateur à des objets relevés, n'est parallèle à aucun des
airs de vent, on la désigne par le plus voisin et par le nombre

des degrés de l'angle qu'elle forme avec ce même air de vent. — Un vaisseau qui s'avance sur un de ces airs de vent est dit faire tel air de vent, courir à tel air de vent (*to sail on* N *course*). La position d'un objet est indiquée par les marins, en disant que cet objet est vu à tel air de vent, sur tel air de vent, ou qu'il est à tel air de vent.

AIRE, s. f. (*Way of a ship.*) Vitesse d'un vaisseau. — Avoir de l'aire, c'est avoir de la vitesse (*to have fresh way through the water*). — Un vaisseau doit prendre de l'aire (*to be under way*) aussitôt que le vent frappe dans ses voiles ou que sa machine est en mouvement. — Pour gouverner facilement, il faut qu'il ait de l'aire (*steerage way*). — On doit donner de l'aire à un bâtiment (*to give the ship way*) en faisant frapper le vent dans ses voiles ou tourner ses roues ; et on amortit son aire en diminuant l'action des puissances motrices.

AJUST, s. m. (*Hitch.*) Nœud formé pour réunir et lier ensemble, ou les extrémités de deux cordages, ou les deux parties d'un cordage rompu.

AJUSTER, v. a. (*To adjust.*) Faire un AJUST (*voyez* ce mot). Ajuster un jas, c'est en garnir la verge d'une ancre, c'est-à-dire établir de chaque côté, sur l'extrémité de la verge d'une ancre et perpendiculairement au plan de sa croisée, deux pièces de bois égales.

ALARGUER, v. n. (*To fall of.*) S'éloigner d'une côte, d'un écueil, ou se mettre au large de tout objet dont on craint l'approche.

ALESTER ou **ALESTIR**, v. a. : 1° ALLÉGER (*voyez* ce mot); 2° faire les préparatifs nécessaires pour parvenir au but d'une opération.

ALIGNER ou **LIGNER**, v. a. (*To lay out by line.*) Diriger sur une ligne donnée. Aligner en tonture les sabords d'une batterie, les préceintes et les banquières, c'est les distribuer, quand on construit un vaisseau, suivant la courbure longitudinale du pont.

ALIZÉ, adj. Nom de certains vents qui, dans l'étendue de la zone torride, soufflent presque constamment, pendant toute l'année, de la partie de l'est vers l'ouest. On les nomme aussi vents de commerce (*trade winds*).

ALLÉE ET RETOUR. *Voyez* RETOUR.

ALLÉGE, s. f. (*Craft or lighter*.) Petit bâtiment qui sert à en alléger un autre lorsque les circonstances obligent de diminuer son tirant d'eau, ou encore à recevoir et à porter momentanément une partie de la charge des vaisseaux en armement ou en désarmement. (*Voyez* CHALAN.)

ALLÉGER UN BATIMENT, v. a. (*To lighten a ship.*) Diminuer sa charge. — Alléger un câble, un grelin, etc. (*to buoy up a cable*), c'est faire soutenir une partie de leur poids par des puissances convenables qui sont appliquées en divers points de leur longueur.

ALLONGE, s. f. (*Timber.*) Nom donné à des pièces de bois (*futtock timbers*) placées à la suite des varangues et des genoux pour former les deux branches de chaque coupe d'un vaisseau et leur donner une longueur convenable. Les allonges sont distinguées, d'après leur rang, par les noms de 1re allonge, 2e, 3^r, 4e, 5e, et allonge de revers (*top timber*). — La pièce établie à l'extrémité des estains est nommée allonge de cornière (*top timber of fashion-pieces*). — Les pièces placées verticalement à la suite l'une de l'autre pour former la hauteur du corps d'un vaisseau, dans sa partie extrême et antérieure, sont dites allonges d'écubier (*hawse pieces*). Celles de ces allonges qui sont accolées à l'étrave sur chacune de ses faces latérales, reçoivent le nom d'apôtres (*knight-heads or bollard timbers*). — Les pièces qui, à l'arrière d'un vaisseau et dans sa poupe, s'élèvent du second pont pour servir de prolongement aux montants de voûte jusqu'au couronnement, prennent le nom d'allonges de tableau ou de poupe (*taffarel timbers*). — On donne encore le nom d'allonges à plusieurs pièces de bois qui entrent dans la composition des marsouins de la courbe de ca-

pucine, des jumelles et des pièces de mât pour servir à leur donner une longueur convenable.

ALLONGER, v. a. (*To stretch.*) Allonger un cordage, c'est le développer ou l'étendre suivant sa longueur. — Allonger un câble (*to haul up a range of the cable on deck*), c'est étendre sur le pont d'un vaisseau une partie de la longueur totale de ce câble, afin qu'entraîné par l'ancre à laquelle son extrémité est attachée, il puisse la suivre sans obstacle jusqu'au fond de l'eau, au moment où elle est mouillée. On allonge ainsi des drisses, des écoutes et d'autres manœuvres, afin qu'elles puissent, au besoin, être employées sans embarras. — Allonger un vaisseau, c'est augmenter sa longueur en le coupant transversalement au milieu, et en introduisant une nouvelle tranche moyenne entre ses parties extrêmes, avec lesquelles on la réunit sur une quille commune. — Allonger une ligne ou la ligne, sur laquelle une armée navale est rangée, c'est ajouter à sa longueur en augmentant la distance réciproque des vaisseaux qui la composent.

ALLURE, s. f. (*Trim.*) Manière de se comporter à la mer. Une belle allure est une vitesse convenable sans mouvements durs, brusques ou précipités. Un vaisseau n'a pas de belles allures lorsque la mer agitée lui communique des tangages et des roulis qui altèrent les liaisons de toutes ses parties et qui fatiguent ses mâts.

ALUMELLES, s. f. (*Blades; Backs of bar.*) Plaques de fer dont on tapisse les deux faces verticales des trous quadrangulaires qui sont pratiqués dans la tête d'un gouvernail, ou d'un cabestan, ou d'un guindeau, afin que les barres qui servent à mouvoir ces machines, et dont les extrémités sont introduites dans ces trous, puissent trouver dans ces alumelles un appui moins susceptible que le bois, de changer de forme et de résistance.

AMAIGRIR, v. a. (*To lessen.*) Rendre moins épais. Amai-

grir une pièce de bois, c'est la travailler pour diminuer son épaisseur.

AMARINER, v. a. Terme employé dans deux sens très-différents. 1º Amariner un vaisseau, une prise *(to man a prise)*, c'est en prendre possession lorsqu'il a été forcé de se rendre. 2º Amariner un homme, un équipage, c'est l'habituer à la mer *(to accustom)*. Il est amariné *(accustomed)* lorsque son état physique est affermi contre ces malaises qu'éprouvent ordinairement ceux qui ne sont pas dans l'usage d'aller sur mer, lorsqu'il s'est accoutumé à marcher d'un pied sûr, malgré les roulis et les tangages, à monter dans tous les temps au haut des mâts, au bout des vergues, etc.

AMARQUE, s. f. Nom donné aux tonneaux qu'on tient flottants au-dessus d'un danger, qui marque les écueils et guide les vaisseaux ; ils diffèrent des balises en ce que ces dernières sont des bois élevés verticalement ou sur le rivage, vis-à-vis d'un banc, d'un rocher, ou sur les écueils mêmes qu'ils doivent indiquer.

AMARRAGE, s. m. *(Seizing ; mooring ; lashing.)* Ligature ou réunion étroite de deux objets, par le moyen d'un cordage. — Faire un amarrage *(to seize)*, c'est, à l'aide d'une corde, envelopper de plusieurs tours et serrer étroitement l'un contre l'autre deux cordages parallèles. — L'amarrage d'une poulie est la ligature de deux branches de son estrope ou du cordage qui lui sert de ceinture. — Des amarrages divers arrêtent sur lui-même le bout du câble qui passe dans l'arganeau d'une ancre et l'empêchent de sortir de cet anneau. — Trois amarrages, dont l'un est en étrive et les autres à plat, lient sur lui-même le bout de hauban qui entoure un cap de mouton. — Les lignes d'amarrage *(lines for seizing)* sont de petits cordages qui servent à faire ces ligatures. — Par extension, on dit l'amarrage d'un vaisseau, pour exprimer l'action de s'amarrer dans un port, opération qui a lieu au moyen de gros cordages appelés câbles d'amarrage.

AMARRE, s. f. (*Fast.*) Cordages ou chaînes employés à maintenir un objet dans un même lieu, ou à varier ses positions. On appelle vaisseau sur quatre amarres celui qui est arrêté sur un point de la mer par quatre gros cordages, dont deux (*head-fast*) le retiennent par l'avant, tandis que les deux autres (*stern-fast*) s'opposent au déplacement de sa poupe. Ainsi le vaisseau est sur ses amarres (*to be moored*) lorsqu'il est enchaîné dans un mouillage par les grelins, les câbles, les chaînes, à l'aide des ancres ou d'autres points d'appui. — Les amarres de port (*moorings*) sont celles qui servent à retenir les vaisseaux dans les ports. — Des cordages dits amarres servent aussi à mouvoir un vaisseau dans un port, ou à le faire changer de place; on distingue les amarres de bout (*head-fast*) ou de poupe (*stern-fast*), qui, placées à l'avant ou à l'arrière d'un vaisseau, tendent à le mouvoir dans sa longueur; les amarres de travers (*breast-fast*), qui sont dirigées perpendiculairement à cette même longueur; les amarres de retenue, ainsi nommées à cause de leur usage. — Les câblots ou petis câbles, et les aussières, servent d'amarres aux canots et aux chaloupes.

AMARRER, v. a. (*To hitch; to belay.*) 1° Attacher, lier une chose à une autre. 2° Faire un AMARRAGE (*voyez* ce mot). 3° Arrêter, maintenir une manœuvre ou un cordage dans l'état de tension qu'on lui a donné ou qu'il a reçu. On y parvient en lui faisant faire plusieurs tours sur un taquet. Amarrer bonne-main un cordage (*to hitch firmly*), c'est l'attacher en lui conservant toute sa tension, et par conséquent en le tenant ferme avec la main sans le lâcher, pendant qu'on est occupé à le fixer. — Amarrer un palan (*to rack*), c'est en faire l'amarrage.— Amarrer un vaisseau (*to moor*), c'est l'arrêter fortement dans un lieu, par des cordages qu'on nomme alors ses amarres. Ainsi un vaisseau au mouillage, et affourché, est dit être amarré; de même lorsque des cordages le retiennent attaché à un quai, à un ponton, ou à un autre bâtiment. — Le commandement d'amarrer une manœuvre se fait par le seul mot : Amarre! (*Hitch! or Belay!*) — Dans un vaisseau, les canons et tous les

objets mobiles sont amarrés, afin que les tangages et les roulis ne puissent les déplacer.

AMATELOTTER, v. a. (*To mess together.*) Accoupler des matelots. Associer deux à deux les hommes qui composent l'équipage d'un vaisseau.

AMENER, v. a. (*To lower.*) Abaisser, faire descendre les vergues, les voiles hautes d'un vaisseau (*to lower sails; to strike sails*). Les voiles basses sont seulement carguées, sans qu'on amène leurs vergues. Amener en paquet (*to lower cheerly*) ou en pagale (*hastily*), c'est laisser les vergues et les voiles descendre en les abandonnant entièrement et tout d'un coup à l'action de leur seul pesanteur; modérer leur descente, c'est amener en douceur (*to lower handsomely*). — Amener une voile à mi-mât, c'est abaisser sa vergue jusqu'à la moitié de la hauteur de son mât particulier; baisser sa vergue jusqu'à ce qu'elle repose sur la tête du mât inférieur, c'est amener cette voile sur le ton (*to lower on the cap*). — Amener tout bas (*voyez* SERRER). — Amener un mât de hune, un mât de perroquet, c'est l'abaisser. On amène ainsi les voiles d'étai, les focs, une flamme, un pavillon (*to strike an enseign; to haul down a signal*). — Le vaisseau qui se reconnaît vaincu amène le pavillon sous lequel il a combattu; on dit qu'il a amené, qu'il a été forcé d'amener, c'est-à-dire de se rendre (*to surrender one's self*), que tel bâtiment l'a fait amener, qu'il a amené à tel bâtiment. — En attaquant un vaisseau ennemi sur lequel on a une supériorité décidée, on lui crie: Amène! (*Amain!*) c'est-à-dire: Amène, baisse ton pavillon, rends-toi!

AMENER, v. a. (*To bring.*) Mot qui exprime un rapport de position entre un vaisseau et des objets extérieurs. — Lorsqu'un vaisseau qui s'avance dans l'espace parvient à relever un autre bâtiment (*voyez* RELEVER) ou un objet quelconque sur une certaine direction, il est dit l'amener à tel air de vent. — Il amène un objet par son travers, lorsqu'il parvient à l'apercevoir sur une ligne perpendiculaire à sa longueur ou à celle de sa quille.

— Les instructions publiées ou données à tout vaisseau pour indiquer l'entrée d'une baie, d'un havre, le lieu d'un mouillage, une route à suivre pour éviter des dangers, etc., présentent souvent pour direction, qu'il faut amener l'un par l'autre deux objets désignés ; et cela veut dire qu'un vaisseau doit se placer de manière que ces deux objets extérieurs paraissent, du vaisseau, être rangés sur une même ligne (*to bring two marks in one*).

AMERS, s. m. (*Land-marks.*) Objets très-apparents, visibles à de grandes distances, choisis parmi ceux que présente une côte, et désignés particulièrement pour servir à diriger les vaisseaux qui viennent de la mer, et à leur faire reconnaître un port, un mouillage, une route sûre ou des dangers cachés sous l'eau. — Des instructions particulières annoncent aux navigateurs les airs de vent ou les directions sur lesquelles ils doivent relever ces objets.

AMI, s. m. (*Friend.*) Titre général par lequel, en temps de guerre, on distingue les bâtiments qui appartiennent à des nations alliées ou amies ; un vaisseau ami (*ship in amity*) se fait reconnaître tel par des signaux de convention. — Les autres sont nécessairement ennemis (*enemy*) ou neutres (*neuters.*)

AMIRAL, s. m. (*Admiral.*) Grade maritime qui correspond à celui de maréchal de France. L'amiral commande le corps central des forces maritimes, d'après les lois de la tactique navale. Il place l'avant-garde sous les ordres d'un vice-amiral (*vice-admiral*), qui prend rang entre les maréchaux et les lieutenants généraux, et l'arrière-garde sous ceux d'un contre-amiral (*rear-admiral*), dont le grade est intermédiaire à ceux de capitaine de vaisseau et de vice-amiral. — Le bâtiment que monte un amiral s'appelle le vaisseau amiral ; il porte un pavillon national déployé au grand mât. — On nomme aussi amiral un bâtiment sur lequel, dans chaque port de guerre, flotte le pavillon de commandement ; il sert de corps de garde central. C'est ordinairement une vieille frégate.

AMIRAUTÉ, s. f. (*Admiralty.*) Nom donné autrefois, en

France, à une juridiction maritime spéciale ; aujourd'hui à un conseil dont les membres sont choisis parmi les officiers généraux de la marine et les corps du génie et de l'administration maritimes. — En Angleterre, aux États-Unis, en Hollande et en Danemark l'amirauté est l'administration supérieure de la marine.

AMOLETTE, s. f. Nom donné à des trous quadrangulaires qui sont percés dans la tête d'un cabestan, d'un gouvernail, ou d'un guindeau, pour recevoir une extrémité de chaque barre employée à faire tourner ces machines.

AMONT, s. m. (*Up the river.*) Le vent d'amont (*easterly wind*) est celui qui semble venir directement des côtes vers la mer. Le vent d'aval (*westerly wind*) lui est directement opposé : il souffle de la mer sur les côtes. Un vent d'ouest peut être en même temps vent d'aval pour un rivage et vent d'amont pour un autre.

AMORTIR, v. a. (*To put off.*) Retarder le mouvement. On amortit l'aire d'un bâtiment en diminuant sa vitesse par des degrés plus ou moins grands, jusqu'à ce qu'elle devienne nulle.

AMORTIR, v. n. (*To be neaped or sewed.*) Cesser de flotter. Un vaisseau amortit dans un port ou sur le fond de la mer lorsque l'eau n'est plus en assez grande quantité pour le tenir flottant ; alors sa carène repose sur le fond même.

AMORTISSEMENT, s. m. (*Aground.*) État d'un vaisseau qui reste échoué, ou qui a cessé de flotter par la seule retraite de la mer.

AMPLITUDE MAGNÉTIQUE, s. f. (*Amplitude.*) Arc de l'horizon compris entre le point d'Est ou d'Ouest marqué sur la boussole, et celui du lever ou du coucher apparent d'un astre. — Ces points E et O sont relatifs à la direction de l'aiguille aimantée et sont par conséquent éloignés des vrais points E et O du globe de toute la variation ou de toute la déclinaison locale de l'aimant. (*Voyez* OCCASE.)

AMPOULETTE, s. f. (*Watch-glass.*) Petite fiole de verre de forme conique. Deux ampoulettes, jointes par leur sommet, qui est ouvert pour leur communication réciproque, composent un sablier (*hour-glass*) ou une de ces horloges qui sont en usage à la mer pour les besoins journaliers. Du sable très-fin coule d'une ampoulette dans l'autre ; et la durée de l'écoulement total ayant été déterminée d'avance, donne la mesure d'un certain intervalle de temps. — Dans les vaisseaux il y a des sabliers de différentes grandeurs pour mesurer des heures, des demi-heures, des quart-d'heures et même jusqu'à des demi-minutes et des quarts de minutes. On les distingue par les noms de sabliers d'une heure, de demi-heure, de demi-minute, etc. (*watch glass, hour glass, half minute glass*).

AMURE, s. f. (*Tack of the sail.*) Cordage attaché au coin inférieur d'une voile, qu'il est employé à étendre du côté d'où vient le vent. Elle est fixée à chaque coin inférieur des basses voiles, et lorsque la direction du vent s'éloigne de celle de la route proposée, on en fait usage pour porter le coin de chacune des voiles déployées, c'est-à-dire celui qui se trouve du côté du vent, en avant du mât auquel chaque voile appartient. — Amure de misaine (*fore-tack*) ; grande amure ou amure de grand voile (*main-tack.*) — Un vaisseau court les amures à tribord ou à babord, tribord ou babord amures (*to lead on the starboard or larboard tack*), lorsque le point du vent des basses voiles est porté en avant des bas-mâts, par le moyen de leur amure, du côté du vent, à tribord ou à babord. — Un vaisseau change d'amures, ou change ses amures, ou prend les amures sur l'autre bord (*to change from one tack to another*), lorsqu'après avoir couru les amures à tribord par exemple, on le fait tourner sur lui-même pour qu'il présente au vent le côté de babord qui auparavant était sous le vent ou à l'abri du vent, et pour que les amures de babord soient employées comme l'étaient celles de tribord. — Le premier degré d'obliquité que les amures servent à donner aux voiles, à l'égard de la quille, est exprimé, en disant qu'un vaisseau a les amures sur bord (*to have the*

tacks on board). — Dans les grands bâtiments, l'amure des basses voiles est ordinairement double, afin qu'à l'aide des poulies, on puisse plus aisément orienter ces voiles. — La fausse amure est l'amure simple qui accompagne quelquefois l'amure ordinaire, qu'elle est destinée à suppléer au besoin. — Les voiles d'étai, d'artimon, les focs et les bonnettes ont aussi une amure (*tack of a stay sail; tack of a mizen sail; tack of a studding sail*). — L'amure de quelques bonnettes basses étant à plusieurs branches porte le nom d'amure en patte d'oie.

AMURER, v. a. (*To bring aboard; to haul aboard the tack of a sail; to get on board.*) Fixer du côté du vent et sur le bord d'un vaisseau, en avant du mât qui porte une basse voile, le point ou coin inférieur d'une telle voile. — Amurer la grand-voile (*to board a main tack*); amurer sur tribord ou sur babord (*to be upon the starboard or larboard tack*) exprime aussi le flanc du vaisseau qui est exposé au vent. — Le commandement d'amurer se fait par le seul mot : *Amure!* Si l'on veut désigner la misaine, on dit : Amure la misaine! ou Amure misaine! (*Aboard fore-tack !*)

ANCETTES, s. f. Nom donné aux pattes de bouline (*voyez* PATTE).

ANCRAGE, s. m. (*Anchorage.*) 1° MOUILLAGE (*voyez* ce mot); 2° le droit d'ancrage (*keelage or duty of anchorage*) est le prix d'une permission de jeter l'ancre, de mouiller dans les ports ou havres.

ANCRE, s. f. (*Anchor.*) Machine de fer composée d'une verge, au bout de laquelle sont soudées deux branches fortes et recourbées, terminées par des pattes larges, minces et pointues. On la jette sur le fond de la mer pour servir à maintenir un vaisseau dans une situation convenue et choisie, par le moyen d'un gros cordage nommé câble, qui tient par une extrémité à l'anneau de l'ancre, et par l'autre au corps du vaisseau. Ses diverses parties s'appellent *arganeau, verge, bras, pattes, pointe, bec, collet* et *oreilles* (*voyez* ces mots). Près de l'arganeau

3

l'ancre est garnie de deux pièces de bois assemblées sur l'extrémité de la verge, et dont la longueur est perpendiculaire au plan de la verge et des bras. Cet assemblage, nommé jas, a pour effet de forcer l'ancre, après sa chute, de présenter une patte au fond de la mer afin qu'elle le morde promptement et s'y tienne fixée. On distingue la grande ancre (*sheet anchor*) ou ancre de miséricorde; les ancres de bossoir ou de poste (*bowers, or bow anchor*); l'ancre de veille (*anchor that is a cock-bill*); les ancres à jet et de touée (*kedges*); la seconde ancre (*best bower anchor*); l'ancre de jusan ou de flot (*flood anchor; ebb anchor*); l'ancre d'affourche (*small bower anchor*); l'ancre de terre ou du large (*shore anchor; sea anchor*); l'ancre d'empenelle (*small anchor kedge*); les ancres borgnes qui n'ont qu'une seule patte. — On appelle ancre au bossoir (*anchor at the cat-head*) celle qui est suspendue au bossoir; ancre à pic (*a-peek*) celle dont le cable a une direction verticale; ancre qui laisse ou qui quitte le fond (*anchor that is a-trip*) celle qui cesse de mordre le fond; ancre qui tient bon (*anchor that holds well*) celle dont la patte est solidement engagée dans le fond de la mer; ancre qui chasse (*that comes home, that loosens from its hold*) celle dont la patte laboure le fond lorsqu'une force supérieure entraîne le vaisseau qu'elle doit arrêter; ancre qui tourne sur sa verge (*gimbleting anchor*). On dit être à l'ancre (*to ride at anchor*), et aussi être sur deux ou trois ancres, selon les cas.

ANCRER, v. a. *Voyez* MOUILLER.

ANDAILLOT, s. m. *Voyez* BAGUE.

ANÉMOMÈTRE, s. m. (*Anemometer.*) Machine qui sert à mesurer la force du vent.

ANGE, s. m. (*Angel-shot, bar-shot.*) Machine qu'on lance, à l'aide du canon, au travers du gréement des vaisseaux ennemis. Un ange représente un boulet partagé en quatre parties égales, dont chacune tient à l'extrémité d'une lame de fer; ces lames,

réunies par l'autre extrémité, passent dans un anneau qui leur permet de faire l'éventail.

ANGUILLERS, s. m. (*Limber-holes.*) 1° Cannelures pratiquées sur la face extérieure de chaque couple d'un vaisseau à peu de distance de la quille : leur suite forme un canal qui règne depuis l'avant jusqu'à l'arrière , et les planches ou bordages dont on le recouvre extérieurement le rendent propre à conduire au pied des pompes les eaux qui se répandent à l'arrière ainsi qu'à l'avant d'un vaisseau. — 2° Cannelure que portent les clefs qui sont placées entre les varangues ; elle facilite ou la descente de l'eau des parties hautes du navire, ou leur passage du côté de bâbord à celui de tribord et réciproquement.

ANGUILLES, s. f. *Voyez* COITTES.

ANNEAU, s. m. (*Ring.*) Cercle en fer (*iron cringle*), en bois (*hank*) ou en cordes (*grummet*). Ces sortes d'anneaux sont employés pour ceindre certaines parties d'une vergue, la masse des maillets de calfat, etc. — Les anneaux à fiches ou chevilles à bouche sont des chevilles dont la tête est percée d'un trou dans lequel passe un anneau ou une boucle de fer.

ANNULEMENT, s. m. Signal d'annulement, ou signal pour annoncer qu'on ne doit pas exécuter un ordre qui vient d'être donné.

ANNULER, v. a. (*To annul.*) Rendre nul. Le général d'une armée navale ayant signalé un ordre quelconque, par des flammes ou des pavillons, et jugeant ensuite devoir en empêcher l'exécution, fait un nouveau signal pour annuler le premier ou le rendre sans effet.

ANORDIE, s. f. Coup de vent dirigé de la partie du nord, et dont le règne est de longue durée.

ANORDIR, v. n. S'approcher du nord. On le dit du vent, lorsque son cours change, et qu'il paraît s'avancer, plus directement qu'auparavant, des parties boréales du globe.

ANSE, s. f. (*Cove or bight.*) Petit enfoncement de mer entre des terres ; les navires y trouvent un abri moins sûr que dans un port, mais meilleur que dans les golfes.

ANSPECT, s. f. (*Handspike.*) Levier, barre courte de bois d'orme ou de frêne, dont on se sert pour remuer des objets d'un grand poids, tels que canons, ancres, mâts.

ANTENNE, s. f. (*Lateen-yards.*) Nom donné 1° à des vergues ou de longues pièces de bois auxquelles sont attachées, par un de leur côté, les voiles triangulaires des chebeks, galères, etc., et dont les bras s'appellent ostes ; 2° aux fortes traverses en bois qui, dans l'établissement d'une machine à mater les navires, réunissent les bigues avec le mât du ponton ou de la machine ; 3° à l'assemblage de plusieurs rangs de barriques couchées les unes au-dessus des autres dans la cale.

ANTENOLLE, s. f. Petite antenne.

ANTOIT, s. m. Barre de fer courte, dont une extrémité est pointue, et dont l'autre bout est coudé à angles droits. Les charpentiers de marine s'en servent pour fixer dans les couples les bordages dont on les recouvre. — Mettre une pièce sur les antoits, c'est la présenter à la place où elle doit être établie.

APIQUER, v. a. (*To top; tô peek up.*) Rendre vertical, ou donner une direction approchée de la verticale. Apiquer une vergue (*to peek up a yard; to top a sail yard*), c'est l'éloigner de sa position horizontale, en la relevant par une de ses extrémités. — Apiquer la civadière à tribord (*to top the sprit sail to starboard*), c'est changer sa position de manière qu'en tirant sur son extrémité, elle vienne se ranger à peu près le long du beaupré. — On dit, du câble qui tient à un vaisseau et à une ancre qui repose sur le fond de la mer, qu'il apique ou qu'il commence à apiquer, lorsque sa direction est verticale ou lorsqu'il s'approche de cette direction. Alors l'étrave du vaisseau se trouve placée presque verticalement au-dessus de son ancre mouillée. Dans ce sens apiquer est v. n.

APOTRES, s. m. (*Knight-heads* ou *Bollard-timbers*.) Nom de deux pièces de bois qui, dans un vaisseau, sont immédiatement appliquées sur les deux faces latérales de l'étrave.

APOTUREAUX, s. m. pl. (*Kevel-heads*.) C'est le bout supérieur, ou la tête de quelques allonges d'écubiers auxquelles on donne plus de longueur afin qu'elles les prolongent au-dessus des gaillards, et puissent servir de point d'appui à plusieurs manœuvres qu'on a coutume d'y amarrer.

APPARAUX (AGRÈS ET), s. m. pl. (*Tackle and apparel.*) Nom collectif qui exprime l'assemblage de tous les objets nécessaires à l'équipement d'un vaisseau, soit pour sa mâture, sa voilure et son gréement, soit aussi pour son artillerie.

APPAREIL, s. m. (*Purchase.*) Nom donné à l'assemblage des moyens employés pour exécuter une opération mécanique quelconque, relative, soit aux travaux variés des ports, soit au service des vaisseaux. — On distingue les appareils de port, les appareils de carène, etc. On fait un appareil (*to raise a purchase*) pour lancer un vaisseau à la mer, ou pour le mâter, ou pour le démâter, ou pour le virer en carène, ou pour le remonter sur un chantier, ou pour le relever du fond de la mer, etc. — L'appareil de la heuse, c'est le morceau de feutre ou de cuir qui entoure la heuse ou le piston d'une pompe et lui sert à mieux remplir la place qu'elle doit y occuper.

APPAREILLAGE, s. m. État d'un vaisseau qui vient de lever ses ancres et qui manœuvre pour commencer une route déterminée. Faire son appareillage (*to get a ship under sail*), c'est faire ses préparatifs pour partir d'un mouillage; et si c'est sans succès dans l'exécution, c'est manquer son appareillage.

APPAREILLER, v. n. Préparer, disposer les voiles d'un vaisseau pour qu'il s'éloigne du lieu où il cesse d'être mouillé (*to set sail*). — Un vaisseau a appareillé ou est appareillé, lorsque le vent frappe dans ses voiles (*under sail*), ou lorsque sa machine et ses roues sont en mouvement. C'est dans ce sens

3.

qu'on dit d'une flotte, d'une armée, qu'elles ont appareillé de
tel port, de telle rade.

APPAREILLER, v. a. Appareiller une voile (*to set sail*),
c'est la déployer, l'étendre et la présenter convenablement à
l'impulsion du vent. — On appareille une ancre (*to get ready
an anchor*), en la préparant, soit à une chute prompte au
fond de la mer, soit à maintenir sûrement un vaisseau lorsqu'elle aura été mouillée, ou lorsqu'elle reposera sur le fond.

APPEL, s. m. Direction d'un cordage tendu. — Un vaisseau
se range à l'appel de son cable (*cable growing on the starboard bow*), lorsqu'il se place de manière que la direction de
ce cordage, dans sa tension, est dans le plan vertical qu'on
imagine passer par son centre de gravité. — On change l'appel
d'une manœuvre qui est roidie par une puissance quelconque,
en la faisant passer dans son cours sur une poulie, ou sur un
rouleau, ou sur un appui quelconque. — L'effort d'un poids
ou d'une puissance appliquée au bout d'un cordage, est toujours à l'appel de ce cordage, parce que la direction de celui-ci
et de l'effort sont nécessairement sur la même ligne.

APPELER, v. n. Être dirigé. Un cordage appelle de telle
façon, lorsque, dans sa tension, il est dirigé sur telle ligne; et
son appel est la direction qu'il reçoit de la puissance qui le roidit ou des obstacles qui le détournent dans son cours. — Un
cordage appelle droit, lorsque, dans sa longueur, il est dirigé
en ligne droite, du point auquel il est attaché, à la puissance
qui produit sa tension. Si cette longueur est considérable, il
est dit appeler de loin; et si, dans quelque point de cette longueur, il est détourné de cette ligne droite indiquée, on dit qu'il
appelle en étrive. — Appeler à bord, c'est faire les signaux
convenus pour ordonner le retour d'un canot, d'une chaloupe,
des personnes qui se sont éloignées de bord.

APPROCHER, v. n. (*To approach.*) Le vent approche,
lorsque sa direction change, et le rend moins favorable à une
route proposée.

APPROCHER, v. a. (*To come near.*) Avancer auprès. Approcher de terre ou la terre (*to raise the land*) se dit d'un vaisseau qui s'avance de plus en plus vers une côte visible.

APPUYER, v. a. (*To maintain.*) Soutenir. Appuyer la chasse d'un vaisseau, c'est continuer avec constance et soutenir avec ardeur la poursuite d'un vaisseau ennemi. — En fait de manœuvre, appuyer les bras (*to brace*), c'est roidir plus ou moins des cordages, pour assurer un soutien à l'extrémité d'une vergue dont la voile déployée est enflée par le vent. — On appuie les bras du vent lorsque les voiles ne sont pas orientées tout à fait au plus près.

ARAIGNÉE, s. f. (*Crow-foot.*) Assemblage de plusieurs cordons tendus qui, passant dans les trous d'une longue moque attachée sur un étai, partent de cette espèce de centre pour se rendre, en divergeant entre eux, à divers points du contour antérieur d'une hune. Les cordons ainsi arrangés, composent, en apparence, une toile d'araignée; on les appelle branches d'araignée ou marticles. Ce réseau a pour objet d'arrêter les bordures flottantes des voiles de hunier et de perroquet de fougue, et de les empêcher de s'engager sous les hunes, où elles essuyeraient des frottements destructifs.

ARAMBAGE, s. m. *Voyez* ABORDAGE.

ARAMBER, v. a. *Voyez* ABORDER.

ARBRE, s. m. (*Mast.*) Nom des mâts que portent certains bâtiments, lorsqu'ils sont destinés à soutenir des antennes et des voiles triangulaires. Le mât de l'avant est nommé arbre de trinquet (*fore mast*); celui de l'arrière, arbre de mestre (*main mast*). — Dans les corderies des ports, on appelle arbre de touret, l'axe sur lequel roule cette espèce de dévidoir.

ARC, s. m. (*Bow.*) Courbure qu'a pu acquérir la quille d'un vaisseau, qui primitivement était droite (*cambering of a keel*). — Les bosses ou convexités opposées à l'arc ordinaire s'appellent contre-arc; les altérations du même genre reçues dans la tonture ou le contour d'un vaisseau sont nommées arc des ponts,

arc de vaisseau (*cambering of a ship's deck*). — L'arc d'une pièce de bois courbe (*compass of a piece*), c'est la distance du milieu de cette pièce à la ligne droite qu'on imagine passer par ses extrémités; l'arc d'un chantier, c'est une courbure régulière et continue qu'on lui donne, dans le sens de sa longueur, pour l'imprimer à la quille d'un vaisseau qui repose immédiatement sur lui pendant la durée de sa construction. — On nomme aussi arc un instrument qui ressemble à l'arme de ce nom; il est composé d'une latte pliante; plusieurs vis, placées sur une pièce droite qui sert à les soutenir en faisant fonction de corde, sont employées pour faire prendre à cette latte telle courbure plus ou moins grande. Cet instrument sert à faire passer aisément une courbe continue par plusieurs points donnés, et par conséquent à tracer les contours des lisses d'un vaisseau, de ses lignes d'eau, de ses ponts, de ses préceintes, etc.

ARCASSE, s. f. (*Stern Frame.*) Nom collectif qui exprime l'assemblage de toutes les pièces dont est composée une espèce de couple placé à l'extrémité postérieure d'un vaisseau. L'arcasse se compose de l'étambot, placé sur l'extrémité de la quille, où son pied entre à tenon, et qui porte des barres qui le croisent, des estains appuyés sur les extrémités des mêmes barres, des allonges de cornière et des contre-cornières.

ARC-BOUTANT, s. m. (*Carling.*) Soutien, appui. — L'arc-boutant fétré ou grand arc-boutant (*mainsail boom*), petit mât ou longue perche armée d'un arc à une de ses extrémités, sert à déployer le côté inférieur de la bonnette de grand-voile; l'arc-boutant de misaine (*fore sail boom*) joue le même rôle vis-à-vis de la bonnette de misaine. — On nomme encore arc-boutant, 1° une courbe en bois qui sert d'appui aux poutres du pont d'un vaisseau; 2° à des bois forts, courts, placés entre les baux et perpendiculairement à leur longueur pour servir à les maintenir dans leur distance réciproque.

ARCHIPEL, s. m. (*Archipelago.*) Groupe de plusieurs petites îles, peu éloignées les unes des autres.

ARCHIPOMPE, s. f. (*Well.*) Retranchement fait dans la cale d'un vaisseau. Elle est de forme quadrangulaire et ses faces sont quatre cloisons qui s'élèvent du fond du vaisseau jusqu'au premier pont. Elle sert à envelopper le grand mât avec les quatre pompes qui sont placées autour de lui, afin de les défendre de tout choc dangereux et d'en faciliter la visite dans tous les temps. — L'archipompe d'artimon enveloppe deux pompes qui accompagnent ce dernier mât dans la soute aux poudres.

ARCHITECTURE navale, s. f. (*Naval architecture.*) Art de construire des bâtiments propres à la marine militaire ou marchande. Cet art consiste particulièrement à tracer sur divers plans la forme d'un bâtiment et de chacune de ses parties principales, d'après des principes établis sur la théorie ou sur une longue expérience et d'après des rapports raisonnés ou fondés sur l'usage; à fixer les dimensions des pièces qui doivent le composer; à prescrire les moyens propres à lier solidement entre elles les pièces composantes, et à distribuer les emménagements intérieurs de la manière la plus convenable à sa destination. (*Voyez* CONSTRUCTEUR.)

ARDENT, adj. (*Griping.*) Nom donné aux vaisseaux qui, habituellement, dans les routes obliques, tendent sans cesse à venir au vent, c'est-à-dire à tourner leur proue vers l'origine du vent. Modérée, cette tendance est désirable; portée à un trop haut degré, elle devient un défaut gênant et dangereux.

ARGANEAU, s. m. (*Ring.*) Anneau de fer. — Arganeau d'une ancre (*ring of an anchor*). Il y a des arganeaux dans différents points du corps d'un vaisseau et qui tiennent à de gros pitons ou à de grosses chevilles fixées dans de fortes pièces de sa charpente. Il y en a aussi de scellés dans les murs des quais pour l'amarrage des bâtiments.

ARMADILLE, s. f. (*Armadilla.*) Petite armée navale.

ARMATEUR, s. m. (*Owner, privateer.*) Celui qui, à ses

frais, et pour le commerce, ou pour la course, fait construire et équiper des bâtiments de mer.

ARMÉE NAVALE, s. f. (*Navy, Fleet.*) Grand nombre de bâtiments de guerre, sous le commandement d'un amiral. Une armée navale est ordinairement partagée en trois parties principales nommées escadres, et chaque escadre est composée de trois divisions. Ses mouvements sont ordonnés par des signaux. — Une armée navale est en ligne, lorsque ses vaisseaux sont rangés sur une seule ligne, à la suite les uns des autres; elle est embossée, lorsqu'ils sont mouillés avec embossure; on l'appelle armée d'observation, lorsque, sans ordre pour agir hostilement, elle n'est chargée que d'observer les mouvements des forces maritimes d'une ou de plusieurs nations étrangères dans des mers déterminées. — Sa position à l'égard d'une autre armée est aussi désignée en la nommant l'armée du vent, ou l'armée de sous le vent, selon qu'elle est plus près ou plus éloignée de l'origine du vent régnant relativement à l'armée qui lui est comparée.

ARMEMENT, s. m. (*Fitting out.*) Faire l'armement d'un vaisseau, c'est l'équiper et le pourvoir de tout ce qui peut être ou devenir nécessaire à sa destination. — Un vaisseau est en armement, lorsqu'on s'occupe de ce soin. — Faire un armement, c'est équiper un ou plusieurs bâtiments pour exécuter une entreprise militaire ou une spéculation de commerce. — L'état d'armement, c'est la liste détaillée de tous les objets qui entrent ou qui doivent entrer dans l'équipement quelconque d'un bâtiment. — Les frais d'armement sont l'état des sommes payées ou à payer, pour la main-d'œuvre, dans le travail de l'équipement d'un vaisseau.

ARMER ou ÉQUIPER, v. a. (*to arm; to man; to equip.*) Préparer un vaisseau pour la guerre ou pour un voyage de commerce. Armer un vaisseau (*to arm a ship*), c'est faire son ARMEMENT (*voyez* ce mot). — Armer en guerre (*to fit out*), c'est préparer un bâtiment pour faire la guerre; l'armer

en course, c'est l'équiper pour l'employer uniquement à courir
sur l'ennemi, et non pour lui faire saisir et exécuter un voyage
direct ou déterminé. — Armer une prise *(to man a prize)*,
c'est établir, dans un bâtiment enlevé à l'ennemi, les hommes
qui deviennent nécessaires pour le conduire et le défendre, après
avoir fait prisonniers tous les gens de son équipage. — Armer
un canot, une chaloupe, c'est les équiper de tout ce qui peut
leur être nécessaire, pour leur destination, en mâts, voiles,
gréement, hommes, etc. (*to man the boats*). — Armer les
avirons (*to ship the oars; to get the oars to pass*), c'est les
placer sur le bord d'un bateau ou en dehors d'un bâtiment de
manière qu'ils soient prêts à servir. — Armer les canons, c'est
les charger et les préparer pour le combat. — Armer un vaisseau en flûte (*store ship*), en marchandises, c'est faire faire à
un vaisseau de guerre ou à un bâtiment de course les fonctions
de flûte, qui sont de transporter d'un port à un autre des effets ou des marchandises ; alors il ne porte plus tous les canons
dont il était armé lorsqu'il était mis en état de guerre. — Par
extension, un homme dit qu'il est armé sur un bâtiment, lorsqu'il fait partie de son état-major ou de son équipage ; qu'il est
armé avec tel capitaine, lorsqu'il sert dans un vaisseau sous les
ordres de ce capitaine ; qu'il a été armé pendant tant de temps,
lorsqu'il veut exprimer la durée de son service à bord d'un ou
de plusieurs bâtiments ; qu'il a ordre d'armer, lorsqu'il a reçu
celui de servir sur un vaisseau.

ARMURE, s. f. On nomme armure de bau (*middle piece
of a beam*) celle des trois pièces du bau d'un vaisseau qui s'en-
dente avec les deux autres pour les lier ensemble et former avec
elles un tout solide ; — armure de mât (*side piece of a made
mast*), celle des pièces réunies pour former un mât dont
l'épaisseur seule sert à compléter le diamètre assigné à ce mât.
La pièce qui remplit la même fonction dans une vergue est dite
armure de vergue.

ARPENT, s. m. (*Two-hand-saw.*) Large et longue scie,

montée comme les scies ordinaires et dont on fait beaucoup
usage dans les chantiers des ports.

ARQUER, v. n. (*To become broken-backed, or cambered.*) Se courber en arc; prendre de l'ARC (*voyez* ce mot).
Un vaisseau est arqué ou paraît tel lorsque ses extrémités sont
ou semblent s'être abaissées à l'égard de son milieu. — Un
vaisseau s'arque aussitôt qu'il est lancé à l'eau, parce que l'eau
environnante ne le soutient pas dans toutes ses parties en raison
de leur poids particulier, ou parce que ce n'est pas dans ce rapport que l'eau est déplacée par ses extrémités et par sa partie
moyenne. — A la mer, un vaisseau battu par les lames, fatigué
par sa mâture, prend un nouvel arc; sa plus grande inflexion
ou l'altération la plus sensible de ses contours primitifs correspond assez ordinairement à la région du dogue d'amure. —
Une quille arquée (*cambered keel*) est celle qui n'est plus en
ligne droite; un pont arqué (*cambered deck*) est celui qui n'a
plus sa première tonture; un vaisseau arqué (*broken-backed
ship*) est celui dont la courbure longitudinale n'est plus régulière et uniforme.

ARRIÈRE, s. m. (*Stern.*) Poupe ou partie postérieure d'un
vaisseau. Elle est comprise depuis le maître couple jusqu'à
l'extrémité de la poupe, et tous les objets placés dans cet espace
sont dits être à l'arrière. On dit le gaillard d'arrière, les manœuvres, les sabords, les épontilles, les soutes, etc. de l'arrière. — On dit aussi passer de l'arrière ou à l'arrière (*to
go under the stern*), aborder par l'arrière, se ranger à l'arrière, aller de l'avant à l'arrière. — On dit d'un vaisseau qu'il
est sur l'arrière ou sur cul, lorsque son arrière est trop plongé
dans l'eau, d'après l'état de flottaison où il doit être, pour naviguer avec tout l'avantage dont il est susceptible.

ARRIÈRE, adv. et prép. (*Aft.*) En demeure. Si deux vaisseaux
s'avancent en même temps sur le même air de vent, on exprime
un certain rapport de leur vitesse en disant que l'un laisse l'autre
de l'arrière, et que celui-ci reste de l'arrière. — Lorsqu'un

vaisseau n'est pas aussi avancé qu'un autre sur une même route, il est de l'arrière, ou à l'arrière, ou en arrière. — Dans le calcul de sa route, des erreurs commises placent un vaisseau quelquefois de l'arrière ou en arrière de son estime ou de sa route estimée. Quelquefois aussi l'estime porte à le croire en arrière de sa position réelle sur le globe, alors on dit qu'il est en avant ou en arrière de l'estime ; qu'il se fait de l'arrière ou de l'avant de son estime (*to be ahead, or astern of one's reckoning*). Arrière (*astern*) indique aussi le lieu des objets à l'égard d'un vaisseau. Une chaloupe, un bâtiment qui sont placés derrière un vaisseau sont dits être à l'arrière. On dit qu'il y a grosse mer de l'arrière, lorsque la mer est grosse et que les lames portent directement vers la partie arrière d'un bâtiment. — Dans une ligne de bataille, les vaisseaux sont à l'arrière les uns des autres, et le vaisseau le plus en arrière (*sternmost ship*) est celui qui est derrière tous les autres.

ARRIÈRE-GARDE, s. f. (*Rear.*) Dans un port, c'est la partie la plus éloignée de la mer. Un vaisseau, dit vaisseau de l'arrière-garde, y est établi avec une garde portée à cette extrémité pour veiller à la sûreté des bâtiments que ce port renferme. — On appelle arrière-garde (*rear division*), dans une armée navale, la dernière escadre de cette armée rangée en ordre de bataille.

ARRIMAGE, s. m. (*Stowage.*) Arrangement, disposition méthodique de tous les objets plus ou moins pesants qui sont placés dans la cale d'un bâtiment : fer, pierres, provisions, marchandises, etc. — Lorsqu'on fait l'arrimage de la cale (*trim of the hold*), il y a des poids dont l'arrangement est plus ou moins facile ; on dit alors qu'ils sont de bon ou mauvais arrimage (*good or bad stowing of the hold*).

ARRIMER, v. a. (*To stow.*) Procéder à un arrimage.

ARRIMEUR, s. m. (*Stower.*) Celui qui est spécialement

chargé d'arranger les parties de la charge d'un vaisseau. — Les maîtres arrimeurs sont chargés, dans les ports de commerce, d'arrimer les marchandises dans les bâtiments, de décider du volume qu'elles occupent et de les évaluer en tonneaux pour fixer le payement du fret ou du transport.

ARRIOLER (S'), v. pr. La mer s'arriole, lorsqu'agitée dans une nouvelle direction, par un vent différent de celui qui régnait précédemment, ses lames anciennes cèdent à celles qui s'élèvent, qui les combattent et les effacent ensuite.

ARRISER, v. a. *Voyez* RISER.

ARRISSER, v. a. *Voyez* RISSER.

ARRIVÉE, s. f. (*Lee lurch.*) C'est, dans un bâtiment animé d'une vitesse progressive, un mouvement horizontal de rotation qui est dirigé de manière que l'angle d'incidence du vent sur les voiles en reçoit un accroissement plus ou moins grand, sans que les voiles ni le vent éprouvent de changement dans leur position, les premières relativement au vaisseau, et le dernier à l'égard de l'axe du monde. Ce mouvement est produit ou par l'action du gouvernail (*voyez* LOFFER) ou par des causes accidentelles et extérieures, ou par un défaut d'équilibre entre les efforts des voiles de l'avant et celles de l'arrière. — Un vaisseau à la cape fait des arrivées (*falling off*); ce sont de grandes arrivées si ces mouvements sont considérables. Par prévoyance, on donne ces ordres au timonnier : Défie de l'arrivée! Veille l'arrivée! Rencontre l'arrivée! — Un vaisseau fait des arrivées spontanées, effet du choc des lames, ou des variétés produites par ses inclinaisons latérales. — Le mot arrivée est pris aussi dans un sens très-éloigné du premier, puisqu'il signifie le lieu ou le point de la mer auquel un vaisseau est parvenu après une route totale ou partielle. Le point d'arrivée se détermine, soit en mesurant la route, soit par des observations astronomiques, soit par l'une et l'autre méthode.

ARRIVER, v. n. (*To bear up; to keep away.*) Un vaisseau arrive lorsque, dans sa marche, il vient à faire un mouvement horizontal de rotation. — Un vaisseau peut arriver plus ou moins. Si le mouvement de rotation le porte jusqu'à lui faire présenter la poupe au vent régnant, alors on dit qu'il arrive vent arrière (*to bear up away*). Il arrive tout plat (*to bear up round*), lorsque ce mouvement, produit par le gouvernail, est grand et précipité. — Il arrive en dépendant, en rondissant, si cette rotation est exécutée graduellement et avec mesure. — Faire arriver un vaisseau, c'est employer, pour le faire tourner horizontalement sur lui-même, ou l'action du gouvernail, ou l'effort du vent sur ses voiles; le laisser arriver (*to bear down*), c'est lui laisser continuer un mouvement de rotation qu'il a commencé spontanément. — On commande au timonnier : Arrive! (*Bear up the helm!*) Arrive un peu! Arrive tout! (*Bear up round! Hard a weather!*) Laisse arriver! Sans arriver! N'arrive pas! (*Don't fall off!*) N'arrive plus! (*Veer no more!*) — Arriver dans les eaux d'un bâtiment (*to bear down into the wake*), c'est diriger sa marche pour venir couper en un point quelconque la route suivie par ce bâtiment; et lorsqu'on est parvenu à ce point on est dans les eaux du bâtiment supposé. — Arriver pour tel bâtiment, c'est, dans une rencontre, se détourner de sa route en arrivant pour le laisser passer au vent. — Une armée arrive ou a arrivé, se dit dans le même sens qu'on le dit d'un vaisseau; quand il arrive pour atteindre un but déterminé, on dit qu'il arrive sur ce but : terre, vaisseau, ennemi, etc. — Une armée arrive tout à la fois, lorsque ses vaisseaux font ce mouvement en même temps; elle arrive par la contre-marche, lorsqu'un tel mouvement est fait successivement par chaque bâtiment.

ARRONDIR, v. a. (*To weather, or to sail round.*) Un vaisseau arrondit une pointe de terre, un cap, une île, lorsqu'il tourne autour de ces objets.

ARRONDISSEMENT MARITIME, s. m. Division du territoire maritime; chacune de ces divisions est administrée par

un préfet maritime ; elles portent le nom du chef-lieu de l'arrondissement.

ARSENAL, s. m. (*Royal dock-yard.*) Espace renfermé de toute part, sur les rivages de la mer, dans lequel sont placés des chantiers de construction, des ateliers dans tous les genres, l'artillerie des vaisseaux, des bois, des magasins et des objets d'approvisionnements pour des travaux et des campagnes.

ARTIMON, s. m. (*Mizzen.*) Nom donné, dans un bâtiment à trois mâts verticaux, au plus petit mât ou à celui qui est placé le plus en arrière. Il est composé de deux ou trois mâts partiels ajoutés les uns au bout des autres ; le plus bas ou le plus gros est distingué surtout par le nom de mât d'artimon (*mizzen mast.*) On donne encore le nom d'artimon à la voile et à la vergue portées sur ce bas mât (*mizzen yard ; mizzen sail*), ainsi qu'aux manœuvres, poulies, hunes, etc., qui servent au soutien de ce mât ou à l'établissement de sa voilure, et forment le gréement d'artimon. — Pour ordonner de déployer, ou plier, ou serrer, ou étendre la voile d'artimon, on commande de border, carguer, serrer, mettre l'artimon (*to set mizzen sail*).

ASPIRANT, s. m. (*Midshipman.*) Élève de marine, placé entre les officiers et les maîtres, pour les besoins du service. — On appelait autrefois les élèves gardes-marine. — On les divise en deux classes : ceux de première ont rang de sous-lieutenant des corps impériaux. — Il y a encore sur les bâtiments de l'État des élèves en chirurgie et en pharmacie.

ASSÉCHER, v. n. (*To appear dry.*) Se dit d'un rocher, d'un banc, d'un port lorsque la mer les laisse à sec, dans le reflux. Un port, suivant les circonstances, assèche à toute marée, ou aux seules grandes marées.

ASSEMBLAGE, s. m. (*Scarfing.*) Réunion de plusieurs pièces de bois. Mât d'assemblage, vergue d'assemblage, etc.

ASSIETTE, s. f. (*Trim of a ship.*) On cherche, on trouve l'assiette d'un vaisseau ; on le conserve dans son assiette.

ASSURANCE, s. f. (*Insurance.*) Engagement, pour une somme convenue, de se charger des pertes ou dommages que pourraient éprouver à la mer, ou des bâtiments, ou les marchandises qu'ils transportent en un lieu déterminé. On appelle police d'assurance (*policy of insurance*) l'acte où cet engagement est souscrit, et prime d'assurance (*premium*) le prix convenu.

ASSURER, v. a. Tout bâtiment qui tire un coup de canon à boulet, sous un certain pavillon déployé à sa poupe, est dit assurer son pavillon (*to fire a gun under proper colours*). — Dans le commerce, assurer un bâtiment, des marchandises (*to insure the goods*), c'est les garantir contre les risques de la mer (*Voyez* ASSURANCE.)

ATELIER, s. m. (*Sheds.*) Ce terme a la même signification dans la marine que dans la langue commune. Dans un port de mer ou dans un arsenal, on trouve des ateliers de mâture, voilerie, corderie, garniture, poulierie, avironnerie, menuiserie, serrurerie, grosses et petites forges, peinture, sculpture, tonnellerie, taillanderie, etc.

ATLAS DE MARINE, s. m. *Voyez* NEPTUNE.

ATTERRAGE, s. m. (*Landfall.*) Approche de terre ; premières terres reconnues et cherchées après un long voyage en haute mer. Être près des terres qu'on veut reconnaître, c'est être à l'atterrage ou aux atterrages ; avoir reconnu ces terres, c'est avoir fait son atterrage.

ATTERRER, v. a., **ATTERRIR** ou **TERRIR**, v. n. (*To make the land.*) Arriver en vue de la terre lorsqu'on revient du large.

ATTINTER, v. a. (*To put upon the stocks.*) Mettre sur des tins, ou établir sur des pièces de bois, de manière à ce que les grands mouvements qui agitent souvent le vaisseau en mer ne puissent les déranger, des futailles, coffres, caisses, etc. Ce

mot s'emploie avec la même signification dans les chantiers et ateliers des ports.

ATTOLES, s. m. (*A cluster of small islands.*) Groupe d'îlots, faisant partie d'un archipel.

ATTRAPER, v. a. Saisir (*to seize*), accrocher (*to hook on*), atteindre (*to reach*), recevoir (*to receive*); Attraper un objet, le saisir en courant; pour avertir une personne de recevoir le bout d'une corde, on lui dit : Attrape le bout! Un bâtiment attrape un port, un mouillage, lorsqu'il les atteint, malgré des obstacles qui semblaient s'y opposer. S'il y est conduit par un vent peu favorable qui l'oblige de courir au plus près, il les attrape à la bordée ou à bout de bordée. — On dit familièrement *attrape à te taire*, pour tais-toi; *attrape à démarrer*, pour va-t'en, etc.

ATTRAPES, s. f. pl. (*Relieving tackles.*) Cordages employés à maintenir des objets mobiles, tels que les canots et chaloupes qu'on veut mettre à bord d'un bâtiment. On établit des attrapes destinées à arrêter l'inclinaison trop grande d'un bâtiment qu'on abat en carène.

AU, particule, souvent employée par les marins comme la préposition *à* (*voyez* A); sert aussi à exprimer des rapports de temps, de lieu et de position : *au* plus près; *au* vent à nous; *au* large; *au* lof; *au* mouillage; *au* nord; *au* sabord; *au* port, etc. (*Voyez* ces mots.)

AUGE A GOUDRON, s. f. (*Trough for tar.*) Vase de bois, long, étroit, et destiné, dans les corderies, à contenir du goudron chaud, pour y faire passer les fils qu'on veut imbiber plus ou moins dans cette matière.

AULOFFÉE, s. f. (*Yaw to the luff.*) Rotation opposée à celle d'un vaisseau qui fait une ARRIVÉE (*voyez* ce mot). — Faire une auloffée (*to spring the luff*), se dit d'un vaisseau qui loffe de lui-même. (*Voyez* LOFFER.)

AURAY, s. m. Nom donné aux points d'appui (bois, canons enfoncés dans la terre) auxquels sont retenus les bâtiments, dans les ports et sur les rivières, dans des places déterminées.

AURIQUE, adj. Nom des voiles dont un côté est lacé, soit avec un mât, soit avec un cordage, destiné à les soutenir.

AUSSIÈRE, s. f. (*Hawser.*) Cordages composés de 3 ou 4 torons.

AUTRE (A L'!) Prov. Exclamation prononcée à haute voix, pendant la nuit, par la partie de l'équipage qui est de service sur le gaillard d'avant, pour annoncer, à chaque demi-heure, qu'elle veille exactement, et qu'elle promet pour la demi-heure suivante la même surveillance qu'elle a eue pendant la demi-heure précédente.

AUVENT DE SABORD, s. m. (*Weather boards.*) Bâti en planches qui, introduit dans l'ouverture des sabords, et placé sous une certaine inclinaison à l'horizon, sert à empêcher la pluie de s'écouler dans le vaisseau par cette ouverture.

AUXILIAIRE, adj. (*Temporary officer.*) Titre distinctif des officiers que le gouvernement nomme pour servir sur ses vaisseaux, pendant un temps limité, lorsque le corps de la marine ne peut seul fournir complétement les états-majors des bâtiments dont il ordonne l'armement immédiat.

AVAL, s. m. *Voyez* AMONT.

AVALAISON, s. f. 1º Durée plus ou moins longue d'un vent d'aval; 2º changement du vent, lorsque, cessant de souffler d'un côté, il vient subitement à souffler du côté diamétralement opposé.

AVANCE, s. f. (*Advance money.*) Argent payé à l'état-major et à l'équipage d'un vaisseau, dès le moment de son départ, à compte des appointements ou des gages qui deviendront dus pendant le cours d'une campagne projetée.

AVANÇON, s. m. Petit bout de planche qu'on ajoute à l'extrémité des ailes d'un touret, pour empêcher le fil de s'échapper au delà de ces ailes.

AVANT, s. m. (*Head or bow.*) Partie d'un bâtiment comprise depuis le maître couple jusqu'à l'éperon. Ce que nous avons dit du mot arrière peut s'appliquer au mot avant (*voyez* ARRIÈRE). Ainsi l'on dit le gaillard d'avant, les sabords, les manœuvres de l'avant, etc. — Un vaisseau est sur l'avant ou sur le nez (*too much by the head*) lorsque son avant, dans l'état de flottaison, s'enfonce plus profondément dans l'eau qu'il n'est nécessaire. — La proue (*prow*), partie extrême de l'avant, est souvent désignée sous ce dernier nom, comme dans : l'avant de ce vaisseau est renflé (*bluff bow*); il est maigre (*lean bow*); il est très-élancé (*flaring bow*), pour exprimer que la proue a de trop grandes ou de trop petites largeurs, ou que l'élancement, la saillie de son étrave est considérable.

AVANT, adv. et prép. Ce mot sert à exprimer la situation de plusieurs vaisseaux ou de plusieurs objets extérieurs relativement à un bâtiment, comme dans ces phrases : tel vaisseau est en avant ou de l'avant de tel autre (*a head*); il est de l'avant à nous (*ahead of us*), la lame vient de l'avant; le vent se range de l'avant (*to scant afore*); un vaisseau se fait de l'avant (*to be astern of one's reckoning*) lorsqu'il estime être sur le globe en avant de sa position réelle; il est le plus en avant dans une ligne de bataille (*headmost*) s'il est le premier de la ligne lorsqu'elle est en marche; il va de l'avant (*to be under way*) lorsqu'il s'avance dans l'espace avec vitesse. — On dit aussi en commandant à des rameurs, pour les faire redoubler d'efforts : Avant! (*Pull away!*) Avant tribord! Avant babord! Avant tout! (*Pull starboard or larboard!*) Nage avant! (*Pull away!*) Avant qui peut! ou Avant qui est paré! (*Pull with the oars that are shipped!*)

AVANT-CALE, s. f. (*Launch.*) Prolongement vers la mer du plancher ou de la cale sur laquelle est établi un bâtiment

pendant qu'on travaille à sa construction. Il sert de pont à un bâtiment pour se rendre de sa cale de construction à la mer.

AVANT-GARDE, s. f. 1º Extrémité du port la plus voisine de la grande-mer ; 2º vaisseau qui y est établi et à bord duquel se trouve une garde (*van-guard*). L'avant-garde d'une armée navale (*the van division of a fleet*) qui marche en ordre de bataille, c'est l'escadre qui forme la tête de la ligne ; elle est en avant ou au vent du reste de la flotte.

AVANT-PORT, s. m. (*Outer port.*) Espace de mer qui précède un port ; il peut mettre des bâtiments à l'abri.

AVANTAGE, s. m. (*Advantage.*) L'avantage de la marche, c'est la supériorité dans la vitesse. De deux bâtiments, si le meilleur marcheur modère sa vitesse pour conformer son allure à celle de l'autre qu'il accompagne, on dit qu'il lui fait avantage, ou encore l'avantage des voiles, qu'il n'offre pas comme lui à l'impulsion du vent. — Un vaisseau a l'avantage du vent (*weather gage*) sur un autre, lorsqu'il est plus près que lui de l'origine du vent.

AVARIE, s. f. (*Average.*) Dommage fait à un bâtiment ou à son chargement. Un bâtiment a des avaries, fait des avaries, éprouve, reçoit des avaries ; autrement il est franc d'avaries. — Dans le commerce, les grosses avaries sont des dépenses extraordinaires qui, dans le cours d'un voyage, sont devenues nécessaires pour la conservation d'un navire ou de sa cargaison ; tels les objets jetés à la mer, les dépenses qu'entraîne un déchargement particulier ou un embargo imprévu. Les avaries simples, suite des événements ordinaires de la mer, sont des dommages arrivés par la perte des mâts, agrès, ancres, etc., ou des altérations causées aux marchandises par l'humidité, la tempête ou la grosse mer. Les menues avaries sont les frais de pilotage, de tonnage et lamanage d'un bâtiment. — Les échouages et les abordages causent souvent des avaries. — On nomme aussi avarie le payement qu'on fait à un capitaine marchand, outre les frais de transport, pour les bons soins qu'il prend de la car-

gaison qui lui est confiée. On lui donne tant pour cent du fret, ce qui s'exprime en disant qu'on lui donne tant pour cent d'avaries.

AVARIER, v. a. (*To damage.*) Détériorer. En ce sens on dit qu'un vaisseau, une cargaison, une pièce de bois sont avariés.

AVENTURE (GROSSE), s. f. (*Bottomry.*) Lorsque de l'argent a été prêté soit pour construire, soit pour armer un bâtiment pour une campagne déterminée, et qu'il ne doit pas être remboursé, suivant les conventions, si ce bâtiment est pris par l'ennemi ou s'il fait naufrage, tandis que dans le cas du succès le prêt doit rapporter un haut intérêt, alors l'argent est prêté à la grosse, ou à la grosse aventure (*to lend money on bottomry, or by way of bottomry*). — Quelquefois le prêt n'est fait que sur le navire seulement, et quelquefois sur la seule cargaison.

AVEUGLER, v. a. Boucher, intercepter le passage. Aveugler une voie d'eau (*to stop or fother a leak*), c'est boucher provisoirement avec de l'étoupe, du suif, des plaques de plomb, etc., une ouverture accidentelle qui s'est faite à la carène d'un bâtiment et par laquelle l'eau s'introduit dans l'intérieur.

AVIRON, s. m. ou **RAME, s. f.** (*Oar.*) Brin de bois de hêtre, frêne ou sapin, d'une grosseur plus ou moins grande, qui est façonné de manière qu'une de ses extrémités est arrondie pour présenter au rameur une poignée commode ; tandis que l'autre est large et plate, pour servir à frapper l'eau par un plus grand nombre de points. Les avirons sont employés pour communiquer du mouvement aux canots, chaloupes, bateaux et petits bâtiments légers. Le rameur ou nageur qui en fait usage attache son aviron sur le plat-bord ou le bord du bateau, place ses deux mains sur l'extrémité arrondie, dite manche d'aviron (*handle*), fait plonger dans l'eau l'extrémité plate ; il éprouve une résistance qui lui sert de point d'appui pour repousser le bateau et le mouvoir dans le sens opposé. Dans cet état de choses, le ra-

meur établit naturellement, en ne consultant que sa commodité, un rapport entre la longueur de la partie intérieure de l'aviron et la longueur de la partie extérieure ; la première est assez généralement la moitié de la seconde. — Dans les canots et les chaloupes, on se sert d'avirons à pointe ou d'avirons à couple (*double banked oars, scullers*). Ils sont à pointe, lorsque la partie intérieure des avirons est presque égale à la largeur des bateaux à mouvoir ; ils sont à couple, lorsque la partie intérieure des avirons n'étant pas en longueur, la moitié de la largeur de l'embarcation permet de disposer deux rameurs sur un même banc. — Les galères sont mises en mouvement à l'aide d'avirons (*oars of a galley*). Les avirons des vaisseaux (*ship's oars*), corvettes et frégates ont environ 13 mètres de longueur ; on les emploie quelquefois pour donner à ces navires certains mouvements dans des conditions particulières. — Un bâtiment mis en mouvement à l'aide d'avirons est dit être à l'aviron ; lorsqu'il est disposé pour que tel nombre d'avirons puisse être rangé sur son bord pour le mouvoir, on dit que ce bâtiment est à tant d'avirons. — Lorsqu'on ordonne de mettre les avirons sur le plat, cela signifie qu'il faut faire sortir de l'eau la pelle de chaque aviron et la placer sans mouvement dans une situation horizontale, ou parallèle à la surface de la mer. (*Voyez* RAME.)

AVIRONNERIE, s. f. (*Oar-maker's shed.*) Atelier où les avirons sont travaillés.

AVIRONNIER, s. m. (*Oar-maker.*) Ouvrier qui fait des avirons.

AVISO, s. m. (*Advice boat.*) Petit bâtiment, généralement à vapeur, destiné à porter des ordres ou des avis.

AXIOMÈTRE, s. m. (*Tell-tale of the tiller.*) Indicateur de la barre du gouvernail. Il est nécessaire dans un vaisseau à plusieurs ponts, parce que l'officier qui commande est sur le gaillard, et la barre du gouvernail est placée entre les ponts. C'est pourquoi les choses sont arrangées, dans un tel vaisseau,

de manière que la même roue qui, par le moyen d'un cordage, aide à changer de situation la barre du gouvernail, fait mouvoir du même côté, en même temps, et d'une quantité proportionnelle, un petit curseur tel qu'une fleur de lys, qui est placée sur le fronteau de la dunette. Par ce moyen, l'officier qui dirige les mouvements du vaisseau par l'action du gouvernail peut connaître dans tous les instants de quel côté est la barre de ce gouvernail, avec quelle promptitude on varie ses positions, et quel angle elle forme avec le plan diamétral du bâtiment.

AZIMUTAL, adj. (*Azimuth compass.*) Nom d'un compas, ou d'une boussole qui est disposée ou préparée pour faciliter l'observation de l'azimut des astres.

B

BABORD, s. m. (*Larboard or port.*) Nom donné, dans un bâtiment, au côté qui est à la gauche d'un spectateur, lorsque, placé à la poupe, il regarde la proue. De là généralement tous les objets qui sont à la gauche d'un marin, ou dans un bâtiment, ou en dehors, sont dits être à babord. Lorsqu'on veut que la barre du gouvernail soit plus ou moins poussée sur la gauche, on commande : Babord la barre ! (*Port the helm!*). Babord un peu ! Babord tout ! (*Hard a-port!*) De même on dit : Brasse babord ! Feu babord ! Hale babord ! Nage babord ! Scie babord ! etc. Et encore : Avoir les amures à babord (*to be upon the larboard tack*); courir babord au vent; passer à babord; être courbé et incliné à babord (*to heel to port*); être abordé par babord ; laisser à babord une île, un port, des rochers, etc. — Sur un bâtiment qui est en mer, le service n'est jamais interrompu ; l'équipage est partagé en deux parties égales qui se succèdent alternativement et sont distinguées par les noms de babord et de tribord. C'est pourquoi on dit : Babord est de quart ou de service, babord laisse le quart, babord au quart ! etc. — Sur un pont de vaisseau, le côté babord est un côté moins honorable que celui de tribord ; et l'officier qui commande à tribord a un rang plus élevé que celui dont le poste est à babord.

BABORDAIS, s. m. (*Larboard watch.*) Nom des gens de l'équipage qui sont destinés à faire le quart de babord ou le second quart. (*Voyez* BABORD.)

BACHOT, s. m. (*Yawl.*) Nom donné sur des rivières ou

5

sur de petits bras de mer à des bateaux de la plus petite grandeur.

BACLAGE, s. m. 1° Fermeture d'un port (*Closing*); 2° Assemblage fait avec ordre, dans une place déterminée d'un port, des canots, chaloupes, bateaux qui sont destinés pour le service des vaisseaux ou pour les opérations de l'arsenal (*Gathering*).

BACLER, v. a (*To close; to stop.*) Fermer, barrer. Des chaînes, des estocades, etc., baclent un port, lorsqu'on les emploie à en fermer l'entrée.

BADE, s. f. Ouverture de compas.

BADERNE, s. f. (*Mat.*) Large tresse faite avec des fils de caret; elle recouvre les cordages dans les parties exposées à des frottements destructifs.

BADILLONS, s. m. pl. Petites broches en bois qu'on cloue sur le gabarit, dont elles dépassent le contour, de manière à déterminer par leur saillie les largeurs diverses et correspondantes d'une face de cette pièce.

BADROUILLE, s. f. (*Swab.*) Pelotte d'étoupe qu'on emploie, dans les ports, à défaut de bois, ou lorsqu'il pleut pour chauffer un vaisseau (*voyez* CHAUFFER). Ces débris de vieux cordages sont chargés de goudron et s'éteignent plus difficilement que les fagots.

BAGUE, s. f. (*Ring.*) Anneau en corde, en bois ou en fer. On distingue les andaillots ou bagues de voiles d'étai (*grommets rings for the staysails and jibs*); les bagues en bois qu'on emploie pour déployer, sur le fût d'un mât, le côté de certaine voile, telle que celle d'artimon; les anneaux en corde (*hank*) qui sont destinés à fortifier les contours des œillets percés dans les voiles d'un bâtiment; les bagues d'amarrage, gros anneaux de fer fixés sur des caisses flottantes pour servir au passage des amarres avec lesquels un bâtiment est arrêté dans un port

ou une rade ; les bagues à dégréer (*traveller*) , anneaux de fer qui embrassent les galhaubans et qui, attachés aux deux bouts d'une vergue de perroquet, permettent qu'on la fasse descendre de la hauteur des mâts.

BAIE, s. f. (*Bay.*) Petits golfes ; précieuses aux navigateurs lorsqu'elles leur présentent un bon fond pour y mouiller et un abri convenable.

BAILLE, s. f. (*Half-tub.*) Espèce de baquet, qui n'est souvent que la moitié d'une barrique sciée par son milieu. — Les bailles de sonde, percées dans leur fond, reçoivent, lorsqu'on a sondé, la ligne mouillée à laquelle est attachée la sonde ; les bailles à feu ou de combat contiennent l'eau qui est destinée à rafraîchir les canons pendant une affaire.

BAISSE, s. f. La baisse de la mer (*sea down*) est la quantité dont sa surface, pendant le reflux, s'est abaissée au-dessous du niveau auquel elle s'était élevée par le flux.

BAISSER, v. a. (*To abase.*) *Voyez* AMENER.

BAISSER, v. n. (*To decline.*) S'abaisser, devenir plus bas. La mer baisse, lorsque, par le reflux, sa surface s'abaisse au-dessous du niveau auquel elle était montée par le flux.

BALAI DU CIEL, s. m. Expression métaphorique pour indiquer le vent qui n'amène jamais de nuages ; sa direction varie suivant la position des diverses régions de la terre, et même suivant les circonstances locales.

BALANCEMENT, s. m. (*Balancing.*) Action de BALANCER. (*Voyez* ce mot.)

BALANCER, v. a (*To balance.*) Mettre de l'égalité dans les formes, ou de l'équilibre entre des puissances. On balance les couples, lorsqu'on construit un vaisseau, dès qu'ils sont élevés sur la quille ; c'est-à-dire qu'on les établit de manière que les deux branches égales de chaque couple particulier s'écartent également du plan diamétral du bâtiment ou des faces latérales

de sa quille et que la direction de celle-ci soit perpendiculaire au plan commun de ces deux branches. — Lorsqu'on s'occupe du chargement d'un vaisseau, on balance les poids, en faisant en sorte que les deux côtés, parfaitement symétriques dans leur forme, soient aussi égaux en pesanteur, afin que le centre de gravité reste constamment dans le plan diamétral. — On balance les efforts des voiles de l'avant et de l'arrière, en établissant entre ces puissances un équilibre tel, que le vaisseau obéissant à leur action, ne suive dans son mouvement qu'une seule et même direction. On balance également les efforts des roues d'un bâtiment à vapeur.

BALANCIERS, s. m. pl. (*Gimbals of a sea compass, or a lamp.*) Nom de deux anneaux concentriques employés à la suspension d'une boussole. Ils sont placés horizontalement, et ordinairement en cuivre. Le plus grand, qui est l'anneau extérieur, roule sur deux points diamétralement opposés, par lesquels il est joint à la face latérale d'une boîte ou à un point d'appui quelconque. Le balancier intérieur n'a la liberté de tourner que sur deux points ou sur les deux extrémités du diametre, qui est perpendiculaire à l'axe de rotation de l'anneau extérieur. Par ce moyen, une lampe ou une boussole, étant placée au centre commun de ces anneaux qui la soutiennent suspendue, peut constamment garder une situation horizontale, malgré les mouvements d'oscillation d'un bâtiment.

BALANCINE, s. f. (*Lift.*) Cordage qui est attaché à chaque extrémité d'une vergue, et sert à lui faire prendre et garder une position horizontale ou inclinée, suivant les circonstances. Toutes les vergues d'un bâtiment, excepté celle d'artimon, ou celles qui lui ressemblent, ont deux balancines, qui s'étendent du bout de chaque vergue au chouquet du mât correspondant. Les balancines simples sont formées par un cordage simple; les balancines doubles, par un cordage qu'on fait passer dans une poulie au bout de la vergue. On distingue les balancines de grand-vergue (*main lift*), de misaine, de hunier, de perroquet, de civadière (*running lift of the sprit-sail yard*), etc.

— Les fausses balancines, balancines supplémentaires ou de remplacement, sont de simples cordages attachés au bout des vergues et qui sont destinés à faire l'office des balancines lorsque celles-ci viennent à se rompre ou à être coupées. Une balancine momentanément établie soutient et dispose l'arc-boutant ferré étant mis en place.

BALANT, s. m. (*Bight.*) Partie lâche et pendante d'un cordage. On arrête le mouvement d'oscillation d'un balant en l'abraquant.

BALAOU, s. m. Espèce de goëlette des Antilles.

BALEINIER, s. m. 1º Bâtiment employé à la pêche des baleines (*whale-ship*); 2º marin embarqué à bord d'un pareil bâtiment (*whaler*).

BALESTRON, s. m., ou **LIVARDE**, s. f. (*Sprit.*) Perche établie, soit sur la surface d'une voile carrée, pour la tenir déployée et la soutenir à une certaine hauteur; soit sur le côté d'une voile, pour l'étendre le long d'un mât et porter son coin supérieur à une hauteur plus ou moins considérable. Cette espèce de voilure est dite à balestron ou à livarde.

BALISE, s. f. (*Beacon; sea mark.*) Marque visible à de grandes distances, qui est placée sur des rochers, des écueils, sur des bouées flottantes ou des perches plus ou moins élevées, dans le but d'indiquer les dangers qu'un bâtiment doit éviter, ou la route qu'il peut suivre avec sûreté (*voyez* AMARQUE). — Les calfats appellent balises les marques particulières qui leur servent à désigner, sur la surface extérieure d'un bâtiment, les parties où le calfatage est discontinué, ou défectueux.

BALISER, v. a. (*To put up beacons.*) Mettre des balises. On balise une rivière, un chenal, une passe, des écueils, etc.

BALLE A QUEUE, s. f. (*Iron heater.*) Boulet armé d'une queue de fer pour servir, en le faisant fortement chauffer, à produire la liquéfaction du brai, au milieu duquel on le plonge.

5.

BALON, s. m. (*Barge of Siam.*) Espèce de bateau de Siam et des côtes du Malabar.

BANC, s. m. (*Bank.*) 1° Siége continu qui règne sur le contour intérieur de la chambre d'un canot ; 2° sommet d'une montagne qui a pour base le fond de la mer. On distingue les bancs de sable (*sand bank*), les bancs de coquillages, de roches, de cailloux, de glace (*icebergs*), etc. — Banc de quart, siége où s'asseyent les officiers de service ; banc de nage ou banc de rameurs (*thwart, or seat of rowers*), long siége où plusieurs rameurs se placent pour agir avec leurs avirons.

BANCASSE, s. f. Espèce de banc ou de traverse qu'on fait reposer par ses extrémités sur deux taquets cloués à deux étances, dans la cale d'un bâtiment.

BANDE, s. f. (*Band.*) Inclinaison. Mettre un vaisseau à la bande, c'est l'incliner latéralement. Il donne de la bande (*to lie along*) à tribord ou à babord ; le vent ou la mer le fait donner à la bande ; on le met à la bande, dans un port, en l'inclinant sur le côté (*to heel to starboard or port*) ; si l'inclinaison est modérée, c'est une demi-bande (*parliament heel*). — Larguer en bande, filer en bande (*amain, to let go amain*), se dit de l'action de lâcher subitement un cordage tendu ; on largue ainsi une écoute en bande, un palan chargé, etc. — La bande du nord et celle du sud (*N. or S. shore*) signifient, dans le ciel ou sur le globe, des zones placées au nord ou au sud de l'Équateur. — On appelle bande de ris (*reef band*) un morceau de toile, étroit et large, qu'on applique sur une face de certaines voiles pour les fortifier dans les points où doivent être percés des trous pour le passage des garcettes de ris.

BANNE, s. f. *Voyez* TENTE.

BANNER, v. a. (*To tilt.*) Mettre une tente au-dessus d'un canot, d'une chaloupe ou du pont d'un vaisseau.

BANNIÈRE, s. f. (*Standard.*) Les voiles sont en bannière (*to let fly the sheets of the sails*), lorsque, déployées, leur

partie inférieure n'étant plus retenue, elles flottent au gré du vent. — Les huniers sont en bannière dès que leurs écoutes sont larguées.

BANQUER, v. n. *Voyez* EMBANQUER.

BANQUEREAU, s. m. (*Little bank.*) Petit banc.

BANQUIER, s. m. *Voyez* TERRE-NEUVIER.

BANQUISE, s. f. (*Ice island.*) Grande masse de glaces amoncelées ou séparées.

BAPAUME, s. f. Être en bapaume, se dit d'un bâtiment qui ne peut plus diriger sa route, sur une direction déterminée, parce qu'il n'est plus animé d'aucune vitesse, soit par le défaut de vent, soit par quelque avarie arrivée dans son gréement ou dans sa machine.

BAPTÈME, s. m. (*Ducking.*) Cérémonie qui consiste à arroser d'eau de mer les hommes et les vaisseaux qui, pour la première fois, passent sous la ligne ou sous l'un des tropiques.

BAPTISER, v. a. Procéder à la cérémonie dont il est question au mot BAPTÈME (*voyez* ce mot. — Dans les ports, un bâtiment nouvellement construit est baptisé, c'est-à-dire béni sous le nom qu'il doit porter.

BARAQUETTE, s. f. Poulie fixée entre des haubans pour le passage de certaines manœuvres; sa caisse longue contient un, deux ou trois rouets.

BARATE, s. f. (*Cross bands.*) Assemblage de quatre sangles employées à soutenir la voile de misaine contre le vent impétueux.

BARATERIE, s. f. (*Barratry or Barretry.*) Infidélité d'un capitaine marchand lorsqu'il trompe les propriétaires ou les assureurs du bâtiment qu'il commande, soit en changeant le plan de son voyage, soit en déguisant la nature de sa cargaison, soit

en abusant d'une manière quelconque de la confiance qu'on lui a donnée.

BARBARASSE, s. f. Cordage qui, attaché à un point fixe, embrasse étroitement par plusieurs tours en spirale une partie de la longueur d'un câble, d'un grelin, et permet de ne lâcher ces cordages, lorsque le besoin l'exige, que par degrés et avec modération.

BARBE, s. f. La barbe d'un bordage (*wood's-end, hood-end, hooding-end*) est la coupe transversale qui termine ce bordage. — Lorsqu'un vaisseau est placé en avant d'un autre et à peu de distance, on dit qu'il est mouillé en barbe de ce dernier ; lorsque N ancres mouillées en avant concourent à le tenir arrêté, on dit qu'il a N d'ancres en barbe (*with N anchors a-head*).

BARBE (SAINTE-), s. f. (*Gun room.*) Chambre formée à l'arrière d'un vaisseau, sur son premier pont ; elle est terminée par une cloison placée derrière le mât d'artimon. Elle sert de logement à plusieurs personnes, entre autres au maître canonnier, qui y est placé pour veiller à la garde des écoutilles par lesquelles on communique à la soute aux poudres. — Un autre retranchement, qui quelquefois est fait en avant de la sainte-barbe, a le nom de fausse sainte-barbe.

BARBEJEAN, s. m. *Voyez* SOUS-BARBE.

BARBEYER, v. n. Se dit d'une voile en ralingue pour exprimer ses mouvements alternatifs.

BARDIS, s. m. (*Water boards.*) Prolongement intérieur, et en planches, qu'on fait momentanément, aux passavants d'un vaisseau, lorsqu'on se propose de lui faire prendre latéralement l'inclinaison la plus grande, pour empêcher l'épanchement de l'eau de la mer dans l'entre-pont inférieur.

BARGE, s. f. (*River barge.*) Petit bateau à fond plat, en usage sur les rivières.

BARIL. s. m. (*Barrel; cask.*) Il y a dans la marine, 1° des barils de galère, dont la forme est longue et étroite ; 2° des barils à poudre, propres à contenir de 25 à 100 kil de poudre ; 3° des barils à bourse, en forme de cône tronqué, dont la petite base est garnie de cuir pour être fermée comme une bourse ; on les emploie au transport des grenades, partout où elles sont nécessaires pendant le combat ; 4° des barils à mèches qui, ouverts par un de leurs fonds, reçoivent les mèches allumées pendant une affaire ; 5° des barils communs qui sont employés aux usages ordinaires.

BARILLAGE, s. m. Assemblage de plusieurs barils.

BARILLET, s. m. (*Small barrel.*) Petit baril de poche dans lequel les charpentiers renferment leur cordeau, et les cordiers leur jauge.

BAROMÈTRE MARIN, s. m. (*Marine barometer.*) Baromètre ordinaire, augmenté des moyens propres à empêcher le mercure de participer aux mouvements du tube ou de ses supports. Pour cela, on a établi la communication des deux branches du siphon qui forme le tube de ce baromètre, par un filet de mercure.

BARQUE, s. f. (*Bark, boat.*) Petit bâtiment de mer, généralement à un seul mât et à une seule voile. Par extension, on donne ce nom à tous les bâtiments qui n'excèdent pas 150 tonneaux ; quelques-uns ont un pont, quelques-uns ont deux mâts. Ils font le cabotage. — On appelle barque d'avis celle qui est expédiée pour porter des avis.

BARQUÉE, s. f. Mesure déterminée et de convention. Une barquée de lest (*a boat-load of ballast*) est une masse de lest dont le poids est donné par le port connu ou la charge de la barque qui est employée au transport. Il en est de même d'une barquée de pierres.

BARRE, s. f. (*Bar.*) Ce mot a diverses significations dans la marine. La barre, ou barre de gouvernail (*tiller in a boat,*

and helm in a ship) est une pièce de bois étroite et longue, qui sert à faire tourner le gouvernail sur ses gonds. — Les barres de cabestan (*bar of the capstan*) sont des pièces de bois dont on introduit une des extrémités dans les trous du cabestan pour le mouvoir sur son axe. — Les barres de cuisine, en fer, servent à soutenir les chaudières des cuisines dans les bâtiments. — Les barres d'écoutilles (*hatch bar, head ledges*) sont employées à fermer les panneaux. — Les barres de hune (*cross and trestle trees*) soutiennent la hune à la tête du mât; les barres de perroquet (*cross trees of the topmast*) présentent des points d'appui aux haubans qui maintiennent le mât de perroquet; les barres de soute, les barres de sabord (*bar of the port*) servent à maintenir fermées les portes des soutes ou les mantelets des sabords; les barres de trelingage sont des listeaux qui servent à conduire les cargues-fonds, cargues-boulines et palanquins des huniers; les cordiers appellent barres de cochoir celles qui traversent le cochoir latéralement pour l'unir aux montants de la traîne. — Plusieurs pièces dites barres de l'arcasse (*transoms*) font partie de l'arcasse d'un bâtiment; telles la barre d'écusson (*helm post transom*); la barre ou la lisse d'hourdy (*wing transom*), et la barre dite fourcat d'ouverture (*lowest transom, first transom*). — On appelle encore barre (*bar of a harbour*) les masses de sable qui barrent l'entrée d'une rivière et ces longs bancs de sable qui bordent certaines côtes maritimes et en défendent l'approche aux navigateurs. — On dit de la barre du gouvernail qu'elle est dessous (*helm to lee*) lorsqu'elle est portée du côté qui est sous le vent; dans le cas contraire, la barre est au vent (*a-weather the helm; the helm hard a-weather*); on a la barre à bord (*hard a-lee*) lorsqu'elle est poussée de côté jusqu'à toucher la muraille du vaisseau; la barre est à tribord ou à bâbord (*helm to starboard or larboard*); elle est droite, étant située dans le plan diamétral; elle est mise en place (*to ship the tiller*) et déplacée à volonté. Le timonier se met à la barre, prend la barre, est à la barre; s'il a besoin d'aides, on dit que la barre exige N d'hommes. Le bâtiment gouverne à barre franche

lorsque les mains du timonier ou des timoniers sont directement appliquées à l'extrémité de cette barre pour varier ses positions, et si, comme dans les grands bâtiments, ils se servent d'une roue et de cordages pour mouvoir cette barre, ils sont dits gouverner à la roue. — On dit l'homme à la barre pour timonier.

BARREAUX, s. m. *Voyez* AIMANT.

BARRÉE (VERGUE). *Voyez* VERGUE.

BARRER, v. a. (*To stop.*) Arrêter, empêcher d'avancer. — On barre un vaisseau, à l'aide du gouvernail, en multipliant l'action de la barre dans divers sens, ou en faisant un effort trop grand en voulant corriger ses arrivées ou ses aulofées.

BARROT, s. m. (*Barling.*) Petit bau. Les barrots d'éperon fortifient la charpente de la poulaine; les barrots de soute soutiennent les soutes, etc. Le barrot de coltis (*collar beam*) est le dernier, dans les bâtiments dont l'avant est ouvert au-dessus de l'éperon. — On appelle faux-barrots les baux des faux-ponts.

BARROTER, v. a. (*To fill to the beams.*) Remplir jusqu'aux barrots un bâtiment.

BARROTIN, s. m. (*Ledge.*) Petit barrot.

BAS, s. m. (*Bottom, lower part.*) Le bas d'un vaisseau, c'est le fond de la cale; le bas de l'eau se dit de l'état de la mer, à la fin du reflux.

BAS, adv. On commande : tout le monde en bas ! en bas le monde ! (*men down !*), pour faire descendre tout le monde dans les parties inférieures du bâtiment. — Amener tout bas une voile, c'est la faire descendre au plus bas possible.

BAS-BORD, s. m. (*Single-decker.*) Bâtiment de guerre qui n'a qu'une seule batterie; celui qui en a plusieurs est un vaisseau de haut-bord (*two-or three-decker*).

BAS-FOND, s. m. (*Shallow water.*) Hautes montagnes qui s'élèvent du fond de la mer, mais dont les sommets sont

assez éloignés du niveau de l'eau pour ne pouvoir jamais être atteints, par les plus grands vaisseaux, ou par ceux dont la partie submergée a la plus grande profondeur. C'est ce qui les distingue des écueils nommés haut-fonds (*shoals*).

BASSE ou **BATTURE**, s. f. (*Reef or ridge covered with shallow water.*) Espèce de haut-fond, dont, au reflux, la mer laisse voir le sable ou les rochers.

BASSE, adj. (*Low.*) On dit la mer est basse ou il y a basse-mer (*low water*) lorsque son niveau s'est abaissé autant qu'il peut l'être par l'effet de la marée. Les basses voiles (*courses*) d'un vaisseau sont sa grande-voile et sa voile de misaine; leurs vergues portent le nom de basses-vergues. — La batterie basse d'un vaisseau de guerre à plusieurs batteries est celle qui est la moins éloignée du niveau de la mer. — On dit que les terres des côtes de telle mer sont basses, et l'on appelle basse-terre la partie de quelques îles qui s'élève moins que le reste au-dessus du niveau de la mer.

BASSIN, s. m. (*Basin.*) 1° Lieu retiré, dans certains ports, où les vaisseaux sont à l'abri du vent et de la grosse mer (*small harbour*); 2° enceinte en pierres qui se trouve dans les arsenaux militaires et dans laquelle les eaux de la mer sont introduites (*dock, or basin of a dock*) par des portes assez grandes pour permettre le passage des bâtiments qu'on y enferme pour y être radoubés (*voyez* FORME). — 3° On appelle bassin à bord, ou bassin des cuisines, une espèce de plateau en bois destiné à contenir constamment de l'eau, afin d'empêcher et d'arrêter tous les effets du feu. — Darse est synonyme de bassin.

BASTINGAGE, s. m. (*Netting.*) Espèce de parapet élevé sur les bords et tout autour d'un vaisseau pour former un abri contre le feu d'un ennemi. On forme, en temps de guerre, des bastingages factices avec des tronçons de câble, des sacs remplis d'étoupe, de bourre, de terre, etc.

BASTINGUER, v. a. (*To barricade a ship.*) Entourer un

vaisseau d'un BASTINGAGE (*voyez* ce mot). Les marins, s'identifiant avec leur bâtiment, disent qu'ils se sont bastingués.

BAT ou **TAMBOUR**, s. m. (*Barrel.*) Bordages plus ou moins courts qu'on place sous les jottereaux de la proue, pour les protéger contre les lames.

BATARD DE RACAGE, s. m. *Voyez* RACAGE.

BATARDE, adj. f. Nom distinctif des marées qui correspondent aux quadratures de la lune par opposition aux grandes marées, qui ont lieu au temps des syzygies.

BATAYOLES, s. f. pl. (*Stanchions of nettings.*) Montants en fer ou en bois destinés à soutenir les barrières ou garde-fous qu'on établit dans un vaisseau partout où il est à propos de prévenir des accidents ou des chutes dangereuses, comme sur les plats-bords, au fronteau des gaillards, sur le contour des hunes. Les garde-fous portent le nom de lisses de batayoles, de filarets ou de garde-corps.

BATEAU, s. m. (*Boat.*) Petit bâtiment de mer. Les chaloupes, canots et yoles d'un vaisseau, sont nommés ses bateaux. — Les bateaux de pêche (*fisherman*) sont peu considérables; les bateaux plats ont peu de profondeur; les bateaux-portes ferment l'ouverture des bassins dans les ports; les bateaux à eau, à pompe ou de lest (*ballast lighter*) sont destinés à transporter de l'eau ou du lest d'un lieu à un autre. — Bateau à vapeur, *voyez* VAPEUR. — Bateau-mixte, *voyez* HÉLICE. — Bateau de lok, *voyez* LOK.

BATELAGE, s. m. (*Waterman's fare.*) Transport, par bateaux, de la charge des gros bâtiments. Les frais de batelage ne sont que des frais de transport.

BATELÉE, s. f. (*Boat-loat.*) Charge d'un bateau.

BATELER, v. n. Conduire des bateaux.

BÂTIMENT, s. m. (*Ship.*) Nom général de tous les moyens

imaginés pour naviguer sur mer. On distingue les bâtiments de guerre (*shih of war*), de commerce (*merchant ship*) et de transport ; selon leur mode de locomotion, ils sont dits bâtiments à RAMES, à VOILES et à VAPEUR (*voyez* ces mots). Il y a encore les bâtiments à un, deux ou trois mâts ; tels les vaisseaux de ligne, frégates, corvettes, flûtes, gabares, etc. Les bâtiments de guerre sont classés suivant le nombre de leurs canons ou de leurs ponts ; ceux du commerce suivant le nombre de tonneaux qu'ils sont capables de porter. — Les bâtiments de haut-bord sont ceux qui ont les œuvres mortes très-élevées ; les bâtiments de bas-bord ceux qui dominent peu la surface de la mer. — Un bâtiment qui est employé à faire des découvertes ou des observations, etc., est nommé bâtiment de découvertes, d'observations, etc. — Les bâtiments de mer sont l'ouvrage des ingénieurs-constructeurs.

BÂTIR UN VAISSEAU, v. a. (*To build a ship.*) Ouvrage des charpentiers, sous les ordres des ingénieurs-constructeurs.

BÂTON, s. m. (*Boom.*) Morceau de bois d'une grosseur peu considérable et arrondi dans son contour. — Le bâton de foc (*jib boom*) sert de prolongement au mât de beaupré : le bâton de commandement (*staff at the mast head*) est un prolongement du mât de perroquet, et sert à porter le pavillon de commandement ; le bâton de pavillon (*ensign staff*) ou bâton d'enseigne (*flag staff*) est un petit mât qui soutient le pavillon national, sur le couronnement ; le bâton de girouette (*staff of a vane*) sert de support à la girouette ; le bâton de pavillon de beaupré (*jack staff*) soutient, sur la courbe de beaupré, un pavillon qu'on y déploie les jours de fête ; le bâton de flamme (*staff of a pendant*) est une petite vergue au moyen de laquelle on arbore une flamme ; le bâton de gaffe (*boat-hook handle*) est le manche d'une gaffe ; le bâton à mèche (*linstock*) est un boute-feu au bout duquel on fixe, dans un combat, les mèches enflammées ; le bâton qui sert à mouvoir le piston d'une pompe se nomme bâton de pompe ; les bâtons d'hiver remplacent, dans la saison

des mauvais temps, les mâts de perroquet, dont les voiles ne peuvent alors être d'aucun usage.

BÂTONNÉE, s. m. Une bâtonnée d'eau est la masse d'eau qu'une pompe élève à chaque coup de piston.

BATTANT, s. m. La partie flottante d'une voile, d'une flamme, d'un pavillon, lorsqu'ils sont déployés et retenus seulement par quelques points, porte le nom de battant de voile, de flamme, de pavillon, etc. (*fly of an ensign*).

BATTANT, adj. Un vaisseau est bien battant, lorsqu'entièrement armé, et ayant reçu toute sa charge, les sabords de sa première batterie sont assez élevés au-dessus de la surface de la mer pour qu'ils puissent être ouverts au besoin et faciliter le service des canons.

BATTERIE, s. f. (*Battery, tier, deck.*) Nom donné 1° à des canons rangés des deux côtés d'un vaisseau, sur un des ponts; 2° à la suite des sabords placés sur une même ligne, de chaque côté d'un bâtiment. — Batterie ouverte ou batterie fermée, se dit des sabords; une batterie dedans ou dehors, à la serre ou aux sabords, se dit des canons. Les marins disent qu'une batterie est noyée, ou qu'un vaisseau a une belle batterie, ou qu'il a N de batterie, lorsque la ligne des sabords de la 1re batterie est placée plus ou moins près de l'eau. — La 1re batterie ou batterie basse, qui est composée des plus gros canons dont un vaisseau de guerre est armé, est celle qui est la plus voisine du niveau de l'eau. — On distingue les autres par les noms de 2e 3e, et batteries de gaillards. Par extension, on nomme batterie l'intervalle qui règne entre deux ponts placés immédiatement l'un au-dessus de l'autre. Lorsque des canons sont rangés sur un pont inférieur, les hommes qui y ont un poste, s'y promènent ou y couchent, disent qu'ils sont dans telle batterie.

BATTERIE FLOTTANTE. *Voyez* VAISSEAUX A VAPEUR CUIRASSES.

BATTRE, v. a. Vaincre (*To subdue.*) On dit aussi : battre

en chasse un ennemi, pour : le poursuivre en tirant sur lui avec les canons de l'avant; battre en retraite (*to retreat*) pour : se défendre avec les canons de l'arrière ; — battre la mer, pour : faire des courses croisées dans un même parage, sans pouvoir avancer dans sa route; — être battu par la mer, les vents, la tempête, pour : parcourir une mer orageuse. Les voiles battent les mâts (*to strike*) lorsque le vent, trop faible ou trop variable, ne les éloigne un moment des mâts que pour les laisser ensuite retomber sur eux. — Les calfats battent les coutures d'un vaisseau (*to full again*) lorsqu'ils refoulent, à coups de masse, dans les joints des bordages, l'étoupe qui doit remplir ces vides, pour fermer tout accès à l'eau.

BATTURE, s. f. *Voyez* BASSE.

BAU, s. m. (*Beam.*) Nom des poutres établies pour soutenir les ponts et maintenir les flancs à la distance voulue. On distingue les baux de pont (*deck beams*) et les beaux des gaillards, dits barrots (*barlings*). — Le maître-bau (*midship beam*), le plus long de ceux du premier pont, correspond au maître-couple; sa largeur sert à désigner celle du vaisseau; on dit qu'il a N mètres de bau. — Le bau ou barrot de coltis (*collar beam*), le plus voisin du mât de beaupré, est placé à la hauteur de la batterie supérieure; les faux-baux (*orlop beams*) supportent le faux-pont. — Les demi-baux, baux brisés en forme de D, sont placés vis-à-vis les côtés des écoutilles (*spurs or crowfeet of the beams*). — Les baux de plancher des câbles (*beam of the cable stage*) soutiennent le plancher sur lequel, dans le fond d'un vaisseau, sont rangés les câbles. — Les baux composés, d'assemblage, ou armés, sont ceux qui sont formés de plusieurs pièces réunies. — Deux bâtiments sont dits être bau à bau, lorsqu'ils sont voisins et placés parallèlement l'un à l'autre. — Un bâtiment qu'on relève par le travers du maître-bau est celui qui paraît situé sur le prolongement de la direction de ce bau.

BAUQUIÈRE, s. f. (*Clamp.*) Appui des baux; ceinture intérieure d'un vaisseau. Une seconde ceinture inférieure se

nomme serre-bauquière (*thick stuff*). Il y a une bauquière à la hauteur de chaque pont, de chaque gaillard et du faux-pont.

BEAU-FRAIS, adj. État du vent dont la force est modérée, et favorable à une prompte navigation.

BEAUPRÉ, s. m. (*Bow-sprit.*) Mât qui, dirigé plus ou moins obliquement à l'horizon, saille en avant de la proue d'un vaisseau, s'appuie sur la tête de l'étrave, et repose son pied sur un des ponts. En se prolongeant au delà de la proue, il devient propre à servir d'appui, soit à plusieurs voiles, soit aux étais du mât de misaine. Dans les grands vaisseaux, il est composé de plusieurs pièces. — Mettre son beaupré dans les haubans d'un bâtiment, c'est engager le bout de ce mât entre ces haubans. — Un vaisseau est beaupré sur poupe (*close behind*) à l'égard d'un autre bâtiment qui le précède, lorsque le beaupré du premier n'est éloigné de la poupe du second que d'une longueur égale à deux fois celle de ce mât.

BEAUTURE, s. f. En beauture, en disposition à devenir ou à rester beau; cela se dit du temps.

BEC, s. m. (*Beak.*) 1° Pointe de terre qui s'avance dans l'eau en se prolongeant loin des côtes auxquelles elle tient par sa base; — 2° forme aiguë de l'avant des tartanes, felouques, etc. (*Beak or prow*). — Bec d'une ancre (*bill of an anchor*), pointe de chacune de ses pattes. — Bec à corbin (*rave hook*), outil des calfats, lame plate, étroite, recourbée, emmanchée en équerre à une verge de fer; sert à arracher du fond des coutures d'un vaisseau, ou des joints des planches, la vieille étoupe qu'on veut remplacer.

BÉCASSE, s. f. Barque non pontée, à proue très-élancée, et ne portant qu'une grande voile.

BÉLANDRE, s. f. (*Bilander.*) Barque dont la voilure approche de celle du brigantin, avec cette différence que sa brigantine déployée s'étend en avant du mât d'artimon. Quelques bélandres ont le gréement des sloops.

6.

BELÉE, s. f. *Voyez* FUNIN.

BELLE, adj. (*Fine.*) La mer est dite belle lorsque sa surface est peu agitée. — Une belle batterie se dit de la 1re batterie assez bien placée pour que les lames ordinaires ne puissent empêcher l'usage de ses canons — On dit que des boulets sont tirés en belle, lorsqu'ils sont dirigés sur l'œuvre-morte d'un vaisseau, dans l'intervalle des haubans de misaine à ceux du grand mât.

BÉNÉDICTION, s. f. *Voyez* BAPTISER.

BÉQUILLES, s. f. pl. Étançons sur lesquels on fait appuyer un bâtiment échoué, afin qu'il ne se renverse pas sur un de ses côtes. (*Voyez* EMBOURDER.)

BER ou **BERCEAU**, s. m. (*Cradle.*) Espèce de lit formé de cordages et de fortes pièces de charpente, sur lequel on fait reposer un vaisseau, lorsqu'après avoir été bâti à terre sur un chantier incliné, on se propose de le lancer à la mer. Le berceau embrasse une grande partie de la carène; il glisse vers la mer, aussitôt qu'il est dégagé de tout ce qui peut le retenir, emportant avec lui le vaisseau qui l'abandonne lorsqu'il parvient à trouver dans l'eau un nouvel appui. Un berceau a pour base deux coites, sur lesquelles on a établi des montants dits colombiers, retenus par des cordages qui passent sous la quille du bâtiment. Ceux du milieu appuient leur tête échancrée sous une forte et longue pièce de bois nommée ventrière, qui sert de demi-ceinture aux plus larges contours de la partie basse de la carène.

BERGES, s. f. pl. (*Steep banks.*) Rochers escarpés qui bordent une côte.

BERNE, s. f. (*Waft.*) Un pavillon en berne est un pavillon pendant à l'arrière d'un bâtiment et plié sur lui-même. En mer, c'est un signal généralement adopté pour annoncer des besoins pressants ou une certaine détresse et demander du secours. — En rade, on met pavillon en berne pour appeler à bord les gens de l'équipage qui sont absents. — Un vaisseau annonce le départ à tous ceux qu'il doit transporter, en mettant pavillon

en berne, en tirant un coup de canon et en déferlant sa voile de petit hunier. — Un navire qui revient de la mer se sert aussi du pavillon en berne pour demander un pilote.

BERTHELOT, s. m. (*Prow.*) Flèche en bois, établie sur l'avant de certains bâtiments pour présenter aux voiles de focs, des points d'appui placés plus ou moins en avant de la proue.

BETTE ou **MARIE-SALOPE** (*Beet.*), s. f. Petit bâtiment construit particulièrement pour recevoir et transporter au loin les vases et les immondices qu'on retire du fond de l'eau dans un port.

BIDO, s. f. Une voile à bido est celle que le vent presse contre le mât qui la porte. Ne se dit que des voiles latines.

BIDON, s. m. (*Cann.*) Petit baril en bois, ayant la forme d'un cône tronqué, et qui sert, à bord des vaisseaux, pour contenir le vin ou l'eau destinés aux besoins journaliers de plusieurs hommes. On le remplit par sa petite base, qui est son ouverture supérieure, sur le côté de laquelle il présente un petit bec par lequel on peut boire.

BIGORNE, s. f. (*Bickern.*) Coin de fer dont les calfats se servent pour briser, au fond des joints de deux planches, les clous qui peuvent traverser ces vides et par conséquent gêner les calfats dans leur travail.

BIGOTS, s. m. pl. (*Ribs.*) Petits plateaux de bois d'orme qui séparent les pommes du RACAGE. (*Voyez* ce mot.)

BIGUES, s. f. pl. (*Sheers.*) 1° Longues et fortes pièces de sapin qui, dans une machine à mâter, soutiennent les caliornes qui servent à élever un mât. 2° Montants élevés autour d'un vaisseau en construction, portant à leur tête des poulies qui facilitent l'exhaussement et l'arrangement des grosses pièces composantes de ce bâtiment. 3° Fortes pièces de bois servant de leviers pour incliner un petit bâtiment sur un de ses côtés. 4° Deux pièces de bois assemblées par une de leurs extrémités

pour composer comme une espèce de chèvre, avec laquelle on lève des fardeaux et on facilite le chargement ou le déchargement d'un bâtiment.

BILLARD, s. m. (*Billard; log.*) Barre de fer, cylindre de 3 à 4 mètres de longeur, et terminé d'un côté par un large talon, plus épais que la tige. Il sert à pousser à leur place les liens de fer dont on ceint un mât qui est composé de plusieurs pièces, afin de resserrer étroitement celles-ci et de les maintenir sûrement.

BILLARDER, v. a. Frapper à coups redoublés avec le billard.

BILLARDEUR, s. m. Homme employé à billarder.

BILLE, s. f. *Voyez* BILLARD.

BILLETEUR, s. m. Matelot ou ouvrier qui reçoit en même temps et sa paye et celle de plusieurs de ces camarades, auxquels il est chargé de la remettre.

BILLETTES, s. f. (*Billets.*) Rondins pour les cuisines des vaisseaux ; on les distribue dans les vides qui règnent entre les barriques arrangées dans la cale.

BILLONS, s. m. Pièces de sapin, équarris et de forte dimension. Les mâts bruts n'excédant pas 16 ou 18 mètres de longueur sont appelés billons ronds.

BISCAYENNE, s. f. et adj. (*Long boat ; Biscayan boat.*) Barque longue, dite aussi chaloupe biscayenne ; ses extrémités sont très-aiguës, son grand mât, vertical, porte une voile très-grande ; son mât de misaine, fort incliné sur l'arrière, est chargé d'une voile plus petite.

BISCUIT, s. m. (*Sea biscuit.*) Pain en usage à la mer ; a la forme plate d'un petit gâteau ; est très-cuit et très-dur.

BITORD, s. m. (*Spun yarn.*) Cordage d'une petite grosseur, et composé de trois ou quatre fils tortillés ensemble ; il

est fait avec du chanvre inférieur. On l'emploie à recouvrir d'autres cordages. Il y a le bitord à 3 fils ou à 4 fils, le bitord blanc (*white*), noir ou goudronné (*tarred.*)

BITTE, s. f. (*Bitt.*) Nom de deux forts piliers de bois qui s'élèvent verticalement, près de l'avant d'un vaisseau, au-dessus de son premier pont. Elles s'appuient contre des consoles (taquets de bittes) et leurs têtes sont réunies par une forte traverse (traversin). Cet assemblage sert d'appui aux amarres des vaisseaux ; elles s'appellent grandes bittes (*main bitts*). Les petites bittes sont appelées bittons, bittons d'écoute (*to psail sheet bitts*). — Les grands vaisseaux ont généralement deux paires de bittes, l'une placée en avant de l'autre.

BITTER, v. a. (*To bitt.*) Tourner un cordage sur les bittes.

BITTON, s. m. *Voyez* BITTE.

BITTURE, s. f. (*Range*). Partie de la longueur d'un câble qui doit suivre à la mer une ancre qu'on se propose de mouiller. Elle est proportionnée à la profondeur de la mer dans le lieu du mouillage. — Prendre une bitture (*to make a range of the cable*), c'est l'étendre sur le pont, avant de jeter l'ancre, afin que la chute de celle-ci ne puisse être retardée ni arrêtée. — *Augmenter* la bitture, c'est l'allonger ; la *diminuer*, c'est la raccourcir.

BLANC, adj. (*White.*) Nom donné à tout cordage non goudronné.

BLIN, s. m. (*Battering ram.*) Sorte de bélier moderne, dont on se sert, 1° dans les chantiers de construction, pour ébranler un vaisseau dans son berceau, s'il tarde à descendre vers la mer ; 2° dans les ateliers de mâture, pour produire l'application immédiate et précise des diverses pièces dont se compose un mât ou une vergue.

BLINDAGE, s. m. Action de blinder.

BLINDER, v. a. (*To cover up with blinds.*) Recouvrir

extérieurement un vaisseau d'un très-grand nombre de tronçons de vieux cordages, lorsqu'il est destiné à recevoir le feu
d'une citadelle ou d'une batterie quelconque.

BLINER, v. a. *Voyez* BURINER.

BLOQUER, v. a. *Voyez* PLOQUER.

BOIS, s. m. (*Wood.*) On distingue, dans la marine, les
bois de construction (*timbers for shipbuilding*), de membrure, de mâture, d'arrimage (*fathom woods*), de rebut (*refuse
wood*), de tins, de barque, de chaloupe, de démolition (*old
timber*), de chauffage (*fire wood*), d'aviron (*oar wood*). On
distingue aussi, suivant leur état, des bois bruts (*rough timber*), courbants (*compass timbers*), en grume, de brin, droits
(*straight timbers*), tors, flottants, fondriers; enfin, suivant
leur emploi, il y en a de nommés bois de foc, d'araignée
(*crow's foot*), à chauffer les vaisseaux (*breaming fagots*), etc.
— Un bâtiment qu'on approvisionne de bois, est dit faire du
bois (*to make a provision of wood; to get wood*). — Lorsque
dans un combat, on dirige les canons sur le corps même d'un
bâtiment ennemi, c'est alors tirer en plein bois.

BOISAGE, s. m. (*Wood-work.*) Action de boiser un vaisseau.

BOISER, v. a. (*To wainscot.*) Composer la carcasse d'un
vaisseau, en établissant et élevant tous ses couples sur sa quille.
(*Voyez* COUPLE.)

BOITE, s. f. (*Case.*) Les boîtes à compas, à étoupilles, à
chemise à feu, renfermant un compas, des étoupilles ou une
chemise à feu. — Les boîtes de ferrures de gouvernail sont
des garnitures en fonte qu'on emboîte dans les pentures qui
reçoivent les gonds du gouvernail, afin de rendre le frottement
plus doux. — Les boîtes pour drosses ou pour rubans de gouvernail (*rudder case*) sont des cylindres de bois percés suivant leur axe et placés verticalement dans l'épaisseur des
ponts et des gaillards pour servir de passage aux cordages avec
lesquels on manœuvre la barre du gouvernail.

BOMBARDE, s. f. (*Bombard.*) Barque ou galiote destinée à porter un mortier en batterie.

BOMBE, s f. (*Bomb.*) Boule de fer creuse, qu'on remplit de poudre et dont on charge un mortier.

BOME, s. f. Grande voile d'un bateau, à forme quadrangulaire, maintenue déployée par une petite vergue supérieure nommée pic, et par une plus longue vergue inférieure nommée gui; elle est susceptible d'être orientée très-près de l'origine du vent.

BOMERIE, s. f. (*Bottomry.*) Prêt d'argent à la grosse AVENTURE. (*Voyez* ce mot.)

BON et **BONNE**, adj. (*Good.*) Le mot bon est souvent employé, dans la marine, comme synonyme d'avantageux, favorable, convenable (*favourable, proper*). On dit qu'il vente bon frais, qu'un vaisseau est bon marcheur, qu'il est bon voilier, qu'il évite par le bon tour, qu'on tient le bon bout d'un cordage, qu'on fait bon bras, bon quart, etc., c'est-à-dire que le vent est fort sans être violent; qu'un vaisseau a une marche facile et prompte; qu'il tourne du bon côté lorsque le flux et le reflux se succèdent, qu'on a saisi le bout convenable d'un cordage; qu'on tient convenablement tendu le bras d'une vergue; qu'on veille attentivement sur le vaisseau, etc. On dit : bon quart devant! (*look out afore there!*) bon quart partout! pour avertir les personnes qui sont à l'avant d'un vaisseau ou dans tout autre lieu, d'être attentifs à tout ce qui peut intéresser la conservation ou la manœuvre d'un bâtiment. — On entend souvent, à bord, après un commandement, l'équipage répondre : à la bonne heure! (*very well!*), pour annoncer qu'il a entendu l'ordre donné et qu'il va l'exécuter. On dit aussi qu'une chaloupe est bonne de nage, qu'on fait de bonnes garcettes, qu'on amarre bonne-main, que le fond de la mer est de bonne-tenue. (*Voyez* NAGE, GARCETTE, TENUE et AMARRER.)

BONACE, s. f. (*Calm.*) Suspension de mauvais temps.

La bonace règne, lorsqu'un air plus tranquille et une mer moins agitée succèdent à des tempêtes et à de grosses lames.

BONDER, v. a. (*To full.*) Un vaisseau est bondé lorsque sa cale est totalement remplie d'objets quelconques, sans laisser aucun espace vide.

BONNETTE, s. f. (*Studding-sail.*) Voile supplémentaire qui dans les beaux temps est sur-ajoutée aux voiles hautes ou basses, lorsqu'elles sont déployées. Des bouts-dehors sont employés à étendre les bonnettes dans le prolongement des voiles principales, dont elles augmentent l'étendue. — Bonnette basse, de grand-voile ou de misaine (*bower studding-sail*); bonnette haute, des huniers et des perroquets (*topmast studding-sail*). — Les bonnettes mouillées (*bonnet*) sont des bandes de toile qu'on lace avec le bord inférieur des basses voiles; les bonnettes lardées sont des bonnettes ordinaires matelassées d'étoupe, qu'on étend extérieurement sous la carène pour recouvrir momentanément les ouvertures accidentelles par lesquelles la mer pénètre dans la cale. — Les bonnettes des huniers sont quelquefois désignées sous le nom de bonnettes en étui. — Dans les senaux, on grée une bonnette à l'arrière (*ring tail*); on donne aussi quelquefois une bonnette (*drabler*) aux sloops et aux schooners. — On dit, d'un vaisseau qui a ses bonnettes basses déployées, qu'il court sous ses bonnettes basses (*under water-sails*).

BORD, s. m. Ce mot a diverses significations en outre de celles qu'on lui donne dans la langue commune. Il exprime, tantôt un vaisseau (*board or ship board*), tantôt une bordée ou course au plus près du vent (*tack*), tantôt le contour extérieur d'un bâtiment (*side*), tantôt enfin le rivage de la mer (*shore*). — Dans le premier sens on dit aller, monter, rester, être, demeurer, passer à bord; un homme descend du bord, est du bord, vient du bord. Les vêtements qu'on ne porte que dans un vaisseau et à la mer, sont aussi nommés des habits de bord, etc. — Un vaisseau court ou fait un bord, lorsque le

vent qui le met en mouvement ne frappe que sous un petit angle d'incidence ses voiles orientées aussi obliquement qu'elles peuvent l'être à l'égard de sa quille. C'est dans le même sens qu'on dit : Courir un ou plusieurs bords (*to make N boards*), courir un bon bord (*to make a good board*). Si une telle route est dirigée vers la terre ou vers la grand-mer, alors c'est courir un bord à terre (*standing in shore*) ou au large (*standing off shore*). Si les voiles ne sont pas tout à fait orientées au plus près du vent, le vaisseau est dit avoir les amarres sur bord (*to have her tacks on board*). Si le vaisseau, après avoir tenu au plus près avec le vent soufflant sur un côté, présente l'autre côté au même vent, pour courir de nouveau au plus près, il change de bord (*to change from one tack to another*); il met à l'autre bord, il court bord à bord (*about; to ply to windward*). Alors il peut courir, ou un bord à terre et un bord au large (*off and on*), ou au même bord qu'un autre vaisseau, ou le même bord (*upon the same tack*), ou à bord opposé, ou à bord à contre (*upon a contrary tack*). Si ces bordées ou ces bords se succèdent promptement, il court à petits bords, parce que l'espace parcouru est peu considérable. — Deux bâtiments sont bord à bord, ou bord sur bord (*alongside*), lorsqu'ils sont côte à côte. S'ils sont placés le long d'un quai, ou le long de la terre, ils sont bord à quai ou à terre ; on dit d'un canot qui flotte à côté d'un vaisseau qu'il est le long du bord. — Jeter quelque chose hors d'un vaisseau, c'est les jeter hors le bord, par-dessus le bord (*overboard*). — Passe le monde à bord ! est le commandement pour faire ranger les gens de l'équipage sur le bord d'un bâtiment. — Combattre des deux bords, c'est tirer en même temps les canons qui sont établis de chaque côté d'un vaisseau. — Le bord du vent d'un bâtiment est celui de ses côtés sur lequel frappe le vent régnant ; le bord de sous le vent est le côté opposé. — On nomme franc-bord les planches qui recouvrent extérieurement toute la carène d'un bâtiment. — Enfin, le mot bord est synonyme de rivage : être au bord de la mer ; débarquer sur le bord de la mer, etc. — *Franc-bord, voyez* FRANC.

BORDAGE, s. m. (*Plank.*) Nom donné à des planches plus ou moins épaisses qui sont employées, soit à recouvrir dans toute son étendue la surface extérieure de la carcasse d'un vaisseau, soit à former les ponts ou planchers qui sont distribués dans l'intérieur des bâtiments. Quelques-uns ont des noms particuliers, tels que ceux de préceintes, carreau, ribord, lisses de rabattue, hiloires, bordages de fonds (*plank of the floor*), bordages des gaillards et de la dunette, etc. — Le mot bordage exprime quelquefois l'action de border un vaisseau ou d'appliquer des bordages dans leur place.

BORDAILLES, s. f. Planches brutes, bonnes à faire des bordages.

BORDANT, s. m. *Voyez* BORDURE.

BORDÉE, s. f. 1° Nom d'une course (*board or tack, board in tacking*) dirigée au plus près (*voyez* BORD). Dans ce sens, on dit courir une bordée (*to tack, or make a board*); faire de courtes, de longues bordées, une bonne bordée (*good tack*); courir à petites bordées (*by small boards*); pousser sa bordée ou la prolonger; atteindre ou gagner un lieu, un objet quelconque, à la bordée, ou à bout de bordée, c'est-à-dire ne parvenir à un but désiré qu'à l'extrémité d'une bordée qui n'y conduit qu'à peine. — 2° Durée d'une espèce de faction faite à bord d'un vaisseau. C'est ainsi qu'on dit : courir la grande bordée (*watch of half the ship's crew*), pour exprimer qu'une moitié de l'équipage est sans cesse de garde pour faire le service à bord. L'équipage court la petite bordée, lorsqu'il est divisé en 3 ou 4 parties qui successivement font le quart. L'état-major ne court ordinairement que la petite bordée. — 3° Tirer sa bordée, dans un combat, ou donner sa bordée (*broadside*), c'est envoyer une volée ou tirer tous les canons qui sur un vaisseau sont en batterie du même côté. Recevoir plusieurs bordées, c'est essuyer successivement le feu des batteries d'un vaisseau ennemi, qui a tiré des deux côtés ou d'un côté seulement.

BORDEYER, v. n. *Voyez* LOUVOYER.

BORDER, v. a. 1° L'exécution du BORDAGE (*voyez* ce mot); border un vaisseau (*to plank a ship*); border la carène, la dunette, les gaillards, les ponts (*to lay a ship's deck*); border à clin (*to build with clincher work*), c'est-à-dire recouvrir une partie du bord du bordage inférieur lorsque sur lui chevauche le bordage supérieur. — 2° Tendre une voile du côté qui est sous le vent. Border une voile (*to haul home the sheet*), c'est la tendre à l'aide de son écoute, comme l'amurer, c'est la tendre à l'aide de son amure. — On borde la grand'voile, la misaine (*to tally aft the sheet; to hauie aft the main sheet*); on borde l'artimon (*to set the mizzen; to haul out the mizzen*); on borde les focs (*to haul aft the jibul and forestay sail sheets*). Quelquefois on dit seulement : border l'écoute de telle voile (*to tally a sheet; to tally aft the sheet*). On borde les voiles à plat (*to haul close aft*) lorsque leurs écoutes sont assez tendues pour présenter ces voiles au vent sous la forme d'une surface presque plane. — 3° Border les avirons, c'est les placer sur le bord d'un bateau, et les tenir prêts à servir au premier signal (*to ship the oars*). — 4° Des rochers, des hauts-fonds, des écueils bordent une côte lorsqu'ils en sont placés à peu de distance.

BORDIER, adj. (*Lap-sided ship.*) Se dit d'un vaisseau qui s'incline sur un côté, plus facilement que sur l'autre, étant sollicité d'ailleurs par des puissances égales et semblablement placées. On dit encore qu'un tel vaisseau a un faux côté.

BORDIGUE, s. f. (*Crawl.*) Retranchement ou parc en cannes et en roseaux, formé sur certaines parties du rivage de la mer pour retenir du poisson enfermé et dans l'eau.

BORDOLINGUE, s. f. *Voyez* RIBORD.

BORDURE, s. f. ou **BORDANT**, s. m. (*Foot of a sail.*) Côté inférieur d'une voile déployée.

BORGNE, adj. 1° Ancre qui n'a qu'une patte : 2° ancre mouillée qui n'est pas accompagnée d'une bouée.

BOSSE, s. f. (*Stopper.*) Cordage dont les tours serrés et mul-

tipliés retiennent un cordage quelconque dans l'état de tension qui lui a été donné. — Les bosses à fouet (*stoppers of the cable*) ont un bout qui se termine en une tresse plate ; les bosses à bouton (*knotted stoppers*) sont terminées par un gros bouton, dit cul de porc, au-dessous duquel est liée une aiguillette ou petit cordage qui sert à les réunir étroitement aux câbles qu'elles doivent maintenir tendus. On les nomme aussi bosses de câble (*ring ropes*), ou bosses à aiguillettes (*stoppers with laniards*). — Les bosses cassantes sont celles dont on entoure le câble d'une ancre mouillée pendant la durée d'une tempête. — Le long cordage qui traverse le bossoir, au-dessus duquel il est retenu par un bouton, et qui sert à soutenir l'ancre par son arganeau, s'appelle bosse debout (*stopper at the cat-head*); on nomme bosse d'une chaloupe, d'un canot, d'un bateau flottant, etc. (*boat rope*), un cordage qui sert à retenir une chaloupe, etc., à un bâtiment. — Donner une bosse à un canot, ou prendre une bosse, c'est donner ou recevoir un tel cordage. — On nomme aussi bosses, des bouteilles de verre pleines de poudre, et garnies de mèches propres à porter le feu à bord d'un bâtiment ennemi.

BOSSEMAN, s. m. (*Boatswain's mate.*) Officier marinier, ou bas officier dans l'équipage d'un vaisseau.

BOSSER, v. a. (*To stopper.*) Retenir un objet par le moyen d'un cordage dont une extrémité est fixée solidement sur un point d'appui quelconque. Bosser le câble d'une ancre (*to stopper the cable*). — Pour commander de bosser et de bitter ensuite, on dit : Bosse et bitte ! — Bosser une ancre, c'est la maintenir pendante, à l'aide de la bosse debout, au-dessous du bossoir (*to stow the anchor upon the bow*). — Au moment du combat, on bosse souvent avec des chaînes de fer les vergues des huniers et les basses vergues d'un vaisseau.

BOSSOIRS, s. m. pl. (*Cat-head.*) Pièces de bois de fortes dimensions qui sont couchées sur le gaillard d'avant d'un vaisseau, de part et d'autre du beaupré, et qui sont saillantes hors de sa

proue. Leur tête saillante est soutenue par une console ou courbe en bois, et elle est percée de trois mortaises verticales qui reçoivent autant de rouets pour le passage du cordage qui tient à la poulie par laquelle, dans certaines circonstances, une ancre est suspendue. On distingue le bossoir de tribord et le bossoir de babord, le bossoir du vent (*weather bow*) et le bossoir sous le vent (*lee bow*). Un objet qui est aperçu du vaisseau selon la direction du bossoir du vent est dit être sous le bossoir du vent (*on the weather bow*); s'il est vu sur une perpendiculaire à la quille, et qui passe par la tête du bossoir, il est par le travers du bossoir (*on the bow*). Lorsque le point du vent de la misaine est fixé sur le bossoir, on dit que la misaine est amurée au bossoir (*to get the fore tack to the cat-head*).

BOT, s. m. (*Dutch boat.*) Nom donné à tout petit bateau à rames; quelques-uns, plus grands, portent des voiles semblables à celles des sloops.

BOTTE, s. f. En botte (*in frame*), en fagots ou en paquet, se dit des futailles, chaloupes, canots, etc., lorsque les pièces qui les composent étant séparées, sont assemblées en faisceau et liées ensemble pour pouvoir occuper un moindre espace.

BOUCANIER, s. m. (*Buccaneer.*) 1° Chasseur de bœufs sauvages; 2° bâtiment qui sert au transport des boucaniers.

BOUCAUT, s. m. (*Dry cask.*) Grosse futaille propre à contenir du sucre ou autres marchandises sèches.

BOUCHOT, s. m. (*Bed.*) Parc entouré de pieux, sur le bord de la mer, qui ne peut le découvrir que dans les grandes marées, époques où l'on y trouve du poisson arrêté et des coquillages.

BOUCLE, s. f. 1° Synonyme d'ANNEAU (*voyez* ce mot). 2° Fers avec lesquels on enchaîne les prisonniers à bord; un homme aux fers est dit être sous boucles (*in irons*). 3° Ouverture que forme un cordage replié sur lui-même (*loop*). — Les anneaux fixés dans la muraille d'un vaisseau sont nommés boucles de sabord (*port-rings*); elles servent de point d'appui

pour mouvoir ou arrêter les canons. — Les boucles de quai sont ces grands anneaux de fer scellés dans l'épaisseur des quais pour servir à y attacher les bâtiments.

BOUDIN, s. m. Pièce de bois courbée qui fait partie de l'éperon d'un vaisseau (*middle rail of the head*). — On donne le même nom à la pièce supérieure en bois qui borde horizontalement le doublage d'un vaisseau, autour de la carène.

BOUÉE, s. f. (*Buoy.*) Corps léger, fait de bois ou de liége (*cork buoy*), destiné à flotter verticalement au-dessus du lieu d'une ancre mouillée à laquelle il est lié par un cordage nommé orin. — Les bouées de bout de mât (*stream buoy*), faites avec le bout d'un mât, accompagnent les ancres de touée. — Les grosses bouées faites en barrils (*can-buoy*) servent à marquer des écueils. — On appelle bouée à la veille, celle qui est préparée pour être jetée à l'eau au moment où l'ancre doit y tomber. — Les bouées de sauvetage ou salva-nos (*lif-buoy*) sont larges, plates et faites de liége; on les jette à l'eau pour présenter une prompte ressource à un homme qui vient de tomber à la mer.

BOUGE, s. m. (*Convexity, bilge.*) Flèche de l'arc régulier qu'affecte dans sa forme une pièce de bois qui, suivant sa largeur, a une légère courbure dans ses contours. C'est ce que, dans la langue commune, on nomme le ventre d'une futaille, ou d'une douve. Le bouge d'une pièce est vertical (*round-up*), ou horizontal (**round-aft**).

BOUJARRON, s. m. (*Gill.*) Petit vaisseau qui sert à mesurer un seizième de pinte de vin ou de liqueur.

BOULET, s. m. (*Ball; shot.*) Globe de fer. Il y en a de différents poids et de différents diamètres. — Le boulet ramé ou boulet à deux têtes (*bar shot or double-headed shot*) est composé de deux demi-globes de fer fixés aux extrémités d'une barre de même métal; si ses deux hémisphères séparées sont liées entre elles par une chaîne de fer, on le nomme boulet enchaîné ou à l'ange (*chain shot*).

BOULINE, s. f. (*Bowline.*) Cordage qui sert à mieux déployer et étendre du côté du vent les parties latérales d'une voile orientée obliquement à la quille. On l'attache au moyen de cordons dits branches de bouline. Les voiles ont une bouline de chaque côté. Il y a la bouline du vent et la bouline sous le vent ou bouline de revers (*lee bowline*); les boulines de misaine (*fore bowlines*), les grandes boulines, celles de grand et de petit hunier (*foretop bowlines*), etc. — Les boulines empressées sont celles qui sont aussi roides que possible; dans ce cas, on dit d'un vaisseau qu'il va à la bouline, ou à pointe de bouline (*to sail with a scant wind, or close to the wind*); on dit qu'il court à boulines franches ou à grasses boulines, s'il a moins de tension dans ses cordages. — Faire courir la bouline à quelqu'un (*to run the gauntlet*), c'est le faire passer entre deux haies de matelots qui successivement le frappent avec des garcettes.

BOULINER, v. n. Aller à la bouline (*to haul a sail to windward*).

BOULINIER, adj. Un bon boulinier (*good plyer*) est un vaisseau qui, lorsqu'il court au plus près, gagne bien au vent sans dériver considérablement; dans le cas contraire, il est mauvais boulinier (*leeward ship; bad plyer*).

BOULON, s. m. (*Bolt.*) Cheville de fer à tête, et qui, après avoir été mise en place, est propre à être rivée par l'autre extrémité.

BOUQUE, s. f. (*Mouth of a river.*) Embouchure d'un canal, d'une rivière, d'un bras de mer, d'une passe, etc.

BOURCER, v. a. Retrousser les coins inférieurs d'une voile carrée en l'abandonnant à l'impulsion du vent.

BOURCET, s. m. Voile quadrangulaire dont la vergue est suspendue par un point qui est placé au tiers de sa longueur; on la nomme aussi voile au tiers.

BOURDE, s. f. (*Shore, prop.*) Toute pièce de bois employée

en guise de béquille pour étayer un bâtiment dans les échouages forcés et inattendus.

BOURÈCHE, s. f. Espèce de bourrelet fait de bitord, dont on enveloppe certains points de la longueur d'un cordage pour empêcher les garcettes de glisser.

BOURRELET, s. m. (*Puddening.*) Enlacement de cordages dont on ceint certains points de la longueur d'une manœuvre, d'un mât, etc. — Le bourrelet d'étambrai est un boudin en bois ou un cordon qui borde l'ouverture d'un pont, par laquelle passe un mât.

BOURSE, s. f. (*Exchange.*) Lieu où s'assemblent, à des heures déterminées, les négociants et les armateurs d'un port de mer, pour traiter de toutes sortes d'affaires.

BOUSSOLE, s. f. ou COMPAS DE MER, COMPAS DE ROUTE, s. m. (*Sea compass.*) Boîte, souvent de cuivre, du fond de laquelle s'élève un pivot aigu qui supporte, par le milieu de sa longueur, une aiguille aimantée et libre de tourner horizontalement. Cette aiguille est fixée sous un carton circulaire sur lequel est dessinée une rose des vents; la boîte est recouverte d'une glace, afin de mettre l'aiguille à l'abri et de laisser voir ses mouvements. Les marins suspendent cet instrument au centre de deux cercles concentriques de cuivre nommés balanciers, ce qui lui fait conserver à peu près et constamment sa position horizontale (*voyez* HABITACLE). — Un vaisseau est dirigé, en pleine mer, avec une ou plusieurs boussoles; on s'en sert aussi pour faire les relèvements des objets et par conséquent pour aider à tracer des plans topographiques, ou de côte, ou de rade, etc.

BOUT, s. m. (*End.*) Extrémité d'un objet et aussi, quelquefois, partie extrême plus ou moins étendue. — Bout de vergue (*yard-arm*), partie qui dépasse une voile lorsqu'elle est attachée à une telle vergue; dans le même sens, on dit : le bout d'un cordage (*butt of a plank*), d'une allonge, d'un cordage

(*butt, or fag end of a rope*). Donner, ou attraper le bout, c'est présenter ou prendre l'extrémité d'un cordage; le bon bout est celle des extrémités qu'il faut saisir. — Filer un câble par bout, c'est, après l'avoir détaché de la bitte par laquelle il liait un vaisseau à une ancre mouillée, le laisser sortir jusqu'au bout par l'écubier. — Les extrémités du plus grand et du plus petit diamètre d'un mât portent le nom de gros et de petit bout. — Être à bout de brague se dit d'un canon qui se trouve éloigné du sabord à la distance qu'un gros cordage nommé brague ne lui permet pas de passer. — Un vaisseau a le bout à terre, ou sur un objet quelconque, lorsque sa proue, dirigée sur la terre ou sur cet objet, n'en est séparée que par un très-petit intervalle.

BOUT DE LOF. *Voyez* MINOT.

BOUT-DEHORS, s. m. (*Boom.*) Bouts de bois qui sont employés ou à porter en dehors d'un vaisseau le coin inférieur d'une de ses voiles, ou à repousser loin d'un bâtiment des objets qui ne doivent pas en approcher. — Le bout dehors de la bordure des bonnettes basses de la grand'voile s'appelle arc-boutant ferré. — Le bout-dehors de beaupré (*small jib boom*) porte des voiles en avant du vaisseau. — Certains bâtiments ont un bout-dehors de flèche-en-cul (*ringtail boom*). — Mettre en place ou les retirer de leur place, c'est pousser (*to rig out a boom*), ou rentrer les bout-dehors.

BOUTEILLE, s. f. (*Quarter gallery of a ship.*) Espèce de demi-tourelle aplatie, en bois généralement sculpté, dont on flanque les deux côtés d'un vaisseau sur les bords de sa poupe, et à la hauteur des ponts. Elles sont percées de fenêtres et renferment les latrines de l'état-major. Il y a de fausses bouteilles (*badges*) qui sont sans usage; c'est un pur ornement extérieur.

BOUTON, s. m. (*Button; knot.*) Les écouvillons, refouloirs et culasses des canons ont un bouton qui prend leur nom. — On appelle encore bouton un gros nœud qui termine certaines bosses. (*Voyez* BOSSE.)

BOYER, s. m. Barque commune dans la Baltique. C'est un bâtiment de transport tirant peu d'eau, dont les varangues sont très-plates, ayant un grand mât et un tape-cul, avec la voilure ordinaire des galiotes.

BRAGUE, s. f. (*Breeching.*) Gros et fort cordage qui, dans un vaisseau, sert à borner l'étendue du recul d'un canon. On raccourcit les bragues pour borner ce recul; on tire alors à bragues sèches (*breeching shortened*). Le cordage qui empêche le gouvernail de sortir de sa place a nom brague de gouvernail (*rudder stoppers*).

BRAGUET, s. m. Cordage destiné à soutenir le poids d'un mât de hune, dans le cas où la guinderesse mise en action pour l'élever jusqu'au sommet du bas mât se romprait subitement.

BRAI, s. m. (*Pitch.*) Le brai sec (*pitch*) est la matière résineuse des pins et sapins cuite avec un mélange d'eau; le brai gras ou brai liquide (*tar*) est un mélange de brai sec et de goudron, avec des matières grasses. (*Voyez* BRAYER.)

BRAIER ou **BRAYER**, v. a. (*To pitch.*) Enduire de brai. — Brayer les coutures et les joints (*to pay the seams*), c'est recouvrir de brai liquide et chaud les intervalles des bordages d'un vaisseau après les avoir remplis d'étoupe serrée. Cet enduit sert aussi à fermer toute issue à l'eau environnante, et à conserver le calfatage.

BRAIES, s. f. (*Coats of the mast; helm coats.*) Nom donné aux toiles goudronnées lorsqu'on les emploie à envelopper le contour des ouvertures par lesquelles les mâts, les pompes et le gouvernail traversent un vaisseau.

BRANCHE, s. f. Cordage attaché, par son extrémité, à diverses pattes de la ralingue latérale d'une voile, ou à d'autres cordages tenant ces mêmes pattes. (*Voyez* BOULINE, ARAIGNÉE et MARTINET.)

BRANLE, s. m. *Voyez* HAMAC.

BRANLE-BAS, s. m. Faire branle-bas (*up all hammocks*), c'est détacher les branles ou hamacs qui servent de lits dans les entreponts, pour les porter dans des filets étendus sur les bords des gaillards et des ponts, afin d'en composer ainsi un bastingage ou un abri contre la mousqueterie ennemie. — Quand le branle-bas est général, on démonte aussi les cloisons des chambres. — En temps de paix, le branle-bas qu'on ordonne est dit branle-bas de propreté; en temps de guerre, branle-bas de combat.

BRAS, s. m. (*Arm.*) On appelle bras de mer(*arms of the sea*) des canaux communiquant avec la mer et remplis de ses eaux; bras d'une ancre (*anchor's arms*), les parties qui portent les pattes; bras (*braces*), des manœuvres qui, attachées aux deux extrémités d'une vergue, servent à la faire tourner autour du mât, tels sont les bras de grand-vergue ou grands bras (*main braces*), les bras de misaine (*fore braces*), etc. On distingue les bras du vent (*weather braces*) qui sont du côté du vent, et les bras sous le vent (*lee braces*) qui sont sur le côté opposé. — Pour les petites vergues, le bras est formé d'un cordage simple, pour les grandes, le bras est double. — On appelle faux bras (*preventer braces*) ceux qu'on ajoute quelquefois par précaution; bras de pic ou de corne (*vang*) celui destiné à varier la position d'un pic ou d'une corne de voile; bras d'aviron (*arm or inner part*) la partie sur laquelle sont appliquées les mains des rameurs. (*Voyez* OSTE.)

BRASILLER, v. n. (*To sparkle.*) Mot employé pour désigner l'abondance des rayons de lumière qui sont réfléchis inégalement par la surface de la mer, lorsqu'elle est agitée, sous un soleil brillant et peu élevé au-dessus de l'horizon.

BRASSE, s. f. (*Fathom.*) Longueur de 5 pieds (1 mètre 624 millimètres), employée comme mesure de comparaison.

BRASSÉIAGE, s. m. Quantité dont une vergue horizontale

peut s'écarter, de la position où elle est parallèle à la largeur d'un bâtiment, lorsqu'on la fait tourner, sans l'incliner, autour du mât qui la porte. — Les vergues de perroquet sont celles qui ont le plus grand brasséiage. C'est d'après le brasséiage des basses vergues qu'on désigne à quel nombre d'airs de vent les vaisseaux peuvent présenter leurs voiles obliquement à la quille. Ils orientent alors au plus près.

BRASSER, v. a. (*To brace.*) Tirer une vergue par une de ses extrémités pour lui faire prendre une position convenable, en la faisant tourner horizontalement. Cette opération s'exécute à l'aide des BRAS (*voyez* ce mot). — Brasser tribord ou babord (*to brace to starboard or larboard; to set in the N brace*), c'est faire agir le bras de tribord ou celui de babord. De même, en parlant des seules voiles de hunier, on dit : Brasser tribord devant et babord derrière (*to set to starboard the fore top sail braces, and to larboard the main and top sail braces*). — Brasser au vent (*to haul in the weather; to set in the weather braces*), c'est faire agir les bras qui sont du côté du vent régnant, ce qui fait comprendre la signification de brasser sous le vent (*to haul in the lee braces*). — Lorsque dans un vaisseau on dispose les vergues de manière que le vent frappe sur la face antérieure des voiles, c'est brasser sur le mât (*to a ship by the lee*), brasser à coiffer, brasser à culer (*to lay all flat a back*), brasser à contre, ou contre-brasser (*to counter brace; to brace the sails aback*). — Les vergues sont brassées en ralingue (*to shiver a sail in the wind*) lorsque, par le moyen des bras, les voiles sont placées de manière que leur plan soit établi exactement dans la direction du vent. — Ramener les vergues dans leur position naturelle, c'est les brasser carrées ou en croix (*to square the yards*).

BRASSIAGE, s. m. (*Depth of water.*) Profondeur de l'eau mesurée en brasses.

BRACIN, s. m. *Voyez* CANTONNIÈRE.

BREDA, s. m. Cordage terminé par un croc, qui est em-

ployé à tirer du côté du vent le coin inférieur de la voile de misaine lorsqu'elle est orientée.

BREDINDIN, s. m. (*Garnet; small stay tackle.*) Palan suspendu, au grand étai d'un vaisseau, pour élever de petits fardeaux.

BRETON (EN), adv. (*A-burton.*) Se dit de l'arrangement des barriques dans l'intérieur d'un vaisseau, lorsque leur longueur est placée perpendiculairement à la direction de la quille.

BREUIL, s. m. *Voyez* CARGUE.

BREUILLER, v. a. *Voyez* CARGUER.

BRICK ou **BRIG**, s. m. (*Brig.*) Grand brigantin. Un bâtiment qui reçoit un gréement semblable à celui du brick est dit être gréé en brick. Ce genre de vaisseau a deux mâts perpendiculaires avec un beaupré; c'est un trois-mâts moins le mât d'artimon. Les bricks de guerre ont de 18 à 22 caronades du calibre de 18 à 24. Les bricks de commerce sont les uns plus grands, les autres plus petits que les trois-mâts. (*Voyez* GOELETTE.)

BRICOLE, s. f. Donner la bricole, une petite, une grande bricole, se dit de grands poids placés dans un vaisseau à une hauteur un peu considérable au-dessus du centre de grandeur de la carène et qui en diminuent la stabilité. On dit : ces canons donnent de la bricole ; ce vaisseau a beaucoup de bricole.

BRIDER, v. a. Faire une bridure ; brider les tours d'un cordage (*to seize any complication of ropes*), c'est serrer fortement ces tours ensemble par le moyen d'un second cordage. — Brider une ancre (*to stow the anchor*), c'est appliquer en travers, et sur chaque face opposée des pattes d'une ancre, deux planches qu'on serre étroitement ensemble, afin de prévenir un trop grand enfoncement de ces pattes.

BRIDOLE, s. f. (*Wring stave.*) Pièce de bois courte et forte.

dont les charpentiers se servent 1° pour forcer les planches qui recouvrent le corps d'un vaisseau, à s'appliquer exactement dans les places voulues ; 2° pour réunir parfaitement les pièces de bois dont on compose un mât ou une vergue.

BRIDURE, s. f. (*Complication of ropes.*) Réunion étroite de plusieurs cordages tendus et séparés, ou de plusieurs tours et retours d'un même cordage. (*Voyez* BRIDER.)

BRIGADE, s. f. (*Gang.*) Détachement composé d'un certain nombre d'hommes d'une même classe : brigade d'ouvriers ; brigade de canonniers, etc.

BRIGADIER, s. m. (*Bouwman.*) Celui qui, dans les canots et chaloupes, commande l'équipage, après le patron. Sa place est à l'avant. Il pousse le bateau pour l'éloigner, le défend des abordages violents et jette les grapins à la mer s'il y a lieu. (*Voyez* VOGUE-AVANT.)

BRIGANTIN, s. m. (*Brig.*) Bâtiment à deux mâts, ayant une BRIGANTINE (*voyez* ce mot).

BRIGANTINE, s. f. (*Brigantine-sail.*) Grande voile des brigantins, liée au grand mât par des anneaux et déployée par une vergue supérieure nommée pic ou corne et par un bout inférieur nommé gui. — De plus grands bâtiments que les brigantins ont parfois aussi des brigantines ; on y joint même souvent une bonnette.

BRIN, s. m. Le chanvre de premier brin (*best part of hemp*) est celui qu'on a débarrassé des fibres les moins longues ; on en fait du fil de premier brin ; le reste est dit chanvre de second brin, après qu'on l'a dégagé des étoupes (*combings of the hemp*).

BRION ou **RINGEOT**, s. m. (*Fore-foot.*) Forte pièce de bois d'une forme angulaire ; sert, par une branche horizontale, à terminer la quille, du côté de l'avant, et par sa seconde branche, qui est inclinée, à commencer le contour de

l'étrave, qui lui est étroitement unie. — On nomme faux-brion le massif de l'avant.

BRIS, s. m. (*Wrecking of a ship.*) État d'un bâtiment brisé sur la terre ou sur les rochers.

BRISANTS, s. m. pl. (*Breakers.*) Monticule, terre, sable ou rochers qui s'élèvent du fond de la mer, à une distance plus ou moins grande de sa surface. La mer s'y brise en écumant. On dit qu'il est dans les brisants, en parlant d'un vaisseau porté au milieu de ces hauts-fonds.

BRISE, s. f. (*Breeze.*) Vents journaliers qui soufflent assez régulièrement près de quelques terres, et dont la durée (*slatch*) est variable. — Les brises de large (*sea breeze*) soufflent de la mer; les brises de terre (*land breeze*) soufflent du côté de la mer; les brises carabinées (*hard gales*) sont les brises violentes. — On distingue aussi les brises du matin, du soir, les brises de jour, de nuit.

BRISÉ, adj. Se dit des mantelets faits de deux parties.

BRISER, v. n. et pr. (*To break.*) La mer brise lorsque ses lames viennent à heurter la terre, des rochers, etc., qui obligent ses lames à se replier sur elles-mêmes. — Un vaisseau se brise lorsqu'il heurte contre des rochers. S'il échoue dans un naufrage, il est souvent bientôt brisé par la mer.

BROCHE ou **BROCHETTE**, s. f. (*Skewer.*) Baguette de bois dont la longueur sert de mesure pour BROCHETER. (*Voyez* ce mot.)

BROCHETER, v. a Opération par laquelle les charpentiers qui bordent un vaisseau mesurent ses diverses largeurs au moyen d'un cordeau armé de plusieurs broches. On s'en sert aussi pour fixer, sur l'étendue d'un mât ébauché, le lieu et la grandeur de ses diamètres, d'ailleurs déterminés par une opération graphique.

BROCHETEUR, s. m. Ouvrier qui brochète.

BRÛLOT, s. m. (*Fire-ship.*) Nom donné à tout bâtiment qui, rempli d'artifices et de matières combustibles, est destiné à communiquer à des vaisseaux ennemis l'incendie qu'on allume dans ce bâtiment aussitôt qu'il est dans la position la plus funeste aux objets qu'il doit détruire en se consumant lui-même.

BRUT, adj. On appelle bois bruts (*rough timber*) des bois qui n'ont pas encore été façonnés ; mâts bruts (*rough masts*) les mâts d'approvisionnement qui ne sont que des arbres écorcés.

BUCHE, s. f. (*Buss.*) Bâtiment de pêche, ayant pour caractères : avant très-renflé ; voiles carrées et portées par trois mâts ; port de 50 à 70 tonneaux.

BUCHER, v. a. (*Rough-hew.*) 1° Tailler grossièrement une pièce de bois ; 2° la mettre totalement en morceaux.

BUGALET, s. m. Petit bâtiment employé sur les côtes pour le transport de passagers ou de marchandises.

BULLETIN, s. m. (*Bulletin; certificate.*) Certificat d'un matelot, où sont détaillés son grade, ses années de service, etc.

BUQUETTE, s. f. Échelle des largeurs d'une pièce de bois, ou des diamètres d'un mât, dans les divers points de leur longueur.

BURIN, s. m. Morceau de bois court et arrondi, quelquefois cylindrique et quelquefois de la forme d'un cône tronqué (*wooden roll*). — Les burins cylindriques servent à réunir ensemble deux cordages qui portent chacun un œillet ou une boucle à leur extrémité. — Les burins en cône servent à élargir ou à fixer la grandeur des œillets des estropes qui embrassent des poulies, ainsi que celle des boucles qui terminent certains cordages. — On nomme encore burin une espèce de bélier employé à chasser des coins servant à presser deux pièces de mâts pour les forcer de ne faire ensemble qu'un même tout. — On donne le nom de coins de burin, aux coins qui, dans la compo-

sition du berceau d'un vaisseau, sont introduits entre les billots, et qu'on chasse avec force pour soulever le vaisseau au-
dessus de son chantier.

BURINER ou **BLINER**, v. a. Se servir d'un BLIN. (*Voyez*
ce mot.)

BUTTER, v. n. *Voyez* ABUTTER.

C

CABAN, s. m. (*Caban.*) Redingote faite de grosse étoffe de laine, fermée de toutes parts et portant un capuchon. Les matelots s'en servent pour se mettre la tête et le corps à l'abri des vents et de toute intempérie de l'air.

CABANE, s. f. *Voyez* CABINE.

CABANER, v. a. et n. (*Gimleting.*) Renverser. On cabane un bateau, un canot, une chaloupe, une ancre légère. — On dit d'une ancre qu'elle a cabané lorsqu'après avoir touché le fond de l'eau, elle se renverse et ne mord plus le sol.

CABESTAN, s. m. (*Capstan.*) Cône tronqué, plus ou moins gros, construit pour rouler sur son axe diamétral et vertical. Sa tête ou noix (*head of capstan*) présente des trous où l'on introduit des leviers ou barres (*spinale of a capstan-bars*) qui servent à le faire tourner sur lui-même, et à roidir les cordages dont on enveloppe le contour de sa fusée. — On augmente la force de cette machine en la rendant double (*double capstan*). Le grand cabestan (*main capstan*) est établi dans les entre-ponts d'un vaisseau entre le grand-mât et celui d'artimon. — Au-dessous du petit cabestan (*fore capstan*), il y a des cabestans volants (*crabs*), d'une moindre dimension, et qui servent à terre et dans les ports; ils se transportent aisément. — Garnir un cabestan, c'est envelopper sa cloche ou fusée (*barrel*) de plusieurs tours de cordage; le dégarnir, c'est faire le contraire. — Mettre du monde au cabestan (*to man the capstan*), c'est disposer des hommes sur ses barres. (*Voyez* VIREVAU.)

CABILLOT ou **QUINCONNEAU** s. m. (*Toggel.*) Petite

pièce de bois courte et tournée, qui, passée dans la boucle des écoutes, sert à retenir les voiles.

CABINE, s. f. (*Cabin.*) Chambre à coucher, formée, à bord d'un bâtiment, par des cloisons de planches ou par des châssis. On les établit, pour l'état-major, et au besoin pour les passagers, dans les entre-ponts, sur les gaillards ou sur la dunette. (*Voyez* CHAMBRE.)

CABLE, s. m. (*Cable.*) Cordage de 120 brasses de longueur, formé de trois autres cordages, dits aussières; lie un vaisseau à une ancre mouillée. — Le câble d'affourche (*small bower cable*) est lié à l'ancre du même nom. — Le câble de grande touée (*sheet cable*) ou maître-câble, est attaché à une grosse ancre : il est composé des longueurs de trois câbles réunis bout à bout. — Le câble de l'ancre de veille (*best bower cable*) est formé de deux câbles. — Le câble de redresse s'emploie pour redresser un bâtiment abattu en carène; le câble d'ajust, celui qui est lié ou épissé avec un autre; le câble de remorque (*tow rope*), celui avec lequel un vaisseau en remorque un autre après lui. — Un câble est sur le bout, lorsqu'il ne tient plus à la bitte que par son extrémité; il est roide ou il travaille (*cable that grows; that bears a very great strain*) lorsqu'il est considérablement tendu. — On dit qu'il y a un tour dans les câbles (*foul hawse*) lorsque les mouvements d'un vaisseau font rouler l'un sur l'autre deux câbles en service; on s'empresse alors de les dérouler ou on dépasse les tours l'un sur l'autre (*to clear the hawse*). — Un câble appelle droit à son ancre (*clear hawse*) lorsqu'il est dirigé sur la ligne qui passe par la bitte, l'écubier et cette ancre; dans le cas contraire, il n'appelle pas droit (*it is growing on the starboard or larboard bow*). — On désigne la distance de deux vaisseaux ou de deux objets, en disant qu'ils sont l'un à tant de câbles de l'autre (*N cable's lengths*).

CABLEAU ou **CABLOT**, s. m. (*Painter or small cable.*) Cordage employé dans les canots et les chaloupes aux mêmes usages que les câbles dans les grands bâtiments.

CABLER, v. a. *Voyez* COMMETTRE.

CABOTAGE, s. m. (*Coasting trade.*) Navigation qui éloigne peu des côtes. On distingue le petit et le grand cabotage, suivant l'étendue des taversées.

CABOTER, v. n. (*To coast.*) Faire le cabotage.

CABOTEUR, s. m. (*Coaster.*) Marin faisant le cabotage.

CABOTIER, s. m. (*Coasting-ship.*) Bâtiment employé au cabotage.

CABRE, s. f. (*Sheers.*) Chèvre ; machine qui sert à élever des fardeaux.

CABRION, s. m. 1° Pièce de bois très-longue, ayant peu d'équarrissage ; 2° morceau de bois triangulaire qu'on place dans une batterie, à bord d'un vaisseau, derrière les roues d'un affût afin qu'il s'oppose au mouvement du canon lorsque les roulis sont considérables.

CACATOI, s. m. *Voyez* PERROQUET.

CADÈNE, s. f. *Voyez* CHAINE.

CADRANERIE, s. f. Atelier où sont préparées les boussoles.

CADRANÉ, adj. État d'un arbre dont toutes les coupes transversales présentent des fentes dirigées du centre à la circonférence.

CADRE, s. m. (*Frame.*) Châlit rectangulaire servant de lit aux matelots malades ou blessés. — Ces sortes de cadres (*sea bed frame*) font dire d'un vaisseau qu'il a N d'hommes sur les cadres (*on the sick list*), lorsqu'on veut exprimer le nombre des gens de l'équipage qui, dans ce vaisseau, sont incapables de service. — On dit aussi le cadre d'un panneau, d'une écoutille, etc., comme on dit communément le cadre d'un tableau, ou sa bordure.

CAGE A DRISSE, s. f. (*Cage*). Cage cylindrique, sans fond supérieur, et où l'on dépose des drisses et autres cordages.

CAGNARD, s. m. (*Tarpawling.*) Toile goudronnée ou prélart qu'on étend dans les mauvais temps, sur les bas-haubans, pour présenter un abri aux matelots de service.

CAGUE, s. f. Barque hollandaise à fond plat; n'a qu'un mât, incliné vers l'avant, et portant une voile à livarde.

CAIC, s. m. 1° Canot d'une galère (*long boat of a galley*); 2° barque en usage sur la mer Noire.

CAIES, s. f. (*Keys.*) Nom donné, dans les Indes occidentales, à des bancs de sable mou, de vase, de coraux ou de madrépores, dont le sommet est plat, fort étendu, et peu éloigné du niveau de la mer.

CAILLEBOTIS, s. m. (*Gratings.*) Treillis en bois dont on recouvre certaines parties intérieures d'un bâtiment. Les lattes qui composent ces treillis sont nommées lattes de caillebotis.

CAISSE, s. f. (*Chest.*) Nom donné à des coffres renfermant des armes, des étoupilles, des chemises soufrées, etc. — Dans les poulies, la caisse (*shell of a block*) est un morceau de bois dans l'épaisseur duquel est renfermé le rouet. — On appelle caisse du pied de mât, la partie quadrangulaire qui termine un mât supérieur et qui est reçue dans l'intervalle des barres du mât inférieur sur lesquelles il repose. — Dans les ports, les caisses flottantes ou d'amarrage (*mooring buoy*) sont mouillées dans certains points de la mer pour présenter aux vaisseaux de grosses boucles auxquelles ils peuvent être amarrés avec sûreté.

CAISSON, s. m. (*Locker of the great cabin.*) Espèce de coffre adossé à la muraille d'un vaisseau dans l'intérieur de la grand'-chambre et de celle du conseil; fait les fonctions de

siége; sert aussi à renfermer plusieurs objets d'approvisionnement. — Des coffres semblables, construits dans la soute aux
poudres pour contenir des grenades, des gargousses, etc., sont
nommés caissons à poudre, à gargousses, etc. (*Cartridge chests*).

CAJOLER, v. a. On dit qu'un vaisseau cajole le vent (*to
tide up*) lorsqu'il profite d'un courant pour avancer, malgré
un vent contraire, avec lequel il se maintient en travers pour
mieux dériver (*to drive with the tide*), et combat l'effet du
courant lorsqu'il peut devenir dangereux.

CALAISON, s. f. Tirant-d'eau d'un vaisseau (*ship's gage
or draught*), ou profondeur à laquelle sa quille s'enfonce au-
dessous du niveau de l'eau, lorsqu'il est plus ou moins chargé.

CALCET, s. m. Les mâts à calcet sont ceux qui portent
une antenne; ils se distinguent par leur tête carrée.

CALE, s. f. 1° Espace compris, dans l'intérieur d'un vaisseau, entre les faux-ponts et la carlingue, depuis la soute aux
poudres jusqu'à la fosse aux câbles. C'est là la grande cale
(*hold*). On y distingue la cale au vin (*after hold*), la cale à
l'eau (*fore hold*). Le fond de cale ou de la cale (*lower part
of the hold*) est le fond de cet espace. — 2° Cale de construction (*building slip*), base étendue, inclinée et factice, sur laquelle repose un vaisseau pendant sa construction; placée sous
un toit élevé, on la nomme cale couverte; employée comme base
aux bâtiments auxquels on fait des réparations quelconques, elle
est dite cale de carène, ou de radoub. — 3° Partie du rivage de
la mer, lorsque sa pente douce présente un lieu commode pour
l'embarquement ou le débarquement. — 4° Châtiment qui consiste à laisser tomber, plusieurs fois successives, de l'extrémité
de la grand'vergue, ou dans la mer, ou jusqu'à une certaine
hauteur, le condamné, qui, au bout de sa chute, est retenu à l'aide
d'une corde par laquelle il est suspendu. Cette punition s'appelle cale sèche lorsque le patient n'est retenu qu'au moment
où il arrive près du niveau de la mer; et grande cale (*keel-
hauling or raking*), lorsque le patient qu'on laisse tomber à la

mer d'un côté, est ramené ensuite à l'autre côté, en passant par dessous la quille. Infliger cette punition, c'est donner la cale (*to keel-haul a man; to duck*). — 5° On donne le nom de cales (*quoin or chock*) à de petits coins en bois qu'on place sous un objet qu'on veut fixer solidement, comme le pied des étais, des béquilles, etc.

CALE-BAS, s. m. *Voyez* HALE-BAS.

CALER, v. a. (*to lower; to wedge up; to prop.*) 1° Abaisser, placer plus bas; 2° étayer, appuyer avec des cales.

CALER, v. n. (*To sink lower in the water.*) S'enfoncer dans l'eau. Un vaisseau est bien calé, mal calé, trop calé de l'avant ou de l'arrière; il est sur le nez ou sur le cul.

CALFAIT, s. m. (*Caulking iron.*) Instrument de fer propre à calfater. — Le calfait tranchant est un ciseau ordinaire; le calfait à écarts, un ciseau plus long que celui-là; le calfait à clous, un ciseau qui a peu de largeur sur le tranchant; le calfait double ou clavet (*malking iron*) est à manche, et au lieu de tranchant, a un bord épais sur le milieu duquel est pratiquée une rainure semi-circulaire; on appelle aussi coin double et pataras (*horsing iron*) le calfait tors et recourbé.

CALFAT, s. m. (*Caulker*). Celui qui calfate.

CALFATAGE, s. m. (*Caulking*). 1° Action de calfater; 2° ouvrage du calfat.

CALFATER, v. a. (*To caulk.*) Remplir, avec des cordons d'étoupe, les joints des planches qui recouvrent la carcasse d'un vaisseau, ou ses ponts, ou ses gaillards, etc.

CALIBRE, s. m. (*Bore; size; sort.*) 1° Grandeur d'une ouverture circulaire. — 2° Grosseur d'un corps cylindrique ou sphérique : calibre d'un canon, d'une pompe, etc.; calibre d'un boulet, d'un cordage, etc. — 3° Instrument de fer (*callipers*), ayant la forme d'un compas de proportion, et propre à mesurer la circonférence d'un cordage ou d'un fil.

CALIORNE, s. f. Assemblage de grosses poulies et de corda-ges propre à élever de grands fardeaux. Les caliornes de mât (*winding tackle*) sont suspendues de chaque côté à la tête du grand-mât et du mât de misaine, pour servir surtout à embarquer et débarquer les chaloupes et canots d'un bâtiment. — Les ca-liornes à pendeur sont suspendues au bout de certains cordages ; selon les usages, on distingue les caliornes d'appareil, pour drisses, etc.

CALME, s. m. (*Calm.*) Repos parfait dans l'air. — Calme plat (*dead calm*), grand calme ; air sans agitation aucune. On dit qu'un bâtiment trouve des calmes, éprouve des temps calmes, est retardé par des calmes.

CALMER, v. n. (*To fall calm ; tobe becalmed.*) Cesser d'être agité. Le vent calme ; la mer calme ; la mer est calme.

CALMIE, s. f. *Voyez* CALME.

CAMBUSE, s. f. (*Store-room.*) Lieu séparé dans un bâti-ment de mer, où sont renfermés des vivres.

CAMBUSIER, s. m. (*Store-keeper.*) Celui qui, à bord. est chargé de distribuer les vivres.

CAMPAGNE, s. f. (*Voyage at sea.*) Voyage sur mer. — Campagne d'observation, de croisière (*cruising voyage*), ou d'évolution, de côtes ; et aussi campagne d'Amérique, d'Afri-que, du Levant, etc. — Une campagne commence au temps de l'armement d'un vaisseau et finit à son désarmement. — Un vaisseau armé qui reste dans une rade et rentre dans le port pour y être désarmé sans avoir pris la haute mer, est dit avoir fait une campagne de rade.

CAN, s. m. Champ ; face la moins large d'une pièce de bois. On met des planches sur le can ; une pièce de bois est mise de can.

CANAL, s. m. (*Channel.*) 1° Espace dans lequel la mer est resserrée, entre deux continents, entre deux îles, ou entre une

île et un continent : tels la Manche, le canal Mosambique, etc. Un vaisseau qui entre dans un canal est dit faire canal ou donner dans le canal. — 2° Espace semblable placé dans une mer embarrassée d'écueils et qui présente aux vaisseaux un passage sûr et facile. En ce cas, on dit aussi *chenal*. — 3° Canal de gouvernail, canelure pratiquée au gouvernail. — 4° Canal de poulie, la mortaise qui reçoit le rouet. — 5° Canal de braguet, canal de guinderesse, canelures qui les maintiennent lorsqu'ils sont en action. — 6° Canal des anguillers, cannelure de la surface intérieure de la carcasse d'un bâtiment ; sert à l'écoulement des eaux.

CANARD, adj. Se dit d'un vaisseau qui ne peut s'élever aisément au-dessus des lames qui l'assaillent.

CANDELETTE, s. f. (*Fore tackle.*) Assemblage de poulies et de cordages qu'on suspend à la tête de chaque bas-mât : les candelettes diffèrent des caliornes par leur partie supérieure, longue ou composée de deux rouets placés dans une caisse longue, et par leur poulie inférieure, armée d'un croc.

CANON, s. m. (*Cannon; piece of ordnance*). — Les canons de chasse ou coursiers (*bow chasers*) sont les plus voisins de l'étrave ; les canons de retraite (*stern chasers*) sont à l'extrémité opposée. — Un canon est au sabord quand il est en batterie ; il est serré (*gun housed athwart*) quand sa bouche est appuyée contre la muraille du vaisseau au-dessus du sabord ; il est allongé contre le bord (*gun housed fore and aft*) quand, après avoir été retiré au dedans du vaisseau, il est placé parallèlement à la muraille. — Les canons des vaisseaux sont de différents calibres ; les plus forts en fer sont de 36. — Ces sortes de canons ont un bouton plus saillant et plus fort que les canons de terre ; ils ont, en outre, une plate-bande, auprès de la lumière, pour garantir celle-ci de l'eau. — On appelle faux-canons les morceaux de bois peints qui simulent les véritables.

CANONNAGE, s. m. (*Gunnery.*) Art de servir les canons.

CANONNER, v. a. (*To canonnade.*) Battre à coups de canon.

CANONNIER, s. m. (*Gunner.*) Nom de ceux qui sont destinés à servir les canons. — On distingue les servants ou apprentis, les aides, les surnuméraires et les maîtres (*marines and master gunner*), les CHEFS DE PIÈCE, les CHARGEURS (*voyez* ces mots).

CANONNIÈRE, adj. *Voyez* CHALOUPE.

CANOT, s. m. (*Boat; yawl*) Petit bateau léger qui n'est pas ponté, et qui peut aisément être mis en mouvement avec des rames ou avec des voiles. — Grand canot; petit canot (*ship's boat; small boat*). Il y a aussi le canot-amiral, le canot du commandant ou du capitaine. En mer, on arrange les canots sur le pont.

CANOTIER, s. m. Homme qui fait partie de l'équipage d'un canot (*boat's crew*). — Patron de canot, est le nom du chef de cet équipage.

CANTONNIÈRE, s. f., TRAVERSIÈRE ou BRECIN, s. m. (*Tackle hook.*) Cordage de quelques brasses dont les extrémités sont armées, l'une d'une cosse, l'autre d'un croc; on l'emploie pour traverser une ancre. (*Voyez* TRAVERSER.)

CAP, s. m. 1° Pointe de terre qui se prolonge vers la mer (*Cape; fore-land; head-land*). — 2° Proue du vaisseau (*head of a ship*) quand il est en mer. — Avoir le cap (*to lay the head*) sur l'ennemi, sur la terre, au large (*standing off*), en route (*standing on the course*), à tel air de vent (*head to N point*). — Pour demander l'air de vent, on dit : où est le cap? (*how winds the ship?*) — Mettre le cap à un nouvel air de vent (*to wind; to steer the course at*), c'est changer le bâtiment de direction. — Virer cap pour cap, c'est virer vent arrière. — Deux vaisseaux sont cap à cap, lorsque leurs proues s'avancent l'une au-devant de l'autre. — 3° Caps de compas; deux traits que porte intérieurement sur ses parois la boîte de la boussole. — 4° Cap de mouton (*dead eye*), bloc de bois percé à ses faces de trois trous recevant chacun un

cordage ou une bande de fer, qui facilite la tension des haubans qui maintiennent les bas-mâts.

CAPACITÉ, s. f. 1° Contenance d'un bâtiment (*bulk*); 2° volume déplacé par la carène (*burthen or tonnage*) lorsque le vaisseau a reçu sa charge totale. On dit, dans ce dernier sens, qu'un bâtiment manque de capacité, ou qu'il a de grandes capacités (*full built ship*).

CAPE, s. f. État d'un vaisseau qui, dans une grosse mer et par un vent contraire, porte peu de voiles déployées, qu'il ne présente que très-obliquement au vent. — Mettre à la cape (*a-hull*); courir la cape sous la grand'voile et le petit foc (*to lie a-try under the main sail*), sous l'artimon et le petit foc (*to lie a-try under the mizzen*), sous la voile d'étai, d'artimon et le petit foc (*to try under the N sail*). Être à la cape (*to bring to*); tenir la cape (*to lie-to in a storm*); être à la cape à sec (*a-hull*) ou courir à mâts et à cordes (*under bare poles*).

CAPÉER, v. n. (*To try.*) Naviguer sous une cape quelconque, être à la cape (*to bring to*); bien capéer (*to be easy when lying to; to lie-to well*).

CAPELAGE, s. m. (*shrouds and other rigging at the mast-head.*) Assemblage de cordages qui embrassent la tête d'un mât. Plus un capelage est petit, mieux il est fait; on dit alors qu'il est bien dégagé.

CAPELER, v. a. Passer une boucle, une bague, un œillet dans tout objet propre à les recevoir : étai capelé; poulie capelée. — Lorsque dans un vaisseau on est occupé de l'arrangement de ses cordages, de ses poulies, on dit qu'il capèle ou qu'il est à capeler (*to fix the shrouds on the mast-head*).

CAPITAINE, s. m. (*Captain.*) Titre de toute personne qui commande un bâtiment de mer d'une certaine grandeur. — Dans la marine de l'État, le grade de capitaine de vaisseau (*captain of a man of war*) est correspondant à celui de colonel dans l'armée de terre. Tout capitaine prend à bord le

nom de commandant. — Le commerce a des capitaines au long cours et des capitaines au cabotage. — Le capitaine de port (*master attendant*) est un officier, ayant rang de capitaine de vaisseau, qui veille aux travaux qui s'exécutent dans les ports. — Les capitaines d'armes (*masters at arms*) sont des officiers chargés à bord des vaisseaux du soin des armes.

CAPON, s. f. (*Cat.*) Assemblage de cordages, de rouets et de poulies, employé à élever et à soutenir une ancre qui est pendante sous le bossoir d'un bâtiment.

CAPONNER, v. a. (*To cat.*) Élever et soutenir une ancre jusqu'auprès du bossoir, pour la TRAVERSER (*voyez* ce mot).

CAPOT, s. m. Capuchon. — Capot d'échelle (*hood; companion*), bâti de charpente dont on recouvre l'ouverture d'un escalier à bord d'un vaisseau. — Un vaisseau renversé sens dessus dessous, est dit avoir fait capot (*to cant or overset*).

CAPOTER, v. n. (*To cant or overset.*) Se dit d'un bâtiment qui se renverse sens dessus dessous. On dit aussi faire capot.

CAPUCHON, s. m. (*Whipping.*) 1° Couverture du cabestan, de l'habitacle ou d'une cheminée; 2° enveloppe de toile goudronnée qui recouvre l'extrémité de certains cordages; 3° synonyme de CAPOT (*voyez* ce mot).

CAPUCINE, s. f. (*Standard.*) Forte courbe en bois qui sert à lier l'éperon avec l'entrave d'un vaisseau. — Capucine de pont (*standard knee*), courbe verticale en bois ou en fer, qui lie le pont avec la muraille d'un vaisseau.

CARABINÉE, adj. *Voyez* BRISE.

CARAMOUSSAL, s. m. Bâtiment marchand ayant une poupe élevée, un mât d'artimon, un grand mât et un beaupré.

CARANGUER, v. n. Aller et venir sans avancer vers un but proposé. Un vaisseau est à caranguer quand il est forcé d'être à la cape.

CARCASSE, s. f. (*Carcass.*) Squelette d'un vaisseau ; assemblage de toutes les pièces principales qui, réunies, composent son corps, et qui ne sont recouvertes d'aucune enveloppe extérieure ni intérieure.

CARCASSIÈRE, s. f. *Voyez* CHALOUPE.

CARÉNAGE, s. m. 1° Opération qui a pour objet de caréner un bâtiment (*voyez* CARÉNER.) 2° L'ouvrage fait dans cette même opération. 3° Lieu où l'on carène (*careening place*).

CARÈNE, s. f. (*Out-side of a ship's bottom.*) 1° Partie submergée d'un vaisseau ; 2° opération essentielle à la conservation de cette même partie. — Donner une carène à un vaisseau (*to careen*), c'est chauffer la surface extérieure de cette partie qui est ordinairement submergée, pour brûler le vieil enduit dont elle est recouverte, réparer le calfatage altéré, étendre du brai chaud sur les coutures, et enduire tous ces contours d'un nouveau courai. — Lorsqu'un bâtiment flottant doit recevoir une carène entière (*a thorough careen*), on l'abat et on le vire en quille ; on dit de lui, pendant la durée de l'opération, qu'il est en carène. — Lorsque cette opération n'embrasse que les douze premières suites de bordages, le vaisseau ne reçoit qu'une demi-carène (*boot-topping, parliament heel*).

CARÉNER, v. a. (*To careen.*) Donner une carène à un bâtiment (*voyez* CARÈNE). Si le vaisseau est flottant, c'est caréner sur l'eau (*to careen*) ; s'il est à sec dans un port, c'est caréner dans un bassin (*to dock a ship*).

CARET, s. m. *Voyez* FIL.

CARGAISON, s. f. (*Cargo.*) Assemblage de tous les objets qu'un bâtiment est destiné à transporter d'un lieu dans un autre.

CARGUE, s. f. (*Brail.*) Nom général de tout cordage employé à retrousser les voiles auprès de leurs vergues. Les cargues portent les noms des voiles qui en sont garnies. — Leur position leur fait prendre les noms de cargues du vent ou car-

9.

gues de sous le vent, cargues de l'avant ou de l'arrière ; cargue-fonds, cargue-points, cargue-boulines (*bunt-lines; clue-lines; leech-lines*), cargue-bas (*down-haul tackle*) ou CALEBAS (*voyez* ce mot), cargue-haut (*parelhaliard*); les cargues à vue (*slab-lines*), cordages employés à relever un peu la ralingue du fond d'une basse-voile, autrement à la remettre sur ses cargues ; les fausses-cargues (*spilling lines*) ou cargues supplémentaires.

CARGUER, v. a. (*To brail up; to clue up; haul up in the brails.*) Retrousser une voile auprès de sa vergue, à l'aide de cargues. — Carguer le point d'une voile, c'est retrousser son coin inférieur. — Un vaisseau cargue, lorsqu'il retrousse toutes ses voiles ; lorsque cette opération ne porte que sur la grand'voile, par exemple, ou sur l'artimon, il est dit carguer sa grand'voile (*to haul up the main sail*), son artimon (*to haul up the mizzen*).

CARLINGUE, s. f. 1° suite de planches épaisses qui, placées l'une au bout de l'autre, dans la direction de la quille et au-dessus d'elle, croisent tous les couples d'un vaisseau, en passant sur le milieu des varangues, qu'elles embrassent par une entaille (*kelson*). 2° Bâti en bois (*step*) qui contient les pieds du grand mât, du mât de misaine et du cabestan.

CARONADE, s. f. (*Carronade.*) Canon gros, court, léger, à fort calibre, ayant moins de portée que les autres canons.

CARRÉ, s. m. (*Sledge.*) Espèce de chariot ayant deux montants dont la tête porte une planche percée d'un trou pour le passage d'une manivelle horizontale au bout de laquelle sont attachées les extrémités de tous les torons qui entrent dans la composition d'un cordage.

CARRÉ, adj. (*Square.*) On appelle voiles carrées (*square sails*) les voiles triangulaires des vaisseaux, non que leur forme soit carrée, mais parce qu'elles ont un côté nommé bor-

dure qui est à peu près parallèle à leur envergure. Le vaisseau qui est garni de voiles semblables est dit être gréé à trait carré (*square.*) — Lorsque les vergues de ces voiles sont dans une situation perpendiculaire au plan diamétral d'un vaisseau, elles sont brassées carrées (*square by the braces*).

CARRÉ NAVAL, s. m. (*Naval square.*) Parallélogramme de forme parfaitement carrée, qu'on trace sur le gaillard d'arrière d'un vaisseau, lorsqu'il fait partie d'une armée navale, pour servir à faire des relèvements fréquents et qui sont nécessaires à une détermination prompte des positions respectives de tous les vaisseaux de cette armée. Deux des côtés de ce carré sont parallèles à la longueur du vaisseau et les deux autres à la largeur. Les premiers servent à relever tous les bâtiments qui sont de l'avant ou de l'arrière, pour reconnaître si le vaisseau d'observation forme avec eux une seule et même ligne, et s'ils sont dans les eaux les uns des autres. Les parallèles à la largeur sont pour relever, du vaisseau d'observation, les autres bâtiments qui sont par son travers, ou pour se mettre à leur égard dans cette position relative. — Les diagonales sont aussi tracées dans ce carré, et comme chacune fait avec la longueur du vaisseau ou avec le côté qui lui est parallèle, un angle obtus de 135°, c'est-à-dire le même angle que forment entre elles les deux lignes du plus près, elles servent à faire des relèvements sur ces lignes importantes. C'est par elles, par exemple, que dans une armée qui court en échiquier, un vaisseau relève les autres vaisseaux et se maintient facilement sur une ligne que l'armée doit former toujours régulière et sans désordre.

CARREAU, s. m. 1° Nom de la préceinte la plus élevée d'un bâtiment(*voyez* PRÉCEINTE) ; 2° ceinture extérieure d'un canot ou d'un bateau (*gunnel of a boat*). — On dit d'un canot dont l'inclinaison est extrême, qu'il a le carreau à l'eau (*to have gunnel to*).

CARROSSE, s. m. (*Canopy.*) Assemblage de plusieurs

chambres adossées les unes aux autres, et établies sur le milieu de la dunette d'un vaisseau pour servir de logement.

CARROSSER, v. n. Déployer le plus de voiles possible.

CARTAHU, s. m. (*Girtline.*) Nom général de tout cordage qu'on fait, au besoin, passer dans une poulie pour servir, soit à élever, soit à abaisser un objet quelconque.

CARTE-MARINE ou **CARTE-NAUTIQUE**, s. f. *Sea-chart; nautical chart.*) Nom des plans sur lesquels sont représentées des mers, des îles, et les côtes des continents. Les cartes plates (*plain chart*) représentent un espace peu étendu en latitude, les cartes réduites (*Mercator's chart*) peuvent être le tableau de la plus grande partie du globe. Ce qui les distingue des cartes géographiques, c'est le parallélisme des méridiens, qui y sont dessinés sous la forme d'autant de lignes droites, afin que toutes les routes des vaisseaux soient susceptibles d'y être représentées par des lignes droites dirigées comme les airs du vent sur lesquels elles peuvent avoir été connues. (*Voyez* CROISSANTE.) — Pointer la carte, c'est tracer sur ces cartes la route donnée d'un vaisseau ou y tracer le point de son arrivée. — Les échelles de ces cartes s'appellent points.

Les cartes marines en usage sont dues à Gérard Mercator. Les méridiens y sont représentés par des lignes droites parallèles entre elles ; les parallèles par des lignes droites perpendiculaires à celles qui représentent les méridiens.

Les distances des méridiens équidistants sont égales.

Les distances des parallèles équidistants augmentent à mesure que les latitudes des parallèles augmentent ; c'est pourquoi on nomme aussi les cartes de Mercator *cartes de latitudes croissantes.*

L'échelle des longitudes est une échelle de parties égales ; il n'en est pas de même de l'échelle des latitudes croissantes.

Il est facile de fixer un point sur la carte quand on connaît sa latitude et sa longitude.

Rose des vents. — Quel que soit le lieu de l'observateur, on

appelle *vraie ligne N. et S.* l'intersection du méridien et de l'horizon, *vraie ligne E. et O.* l'intersection du premier vertical et de l'horizon. Ces deux lignes situées toutes deux sur l'horizon se coupent à angles droits ; idéalement prolongées, elles déterminent sur la voûte céleste le vrai point N., le vrai point S., le vrai point E., le vrai point O., ou en d'autres termes les vrais points cardinaux ou les points cardinaux du monde.

La rose des vents sert à distinguer facilement une partie quelconque de l'horizon ; pour la former on trace une circonférence et deux diamètres se coupant à angles droits, puis on divise chacun des quatre angles droits en huit parties égales 11° 15' chacune, on a ainsi 32 directions qui ont reçu des noms particuliers.

Les huit directions comprises entre le N. et l'E. sont, à partir du N. : N. N. 1/4 NE NNE. NE N 1/4 . NE. NE. 1/4 E. ENE. E 1/4 NE E.

Les noms sont analogues pour les directions comprises entre le N. et l'O., entre le S. et l'E., entre le S. et l'O.

La direction d'un rayon quelconque de la rose des vents s'appelle *aire de vent* ou *rhumb de vent*.

L'angle du rhumb de vent est l'angle d'une aire de vent avec la ligne N. et S ; on le compte de 0° à 90° à partir du N. ou du S. vers l'E. ou vers l'O.

La ligne N. S. divise la rose des vents en deux parties égales ; la *partie droite* contient l'E., la partie gauche contient l'O.

Aiguille aimantée. — Une aiguille aimantée bien suspendue et dont par suite tous les mouvements sont libres se maintient toujours dans la même direction dans un lieu donné. Cette direction s'appelle la ligne N. et S. de l'aiguille aimantée ; la pointe N. de l'aiguille est celle qui se dirige constamment vers le N.

La ligne N. et S. de l'aiguille aimantée dans un lieu ne coïncide que bien rarement avec la vraie ligne N. et S. du lieu ; l'angle des deux directions s'appelle la *variation* de l'aiguille aimantée. La variation est NE. quand la pointe N. de l'aiguille aimantée tombe sur la partie droite de la rose des vents, NO. quand elle tombe sur la partie gauche.

L'aiguille aimantée est la pièce principale du compas de route.

Passer de l'aire du vent du compas à l'aire du vent du monde correspondante. — *Problème inverse.* Donnez le signe -|- aux routes N. E., NE. SO.; le signe — aux routes S., O, SE., NO. Considérez la variation NE. comme positive, la variation NO. comme négative. Ceci posé : pour passer de l'aire du vent du compas à l'aire du vent du monde correspondante, faites la somme algébrique de l'angle de route et de la variation. Pour le problème inverse, retranchez algébriquement la variation de l'angle de route.

Considérez la dérive bâbord comme une variation NO., la dérive tribord comme une variation NE.

Exemple : La route au compas est N. 12° O.; la variation 16° NE.; la dérive 6° bâbord. Quelle est la route vraie?

La dérive et la variation du compas sont de noms contraires; on les retranche, et la question est la même que si, la dérive étant nulle, la variation était 10° NE.

Route au compas. . . . . . . N. 12° O. . . — 12°.
Variations. . . . . 10° NE. . -|- 10°.

Ajoutez algébriquement, il reste : = 2°; ou autrement, la route vraie est N. 2° O.

Trouver la route à faire pour aller d'un point à un autre. — Fixez le point de départ et d'arrivée sur la carte; joignez par une ligne droite. Mesurez l'angle de cette ligne droite avec un quelconque des méridiens de la carte, et vous aurez l'angle de route vrai. Corrigez de la variation pour obtenir l'angle de route à suivre au compas. Pour évaluer la longueur de la route à faire, prenez entre les branches d'un compas la distance du point du départ au point d'arrivée, portez la mesure sur l'échelle des latitudes croissantes; le nombre des minutes de l'échelle des latitudes croissantes indique le nombre des milles à faire. Cette méthode n'est pas rigoureuse, mais elle donne des résultats suffisamment exacts si vous avez soin de porter la distance du point de départ au point d'arrivée sur l'échelle des

latitudes croissantes entre la parallèle du départ et la parallèle d'arrivée autant que possible.

CARVELLE, s. f. *Voyez* CLOUS.

CASERNET, s. m. (*Little register.*) Petit registre portatif destiné à renfermer l'état des appels et des journées des ouvriers employés dans un port, celui des consommations de matières, etc.

CASSÉ, adj. Se dit d'un vaisseau très-arqué (*hogged*).

CASSE-TÊTE, s. m. Nom improprement donné à un filet (*net*) tendu horizontalement entre les bas-haubans du grand mât d'un vaisseau pour préserver les hommes qui sont au-dessous des effets dangereux de la chute des poulies ou des cordages supérieurs qui peuvent être coupés dans le cours d'un combat.

CATACOI, s. m. *Voyez* PERROQUET.

CATIMARON, s. m. (*Catamaran.*) Espèce de radeau en usage pour la pêche, sur les côtes de Malabar et de Coromandel.

CATUR ou **CATURI**, s. m. Vaisseau de guerre de Bantam.

CAVEAU, s. m. (*Captain's store-room.*) Compartiment formé entre la grande cale et la soute aux poudres et destinée à contenir les provisions de bouche du commandant du vaisseau.

CAYENNES, s. f. pl. 1° Maisons où, dans un port militaire, sont les cuisines des équipages des vaisseaux en armement, la prudence interdisant de faire du feu à bord des bâtiments qui sont dans l'enceinte des ports ; 2° casernes des équipages qui attendent un armement.

CEINTRAGE, s. m. (*Trapping.*) 1° Action de ceindre un bâtiment ; 2° assemblage des cordages qui servent à former, à un vaisseau, une ceinture qui s'étend de la proue à la poupe.

CEINTRE, s. m. (*Tender*.) Gros bourrelet de cordages dont on entoure parallèlement à la surface de l'eau et à la hauteur du plat-bord, l'avant des canots et des chaloupes, afin de les garantir de l'effet des chocs.

CEINTRER, v. a. (*To frap a ship*.) Ceindre un vaisseau par plusieurs tours de câble ou de grelin, afin d'en retenir les parties liées entre elles. — Un vaisseau ceintre sur son câble, lorsque le câble qui le retient se trouve placé sous sa carène et dirigé de l'écubier vers l'arrière où correspond alors l'ancre mouillée. — On dit des préceintes d'un vaisseau ou des lisses qu'elles sont trop ou trop peu ceintrées, lorsqu'elles ont reçu une courbure plus ou moins considérable dans le sens de leur longueur.

CEINTURE, s. f. (*Swifter*.) Nom donné quelquefois aux préceintes. — La ceinture de combat est un cordage suspendu horizontalement, sur le contour extérieur d'un vaisseau, afin d'offrir une ressource, pour se sauver, aux hommes qui, pendant un combat, peuvent tomber dans l'eau.

CERCLE, s. m. On distingue dans la marine certains cercles de fer par les noms qui indiquent leurs usages. — Les cercles de mât (*mast hoop*), et de vergue, servent à ceindre des mâts et des vergues qui sont d'assemblage; les cercles de cabestan (*capstan hoop*) de gouvernail, d'épontilles (*hoops of the stanchions*), entourent leur tête pour servir de liaison; les cercles de bout-dehors (*boom iron*) accolent les bout-dehors aux vergues; les cercles de jas (*anchor stock hoop*) ceignent les pièces qui composent le jas d'une ancre; le racambeau qui amure le foc est le cercle de foc (*jib iron*); le cercle de hune (*top hoop*) est une bande de fer plate et mince qui borde les hunes. — On appelle cercle de réflexion, un instrument qui sert, comme l'octant et le sextant, à déterminer les distances des astres ou celles de deux objets quelconques.

CHAINE, s. f. (*Chain*.) On distingue dans la marine les chaînes de haubans et les chaînes de galhaubans (*backstay plates*) qui servent d'appui à ces manœuvres; les chaînes de

vergue (*top chains*) qui empêchent leur chute lorsque leurs drisses viennent à être coupées; les chaînes de gouvernail; les chaînes de mouillage, etc.; les chaînes des ports, et parmi celles-ci l'estacade (*boom*), avec laquelle on ferme à volonté l'entrée d'un port. — On appelle chaîne de rochers (*ridge or ledge of rocks*) une suite de rochers que la mer recouvre, et qui s'élèvent au-dessus de l'eau.

CHAISE-MARINE, s. f. Siége propre à rendre la position d'un observateur à bord d'un vaisseau indépendante des roulis et des tangages.

CHALAN, s. m. (*Lighter.*) Bateau plat, de forme quadrangulaire, qu'on met en mouvement à l'aide d'avirons; sert D'AL-LÉGE (*voyez* ce mot).

CHALOUPE, s. m. (*Long boat.*) Bateau non ponté, et le plus grand de ceux qui sont embarqués à bord d'un vaisseau pour son service particulier à la mer ou dans les rades (*long boat of a man of war*). Les chaloupes sont mues par des voiles et aussi par des avirons. — Les chaloupes de pêche ou de ronde (*grand boat*) sont dites chaloupes mâtées (*shallop*); les chaloupes pontées (*pinnaces*) sont pontées d'une extrémité à l'autre; les chaloupes canonnières ou carcassières sont pontées et gréées en goëlettes; les chaloupes percées ont une espèce de puits percé à travers leur fond, pour servir au passage de l'orin ou du cordage à l'aide duquel on tire une ancre du fond de l'eau; les chaloupes biscayennes sont des petits bâtiments gréés en chasse-marée. — On nomme chaloupe en botte celle dont toutes les parties sont réunies en faisceau et peuvent être rassemblées au besoin. — Une chaloupe est bonne de nage lorsque, mue par les avirons, sa marche est facile et légère (*to row swiftly*).

CHAMBRAGE, s. m. (*Bow-sprit bitts.*) Assemblage de charpente établi autour du mât de beaupré pour le maintenir en position.

CHAMBRE, s. f. (*Room.*) Les chambres à coucher ou ca-

bines (*cabins*) sont situées, ainsi que les autres chambres, à l'arrière du mât d'artimon. Elles sont destinées à l'état-major et à certains passagers, dits de première classe sur les paquebots. — La grand'chambre (*ward-room or great cabin*) termine le 2ᵉ pont d'un vaisseau de 74, et sert à l'état-major de salle à manger ; au-dessus d'elle est la chambre de conseil (*coach or round house*), qui est une salle de compagnie. — La chambre d'un canot ou d'une chaloupe (*stern sheets*), dite aussi chambre d'embarcation (*stern sheets of a boat*), est un petit retranchement découvert à l'arrière, qui est entouré de bancs destinés à servir de siéges.

CHAMBRIÈRE , s. f. (*Plait of rope.*) 1° Forte tresse en corde qu'on attache aux haubans des bas-mâts pour servir à relever et à soutenir les écoutes et les amures pendantes des basses voiles; elle est terminée d'un côté par une boucle, de l'autre par un bouton ou cul de porc. — 2° Barres de fer coudées en équerre à chaque extrémité, et qu'on emploie à maintenir un mât couché sur des tins, dans l'atelier de mâture. On les nomme aussi crampes (*staples*).

CHAMEAU, s. m. (*Floating.*) Corps flottant et vide que l'on construit pour être réuni à un autre bâtiment afin de le soulever et de l'empêcher de s'enfoncer dans l'eau.

CHAMPAN, s. m. Petit bâtiment des rivières de la Chine et du Japon ; transporte des passagers et des marchandises.

CHANDELIER, s. m. (*Crutch.*) Support de fer; chandeliers de bastingage (*crutches for netting*), de poupe, de hune, etc. — Les chandeliers d'échelle (*stanchions*) sont deux montants de fer fixés verticalement sur le bord extérieur des passavants au sommet de l'escalier par lequel on monte à bord; ils servent d'appui aux deux cordages dits tireceille, qui font l'office de rampe.

CHANGEMENT, s. m. *Change.*) Variation de la direction du vent. — Changement de quart, mutation qui a lieu lors-

qu'à bord les officiers ou les gens de l'équipage quittent le quart pour être remplacés par d'autres. — Changement d'amure, se dit lorsqu'un bâtiment a eu ses voiles amurées sur un côté et qu'on vient à les amurer sur le côté opposé.

CHANGER, v. a. 1° Mettre à gauche ce qui était à droite et réciproquement : changer la barre du gouvernail (*to shift the helm*); changer d'amures, ou les amures des voiles (*to change the tack*); changer l'écoute des focs ou des voiles d'étai (*to shift over the jib and stay sail sheet*). — 2° Déplacer une chose pour la remplacer par une autre : changer une vergue, etc. — 3° Varier la position d'un objet : changer un vaisseau de place (*to shift a ship*); changer son arrimage (*to rummage the hold*). — 4° Faire présenter à une voile la face opposée à l'impulsion du vent; changer l'artimon (*to change the mizzen*), ou la brigantine (*to gybe*), ou les huniers ou les voiles de l'avant (*to let go and haul*). — Changer le quart (*to set the watch*), c'est faire remplacer, dans le soin de la garde et de la conduite d'un bâtiment, ceux qui ont fait le service ou le quart pendant un temps déterminé, par d'autres personnes qui doivent après eux remplir les mêmes fonctions. — Changer de bord ou de bordée (*to weer or tack about*), se dit d'un vaisseau qu'on fait tourner sur lui-même pour recevoir l'impulsion du vent du côté opposé à celui où il la recevait précédemment. — Un vaisseau change de route (*to lay the head the other way*) lorsqu'il cesse de diriger sa route sur un air de vent pour la diriger sur un autre; il change N quarts ou le vent change de N quarts (*to shift N points*) lorsqu'une nouvelle direction de sa vitesse fait un angle de N quarts ou de N fois 11° 15° avec la direction précédente de cette même vitesse.

CHANTER, v. n. (*To sing out.*) Faire certains cris de convention pour donner le signal de l'instant où plusieurs hommes employés à une même opération doivent réunir leurs efforts et agir tous ensemble. — L'ouvrier qui, agissant ainsi concurremment avec d'autres, leur donne le signal, est nommé *chanteur* (*songster*).

CHANTEUR, s. m. *Voyez* CHANTER.

CHANTIER, s. m. 1° Chantier de construction (*ship-wright's yard*), espace sur lequel on prépare les pièces qui doivent composer un vaisseau ; 2° chantier des canots et des chaloupes, celui où l'on en construit ; 3° chantier de chaloupe et canot (*scantlings*), espèce de berceau sur lequel sont placés ces bateaux ; 4° chantiers de bois (*stocks*) piles de bois sur lesquelles repose un vaisseau pendant sa construction ; un vaisseau est alors sur les chantiers (*on the stocks*) ; 5° chantier des bois de construction (*timber yard*), espace sur lequel on arrange dans un port les bois propres à la construction des bâtiments de mer ; 6° chantier à commettre (*voyez* PLANTAGE). — On dit d'une pièce de bois qu'elle est en chantier, lorsqu'elle est sous la main de l'ouvrier qui lui donne la forme exigée par sa destination.

CHANTOURNAGE, s. m. (*Indentation.*) Art de chantourner.

CHANTOURNER, v. a. (*To indent.*) Achever le travail d'une pièce de bois et établir tous les rapports qui doivent régner entre ses dimensions dans tous les points de son étendue.

CHAPE, s. f. 1° Petit cône creux de cuivre, dans le fond duquel on place souvent une petite agate. C'est par cette chape que l'aiguille aimantée d'une boussole repose sur un pivot vertical autour duquel ses mouvements deviennent ainsi parfaitement libres ; 2° barre horizontale placée à l'extrémité carrée d'un gabare ou d'un gabarot. 3° Chape de traîne, *voyez* PALONNE.

CHAPEAU, s. m. (*Cap.*) 1° Partie supérieure d'un bâti de charpente établi verticalement pour servir de support à une petite cloche. 2° Cheminée ou tuyau fixé sur le panneau qui forme le ciel de la cuisine dans un vaisseau. 3° Planche épaisse et demi-circulaire, placée, dans une corderie, verticalement au-dessus d'une roue à filer et dans le même plan.

CHAPELET, s. m. (*Chaplet; casters.*) Suite de petites rou-

lettes, qui, placées verticalement, sont encastées sur les bords de la base inférieure de quelques cabestans, afin d'empêcher les cordages, qui enveloppent successivement leur fusée, lorsqu'ils tournent, de descendre au-dessous de ces roulettes. — Pompe à chapelet, *voyez* POMPE.

CHAPELLE, s. f. (*Chapel.*) La chapelle d'un vaisseau comprend tous les objets nécessaires à un aumônier pour remplir à bord toutes ses fonctions sacerdotales. — On dit d'un bâtiment qu'il fait chapelle (*to chapel; to broach to*), lorsque, soit négligence du timonier, soit difficulté de gouverner, soit accident, le vent qui frappait dans ses voiles vient subitement à diriger son impulsion sur leur face antérieure. (*Voyez* COIFFER.)

CHARBON DE TERRE, s. m., ou **HOUILLE**, s. f. (*Coal.*) Ce pain de l'industrie sert à produire la vapeur pour les navires qui se servent de ce moyen de locomotion.(*Voyez* VAPEUR.)

CHARBONNIER, s. m. (*Co Lier.*) Nom distinctif des bâtiments qui ne sont employés qu'au transport du charbon de terre.

CHARBONNIÈRE, s. f. La grand'voile d'étai d'un vaisseau.

CHARGE, s. f. La charge d'un vaisseau (*burthen*) est la quantité en poids que la forme déterminée de sa carène lui permet de porter. Il prend charge ou il est en charge, lorsqu'on embarque sa cargaison; trop rempli, il est dit être chargé à morte-charge (*overloaded*) ou à couler bas. — Sabord de charge, ouverture pratiquée dans la poupe pour embarquer des objets d'une longueur extrême. — Ligne d'eau en charge (*load water-line*), section horizontale qu'on peut imaginer faite dans un bâtiment, à fleur d'eau, lorsqu'il a reçu sa charge complète, ou lorsqu'il s'enfonce dans l'eau jusqu'au terme indiqué par le constructeur. — Bâtiment de charge, celui qui est conformé pour porter des poids plus considérables que les bâtiments de même dimension. — En artillerie, charge de canon (*shot*).

CHARGEMENT, s. m. (*Loading or cargo.*) 1° Action de

charger un vaisseau; 2° ensemble des objets chargés. — Un vaisseau attend un chargement ; un bâtiment de transport cherche un chargement, etc.

CHARGER, v. a. (*To load.*) Un bâtiment marchand charge lorsqu'il reçoit sa cargaison, et il est chargé lorsque cette opération est achevée (*to be bound*). — Charger un vaisseau (*to load*); être chargé pour N lieu (*to be bound to N place*). — Le sel, les grains, etc. sont chargés en grenier (*laden in bulk*), c'est-à-dire comme dans des greniers. — Un bâtiment est chargé en cueillette (*to load a ship with goods belonging to several owners*), lorsque divers particuliers, indépendants les uns des autres, y déposent séparément un nombre plus ou moins grand d'objets de cargaison. — Charger un vaisseau à fret (*to take in freight*), c'est le louer pour le transport de marchandises. — Un vaisseau est chargé par un grain, par un coup de vent (*laid upon her side by a sudden gust of wind*), lorsqu'il est assailli par un vent violent et impétueux ; poussé alors vers une côte ou une terre quelconque, il est dit être chargé en côte (*embayed on a lee-shore with the hard wind*). — Charger une pompe (*to fetch the pump*), c'est, avant de l'employer, et pour en accélérer le service, verser de l'eau au-dessus du piston.

CHARGEUR, s. m. (*Owner.*) 1° Celui qui charge un bâtiment qu'il a pris à fret ; 2° le canonnier qui charge un canon.

CHARIER, v. a. (*To drift.*) Se dit de l'eau qui entraîne des glaçons, du sable, etc. — Charier de la voile (*to crowd sail; to carry a deal of sail; to stretch*), se dit d'un bâtiment qui présente à l'impulsion du vent une voilure si étendue, qu'il deviendrait dangereux de l'augmenter.

CHARIOT, s. m. *Voyez* TRAINE.

CHARNIER, s. m. (*Scuttled butt.*) Barrique d'eau placée sur le gaillard d'un vaisseau pour les besoins journaliers de l'équipage.

CHARPENTIER, s. m. (*Carpenter.*) Celui qui travaille des pièces de bois pour la construction des vaisseaux, mâts, vergues, etc. — Maître charpentier (*master carpenter*); contre-maître charpentier (*carpenter's mate*); aides ou garçons charpentiers(*carpenter's crew*).

CHARTE-PARTIE, s. f. (*Charter party.*) Transaction passée entre un négociant et le propriétaire ou le capitaine d'un bâtiment pour fixer le prix du transport de certaines marchandises.

CHASSE, s. f. (*Chase; chasing; pursuit.*) Poursuite. — Donner la chasse à un vaisseau (*to chase; to give chase to a ship*); fuir, prendre chasse (*to fly from; to stand away from; to sheer off*); continuer de poursuivre, soutenir la chasse (*to make a running fight*); abandonner la poursuite, c'est lever la chasse (*to leave off chase*).

CHASSÉ, adj. (*Chased ship.*) Vaisseau poursuivi.

CHASSE-MARÉE, s. m. (*Fishing lugger.*) Espèce de barque pontée, à deux mâts presque verticaux et gréés de deux voiles carrées, dites voiles au tiers ou à bourcet, parce que leurs vergues sont suspendues, non par le milieu de leur longueur, mais par un point qui est au tiers de cette même longueur.

CHASSER, v. a. (*To chase; pursue a ship.*) Donner CHASSE (*voyez* ce mot). — Chasser au vent, et chasser sous le vent (*to chase to windward to leeward*), poursuivre un bâtiment qui est au vent ou qui est sous le vent du chasseur. — Chasser la terre (*to look out for land*), courir pour s'en approcher et la reconnaître. — Chasser des chevilles, les forcer, à coups de masse, à s'enfoncer dans des trous. — On dit que les nuages chassent du nord ou du sud ou du large, lorsque leur direction est du nord ou du sud ou de la mer vers la terre.

CHASSER, v. n. (*To drive.*) Se dit d'un vaisseau qui ne peut être retenu par ses ancres dans une place désignée : chasser sur ses ancres (*to drag the anchors*). Dans cette situation,

on dit d'un vaisseau qui vient choquer un autre bâtiment, qu'il a chassé sur ce bâtiment (*to fall or to drive aboard of a ship*).

CHASSEUR, s. m. (*chasing ship.*) Bâtiment qui en poursuit un autre. (*Voyez* CHASSE.) — Chasseur d'armée, vaisseau qui s'avance, au-devant d'une armée, pour aller à la découverte. Rappeler les chasseurs (*to call in ships from chasing*), c'est donner aux bâtiments qui remplissent ce service l'ordre de rejoindre la flotte.

CHAT, s. m. Crochet en fer, à plusieurs branches recourbées, qui sert à soulever le câble tendu d'une ancre mouillée, etc.

CHATTE, s. f. (*Catt; tender; lighter.*) Petit bâtiment de charge servant parfois d'ALLÉGE (*voyez* ce mot); espèce de gabarre.

CHAUDIERE, s. f. (*Copper.*) 1° Ustensile dans lequel on fait la soupe de l'équipage à bord d'un vaisseau. 2° Dans les bâtiments à vapeur, la chaudière à vapeur (*steam-boiler*) est un gros cylindre qui, dans une machine à vapeur, sert de réservoir d'eau et de vapeur. Il est uni, par des tubulures, à d'autres cylindres plus petits, nommés *bouilleurs*, lesquels sont destinés à la production de la vapeur, et sont toujours exposés à la flamme la plus ardente du foyer. Dans les petites machines, il n'y en a qu'un; dans les grandes, il y en a deux ou trois; dans les machines de bateau, on en voit jusqu'à 4, 5, et 6. Les chaudières de bateaux, pour les machines à basse pression, ont leurs foyers intérieurs. On a commencé à faire les chaudières en cuivre; ensuite on les a fabriquées en tôle de fer choisie. Les produits de la combustion, dans les chaudières de bateaux, arrivent dans la cheminée (*chimney*) par des carneaux (*flues*) qui font plusieurs circuits dans la chaudière, et où ils perdent toute la chaleur dont ils peuvent se dépouiller sans que le tirage en souffre. Cette cheminée a un tuyau en tôle qui traverse les ponts et par où la fumée s'échappe. — Pour se garantir des

explosions auxquelles les chaudières sont exposées, on a établi sur leur paroi un manomètre qui, indiquant la pression de la vapeur, apprend au chauffeur qu'il est urgent de diminuer le feu quand la pression de la vapeur est élevée; et en même temps trois *soupapes de sûreté* (*safety valves*) par où s'échappe la vapeur quand sa pression a dépassé une certaine limite convenue. (*Voyez* VAPEUR.)

CHAUDRON DE POMPE, s. m. Calotte hémisphérique en plomb qui recouvre l'ouverture d'un tuyau de pompe. — Chaudron d'habitacle, calotte en cuivre placée au-dessus de la lampe qui éclaire les boussoles.

CHAUFFAGE, s. m. (*Breaming.*) 1° Action de chauffer un vaisseau (*voyez* CHAUFFER); 2° la paille ou les fagots qui servent à cette opération (*breaming fuel*). — Bois de chauffage, bois embarqué pour être brûlé.

CHAUFFER, v. a. (*To bream.*) Brûler, avec de la paille ou des fagots, tout l'enduit dont est recouverte la carène d'un vaisseau, afin de la visiter et de la réparer au besoin. — Chauffer une soute, y dissiper l'humidité à l'aide de chaudières pleines de braise. — Chauffer des bordages, les placer dans une étuve ou au-dessus d'un feu clair et vif, pour les rendre plus faciles à prendre la forme voulue. — CHAUFFER se dit aussi pour : jeter du combustible dans le foyer d'une machine à vapeur. Un bâtiment à vapeur chauffe quand le chauffeur l'a mis en état de partir.

CHAUFFEUR, s. m. (*Stoker.*) Celui qui, dans un bateau à vapeur, est chargé d'entretenir le feu de la machine.

CHAUMARD ou **SEP DE DRISSE**, s. m. (*Knighthead of the gears.*) Forte pièce de chêne dont le pied repose sur un bau du premier pont et est lié au bau supérieur. Sa tête, s'élevant au-dessus du second pont, porte 4 mortaises où sont logés 4 rouets en cuivre à l'aide desquels des cordages peuvent plus aisément hisser la grand'vergue. Le mât de misaine a parfois un chaumard pareil.

CHAVIRER, v. n. (*To overset.*) Être renversé sens dessus dessous. Un navire est dit chavirer à la mer, lorsque, tournant sur lui-même, sa quille s'élève au niveau de l'eau; il est dit faire capot, lorsque c'est le vent qui le place dans cette périlleuse situation. — Par extension, chavirer s'emploie pour exprimer le renversement d'un objet quelconque.

CHEBEK, s. m. (*Xebeck.*) Petit bâtiment de guerre, de 3 à 400 tonneaux, armé de 12 à 22 canons, et pouvant naviguer à l'aide du vent ou des rames. Armé d'un fort éperon, son arrière est terminé par une galerie s'avançant beaucoup en dehors de l'arcasse. Les uns ont des voiles carrées, les autres ont des voiles latines.

CHEF, s. m. (*Head; leader.*) Les contre-amiraux (*rear admiral*) s'appelaient autrefois chefs d'escadre. — On nomme chef de file (*file-leader*) le vaisseau qui est à la tête d'une ligne de bataille, ainsi que l'officier qui le commande; — chef des ingénieurs-constructeurs, ou ingénieur en chef, le premier d'entre eux, dans un port; — chef de roue, le fileur qui commence un fil dans une corderie; — chef de gamelle, celui qui préside à la consommation des vivres; — chef de plat, celui qui reçoit les vivres de sept hommes de l'équipage et les partage avec eux; — chef de timonerie, un des maîtres qui est chargé des boussoles, sondes, pavillons, fanaux, etc.; — chef de pièce, celui qui pointe la pièce et en commande la manœuvre; — chef de hune, le premier gabier de chaque hune.

CHELINGUE, s. f. Bateau plat, à bordages cousus ensemble, mu par des roues ou à l'aide du vent, en usage sur la côte de Coromandel.

CHEMIN, s. m. (*Head way.*) 1° Vitesse; 2° espace parcouru par un vaisseau. — Faire du chemin (*to be under way*), c'est avoir une vitesse suffisante; faire beaucoup de chemin (*to have fresh way through the water*), c'est avoir une grande vitesse. — Chemin Nord (*northing*), Sud (*southing*) Est (*easting*), et Ouest (*westing*) exprime la quantité dont un vaisseau s'est

avancé au nord, au sud, etc.: si sa route prolongée l'a porté en avant du point où il était présumé être parvenu, on dit qu'il est à N lieues ou kilom. de chemin en avant (*fore reaching*).

CHEMIN DE FER MARITIME. Dans sa séance du 6 décembre 1856, la *Société de Géographie* de Paris, entre autres communications, a entendu avec un vif intérêt la lecture d'un mémoire descriptif sur le système de chemin de fer maritime, prolongement des *railways* terrestres, d'un de ses membres, M. Mallat de Bassilan.

Ce système très-simple, d'une exécution facile à l'aide du matériel actuel légèrement modifié, se compose de :

1° Un vaisseau en fer à hélice, de forme ordinaire, muni de grandes ouvertures à portes étanches, placées à l'arrière, donnant entrée dans l'entre-pont et sur le pont, où se trouvent disposés des rails du système, destinés à recevoir des wagons à galets dont nous allons parler, adaptés aux véhicules roulants;

2° De wagons ou caisses roulantes de toutes sortes, munis de galets bilatéraux (wagons galets) et dont les trucs qui les portent sur les chemins de fer ordinaires, restent à terre comme aussi la locomotive au moment de l'embarquement;

3° De ponts-levis ou tournants et autres accessoires établis sur le bord du bassin à flot (*floating dock*), où le navire vient présenter son arrière.

On voit que ces véhicules à galets ou à roulettes ne sont autre chose que le matériel roulant actuel des chemins de fer séparés horizontalement en deux parties et approprié au nouveau système maritime.

Le but de cette invention est de faire franchir les bras de mer, les lacs, les fleuves, les rivières aux trains de chemins de fer, sans rompre charge, d'abréger les manipulations et, par conséquent, de réaliser des économies considérables de temps et d'argent, en évitant aussi en ville et dans l'intérieur des gares des transports compliqués.

Toutes les surfaces sur lesquelles doivent rouler les wagons à galets sont, bien entendu, munies des rails méplats du système.

Supposons, par exemple, qu'un négociant veuille envoyer une grande quantité de marchandises à Londres ou à Glascow. Un wagon-galets simple ou divisé à l'intérieur, convenable à sa marchandise, lui est envoyé sur un camion ; il le charge chez lui avec soin ; ramené en gare, ce wagon est pesé, en passant, sur une bascule, puis poussé sur les trucs et invariablement amarré.

Le *train maritime* formé, la locomotive attelée, il se dirige sur Calais, par exemple. Arrivé à Calais près de la gare et à 100 mètres du bassin à flot, la locomotive va le pousser en arrière, sur un embranchement *ad hoc*, et conduit ainsi les wagons sur leurs trucs jusqu'au quai d'embarquement.

Là, les wagons-galets sont poussés de leurs trucs sur les rails du quai, sur ceux des ponts-levis, entrent par l'arrière dans l'entrepont du navire, où ils sont arrimés et amarrés, sur quatre lignes.

A mesure que le bâtiment s'enfonce plus ou moins sous le poids dont on le charge, on modifie, s'il le faut, le niveau desdits ponts-levis, qui peuvent être suppléés par un double pont flottant hydraulique obéissant avec la plus grande facilité.

Puis, l'entre-pont étant plein et méthodiquement rangé, le pont reçoit à son tour son chargement. Les portes d'arrière du navire sont refermées et maintenues immobiles à l'aide de solides fléaux.

Le vaisseau prêt à partir peut franchir la mer en quelques heures.

A Douvres, tout est approprié pour faire une manœuvre de déchargement inverse et semblable à celle de Calais.

Les trains de marchandises et de voyageurs au complet venant du continent, débarqués et reformés (pesant 440 tonneaux français) sur le railway britannique (*S-E. railway*), arrivent à Londres, à Edimbourg ou à Glascow et même, par un autre bâtiment chemin de fer, à Galway en Irlande, et *vice versâ*, *sans rompre charge*, comme il a été dit, avec moins d'avaries probables, avec une économie notable de temps, de dépenses de toute sorte.

Outre ces avantages, dont l'importance est facile à apprécier, on peut appliquer ces wagons-galets aux transports des marchandises par les voies ferrées de terre de ville à ville et à domicile.

CHEMINÉE, s. f. (*Chimney.*) *Voyez* CHAUDIÈRE A VAPEUR.

CHEMISE, s. f. 1° Chemise de chargement (*wrapper*), enveloppe de natte ou de toile pour garantir de l'humidité les marchandises chargées sur un vaisseau ; 2° chemise à feu (*chemise*) ou chemise soufrée (*curtain*), toile imprégnée d'huile et pénétrée d'artifices, pour être attachée extérieurement à un bâtiment de mer et y produire un incendie prompt et violent.

CHENAL, s. m. *Voyez* CANAL.

CHENALER, v. n. (*To sail through a channel.*) Passer dans un canal.

CHERCHER, v. a. (*To quest.*) Chercher la sonde ou la terre, c'est chercher à découvrir, soit la profondeur de la mer, soit des terres dont la vue puisse éclairer les marins sur leur position en longitude ou en latitude. — Chercher un port, c'est se donner des soins pour trouver un port connu ou pour découvrir s'il n'y a pas sur telle côte un port quelconque où le vaisseau puisse se réfugier.

CHEVALET, s. m. (*Trussel.*) Tréteau. Le chevalet de commetteur (*trussel; stake-head*) sert de support aux cordages pendant qu'on travaille à les commettre.

CHEVAUCHER, v. a. (*To cross.*) Un cordage en chevauche un autre, lorsqu'il le croise, alors qu'il devrait lui rester parallèle ou en être éloigné.

CHEVET, s. m. *Voyez* COUSSIN.

CHEVILLAGE, s. m. 1° Art de placer les chevilles qui lient ensemble les pièces composantes d'un vaisseau ; 2° cette opération même.

11

CHEVILLE, s. f. (*Bolt.*) On distingue dans la marine plusieurs espèces de chevilles en fer. — Les boulons, chevilles quadrangulaires (*square bolt*); les goujons (*a common bolt*), chevilles unies d'une extrémité à l'autre ; les chevilles carrées ou à facettes (*square-headed bolt*); celles à barbe ou à grille (*rag bolt, barb-bolt*); celles à goupilles (*fore lock bolt*); celles à œillet (*eye bolt*); celles à boucles (*ring bolt*); celles à croc (*hook bolt*); celles à viroles (*clinch bolt*); celles à boucles et à croc (*bolt with a ring and a hook*); celles à cosse (*fender bolt*). Suivant l'usage qu'on en fait, on distingue les chevilles pour bosses (*ring bolt*); celles pour haubans (*chain bolts*), etc. — Dans les corderies, il y a les chevilles de halage, barres de fer terminées par un bouton ; les chevilles d'ourdissoir, terminées par un pivot; les chevilles de commettage, qui servent de point d'appui pour attacher le carré.

CHEVILLER, v. a. (*To bolt a ship.*) Réunir, assembler des pièces de bois par le moyen de chevilles, pour en composer un même tout. — Cheviller à pointe perdue (*short drove bolt*), se dit lorsque la pointe des chevilles qui réunissent deux pièces de bois se perd dans leur épaisseur.

CHEVILLOT, s. m. (*Toggle.*) Petite cheville en bois et tournée, qui traverse une planchette dite râtelier, et qui sert à retenir les cordages qu'on y amarre en les faisant passer plusieurs fois autour de sa tête et de sa queue.

CHEVRON, s. m. (*Scantling.*) Longue pièce de bois de chêne ou de sapin qui n'a pas plus de 6 pouces d'équarrissage. — Chevrons pour affût (*long wedge*), bout de bois qu'on cloue sous les roues de derrière d'un canon.

CHICANER, v. a. — Un vaisseau chicane le vent (*to lay too near the wind*) lorsque ses voiles déployées sont présentées de manière que l'impulsion du vent se fait sur elles sous le plus petit angle possible d'incidence.

CHOU, s. m. *Half-hitch.*) Second demi-tour que fait, au-

tour d'un montant de bitte un câble qui l'embrasse après avoir passé sur le traversin

CHOPINE, s. f. (*Lower pump box.*) Boîte cylindrique en bois ou en cuivre, placée dans l'intérieur d'une pompe, au-dessous du jeu de piston ; sert de support pour la soupape fixe et ordinaire d'une pompe.

CHOQUER, v. a. (*To check.*) Prendre le choc d'un câble. (*Voyez* CHOC.) — Choquer la bouline, la tourne-vire, les bras, etc. (*to check the bowline ; to surge the capstan ; to check the lee braces*), c'est lâcher faiblement un de ces cordages tendus.

CHOUQUET, s. m. (*Cap.*) Pièce de bois de chêne ou d'orme posée sur la tête d'un mât pour établir une liaison particulière entre la tête de ce mât et le pied du mât partiel qui sert au premier de supplément de hauteur. — Le chouquet du mât de beaupré (*saddle of the bowsprit*) est en fer, avec deux ouvertures, l'une circulaire, pour servir de passage au bâton de foc, et l'autre demi-circulaire pour ceindre la tête du beaupré. — Grand chouquet (*cap of the main mast*).

CHRONOMÈTRE. Le but du chronomètre, est de faire connaître à un moment quelconque dans un lieu donné l'heure T. M. de Paris.

(T. M. signifie *temps moyen*).

Si un chronomètre marque plus de 24^h dans un intervalle de 24^{hm}, il est en *avance* sur le T. M.; il est en *retard* dans le cas contraire. La *marche diurne* d'un chronomètre est son avance ou son retard en 24^{hm}; elle prend le signe $+$ si elle est une avance, le signe $-$ si elle est un retard. Nous admettrons que la marche diurne d'un bon chronomètre est constante.

L'état absolu d'un chronomètre à un instant quelconque est la différence qui existe entre l'heure lue au chronomètre et l'heure T. M. du lieu que l'on considère. Pour l'obtenir, retranchez l'heure du lieu de l'heure au chronomètre en ajoutant au besoin 12^h ou 24^h à celle-ci, pour rendre la soustraction

possible. L'état absolu d'un chronomètre dans un lieu donné serait constant, si la marche diurne était nulle.

Régler un chronomètre, c'est déterminer sa marche diurne, puis son état absolu à midi moyen de Paris d'un jour déterminé.

Trouver l'état absolu d'un chronomètre à une époque donnée dans un lieu donné. — Observez la hauteur du soleil dans les circonstances favorables au calcul d'heure, et notez l'heure exacte du chronomètre à l'instant de l'observation. On connaît toujours, à fort peu près, l'heure T. M. du lieu au moment de l'observation. Calculez l'heure T. M. A. du lieu. Retranchez l'heure T. M. A. du lieu de l'heure lue au chronomètre, vous aurez l'état absolu.

Trouver la marche diurne d'un chronomètre. — Calculez l'état absolu du chronomètre à huit ou dix jours d'intervalle. Vous connaîtrez deux états absolus du chronomètre et deux époques T. M. correspondantes du lieu d'observation.

Retranchez l'époque antérieure de l'époque postérieure; faites la différence des deux états absolus. Si l'état absolu de la seconde époque est moindre que celui de la première époque, la marche diurne est négative; elle est positive dans le cas contraire. La différence des époques est à la différence des états absolus comme 24^h est à la marche diurne. Pour s'implifier le calcul, divisez au préalable la différence des époques et la différence des états absolus par le nombre entier de jours que contient la différence des époques.

Exemple. Le 8 juin, on trouve que, le chronomètre marquant 7^h 47^m 42^s, *l'heure T. M. A. est* 3^h 39^m 56^s.

Le 21 juin, le chronomètre marquant 7^h 51^m 17^s, *l'heure T. M. A est* 3^h 31^m 29^s.

Trouver la marche diurne du chronomètre.

8 juin.... h. t. m. 3ʰ 39ᵐ 56ˢ.... ʰ꜀ 7ʰ 47ᵐ 42ˢ.... État absolu 4ʰ 07ᵐ 46ˢ .
21 juin....   —   2ʰ 31ᵐ 29ˢ.... ʰ꜀ 7ʰ 51ᵐ 17ˢ....   —   4ʰ 19ᵐ 48

Interv. des époques.. 12ʲ 23ʰ 51ᵐ 33ˢ... Marche du chron.. + 12ᵐ 02
Le douzième....... 25ʰ 59ᵐ 17ˢ,75... Le douzième....... 1ᵐ 0ˢ,17
                25ʰ 59ᵐ 17ˢ.75 : 60ˢ.17 :: 24ʰ : x.

$$\text{Log. } 24^h \ldots \ldots \quad 4.9365137$$
$$\text{Log. } 60,17 \ldots \ldots \quad 1.7793800$$
$$\text{Colog. } 26^h 59^m 18^s. \quad 5.0298191$$

$$\text{Log. m. d} \ldots \ldots \quad 1.7448128$$
$$\text{Marche diurne } \ldots \ + 55^s.57.$$

Conversion d'un intervalle temps moyen en intervalle temps chronométrique.

Problème inverse. L'intervalle T. M. est plus grand que l'intervalle temps chronométrique si la marche diurne du chronomètre est négative, plus petit dans le cas contraire. C'est la différence entre les deux intervalles que la marche diurne du chronomètre sert à déterminer. On a toujours :

24^h : marche diurne :: intervalle donné : différence cherchée. On fait le calcul par parties aliquotes comme celui de la variation de la déclinaison.

Exemple. La marche diurne d'un chronomètre est + 18ˢ, *54. Quel est l'intervalle temps chronométrique équivalent à l'intervalle T. M.* 13ʰ 36ᵐ 36ˢ ?

24^m	+ 18ˢ.54	
12ʰ	9ˢ.27	Intervalle t. m. 13ʰ 36ᵐ 36ˢ
1ʰ	0 .77	Marche 10ˢ.52
30ᵐ	0 .39	Interv. t. chr. (plus grand). 13ʰ 36ᵐ 46ˢ.52
6ᵘ	0 .08	
30'	0 .01	

                10ˢ.52

Connaissant l'heure au chronomètre à une époque déterminée d'un lieu connu et sa marche diurne, trouver l'état

11.

*absolu de ce chronomètre au midi moyen de Paris qui pré-
cède immédiatement l'observation.* De l'heure T. M. A. du
lieu concluez, à l'aide de la longitude, l'heure T. M. A. de
Paris; vous aurez la date du midi moyen de Paris, qui précède
immédiatement l'observation et l'intervalle T. M. écoulé depuis
ce midi moyen jusqu'à l'instant de l'observation. Convertissez
cet intervalle T. M. en intervalle temps chronométrique et retranchez ce dernier intervalle de l'heure lue au chronomètre.
Vous aurez l'heure au chronomètre à l'instant du midi moyen
de Paris qui précède immédiatement l'observation et par suite
l'état absolu du chronomètre sur ce midi moyen de Paris.

*Connaissant la marche diurne d'un chronomètre et son
état absolu pour un midi moyen déterminé de Paris, conclure
de l'heure lue au chronomètre à un instant donné dans un
lieu quelconque l'heure T. M. A. de Paris.* On connaît toujours approximativement l'heure du lieu et la longitude et par
suite l'heure approchée de Paris ; cette heure approchée de Paris
indique la date du midi moyen de Paris qui précède immédiatement l'instant de la lecture au chronomètre et par suite le
nombre exact de jours écoulés entre l'époque pour laquelle le
chronomètre a été réglé, et l'époque de l'observation.

A l'heure que marquait le chronomètre au midi moyen déterminé de Paris ajoutez le produit de la marche diurne par le
nombre exact de jours écoulés, si la marche diurne est positive ;
retranchez dans le cas contraire. Vous aurez l'heure au chronomètre au midi moyen de Paris qui précède immédiatement
l'instant de la lecture au chronomètre.

Retranchez cette heure obtenue de l'heure lue au chronomètre; ajoutez à cette dernière 12^h ou 24^h ou 36^h au besoin
pour avoir à peu près l'heure approchée de Paris , conclue de
l'heure approchée du lieu et de la longitude. Vous aurez l'intervalle temps chronométrique écoulé entre le midi moyen de
Paris qui précède immédiatement l'instant de la lecture et l'instant même de la lecture. Convertissez cet intervalle temps chronométrique en intervalle T. M. et vous aurez l'heure T. M. A.
cherchée de Paris.

Exemple. Le 2 février 1862, *a midi moyen de Paris, un chronomètre, dont la marche diurne est* + 6ˢ, 48, *marque* 9ʰ 41ᵐ 17ˢ, 4.

Le 7 mars au matin, vers 7ʰ 22ᵐ, *dans un lieu de longitude estimée* 109° 15′ E., *on lit au chronomètre* 9ʰ 33ᵐ 11ˢ, 2.

Trouver l'heure T. M. A. correspondante de Paris.

H. du lieu, 6 mars.....	19ʰ 22ᵐ	Entre le 2 février à midi moyen
Long. E..............	7 17	de Paris et le 6 mars à midi moyen
		de Paris, il s'écoule un nombre
H. appr. Paris, 6 mars...	12ʰ 05ᵐ	exact de jours qui est de 32 jours.

H. au chr. le 2 fév. à 0ʰ t. m. Paris......	9ʰ	41ᵐ	17ˢ.4
Produit de + 6ˢ,48 par 32............+		3	27.4
H. au chr. le 6 mars à 0ʰ t. m. Paris......	9ʰ	44ᵐ	44ˢ.8
Heure lue au chronomètre..............	9	33	11 .2
Intervalle t. chron. entre 0ʰ t. m. 6 mars à			
Paris et l'instant de la lecture..........	12ʰ	11ᵐ	33ˢ.6
Correction	—	—	3 .3
Heure, t. m. a. de Paris, 6 mars........	12ʰ	11ᵐ	30ˢ.3

7. *Calculer la longitude d'un lieu à l'aide d'un chronomètre réglé.* Observez la hauteur du Soleil dans les circonstances favorables au calcul d'heure. Notez l'heure au chronomètre à l'instant de l'observation.

De l'heure lue au chronomètre concluez l'heure T. M. A. correspondante de Paris, pour laquelle vous calculerez la déclinaison du Soleil et l'équation du temps.

Corrigez la hauteur observée, calculez l'heure T. M. A. du lieu. On a :

Heure de Paris = heure du lieu + longitude O. du lieu.

Heure de Paris = heure du lieu + longitude E. du lieu.

La différence entre l'heure de Paris conclue de l'heure au chronomètre et l'heure T: M. A. calculée du lieu, est précisément la longitude.

CHUTE, s. f. 1° Hauteur verticale : chute de la quille (*depth*

of the keel); chute d'une voile (*depth of a sail*) ; ce hunier a N pieds de chute (*top sails drops N feet*). 2° Vitesse d'un courant (*setting.*)

CINGLER, v. n. (*To sail on a particular course.*) Cingler au nord, au sud ou sur tel air de vent (*on the N point*) se dit d'un navire qui dirige sa route vers telle partie de l'horizon.

CITERNE-FLOTTANTE, s. f. (*Floating-cistern.*) Barque destinée à servir de réservoir à une certaine quantité d'eau douce, pour la transporter auprès des vaisseaux qui doivent s'en approvisionner.

CIVADIÈRE, s. f. (*Sprit sail.*) Nom d'une voile et de sa vergue, qui sont portées par le mât de beaupré. — La voile qui lui est supérieure se nomme contre-civadière ou fausse-civadière (*bowsprit top sail*).

CIVIÈRE, s. f. Cordage par lequel la vergue de civadière est suspendue au mât de beaupré.

CLAN, s. m. Mortaise ouverte dans l'épaisseur de la muraille d'un vaisseau, du pied d'un mât ou de la tête d'un mât pour recevoir un rouet tournant librement sur son axe, et faciliter ainsi le mouvement de certains cordages.

CLAPOTAGE, s. m. (*Turbulent motion of the sea; a sea running in heaps.*) Mouvement irrégulier des lames de la mer, forcées, par un obstacle, de se replier les unes sur les autres et de se diviser avec bruit.

CLAPOTER, v. n. *Voyez* CLAPOTAGE.

CLAPOTEUSE (MER), adj. (*Sea running in heaps; very rough turbulent sea.*) Se dit de la mer lorsque ses vagues sont courtes, multipliées, sans forme et sans direction déterminées, et ne font que s'élever et s'abaisser sans se propager dans l'espace avec la régularité du mouvement ordinaire des lames.

CLAPOTIS, s. m. (*Rippling.*) Légère agitation de la mer,

qui ride un peu sa surface et fait sur les bâtiments l'effet du calme plat.

CLASSE, s. f. *Voyez* CLASSER et RANG.

CLASSER, v. a. (*To engage.*) Enrôler dans la marine. L'enrôlement (*engagement*) commence à 18 ans et finit à 50. — On appelle *classes* un nombre plus ou moins grand de gens de mer engagés pour le service de l'État, et qui sont appelés dans les ports suivant les besoins de la marine. Leurs noms sont inscrits sur des registres, selon leurs classes (celle des matelots, celle des calfats, etc.); c'est ce qu'on appelle *inscription maritime*. Cette institution date du règne de Louis XIV et du ministère de Colbert.

CLAVET, s. m. *Voyez* CALFAIT.

CLEF, s. f. 1° Billots taillés un peu en coin (*chocks*) qu'on introduit avec force entre les varangues des divers couples de la charpente d'un vaisseau. On les nomme clefs d'empature; celles du milieu sont dites clefs de varangue. — 2° Clefs de mât, chevilles en fer, celles qu'on introduit dans le pied des mâts de hune, lorsqu'ils sont guindés. — 3° Clefs de berceau, arcs-boutants qui s'opposent, sur une cale de construction, à la descente du berceau. — 4° Clefs de bassin, arcs-boutants qui retiennent un vaisseau dans un bassin pour y être réparé ou construit. — 5° Demi-clef (*half hitch*), espèce de nœud par lequel on attache un cordage. On fait faire à celui-ci un tour sur le point d'appui, et on engage son extrémité sous un second tour semblable; ce nœud se serre d'autant plus que le cordage attaché acquiert plus de tension.

CLIN (A). Un bâtiment est à clin (*clincher work*), lorsque ses bordages sont recouverts l'un par l'autre, au lieu d'être ajustés l'un contre l'autre. — Border à clin (*to plank a wessel with clincher work*).

CLIN-FOC, s. m. (*Flying-jib.*) Petite voile triangulaire, qui, déployée, est fixée au bâton de foc.

CLOCHE, s. f. *Voyez* FUSÉE.

CLOISON, s. f. (*Bulk-heads.*) Séparation faite en planches pour distribuer en divers compartiments l'intérieur d'un vaisseau ; ainsi la gatte est terminée par une cloison (*manger board*).

CLOU, s. m. (*Nails, spikes.*) On distingue plusieurs sortes de clous dans la marine : — clous à maugère (*scupper nails*) à tête plate ; longueur, 10 à 11 lignes ; — clous à pompe (*pump nails*), tête ronde, 10 lignes ; — clous à plomb (*lead nails*), tête ronde, 10 lignes ; — clous de double carvelle (*deck nails*), tête carrée, 4 pouces 1/2 ; — clous de carvelle et de demi-carvelle (*single deck nails*), tête carrée, 1 pouce 1/2 ; — clous de tillac (*double deck nails*), tête ronde, 2 pouces ; — clous de demi-tillac (*sheathing nails*), de guipon, de maillet (*round-headed nails*), tête ronde, 1 pouce 1/2, 2 pouces, 3 pouces ou 4 pouces ; — clous de rose ou de ferrure de gouvernail (*rudder nails*), gros et courts ; — clous de lisse (*shilling nails*), tête carrée, 3 pouces ; — clous à tête de diamant (*clasp-headed nails*), tête pyramidale ; — clous à vis (*clincher nails*) ; — clous à doublage (*doubling nails*), etc.

COCHE (EN, loc. adv. — Un vaisseau a un hunier en coche (*to have the top sails a trip*) lorsque cette voile est si bien déployée dans toute sa hauteur, que le racage de la vergue se trouve engagé dans l'empreinte profonde ou dans la coche.

COCHOIR ou **TOUPIN**, s. m. (*Laying top.*) Cône tronqué, en bois d'orme, qui sert au commettage de toutes sortes de cordage. Son contour porte 2, 3 ou 4 cannelures longitudinales, destinées à loger les torons.

COFFRE D'ARMES, s. m. (*Arm chest.*) Coffre pour serrer les armes. Il y a aussi, à bord des vaisseaux, des coffres à poudre, à gargousses, etc.

COGUENOSCO, s. m. (*Mastic.*) Mastic de résine, de suif

et de brai ou de goudron; sert à remplir les gélivures du bois
et le préserver ainsi de la pourriture.

COIFFER, v. n. Une voile est coiffée (*to back a sail*) lorsqu'au lieu de recevoir l'impulsion du vent sur sa face postérieure, elle reçoit sur sa face antérieure, ce qui fait reculer le bâtiment, qui alors est dit masquer. Quand cet effet
est produit par le changement subit de la direction du vent,
le vaisseau coiffe ou est coiffé (*to be taken aback*, *to lie by
the lee*); quand il est dû au changement de route du bâtiment,
il met à coiffer (*to lay a back*). — Être coiffé (*to chapel*) du
côté du vent (*to broach to*); être coiffé du côté sous le vent
(*to bing.*) — Faire chapelle, *royez* CHAPELLE.

COIN, s. m. Outre les coins ordinaires, on se sert, dans la
marine, de coins de mât (*quioin or wedge*) destinés à combler
les vides entre le mât et le bord de l'étambrai; les CALFAITS
(*royez* ce mot); les coins de gouvernail, d'arrimage, d'estrope,
de carène, etc.

COINCER, v. a. Employer des coins.

COITES ou **ANGUILLES**, s. f. pl. (*Ways; bilge
ways.*) Longues et fortes pièces de bois qui servent de base au
berceau d'un vaisseau. Sont dites coittes courantes, celles qui
emportent le vaisseau à la mer; sont dites coittes mortes, celles
qui ne font que le maintenir dans une direction donnée.

COLLET, s. m. 1° Collet d'une ancre (*crown of an anchor*), partie où s'assemblent les deux bras et la verge. 2° Collet d'étai (*eye of a stay*), partie d'un étai qui tourne autour
du ton d'un mât. 3° Dans une pièce de bois angulaire ou dans
une courbe, on nomme collet, le sommet de l'angle ou le lieu
de réunion des deux branches (*throat of a knee*).

COLLIER, s. m. 1° Collier de défense (*puddening of a
boat's stem*), bourrelet de cordes dont on ceint l'avant des
bateaux pour amortir les chocs. — 2° Collier du chouquet
(*iron clamp*), demi-cercle en fer par lequel le chouquet em-

brasse le contour d'un màt supérieur. — 3° Collier du grand étai (*collar of a stay*), fort cordage qui lie le grand étai à l'avant d'un vaisseau ou à son étrave. — 4° Collier de faux étai (*collar of a preventer stay*), cordage qui lie le faux étai à l'avant du vaisseau. — 5° Collier de balestron (*snotter*), bourrelet qui entoure le contour d'un màt pour servir d'appui au pied du balestron. — D'autres bourrelets de cordes et cercles en fer portent le nom de collier.

COLOMBIER, s. m. (*Blocking up.*) Étançon vertical qui sert à former le berceau dans lequel est porté un vaisseau nouvellement construit, lorsqu'il est lancé à la mer.

COLONNE, s. f. (*Rank of ships.*) Ligne droite formée par une armée navale. — Marcher sur N colonnes (*to sail in N ranks*). La colonne du milieu est dite colonne du centre ; celle qui est au vent, colonne de vent ; celle qui est sous le vent, colonne de vent ou colonne sous le vent.

COLTIS, s. m. (*Fore most frame; beak head.*) Couple qui, dans un vaisseau, correspond aux points où les bossoirs commencent à saillir hors du bord.

COMBUSTIBLE, s. m. (*Fuel.*) *Voyez* VAPEUR.

COMMANDANT, s. m. Commandant de la marine (*commander*); commandant en chef (*commander in chief*); commandant d'armée navale (*flag officer*); commandant du port (*portreeve*); commandant de division (*officer commanding a division*); bâtiment commandant (*flag ship.*) — Tout officier qui a un bâtiment sous ses ordres prend, à bord, le nom de commandant (*commander*).

COMMANDE, s. f. Assemblage de deux ou trois bouts de fil de carret qui sont tortillés ensemble.

COMMANDE! (*Halloa!*) Ce mot impératif est souvent entendu à bord d'un vaisseau, après un coup de sifflet qui annonce à l'équipage qu'on a des ordres à lui faire connaître. Ce

mot, prononcé à haute voix par les gens de service, exprime la demande des ordres qu'on veut leur donner, et assure qu'ils seront écoutés avec attention.

COMMANDEMENT, s. m. (*Command.*) Pouvoir de commander. — Commandant d'un vaisseau (*command of a ship*), d'une armée (*command of a fleet*), d'un port (*command of a royal dockyard*).

COMMANDER, v. a. Commander un vaisseau (*to command a ship*); commander le quart (*to command the watch*), une manœuvre ou la manœuvre (*to work a ship*); commander au sifflet (*to wind a call*); commander à la barre (*to cun a ship*).

COMME CELA! ou **COMME ÇA!** (*Thus! as you go!*) Expression laconique de l'ordre donné au timonier de conserver la barre du gouvernail dans la position où elle se trouve momentanément.

COMMETTAGE, s. m. (*Laying of ropes and cables.*) 1° Action de COMMETTRE (*voyez* ce mot). 2° Disposition plus ou moins convenable des hélices d'un cordage. En ce sens, on dit : bons, mauvais commettage; commettage lâche, serré.

COMMETTEUR, s. m. Ouvrier qui commet des cordages.

COMMETTRE, v. a. (*To lay.*) Tortiller ensemble des fils ou des cordages, pour en former des câbles ou des manœuvres. — Cordage commis en aussière, en ralingue (*hawser-laid*); un grelin (*cable-laid*).

COMMIS, s. m. (*Clerk; delegate.*) Préposés du gouvernement, dans les ports ou sur les vaisseaux, pour remplir des fonctions dont ils doivent rendre compte. Leur titre général est commis de la marine. — Commis aux approvisionnements (*clerk of the check*); commis des vivres de la marine (*steward-purser*).

COMMISSAIRE, s. m. (*Commissioner of the navy.*) Officier d'administration de la marine militaire.

COMMISSION, s. f. Un bâtiment qui a une commission de guerre (*warrant*) est celui qui a une permission du gouvernement, de courir sur les bâtiments ennemis; il porte alors le nom de corsaire (*privateer*) ainsi que son capitaine.

COMMUNIQUER, v. a. (*To communicate.*) Avoir des relations. Un bâtiment qui revient de certains parages où la peste règne ne peut communiquer avec la terre qu'après un certain intervalle de temps (*to have free intercourse or communication*).

COMPAGNIE, s. f. (*Company.*) Il y a dans la marine des compagnies de gardes, etc. — On dit qu'un vaisseau est vaisseau de compagnie (*good company keeper*), lorsque ses qualités peuvent le faire ranger dans la classe commune des bons bâtiments de commerce.

COMPAS, s. m. Nom des boussoles de mer (*voyez* BOUSSOLE). — Les compas de variation ou compas azimutaux (*azimuth or azimuthal compass*) servent à déterminer la variation ou la déclinaison des amplitudes ou des azimuts des astres; — les compas renversés (*hanging compass*) sont ceux qui, attachés au plafond d'une chambre, indiquent la direction de l'aiguille; — les compas de mâture (*calliper compasses*) sont des compas en fer, à branches courbes.

COMPORTER (SE), v. a. (*To behave at sea.*) Un vaisseau qui, dans une grosse mer, s'élève aisément sur les lames et a des mouvements qui ne fatiguent ni sa mâture, ni la liaison de ses parties, est un vaisseau qui se comporte bien à la mer (*to behave well at sea*); avec des qualités contraires, il est dit se mal comporter. — Suivant le développement de ces qualités lorsqu'il a telle ou telle voile, on dit aussi qu'il se comporte bien ou mal, sous telle voile, ou à telle allure.

COMPTOIR, s. m. *Voyez* FACTORIE.

CONDAMNER, v. a. (*To condemn.*) On condamne un vaisseau en décidant qu'il n'est plus propre à aller à la mer.

CONDUISOIR, s. m. Bâton de plusieurs pieds de longueur, qu'un ouvrier, dans les corderies des ports, tient à la main pour diriger le fil et le forcer à s'étendre uniformément sur le touret.

CONDUIT, s. m. (*Pipe.*) Canal par lequel passe un cordage. — La poulie qui sert à cet usage est dite poulie de conduit ou pour conduit.

CONDUITE, s. f. (*Conduct money.*) Somme d'argent que l'État fournit aux officiers de marine, matelots, etc., qui reçoivent ses ordres pour se rendre d'un lieu à un autre. Elle sert à subvenir aux dépenses des voyages.

CONGÉ, s. m. (*Pass; passport.*) Le congé d'un bâtiment ou du capitaine qui le commande est une permission de mettre en mer, avec telle désignation et avec tel chargement. Ce congé est donné au nom du ministre de la marine. — Le congé d'un matelot est, ou la permission de se retirer chez lui après une campagne achevée, ou une dispense, soit de continuer une campagne commencée, soit de remplir l'engagement qui l'obligeait de servir sur un bâtiment pendant un voyage.

CONGÉDIER, v. a (*To discharge the crew.*) Donner aux matelots ou aux ouvriers des ports la permission de se retirer des arsenaux ou des vaisseaux dans lesquels ils étaient retenus par les ordres du gouvernement.

CONGRÉAGE, s. m. 1° Action de congréer un cordage; 2° ouvrage fait dans cette opération.

CONGRÉER, v. a. (*To worm a cable*, etc.) Remplir le vide qui règne extérieurement entre les hélices d'un cordage, ou entre les contours de ses torons tortillés. Ce remplissage est effectué par un petit cordage assorti, soit du bitord, lorsque ses tours doivent être recouverts par une toile ou une fourrure; autrement, on y emploie du merlin ou du quarantenier.

CONNAISSANCE, s. f. Avoir connaissance d'une terre,

d'une île, etc. (*to make land*), c'est être à portée, sur un vaisseau, de reconnaître cette terre, cette île. — Prendre connaissance d'une terre, d'un ennemi, etc., c'est se mettre à portée de les voir.

CONNAISSEMENT, s. m. (*Bill of lading.*) Déclaration faite et signée par le capitaine d'un bâtiment de commerce, des marchandises ou des objets reçus à bord, avec l'engagement de les remettre à telle personne, et dans tel lieu déterminé, sous des conditions exprimées et convenues. On dit aussi police de connaissement.

CONSEIL, s. m. (*Council, board.*) Assemblée ordonnée par le gouvernement pour un service, ou extraordinaire, ou permanent. Conseils de guerre, d'administration, des prises, etc. (*council of war, of prize*, etc.) — Chambre du conseil (*coach or round house*). Pour exprimer la direction incertaine, variable des vents, on dit qu'ils sont au conseil (*winds are seeking a hole to blow out of*).

CONSENTIR, v. n. (*To spring, or break, or to have a spring*). On dit qu'un mât a consenti lorsqu'un grand effort ou une suite d'efforts a changé son état primitif. On le dit aussi d'une vergue, et même d'un vaisseau qui, dans un échouage, a éprouvé quelque altération dans ses contours ou dans les liaisons de ses parties. — Faire consentir une pièce de bois, c'est la forcer de plier ou de se plier.

CONSERVE, s. f. (*Tender; company keeper.*) Vaisseau de compagnie ou qui fait route de compagnie avec d'autres bâtiments. — Aller de conserve (*to sail in company; to keep company together*).

CONSERVER, v. a. (*To keep a ship's company.*) Garder constamment en vue un vaisseau et diriger sur lui sa marche. — Conserver un amer à N air de vent (*to keep a sea mark N point of the compass*), c'est se tenir placé de manière que cet amer ou cette marque ne cesse d'être vue d'un vaisseau, sur un air de vent déterminé. — Conserver l'avantage du vent (*to*

keep the weather gage), c'est être placé au vent d'un vaisseau
et se maintenir avec soin dans cet état, qui est favorable, soit
pour l'attaquer, soit pour lui porter secours, soit pour fuir.

CONSOMMATIONS, s. f. pl. (*Expenditure of the stores
during a sea voyage.*) Choses consommées dans les ports et à
bord, ou par l'usage, ou par des travaux quelconques, ou pour
la nourriture des équipages. — L'article des consommations
comprend donc, outre les vivres, les bois employés à la construction, les cordages, les voiles, les ancres, la poudre, les boulets,
les canons jetés à la mer, etc.

CONSTRUCTEUR, s. m. (*Builder; ship-wright.*) Celui qui
bâtit des vaisseaux, d'après les modèles fournis par les ingénieurs-constructeurs ou architectes de vaisseaux (*naval ar-
chitect*).

CONSTRUCTION, s. f. (*Shipbuilding.*) Art de bâtir les
vaisseaux (*voyez* ARCHITECTURE NAVALE et CONSTRUCTEUR.)
— Les formes particulières que les divers peuples navigateurs
ont affecté de donner à leurs bâtiments font désigner souvent
ceux-ci en disant des uns et des autres qu'ils sont de construction ou française (*french shipbuilt*), ou anglaise, ou étrangère
(*foreign built shipping*).

CONSTRUIRE, v. a. (*To build a ship.*) Bâtir un vaisseau.
(*Voyez* CONSTRUCTEUR.)

CONTRAIRE, adj. Marée ou courant contraire (*foul tide;
foul current*), qui ne permet pas à un bâtiment de suivre une
route proposée ; vent contraire (*foul wind*).

CONTR'ARC. s. m. Altération de la quille d'un vaisseau,
courbée dans un sens opposé à l'arc du bâtiment. Cet effet est dû
à la roideur avec laquelle on tend les haubans ainsi que les étais
des mâts verticaux, qui force ces mâts d'agir sur la quille, au
point où leur pied repose.

CONTRARIER, v. a. Être contraire. Un vaisseau est con-

12.

trarié par les vents (*wind bound*), par les courants, lorsqu'au lieu de favoriser sa marche, ceux-ci deviennent des obstacles qui l'empêchent de suivre sa route et qui quelquefois l'en écartent.

CONTRE, adv. et prép. (*Against.*) Avoir le vent, un courant ou la marée contre, les avoir dans une direction opposée à celle qu'on se propose de donner à un vaisseau ; — aller contre vent et marée, surmonter ces obstacles réunis. — Courir à contre, ou être à contre, se dit d'un vaisseau lorsque sa marche est dans un sens contraire à celui de la route d'un autre bâtiment. — Deux bâtiments vont à contre l'un de l'autre, ou courent des bords à contre (*upon a cantrary tack*) lorsqu'ils présentent chacun des côtés différents au vent régnant. — Vergues brassées à contre ou contre-brassées, celles qui sont placées de manière que le vent, qui auparavant frappait dans les voiles qu'elles portent, agit alors sur leur face antérieure.

CONTRE-AMIRAL *Voyez* AMIRAL.

CONTRE-BITTES, s. f. pl.(*Spurs of the bittes.*) Arcs-boutants en forme de consoles, qui servent d'appui aux montants des bittes.

CONTRE-BRASSER, s. a. (*To counter brace.*) On contre-brase une vergue en faisant, à l'aide d'un cordage dit bras, varier l'angle que fait la vergue avec la direction de la quille. Alors la voile, orientée au plus près, change de position et reçoit l'impulsion du vent sur sa face antérieure, c'est-à-dire sur la face opposée à celle qui en était frappée auparavant.

CONTRE-CIVADIÈDE, s. m. *Voyez* CIVADIÈRE.

CONTRE-ÉTAMBOT, s. m. *Voyez* ÉTAMBOT.

CONTRE-ÉTRAVE, s. f. *Voyez* ÉTRAVE.

CONTRE-FOC, s. m. *Voyez* FOC.

CONTRE-HILOIRE, s. f. *Voyez* HILOIRE.

CONTRE-MAITRE, s. m. (*Foreman.*) Titre distinctif

donné à certains ouvriers qui sont au second rang dans leur classe. — Contre-maîtres charpentiers (*foremen of a dock-yard*); contre-maître de la cale (*boatswain mate*).

CONTRE-MARCHE, s. f. (*Countermarch.*) Mouvement par lequel plusieurs vaisseaux, d'abord rangés sur une même ligne, viennent successivement se placer sur une nouvelle ligne. — Contre-marche vent devant (*wind a head*); vent arrière (*wind right aft*).

CONTRE-MARÉE, s. f. *Voyez* MARÉE.

CONTRE-POINT, s. m. (*Counter-point.*) Cordage supplémentaire dont on double la ralingue d'une voile dans la partie qui embrasse le coin inférieur de cette voile.

CONTRE-QUILLE, s. f. *Voyez* QUILLE.

CONTRE-VOILE D'ÉTAI, **s. f.** *Voyez* ÉTAI.

CONTROLEUR, s. m. (*Comptroller of the navy.*) Officier d'administration de la marine militaire, chargé d'inspecter toutes les recettes et les dépenses des arsenaux, etc.

CONVOI, s. m. (*Convoy.*) 1° Nombre plus ou moins grand de bâtiments marchands qui naviguent sous la protection de vaisseaux de guerre chargés de les escorter. 2° Vaisseaux de guerre qui convoyent. — Être de tel convoi; partir sous convoi de tel bâtiment de guerre (*to depart with convoy*). — Ordre de convoi, *voyez* ORDRE.

CONVOYER, v. a. (*To convoy.*) Escorter des bâtiments pour les défendre, au besoin, des attaques des ennemis.

COQ, s. m. (*Crew's cook.*) 1° Cuisinier à bord d'un vaisseau; 2° ouvrier qui, dans une corderie, fait chauffer le goudron avec lequel on goudronne les fils de carret.

COQUE, s. f. (*Body, hull of a ship.*) 1° Corps d'un bâtiment de mer vide et sans mâture ni gréement. — 2° Espèce

d'anneaux (*kink*) que forme un cordage tortillé et replié sur lui-même dans un ou plusieurs points de sa longueur.

COQUERON, s. m. 1° Compartiment fait vers la partie extrême de la soute aux poudres. — 2° Petits retranchements faits à l'avant et à l'arrière d'un canot.

CORBILLON, s. m. (*Small basket.*) Petit baquet servant à mettre le biscuit destiné à la nourriture d'une partie déterminée de l'équipage, qui est ordinairement composée de sept hommes.

CORDAGE, s. m. (*Cordage; rope.*) Nom général de toutes sortes de cordes. — Les cordages noirs (*black*) sont goudronnés ; les cordages blancs (*untarred*) ne le sont pas. — Cordage mou ou largue (*slack rope*); cordage de N fils (*rope made with N yarns*); cordage de N torons (*rope made with N strands*); cordage en grelin ou en aussière (*cable-laid ; hawser-laid*). — (*Voyez* MANŒUVRE.)

CORDE (A MATS ET A —). (*Under bare poles.*) Locution adverbiale qui exprime l'état d'un vaisseau lorsqu'en pleine mer, les voiles n'étant pas déployées, le vent n'agit que sur ses mâts, ses vergues et les cordes qui servent à les soutenir ou à orienter les voiles.

CORDEAU, s. m. (*Line, cord.*) Les charpentiers roulent dans un barillet un cordeau dont ils se servent pour tracer des lignes sur les faces des pièces de bois qu'ils se proposent de travailler.

CORDELLE, s. f. 1° Troupe d'hommes de cordelle, c'est-à-dire hommes qui, rangés à terre sur divers points, font mouvoir un bâtiment au moyen de cordages qu'ils roidissent à l'aide de sangles passées en écharpe sur leurs épaules ; ce qui s'appelle tirer un vaisseau à la cordelle. — Remonter, descendre une rivière à la cordelle ; tirer à la cordelle (*tow-line*).

CORDERIE, s. f. (*Rope-house.*) 1° Atelier, dans les ports de l'État, où l'on fait les cordages pour le service des vaisseaux et des arsenaux de marine ; 2° art de fabriquer les cordages (*art of rope-making*).

CORDON, s. m. (*Strand.*) Nom donné aux aussières lorsqu'elles sont tortillées ou commises ensemble pour composer un grelin ou câble.

CORNE, s. f. ou **PIC**, s. m. (*Crutch or peek.*) Vergue qui, par une de ses extrémités, terminée en croissant, s'appuie sur le mât qui la porte, et qui est destinée à tenir déployée une voile quadrangulaire. — La voile de senau est portée par un pic ou une corne (*gaff*). — Dans les petits bâtiments, un côté des voiles auriques est étendu sur une corne (*throat*). — (*Voyez* GUI.)

CORNET, s. m. (*Case of a mast, or step and partners.*) Espèce de garniture en bois, dont on recouvre le pied d'un mât dans sa partie antérieure, jusqu'à la hauteur de l'étambrai, afin de le défendre de tout accident, dans les petits bâtiments non pontés.

CORNETTE, s. f. (*Flag.*) Pavillon en étamine, aux couleurs nationales ; signe distinctif du capitaine de frégate, du lieutenant de vaisseau et du lieutenant de frégate, commandant une réunion de trois bâtiments de guerre au moins. — La cornette est carrée, terminée par deux pointes, et déployée à la tête du mât d'artimon.

CORNIÈRES, s. f. pl. *Voyez* ESTAINS.

CORPS, s. m. Coque d'un vaisseau (*hull of a ship*) ; — corps d'une poulie (*shell of a block*), caisse qui renferme un rouet ; — corps d'armée (*body of a fleet*) ; — corps de bataille (*centre of a fleet*), partie qui est au centre, dans une armée en bataille ; —corps morts (*moorings, bollards in a dock yard*), câbles fixes pour attacher les vaisseaux dans un port. — Un vaisseau qui a sa grand'voile, sa misaine et ses deux huniers seuls déployés, a ou porte ses quatre corps de voiles (*main, fore, and topsails*). — Corps de pompe, *voyez* POMPE.

CORRECTION, s. f. Opération par laquelle on rectifie les erreurs faites sur la longueur ou la direction de la route d'un

vaisseau (*correction in the dead reckoning*), en déterminant la latitude exacte du lieu où se trouve un vaisseau en pleine mer, par le moyen de certaines observations des astres. (*Voyez* POINT.)

CORRIGER, v. a. *Voyez* CORRECTION.

CORSAIRE, s. m. *Voyez* COMMISSION.

CORVETTE, s. f. (*Sloop of war.*) Bâtiment de guerre qui prend rang entre le brick et la frégate, et qui aujourd'hui est généralement à vapeur, sa principale qualité étant de bien marcher ; il a de 20 à 26 canons ou caronades, et sert souvent d'aviso. — Les corvettes-bricks ont deux mâts, les corvettes-frégates en ont trois.

COSSE, s. f. (*Thimble, bull's eye.*) Anneau de fer qui, recourbé sur ses bords, présente une cannelure propre à recevoir et maintenir un cordage dont on l'entoure.

CÔTE, s. f. (*Shore.*) Bande de terre qui borde la mer. — Côte acore, à pic (*bold shore, bluff*) ; basse (*shallow coast*) ; saine (*clear shore*) ; malsaine ou dangereuse (*foul coast*) ; au vent (*lee shore*) ; sous le vent (*weather shore*). — Faire côte, jeter, donner, aller, être à la côte (*to run a ground*), état d'un vaisseau que le vent ou la mer entraînent sur une côte ; être battu, chargé en côte ou poussé à la côte (*embayed on a lee shore*) se dit d'un vaisseau qui vient se briser sur une côte.

CÔTÉ, s. m. (*Side of a ship.*) Flanc droit ou gauche d'un vaisseau. — Présenter le côté à l'ennemi (*to bring the broadside to bear upon an enemy*), c'est combattre en dirigeant sur lui sa batterie de tribord ou de babord. — Côté du vent ou du lof (*weather side ; weather beam*), côté sous le vent (*lee side*). — Un vaisseau a le côté fort ou faible (*wall-sided and crank ship*), lorsqu'il a une grande ou une petite stabilité ; si sa résistance au vent agissant sur ses voiles en sens latéral n'est pas égale des deux côtés, il est dit avoir un faux côté (*lopsided ship*). — Mettre un vaisseau sur le côté pour le réparer (*to lay a ship on the careen*), c'est l'incliner latéralement. — On appelle côté

vertical (*leech*) le bord latéral d'une voile déployée suivant un plan perpendiculaire à l'horizon.

CÔTIER, adj. Qualification des pilotes (*coasting pilot*) qui dirigent la navigation des bâtiments dans le voisinage de certaines côtes.

CÔTIÈRE, s. f. (*Coast.*) Suite de côtes.

COTRE, s. m. *Voyez* CUTTER.

COUCHER, v. a. Incliner. Vaisseau couché sur un de ses côtés (*laid on her broad side*).

COUCHES, s. f. pl. *Voyez* MAT.

COUILLARD, s. m. (*Spilling line.*) Cargue supplémentaire, ou cordage en patte d'oie qui sert à retrousser rapidement les fonds d'une voile.

COULÉE, s. f. (*Fair curve.*) Belle courbure de la carène d'un vaisseau.

COULER, v. a. et n. Submerger. Couler bas (*to sink*) un vaisseau, c'est le percer à coups de canon et le faire ainsi descendre au fond de l'eau. Telle est la position d'un navire couché bas. — Un vaisseau peut aussi couler bas (*to founder*) par suite de chocs contre les écueils, de tempêtes, de vieillesse, etc. — Un vaisseau qui coule bas d'eau (*leaky ship*) est celui dans lequel les eaux de la mer s'introduisent en quantité si abondante, que cette quantité surpasse celle qu'on peut en extraire.

COUP, s. m. Choc momentané. — Coup de vent (*gale of wind; hard gale*), vent violent, et de peu de durée; — coup de vent forcé (*stiff gale of wind; stress of weather*), vent violent et d'une vitesse extrême. — Coup de mer (*heavy sea*) choc produit par une lame qui se déploie sur un vaisseau en le choquant violemment; coup de rame ou d'aviron (*stroke of the oars*), choc d'une rame qui frappe l'eau; — coup de gouvernail (*wild steering*), mouvement subit du gouvernail pour

l'exposer à l'impulsion de l'eau ; — coup de talon (*grounding*), choc reçu par le talon de la quille en frappant sur un écueil, un rocher, un haut-fond. — Coup de canon (*gun fired*); coup de canon à l'eau (*shot between wind and water*), effet d'un boulet qui a frappé sur la carène d'un vaisseau. A bord d'un bâtiment, on tire des coups de canon pour annoncer des ordres ; on distingue, par exemple, le coup de canon de diane (*morning gun*), du point du jour, pour le réveil ; le coup de canon de partance (*signal for sailing*), pour lever l'ancre ; le coup de canon de retraite (*evening gun*), de la fin du jour pour la retraite.

COUPE, s. f. (*Cut*.) Art de couper les voiles ou les manœuvres. Ceux qui dirigent ces travaux sont les maîtres de coupe.

COUPER, v. a. 1° Trancher ; couper les câbles des ancres mouillées (*to cut the cables*) ; couper les mâts (*to cut away the masts*) au niveau des gaillards, pour sauver le bâtiment ; un boulet coupe une vergue (*to shoot*, *to carry away*), c'est-à-dire la sépare en plusieurs parties. — 2° Séparer. Couper un vaisseau ou couper sa route ; lui couper la retraite ; couper une lame, un ennemi, une flotte, une ligne de bataille (*to break through a line*) ; être ainsi coupé (*to be cut off*).

COUPLE, s. m. (*Frame*.) Nom des côtes épaisses et doubles dont est composée la carcasse d'un vaisseau. Ces côtes (*timbers*) ne portent le nom de couples que parce qu'elles sont faites de deux suites de pièces dites membres, accolées l'une à l'autre. Leurs contours sont appelés également couples (*frames*). — La distance des couples principaux dits couples de levée (*principal frames*) est quelquefois, dans un vaisseau de 74, de 10 à 12 pieds ; celle des couples intermédiaires ou de remplissage (*filling timbers*) est de plusieurs pouces. Les couples, suivant leur position, sont des couples de l'avant (*fore timbers ; fore body*) ou des couples de l'arrière (*after body*); celui qui sépare ces derniers des premiers est nommé maître-couple (*midship rame*). Les couples de balancement (*balance timbers*) sont, deux couples dont l'ouverture est combinée pour établir un cer-

tain rapport entre les capacités des parties avant et arrière d'un bâtiment. Le couple de coltis (*knuckle timber*) est situé sous le bossoir ; le couple de lof (*loof frame ; loof timber*) correspond au lieu où est fixé le dogue d'amure. — Il y a encore les couples élancés, dévoyés (*cant timbers*) et les couples carrés (*square timbers*).

COURAI ou **SUIF**, s. m. (*Coat ; stuff to pay a ship's bottom ; white stuff.*) Composition de brai, de soufre et de suif, ou de brai gras et de soufre, dont on enduit, à chaud, le contour extérieur de la carène d'un vaisseau pour lui donner une surface unie et régulière. On substitue parfois l'huile au suif. — Courayer, c'est donner un courai ou un suif à un vaisseau (*to pay the bottom of a ship ; to lay on the stuff*).

COURANT, s. m. 1° Masse d'eau qui se meut avec une vitesse plus ou moins grande suivant une direction déterminée. Les vents produisent sur la mer certains courants (*current, drift*) : les marées forment aussi un courant de marée ou le courant de la marée (*flood*). — La direction d'un courant (*setting of the sea or current*) est l'air de vent sur lequel ses eaux s'avancent dans l'espace ; un courant porte à tel air de vent (*that sets N point*) lorsque ses eaux sont dirigées dans leur mouvement vers un tel point de l'horizon. — Un vaisseau est drossé par les courants (*driven by the currents*) lorsqu'il est entraîné par leur force et dans le sens de leur vitesse. — 2° On appelle courant (*runner*) la partie d'un cordage ou d'une manœuvre qui, passant dans la caisse d'une poulie, roule sur le rouet qu'elle renferme ; c'est sur elle qu'on agit pour augmenter, diminuer ou annuler la tension de tout cordage.

COURANTE, adj. (*Running, as rigging.*) Nom donné aux manœuvres qui passent aisément dans les poulies, sur les rouets roulant vivement sur leur axe. Tels sont les bras, les écoutes, les amures, les boulines, les cargues, etc. (*Voyez* DORMANTE.)

COURAYER, v. a. *Voyez* COURAI.

COURBANT, adj. (*Compass timber.*) On nomme bois courbant des pièces qui, dans leur longueur, ont une certaine courbure.

COURBATON, s. m. (*Small knee.*) Petite courbe; prend divers noms suivant la place qu'il occupe; sont des courbatons : les courbes d'éperon (*brackets of the head*), de beaupré, de gatte, de porte-haubans, de hune (*knee of the top*), etc.

COURBE, s. f. (*Knee.*) Pièce de bois de forte dimension, à figure angulaire. — Courbe de capucine (*standard of the head*); courbe de bau ou de pont (*hanging knee; knee of the deck*); courbe d'étambot (*knee of the stern port*); courbe d'arcasse (*transom knee*), courbe de proue (*checks of the head*); courbes ou taquets de bittes (*standards of the cable bitts; spurs of the quarter deck*); courbes de baux (*knee of the quarter deck*), verticales (*hanging knee*), horizontales (*lodging knee*), obliques (*raking knee; dagger knee*); courbes de fer (*iron knee*); courbes-guirlandes (*breast hook*). (*Voyez* COURBATON et JAMBETTES.)

COURBER, s. m. (*To bow.*) Rendre courbe. On courbe les pièces de bois par le moyen direct du feu, ou en les imprégnant de la vapeur de l'eau bouillante.

COUREAUX, s. m. 1° Canaux dirigés parmi les hauts-fonds ; 2° bateaux sur lesquels on peut parcourir sans risques ces sinuosités du fond de la mer.

COURIR, v. n. (*To sail.*) S'avancer plus ou moins rapidement dans l'espace, suivant une direction quelconque. — Un vaisseau court à N air de vent (*to sail northerly, southerly*); sur la terre, au large (*to stand for the offing*), sur un bâtiment, sur un ennemi (*to run end on upon a ship*), sur une île, sur un rocher, en latitude ou en longitude (*to run down latitude or longitude*), sur son ancre (*to heave ahead*), sous la misaine. sous ses basses voiles (*to go under foresail, under a pair off courses*), à sec, ou toutes voiles serrées (*to scud un-*

der bare poles), au vent, vers le vent (to stand upon a wind), sous le vent (to go large from the wind), vent arrière (to run or sail before the wind), vent largue (to sail large or quartering, to lead large), au plus près (to be close hauled), une bordée, un bord, des bords, des bordées (to ply to windward by boards), le même bord (to stand on the same tack), à bord opposé ou contre, bord sur bord, avec les armures sur N bord (to lead on the N tack), de l'avant ou avec vitesse progressive (to shoot ahead). — Un vaisseau a de l'eau à courir (sea room) lorsqu'il peut, sans danger, prolonger sa route. — Faire courir (to keep her full), se dit pour laisser augmenter l'angle d'incidence du vent dans les voiles ; laisser courir, se dit pour exprimer qu'il ne faut produire aucun changement ni dans cet angle, ni dans la vitesse qui en est dépendante. — Un cordage court dans une poulie (to render) quand il y passe librement. — Courir la BOULINE. (Voyez ce mot.)

COURONNEMENT, s. m. (Taffarel.) Partie extrême et supérieure de la poupe d'un vaisseau. — Lisse de couronnement (upper rail of stern), pièce de bois courbée qui termine la poupe dans ses points les plus élevés.

COURS, s. m. Voyez VIRURE et LONG-COURS.

COURSE, s. f. (Cruise.) Faire la course (privateering), armer en course, aller en course (to cruise at sea ; to go a privateering), c'est courir ou être destiné à courir sur tous les bâtiments ennemis qu'on peut rencontrer.

COURSIER, s. m. Voyez CANON.

COURTIER, s. m. (Broker). Entremetteur. Dans un port de mer, ses fonctions sont de négocier des ventes ou des achats de marchandises pour le compte d'autrui ; d'informer du départ et de l'arrivée des bâtiments ; d'indiquer ceux qui sont désignés à être frétés. On nomme ses salaires droit de courtage.

COUSSIN, s. m. Morceau de bois tendre. — Le coussin ou

chevet de bittes (*doubling of the bitts, or fir lining*) est une pièce demi-cylindrique, en peuplier, placée en arrière des bittes pour recevoir le traversin, et rendre plus doux le frottement qu'éprouvent les câbles qui glissent souvent autour des montants des bittes; coussin d'écubier (*bolster of the hawse holes*), de beaupré (*pillow*). — Le coussin de cordages est fait avec de vieux cordages (*mat*).

COUTEAU de Gouvernail, s. m. (*Back of the rudder.*) Angle plan qui termine la mèche du gouvernail. — Couteau de l'étambot (*back of the stern post*) : Angle plan présenté par l'étambot du côté du gouvernail.

COUTURE, s. f. 1° Intervalle qui sépare les bords de deux bordages adjacents (*seam of the planks*). 2° Assemblage des étoupes avec lesquelles on calfate (*to chinse*). 3° Couture d'une voile (*seam of the sails*) exprime à la fois, dans l'art du voilier, la jonction faite avec du fil, des laizes qui la composent, et la largeur de la toile dont une laize anticipe sur la laize voisine, pour lui être réunie par plusieurs suites parallèles de points de couture.

COUVRIR, v. a. et n. (*To overflow.*) Se dit : 1° de la mer lorsque, s'élevant par le flux, ses eaux viennent s'accumuler autour et au-dessus d'un rocher, d'un banc, etc., après l'avoir laissé à découvert par le reflux; 2° du rocher, banc, etc., qu'on dit couvrir et découvrir, ou à toutes les marées, ou aux époques des seules grandes marées.

CRAIER, s. m. (*Pole-masted.*) Bâtiment à trois mâts, à pible (*pole-mast*), en usage sur la mer Baltique. Sa longueur est de 70 à 80 pieds.

CRAMPE, s. f., ou **CRAMPON DE FER**. (*Cramp-iron, or staple.*) Ce mot conserve dans la marine l'acception qu'on lui donne dans la langue commune. Il y a cependant les crampes à chambrière (*staples*). (*Voyez* Chambrière.)

CRAPEAU, s. m. (*Goose-neck.*) Pièce de fer coudée. C'est

q par le moyen d'un crapeau que la barre du gouvernail est toujours maintenue à une hauteur constante.

CRAQUER, v. n. (*To crack.*) Un mât qui craque ou qui
a craqué est dans cet état qui tient le milieu entre une rupture
entière et une flexion qui a altéré sa première forme sans retour; il est par conséquent devenu plus faible qu'un mât qui
n'a que consenti. (*Voyez* CONSENTIR.)

CRAVAN, s. m. (*Barnacle.*) Nom de certains coquillages
marins qui s'attachent à la carène des vaisseaux, et qui quelquefois s'y trouvent en si grand nombre, que par leur volume
ils altèrent ses qualités pour la marche.

CRAVATTE, s. f. (*Cravat.*) 1° Fort cordage qui soutient, à
l'arrière et en dehors d'une chaloupe chargée d'une ancre à mouiller, cette ancre suspendue par le milieu de sa verge. — 2° Cordage qui, lorsqu'on abat un vaisseau en carène, embrasse la
tête des bas-mâts, et se rend sur le ponton adjacent, où il est
roidi pour retenir le vaisseau abattu, ou dans son état d'inclinaison. — 3° Cordage qui, dans l'opération de démâter un
vaisseau à l'aide de simples bigues, passe dans une poulie fixée
à la tête des bigues et sert à contenir le mât lorsqu'on le fait
sortir de sa place.

CRÉANCE (EN), loc. adv. *Voyez* MOUILLER.

CRÉMAILLÈRE, s. f. Nom distinctif des adents qui servent à lier ensemble les pièces composantes d'une vergue d'assemblage. On dit adents à crémaillère.

CREVER, v. n. (*To burst.*) S'ouvrir ou se rompre par un
choc violent. Un vaisseau crevé (*ship bilged*).

CREUSER, v. a. Rendre plus profond. Creuser un port (*to
deepen a port*), c'est excaver son fond.

CREUX, s. m. (*Depth.*) Le creux d'un vaisseau est la distance de la face supérieure de la quille à la ligne droite qui
joint les extrémités du bau du premier pont dans le plan du

maître couple. — Creux de la cale (*depth of the hold*), distance réelle de la face supérieure de la carlingue à la face inférieure du maître bau.

CRIQUE, s. f. (*Creek, bight, or cove.*) 1° Canal petit et étroit qui reçoit les eaux de la mer et qui se prolonge plus ou moins entre des terres ; 2° petit enfoncement de la mer entre les terres, dans lequel des bâtiments peu considérables peuvent trouver une retraite au besoin.

CROC, s. m. (*Hook.*) On distingue dans la marine des crocs de palan (*tackle-hook*), de candelette (*hook of the fore-tackle*), de capon (*cat-tackle; cat-hook*) ; des crocs à trois branches (*creeper*), à émérillon (*swivel*), etc.

CROCHER, v. a., ou **ACCROCHER**, v. a. (*To hook.*) Attacher, saisir, arrêter avec un croc. Un bâtiment accroche un ennemi en jetant dans ses cordages des grappins ; et ce moyen de réunion facilite ainsi tout combat ou tout abordage. — On croche l'arganeau d'une ancre (*to fish the anchor by the ring*), en passant le croc de la poulie de capon dans la boucle de l'ancre. — On croche les palans de roulis (*to hook the rolling tackle*), en fixant leurs crocs sur les murailles d'un vaisseau, afin qu'étant roidis ils servent de soutien contre les effets des mouvements d'oscillation du bâtiment.

CROCHET, s. m. (*Hasp.*) 1° Petit croc ; 2° crochet du pied d'un mât, excédant en bois qui déborde le pied d'un mât de perroquet afin que, lorsqu'on élève celui-ci à sa place, il ne puisse s'échapper hors et au-dessus des barres de perroquet.

CROISÉE ou **CROISURE**, s. f. Longueur des plus grandes vergues horizontales d'un vaisseau. — Un bâtiment qui a beaucoup de croisée ou de croisure est celui dont les vergues sont très-longues ou les voiles très-larges. — Croisée d'une ancre (*cross of an anchor*), ouverture de ses deux pattes.

CROISER, v. n. (*To cruise.*) Se dit d'un vaisseau qui s'établit dans un parage déterminé de la mer, et qui le parcourt

dans tous les sens, pour attendre, à leur passage, des bâtiments qu'il doit protéger, secourir ou attaquer. — Croiser par les vents contraires, c'est faire des courses alternatives, dans certaines régions de la mer où on est en station, sans pouvoir avancer sur la route qu'on doit suivre, parce qu'on attend des vents favorables qui ne règnent quelquefois qu'à des époques fixes.

CROISETTE, s. f. Nom donné quelquefois aux barres de perroquet (*cross-trees of the topmast*).

CROISEUR, s. m. (*Cruiser.*) 1° Vaisseau qui croise avec des intentions hostiles; 2° officiers qui commandent de tels bâtiments. (*Voyez* CROISER.)

CROISIÈRE, s. f. (*Cruising latitude; cruise.*) 1° Parage de la mer, dans lequel un vaisseau est occupé à croiser. En ce sens, on dit bonne, mauvaise, heureuse croisière; croisière bien ou mal choisie. — 2° Intervalle de temps employé par un vaisseau à croiser : longue croisière; croisière courte.

CROISSANT, s. m. Croissant de pic ou de gui *throat*), demi-cercle en bois d'orme dont on arme le bout d'un gui ou d'un pic, afin qu'il embrasse en partie, par cette extrémité, le mât contre lequel il s'appuie lorsqu'il est employé. — Croissant de sabord, tringle courbée en arc qu'on place extérieurement au-dessus de chaque sabord, pour faciliter l'écoulement des eaux qui découlent des parties supérieures d'un bâtiment. — Croissant de gouvernail. *Voyez* TAMISAILLE.

CROISSANTE, adj. On appelle latitude croissante, degré de latitude croissante (*meridional part*), les parties du méridien d'une carte réduite. Ce nom tire son origine de ce que les parties de ce méridien qui représentent des degrés égaux et correspondants du méridien du globe, augmentent en étendue depuis l'équateur jusqu'aux pôles, dans le rapport de la sécante de la latitude au rayon des tables. — Une telle échelle de degrés a été imaginée pour faciliter la représentation des

parties plus ou moins étendues de la surface de la terre, sur une carte, en y conservant aux méridiens des directions parallèles, c'est-à-dire celles qu'ils doivent toujours avoir dans des cartes destinées aux navigateurs.

CROISURE, s. f. *Voyez* CROISÉE.

CROIX, s. f. (*Cross.*) Dans un vaisseau les vergues sont en croix (*to square the yards*) lorsque, élevées à leur place et établies horizontalement, elles font avec leur mât respectif un angle droit, ou lorsqu'elles sont dans leur situation propre. — On dit qu'il y a une croix dans les câbles (*cross in the hawse*) lorsque deux câbles qui lient un vaisseau à deux ancres mouillées viennent à se croiser dans leur direction, à leur sortie des écubiers. — Croix de Saint-André, celle formée par deux larges tresses qui se croisent sur un des fonds de la voile de misaine lorsqu'elle est déployée pendant une tempête. — Croix des cordiers, étoile à quatre rayons, en fer ou en bois, qui sert au commettage des faibles cordages.

CROUPIÈRE, s. f., ou **CROUPIAT**, s. m. (*Sternfast.*) Cordage employé à varier la position d'un vaisseau mouillé. On l'attache par un bout au câble de l'ancre mouillée, et il sert à éloigner plus ou moins la poupe du bâtiment de la direction déterminée de ce même câble. C'est ce qui s'appelle mouiller en croupière. (*Voyez* MOUILLER.)

COUSSIN, s. m. *Voyez* OREILLER.

CUEILLE, s. f. (*Quoil.*) 1° Chaque laize de toile qui fait partie de l'étendue d'une voile ; 2° chacun des anneaux ou des tours qui sont placés l'un sur l'autre, dans un cordage ou un câble roulé sur lui-même.

CUEILLETTE (En), loc. adv. *Voyez* CHARGER.

CUEILLIR ou **GLÉNER** ou **ROUER**, v. a. (*To coil.*) Plier en rond sur eux-mêmes des cordages, manœuvres,

câbles, par des tours plus ou moins multipliés. Ces cordages, etc., sont alors cueillis.

CUISINE, s. f. (*Cook-room, or cuddy.*) On distingue dans un vaisseau de l'État deux cuisines, sous son gaillard d'avant, l'une à droite, pour les besoins de l'équipage, et l'autre à gauche, pour ceux de l'état-major.

CUISINIER, s. m. *Voyez* COQ.

CUIVRÉ, adj. Cette qualification désigne ou la couleur du fond de la mer (*cooper-coloured bottom*), ou la qualité d'un fond, qui rend dangereux à manger le poisson qu'on peut y pêcher.

CUL, s. m. (*Tuck.*) Partie extrême et arrière d'un vaisseau. Lorsque cette partie de l'arrière a une surface courbe et arrondie, elle porte le nom de cul-rond (*round tuck*). Si au contraire, les barres de l'arcasse, au lieu d'avoir des contours, sont droites, cette partie de la carène étant alors terminée par une face plane, elle porte le nom de cul-carré (*square tuck*). — Un vaisseau est sur cul (*upon her tuck*) lorsque sa partie arrière s'enfonce trop profondément dans l'eau, relativement à la partie plongée de l'avant. — On appelle culs de porc (*wale knot, or crowning*) ou nœuds de haubans, des espèces de boutons par lesquels sont terminés plusieurs cordages : culs de porc simples (*single wale knot*); culs de porc doubles (*shroud knot*); culs de porc à tête de mort (*crown knot*); culs de porc à tête d'alouette (*double crown knot*).

CULEMENT, s. m. *Voyez* ACCULEMENT.

CULER, v. n. (*To fall a stern; to have stern way; to go aback.*) Reculer. Un vaisseau cule lorsque son mouvement est dirigé de l'avant à l'arrière. Un tel mouvement doit être imprimé à un bâtiment lorsqu'il court sur des écueils qu'il ne peut éviter qu'en reculant, alors il faut que ses roues, s'il est à vapeur, fonctionnent pour le faire rétrograder; s'il est à voiles, il doit les mettre à culer (*to back the sails; to lay all flat aback*),

c'est-à-dire que le bâtiment doit présenter au vent la face antérieure de ses voiles déployées. — Scier à culer, exprime le mouvement des avirons pour produire le même effet sur un canot,
une chaloupe, un bâtiment à rames. On donne alors aux avirons
une direction contraire à celle qu'ils reçoivent pour pousser ces
bateaux de l'arrière vers l'avant. — Par extension, on dit qu'un
vaisseau cule à l'égard d'un autre bâtiment lorsque, inférieur en
marche, il reste derrière lui et se laisse devancer de plus en
plus.

CUREMOLLE, s. f. (*Dredging-machine.*) Bateau ponté dont
on se sert pour creuser ou nettoyer un port, au moyen de cuillers
mises en mouvement par un appareil de roues et de cordages.

CUTTER, s. m. Prononcez CÔTRE (*Cutter.*) Bâtiment qui,
avec des voiles auriques, porte aussi des huniers et un perroquet; n'a qu'un mât perpendiculaire et un beaupré. Il est construit pour la marche avec une grande différence de tirant d'eau,
c'est-à-dire que son arrière plonge dans l'eau beaucoup plus
profondément que sa proue. — Les cutters de l'État sont armés de pierriers à pivots, de petits canons de 4 ou de 6, et de
caronades de 8 et de 12. Ils sont le plus souvent chargés du
service militaire des côtes; par exemple, ils font la police des
pêches, surveillent la fraude, etc. — On appelle sloup ou sloop
(*sloop*) : 1° de petits cutters de la marine marchande qui
font le cabotage ; 2° les plus petits bâtiments de guerre de la
nation anglaise (*sloop of war*) : ils sont gréés ou en vaisseau
ou en senau.

D

DAGUES, s. f. pl. (*Voyez* GARCETTE.)

DALOT, s. f. (*Scupper*.) Tuyau en bois, en plomb ou en cuivre, dont on garnit des ouvertures pratiquées dans la muraille d'un vaisseau, au niveau de ses ponts, pour faciliter l'écoulement des eaux, de dedans en dehors. Les dalots sont généralement circulaires; ceux qui sont directement vis-à-vis les pompes sont carrés. — Les dalots de gatte ou trémues (*scuppers of the manger*), correspondent à la gatte.

DAMELOPRE, s. f. Bateau hollandais à fond plat, ou qui est d'une forme à s'enfoncer peu dans l'eau sous une grande charge. Il est en usage dans les canaux de la mer qui ont peu de profondeur.

DAMES ou **DEMOISELLES**, s. f. (*Rowlocks.*) 1° Chevilles de fer fixées verticalement de chaque côté du rouleau établi sur la poupe d'une chaloupe d'un vaisseau. Elles empêchent les cordages qui passent sous ce rouleau de s'échapper ou de s'écarter latéralement. — 2° Nom de deux consoles opposées, et séparées par un petit intervalle dans lequel on engage un aviron qu'elles sont destinées à contenir dans ses mouvements. Elles sont fixées sur le plat-bord d'un canot. On les appelle aussi toletières ou double-tolet.

DANGERS, s. m. pl. (*Rocks; banks.*) Rochers, bancs, hautsfonds, etc., qui peuvent menacer les navigateurs de quelques dangers à courir.

DANS (*In.*) Préposition qui annonce le lieu ou l'état d'un

vaisseau. — Être *dans* le port, *dans* la rade, c'est être en repos au milieu d'un port, d'une rade. — Être *dans* une armée, en faire partie. — Être entraîné par le courant, être *dans* les courants, être porté avec violence sur des brisants, être *dans* les brisants. De même, être *dans* telle mer, *dans* tel canal, *dans* telle mousson, etc. — Si l'on compare un vaisseau à un autre, ou à un port, et que le vent vienne du lieu où se trouve ce vaisseau, alors il est au vent ou *dans* le vent.

DARSE, s. m. *Voyez* BASSIN.

DAUGREBOT, s. m. *Voyez* DOGRE.

DAVIER, s. m. (*Davit.*) 1° Rouleau de bois placé horizontalement sur le bord d'une chaloupe, à l'avant ou à l'arrière. Porté par un chassis de bois mobile, tournant à volonté sur un essieu de fer, il est employé pour faciliter le halage de certains cordages. — 2° Roue étoilée qui, placée au bas et dans l'intérieur d'une poupe à chapelet, sert à maintenir la chaîne des plateaux dans une tension constante, et s'engraine avec les plateaux pendant leur mouvement.

DAUPHINS, s. m. pl. *Voyez* JOTTEREAUX.

DE. Préposition qui sert à exprimer certains rapports. — Un vaisseau est de l'avant (*a head*) ou de l'arrière (*a stern*) d'un autre bâtiment lorsqu'il est plus avancé ou plus reculé que lui dans l'espace, suivant la direction de leur mouvement. Tel vaisseau est à l'avant à nous (*a head of us*) ou à tel autre lorsqu'il est en avant du lieu auquel le sien est comparé. — On distingue la longueur d'un vaisseau en disant qu'elle est de N pieds de l'avant à l'arrière, c'est-à-dire depuis l'avant jusqu'à l'arrière (*a fore and aft*). — Un bâtiment est de N tonneaux ou de tel port en tonneaux, lorsqu'il est chargé sans risque, et en conséquence de ses dimensions, du nombre de tonneaux indiqué (à raison de 2,000 liv. ou 1,000 kil. par tonneau). — Naviguer de belle mer, c'est parcourir une mer peu agitée. — Naviguer de flot, de jusant ou de malines, c'est naviguer dans une

mer qui monte ou descend par son flux et reflux périodique, où
pendant les grandes marées qui correspondent aux pleines et
nouvelles lunes.

DÉ, s. m. (*Thimble.*) 1° Petits blocs de bois quadrangulaires, que les charpentiers ajoutent à de grosses pièces de bois
pour suppléer à leur défaut, ou pour occuper la place de quelque nœud pourri. — 2° Plaque circulaire et creuse de métal
attachée au milieu de la bande de cuir dont les voiliers se garnissent la paume de la main pour appuyer la tête des aiguilles
dont ils font usage dans la fabrication des voiles. — Les ma-
nœuvriers font garnir de dés de métal (*coak*) les caisses de
certaines poulies, pour servir de support aux essieux des rouets.

DÉBACLE, s. m. (*Confusion.*) Dérangement dans l'ordre
qui est établi entre les bateaux et les bâtiments rassemblés dans
un même port ou sur une rivière.

DÉBACLER, v. a. Débâcler un port (*to clear off*), c'est
le débarrasser de tout ce qui peut gêner les mouvements des
vaisseaux qui y sont retirés, ou les travaux qu'on y exécute.

DÉBANQUER, v. n. et a. 1° Sortir d'un parage où la mer
recouvre un banc (*bank*). — 2° Débanquer une chaloupe, c'est
déplacer les bancs (*thwarts*) qui servent de siége aux rameurs.

DÉBARCADÈRE, s. m. (*Landing-place.*) Partie du
bord de la mer qui offre aux navigateurs un lieu de débarquement.

DÉBARQUEMENT, s. m. (*Disembarking.*) 1° Action de
sortir d'un bâtiment quelconque. — 2° Cesser d'être employé
pour le service d'un vaisseau, c'est avoir son débarquement.
— 3° Lieu de débarquement (*landing-place*), lieu qui présente, sur une côte ou sur les bords de la mer, des commo-
dités aux navigateurs soit pour descendre à terre, soit pour y
mettre des effets et des marchandises apportées de la mer.

DÉBARQUER, v. n. (*To land.*) Un homme débarque

14

d'un bâtiment lorsqu'il le quitte ou pour l'instant, ou pour
n'y plus naviguer. S'il ne peut le faire sans une permission
expresse, et qu'il l'obtienne, on dit alors qu'il a été débarqué.

DÉBARQUER, v. a. (*To disembark*.) On débarque un homme
d'un vaisseau (*to discharge a man from a ship*) lorsque, cessant de le compter au nombre des gens de l'équipage, il est mis
à terre ou hors du bâtiment sur lequel il était employé. — Débarquer des effets et des marchandises (*to unload goods*), c'est
les verser d'un bâtiment qui les porte dans un autre qui les reçoit, ou les mettre hors de ce bâtiment d'une manière quelconque.

DÉBAUCHÉE, s. f. Cessation des travaux journaliers dans
un port. — Le moment de la débauchée est celui où chaque
matin et chaque soir les ouvriers d'un port sortent des chantiers ou ateliers. — Embauchée est le contraire de débauchée.

DÉBITER, v. a. (*To cut.*) Débiter une pièce de bois, c'est
la préparer pour l'usage auquel elle est destinée. — Débiter le
câble (*to unbit the cable*), c'est le détacher de la bitte, qu'il
embrasse.

DÉBORDER, v. n. (*To sheer off.*) S'éloigner du bord de
la mer ou de celui d'un vaisseau, ou d'un quai, ou d'une terre
quelconque.

DÉBORDER, v. a. 1° Déborder un vaisseau (*to rip*), c'est
lever les bordages et les détacher de la place qu'ils occupaient,
ou sur la muraille ou sur les ponts (*to rip off the planks*).
— 2° Le contraire de border : larguer les écoutes des voiles déployées; ôter les avirons de la place où ils sont établis lorsqu'on
en fait usage, c'est les déborder (*to unship*). (*Voyez* BORDER.)

DÉBOSSER, v. a. Détacher les bosses des cordages qu'elles
servent à retenir. (*Voyez* BOSSE.)

DÉBOUCLER, v. a. 1° Déboucler un port, c'est en dégager l'entrée lorsqu'elle est obstruée par des bâtiments qui

y sont accumulés. — 2° Déboucler un prisonnier, c'est lui rendre la liberté.

DÉBOUQUEMENT ou **EMBOUQUEMENT**, s. m. (*Disemboguement.*) Embouchure d'un canal vers la grande mer; lieu par lequel les vaisseaux sortent d'un canal pour arriver dans une mer libre, ce qui s'appelle débouquer (*to disembogue*).

DÉBOUQUER, v. n. *Voyez* DEBOUQUEMENT.

DEBOUT, adv. (*On end.*) Ce mot sert à exprimer la position de l'avant d'un vaisseau vis-à-vis des objets auxquels on le compare. Ainsi, un vaisseau est debout au vent, à la lame, au courant, à la marée, au flot, au jusant, etc., lorsqu'il présente directement son avant ou sa proue soit au vent, soit à la lame, etc. (*Head to wind; head to the sea*, etc.) Il court debout à terre lorsque son mouvement est dirigé vers la terre. Il prend la lame debout lorsque dans sa marche il vient à sa rencontre ou tend à la traverser. — On dit d'un mât qu'il est debout (*on end, standing*) lorsque sa situation est verticale, ou lorsqu'il subsiste encore à bord d'un vaisseau dans l'état où il a été placé primitivement.

DÉCAPELER, v. a. C'est l'opposé de CAPELER. (*Voyez* ce mot.)

DÉCAPER, v. n. (*To sail beyond a cape.*) Dépasser un cap.

DÉCARVER, v. a. Doubler les écarts. (*Voyez* ÉCART.)

DÉCHARGE, s. f., ou **DÉCHARGEMENT**, s. m. (*Unloading; discharge.*) Action de vider un vaisseau de toutes les marchandises dont il peut être chargé. — Faciliter cette opération, c'est faciliter sa décharge, et pendant une telle opération un vaisseau est en décharge (*in discharge*).

DÉCHARGEMENT, s. m. *Voyez* DÉCHARGE.

DÉCHARGER, v. a. (*To unload; to discharge.*) Oter d'un

vaisseau toute sa cargaison. — Décharger une voile (*to fill a sail again*), c'est donner une nouvelle position à une voile frappée par le vent sur sa face antérieure. — Décharger devant (*to haul off all*), c'est décharger les voiles de l'avant; décharger derrière (*to let go and haul*), c'est décharger celles de l'arrière. De là vient qu'on commande de telles manœuvres en disant : Décharge devant! (*Let go and haul!*); — Décharge derrière! (*Haul main sail, haul!*)

DÉCHIRER, v. a. Mettre en pièces. Déchirer une voile (*to split a sail*), se dit du vent qui la détache de ses ralingues, ou sépare ses laizes cousues ensemble, ou la partage en morceaux.

DÉCHOUER, v. a *Voyez* DÉSÉCHOUER.

DÉCLARATION, s. f. (*Report at the custom house.*) Acte par lequel on déclare, dans les bureaux des douanes, l'espèce et la quantité de marchandises dont est chargé un bâtiment qui arrive de la mer.

DÉCLINAISON, s. f. (*Déclination.*) Mesure de l'angle formé par la direction du méridien et celle d'une aiguille aimantée. Les marins disent surtout dans le même sens variation (*variation*).

DÉCLINQUER, v. a. Détacher du corps d'un bâtiment les bordages ajustés à CLIN. (*Voyez* ce mot.)

DÉCOUDRE, v. a. (*To rip off planks.*) Déclouer des bordages et les ôter de la place qu'ils occupent.

DÉCOUVERTE, s. f. (*Discovery.*) Action d'un bâtiment qui se porte à de certaines distances pour découvrir tout ce qui peut intéresser le monde ou importer au sort d'une armée. Dans le premier cas, c'est faire un voyage de découvertes (*voyage of discovery*); dans le second, c'est aller à la découverte (*to scout*).

DÉCOUVRIR, v. a. 1° Découvrir une terre, une île, un vais-

seau, un ennemi (*to make the land ; to discover the enemy*) c'est les apercevoir après une longue course en pleine mer. — 2° Un rocher découvre lorsqu'alternativement la mer, pendant le flux, le couvre de ses eaux et le laisse apercevoir pendant le reflux.

DEDANS, s. m. (*In.*) 1° Dedans d'un port, l'intérieur d'un port ; 2° dedans d'une voile, face d'une voile déployée sur laquelle doit frapper le vent pour faire avancer le vaisseau de l'arrière vers l'avant. — Si un vaisseau se trouve placé dans un golfe qui est terminé par des caps, on dit qu'il est dedans des caps. (*Voyez* DESSUS.)

DÉDOUBLER, v. a. (*To unsheath.*) Oter le doublage d'un vaisseau.

DÉFENDRE, v. a. 1° Défendre l'abordage d'un bateau, d'un canot, contre un grand bâtiment ou contre la terre, c'est empêcher un choc ; ce qu'on commande de faire en disant : Défends ! (*Fend off !*) — 2° Un bâtiment se défend de la mer lorsqu'il résiste avec succès au choc des lames, soit en s'élevant aisément avec elles, soit en leur présentant un assemblage de parties parfaitement liées entre elles, et d'une grande solidité.

DÉFENSE, s. f. 1° Tronçons de câbles (*fenders*) suspendus verticalement et extérieurement sur les flancs d'un vaisseau, et qui servent à amortir les chocs qu'il est exposé à recevoir. — 2° Pièces de bois (*main sheeds*) placées au milieu d'un vaisseau depuis le plat-bord jusqu'aux préceintes les plus basses, sont clouées sur la muraille pour préserver les bordages de tous les chocs et dommages qu'ils pourraient éprouver dans l'embarquement et le débarquement, ou des bateaux, ou d'autres objets pesants. — Les bouts-dehors de défense sont ceux qui servent à éloigner d'un bâtiment tout ce qui ne doit pas en approcher, et réciproquement.

DÉFERLER, v. a. Déferler une voile (*to unfurl, to loose a sail*), c'est la dégager de tous les liens ou rabans qui la tiennent pliée et pressée sur sa vergue.

11.

DÉFERLER, v. n. La mer déferle ou brise (*to break*) lorsque ses lames, repliant leur sommet sur elles-mêmes, se brisent en écumant et avec bruit à la rencontre d'un rocher caché, d'un haut-fond, etc.

DÉFIER, v. n. et a. Prendre garde. Dans un bâtiment qui est à la voile, on commande au timonier : Défie de la lame ! Défie du vent ! (*Keep her fall ; keep her to !*) de l'arrivée ! c'est-à-dire gouverne de manière à éviter le choc direct de la lame qui s'avance, à empêcher le vaisseau de s'élancer du côté du vent, à prévenir une arrivée. (*Fall not aft ! Have a care of the lurches !*) Si on dit : Défie tout ! c'est pour ordonner que le gouvernail fasse avec la quille le plus grand angle possible pour prévenir l'auloffée, ou l'élan de la proue du côté du vent. Défier de terre, de l'abordage, de bord (*to fend*), c'est empêcher qu'un bateau ne se porte avec trop de vitesse sur la terre ou sur un vaisseau dont il s'approche, afin d'éviter un choc dangereux (*to bear off*). — Défier l'ancre du bord (*to bear off the anchor*), c'est en tenir les pattes éloignées lorsqu'elle est pendante hors d'un vaisseau, afin qu'elle n'endommage pas les bordages dans les mouvements que la mer peut lui communiquer.

DÉFONCER, v. a. (*To shove.*) Le vent défonce une voile déployée lorsque par sa violente impulsion, il emporte ses fonds, ou sépare la voile des carlingues qui l'entourent. — La mer défonce les bouteilles d'un bâtiment (*to shove out the quarter gallery*) lorsque ses lames frappent avec assez de force sur cette charpente pour lui faire perdre sa rondeur, ou séparer les pièces qui la composent.

DÉFOURNIS, s. m. pl. (*Scanty.*) Défauts de bois dans certaines parties d'une pièce ; vides partiels et peu étendus.

DÉFOURRER, v. n. Dépouiller un cordage de la fourrure qui l'entoure. (*Voyez* FOURRURE.)

DÉGAGER, v. a. Débarrasser ; rendre plus libre. — Dé-

gager un cordage (*to clear the rope*), c'est éloigner les obstacles qui s'opposent à ce qu'on puisse le mouvoir à volonté. Dégager un vaisseau dans un combat, c'est venir à son secours. Un vaisseau est dégagé de certains écueils lorsqu'il cesse d'être exposé aux risques qu'il courait lorsqu'il naviguait parmi ces écueils.

DÉGARNIR, v. a. 1° Dégarnir un bâtiment, un canon, un cabestan, un mât, etc. (*to unrig, or strip a mast*), c'est les dépouiller de l'appareil qui leur est nécessaire pour qu'ils remplissent leurs fonctions. — 2° Dégarnir des manœuvres, c'est en détacher toutes les enveloppes, telles que toiles goudronnées, paillets, etc.

DÉGRAISSER, v. a. (*To beard.*) Mettre une pièce de bois en dégraisse, c'est-à-dire tailler ses faces lorsqu'elle est quadrangulaire, de manière que certaines fassent entre elles un angle plan moins ouvert qu'un angle droit.

DÉGRÉAGE, s. m. *Voyez* DÉGRÉEMENT.

DÉGRÉEMENT, s. m. (*Dismantling.*) Action par laquelle un vaisseau est dépouillé d'une partie de son gréement, par suite d'un combat ou d'une tempête.

DÉGRÉER, v. a. (*To strip a mast, a yard; to unrig a ship.*) Oter le gréement d'un mât, d'une vergue, d'un vaisseau. — Dans un combat, dégréer un vaisseau, c'est détruire son gréement.

DEHORS, adv. (*Out.*) Un vaisseau met dehors lorsqu'il sort d'un port ou d'une rade pour gagner la pleine mer ; il est dehors (*out at sea*) lorsqu'il est au large des terres ; il vient de dehors, à son retour du large. — Lorsqu'on veut annoncer l'état du vent ou de la mer à une distance un peu considérable des côtes, on dit qu'il règne tel vent dehors, que la mer est grosse dehors (*the sea runs high in the offing*). — Une voile est dehors (*sail out; sail set*) lorsqu'elle est déployée pour recevoir l'impulsion du vent et faire avancer dans l'espace le bâ-

timent qui la porte. On dit d'un bâtiment, dans le même sens, qu'il a dehors ses huniers, sa misaine, sa grand' voile, etc., qu'il court toutes voiles dehors *(all sails set)*. — Jeter quelque objet d'un vaisseau à la mer, c'est le jeter dehors *(overboard)*, par-dessus le bord. — Lorsqu'on parle de la longueur ou de la largeur d'un bâtiment, on distingue leurs mesures lorsqu'elles sont prises de dedans en dedans ou dehors en dehors *(from outside to outside of the plank)*.

DÉJAUGER, v. n. Un vaisseau est déjaugé de N mètres lorsque son tirant d'eau a diminué de cette quantité de mètres.

DÉLACER, v. a. (*To unlace.*) Détacher du bord inférieur d'une voile, une voile supplémentaire qui était lacée avec elle pour ajouter à l'étendue de sa surface.

DÉLAISSEMENT, s. m. (*Abandonment.*) Abandon fait aux assureurs de certains objets assurés, contre le payement de la valeur totale de ces mêmes objets telle qu'elle avait été primitivement estimée dans le contrat d'assurance.

DÉLESTAGE, s. m. (*Unballasting.*) Action de délester.

DÉLESTER, v. a. (*To unballast.*) Mettre hors d'un vaisseau le lest dont il est chargé.

DÉLESTEUR, s. m. (*Ballast-heaver.*) Homme employé dans un port au délestage des bâtiments.

DÉLIVRER, v. a. (*To rip off a plank.*) 1° Détacher les planches qui sont clouées sur la muraille d'un vaisseau pour en recouvrir les faces. — 2° Délivrer une alonge ou tout autre pièce, c'est l'ôter de sa place.

DÉMANCHER, v. n. (*To go out of the Channel.*) Sortir de la Manche, et par extension, sortir de tout autre canal.

DEMANDE (A LA), loc. adv. (*Suitably.*) Filer à la demande (*voyez* FILER). — *A la demande*, est le synonyme de convenablement; dans un chantier, on dit qu'une pièce de bois est travaillée à la demande, lorsqu'elle l'est suivant la forme de la place qu'elle doit occuper.

DÉMARRAGE, s. m. (*Unmooring.*) Action de démarrer un vaisseau.

DÉMARRER, v. a. et n. (*To unmoor.*) Détacher l'un de l'autre deux objets liés ensemble par un moyen quelconque, tel qu'une amarre, un cordage, etc. On démarre un vaisseau, ou un vaisseau démarre lorsqu'on le dégage des amarres ou des cordages qui le retiennent dans un lieu fixe, ou dans un port, ou dans une rade. — On dit aussi qu'il démarre lorsqu'il lève l'ancre. — Démarrer d'un port, c'est s'en aller (*to part*); c'est en partir. — Démarrer un cordage (*to unbend any rope*), c'est le détacher du lieu où il était attaché.

DÉMÂTAGE, s. m. (*Dismasting.*) 1° Action de démâter un vaisseau; 2° synonyme de DÉMÂTEMENT. (*Voyez* ce mot.)

DÉMÂTEMENT, s. m. Perte accidentelle des mâts d'un vaisseau causée par l'effet du vent, par l'agitation de la mer, par des boulets, par un choc violent contre un écueil, ou par un trop long usage.

DÉMÂTER, v. a. et n. On démâte un vaisseau (*to take out the masts of a ship*), ou ce vaisseau démâte lorsqu'on lui ôte ses mâts. Il a démâté de N mât (*to have spent N mast*) quand un accident quelconque lui a fait perdre tel mât à la mer. — Dans un port, on démâte un bâtiment qui cesse d'être employé; à la mer, un vaisseau peut-être démâté par des puissances extérieures dont il ne peut arrêter les effets (*dismasted, mast carried away*); dans un combat, des boulets lui abattent quelquefois ses mâts, et alors il est démâté (*mast shot by the board*). Le bâtiment ennemi qui dirige ses boulets sur les mâts d'un vaisseau, tire à démâter. (*Voyez* ABATTRE.)

DÉMERGER, v. n. Sortir de l'eau.

DEMI, adj. (*Half.*) Donner une demi-bande à un vaisseau (*boot-topping*), c'est caréner les 5 ou 6 premières suites de bordages qui sont placés immédiatement au-dessus de la flottaison

d'un vaisseau. — Demi-bau, demi-clef, demi-nœud, etc.(*Voyez* BAU, CLEF, NŒUD, etc.)

DEMOISELLES, s. f. *Voyez* DAMES.

DÉMOLIR, v. a. (*To break up ; to rip up an old vessel.*) Séparer toutes les parties d'un vaisseau parce qu'il ne peut plus être d'aucun service.

DÉMONTER, v. a. Oter de sa place. Démonter un capitaine (*to supersede an officer*), c'est lui ôter le commandement d'un bâtiment. — Démonter un gouvernail (*to unhang the rudder*), c'est faire sortir ses gonds de leur place afin qu'il cesse d'être suspendu à l'étambot. — Démonter un canon (*to dismount a cannon*), c'est le déplacer de dessus son affût. — Le choc des boulets ou d'autres accidents démontent les canons, les gouvernails, etc., en les mettant hors d'état de servir.

DENT, s. m. *Voyez* ADENT.

DÉPART, s. m. (*Departure.*) Action de partir. — Point de départ. (*Voyez* POINT.)

DÉPARTEMENT, s. m. (*Circumscription.*) Circonscription maritime dont un grand port de l'État est le chef-lieu.

DÉPASSER, v. a. Aller au delà : dépasser un vaisseau (*to beat a ship; to outsail a ship! to pass a ship*); dépasser une terre (*to sail beyond a cape, an island*), etc. 2° Dépasser un cordage (*to unreeve*), le faire sortir du lieu où il passait; dépasser un mât de hune, le faire descendre de la hauteur à laquelle il a été élevé et le faire passer entièrement par le trou, où son pied est maintenu par les barres du mât inférieur, lorsqu'il est en place. — Dépasser la TOURNE-VIRE. (*Voyez* ce mot.)

DÉPENDANT (EN), loc. adv. (*Edging away.*) Peu à peu. Aller en dépendant, se dit d'un vaisseau qui s'avance vers un point déterminé sans suivre la route directe qui y conduit.

DÉPENDRE, v. n. Le vent dépend du nord ou du sud

lorsqu'il souffle d'une des directions voisines de celles qui passent par ces points de l'horizon.

DÉPLACEMENT, s. m. (*Displacement.*) Espace occupé par la carène d'un bâtiment au milieu du fluide sur lequel il est flottant.

DÉPLANTER, v. a. Dégager du fond de la mer la patte d'une ancre qui y est solidement engagée (*to start anchor that holds well*).

DÉPLOYER, v. a. Synonyme de DÉFERLER. (*Voyez* ce mot.)

DÉPRESSION, s. f. *Voyez* ABAISSEMENT DE L'HORIZON DE LA MER.

DÉRADER, v. n. (*To be driven from the anchors; to be forced to sea.*) Sortir forcément d'une rade par l'effet d'un vent ou d'un courant qui entraîne le bâtiment vers la haute mer.

DÉRALINGUER, v. a. (*Sail blown from the bolt-rope.*) Séparer d'une voile les ralingues qui l'entourent.

DÉRAPER, v. n. (*To come home.*) Une ancre dérape lorsqu'étant mouillée, elle cède aux efforts de la mer ou du vent, et s'échappe en labourant le sol où elle est engagée. — Une ancre est dérapée (*anchor that is atrip*) lorsque ses pattes ne tiennent plus au fond de l'eau. — On fait quelquefois déraper une ancre (*to trip an anchor*) pour la rendre plus aisée à déplanter.

DÉRIVE, s. f. (*Leeway.*) Angle que fait la quille d'un vaisseau avec la direction réelle de sa route. — Aller en dérive (*to drift, to drive*), ne pouvoir vaincre l'action d'un vent ou d'un courant; être en dérive (*drifting*), être abandonné sur l'eau courante; beaucoup dériver (*leeward ship*), se dit d'un vaisseau que la forme défectueuse de sa carène porte à s'écarter dans sa route de la direction de sa quille. — Avoir une belle dérive (*to have good sea-room*), se dit d'un bâtiment auquel

la mer présente un espace vaste et sûr où il peut suivre la route oblique qu'il a commencée.

DÉRIVE, s. f. (*Drive.*) Assemblage de plusieurs planches réunies par leur épaisseur pour former un corps plat, dit aussi semelle ou savate. Ces espèces d'ailes, établies sur l'un et l'autre côté de certains bâtiments à fond plat, servent à diminuer la grandeur de leur dérive. (*Voyez* l'article précédent.)

DÉRIVER, v. n. (*To fall to leeward.*) 1° S'avancer dans l'espace en suivant une route qui n'est pas celle de sa quille; 2° être poussé dans l'espace au gré des flots ou des courants : si le bâtiment qui dérive produit ce mouvement avec intention, on dit qu'il se laisse dériver.

DÉROBER, v. a. Synonyme de MASQUER. (*Voyez* ce mot.)

DÉSAFFOURCHIER, v. n. (*To unmoor.*) Lever l'ancre d'affourche.

DÉSAMARRER, synonyme de DÉMARRER. (*Voyez* ce mot.)

DÉSARMEMENT, s. m. (*Discharging the officers and crew of a ship.*) État d'un vaisseau qu'on dépouille de son gréement, qu'on décharge de son artillerie et de ses munitions, dont on licencie l'équipage et qu'on laisse nu et vide dans le fond du port. — Pendant une telle opération un vaisseau est en désarmement, et lorsqu'elle est terminée, il est désarmé (*laid-up ship*).

DÉSARMER, v. a. Désarmer un bâtiment (*to lay up a ship*), c'est faire son DÉSARMEMENT. (*Voyez* ce mot.) — Désarmer d'un vaisseau (*to pay off*), c'est le quitter ou recevoir l'ordre de ne plus faire le service dont on était chargé à bord. — Désarmer les canons, ôter les boulets ou la mitraille dont ils peuvent être chargés. — Désarmer les avirons (*to unship the oars*), c'est les ôter de dessus le bord d'un canot, d'une chaloupe.

DÉSARRIMER, v. a. (*Shifted ship, or out of trim.*) Déranger un premier arrimage, dans la cale d'un bâtiment. — Les mouvements violents de la mer désarriment quelquefois un vaisseau ; quelquefois aussi les marins eux-mêmes désarriment un vaisseau mal arrimé pour l'arrimer mieux. Enfin on désarrime pour décharger un bâtiment.

DESCENDRE, v. n. Un vaisseau descend une rivière (*to fall down a river*), lorsqu'il la suit dans son cours naturel qui la porte vers la mer. — La mer descend au reflux. — Descendre de bord, c'est quitter un vaisseau pour passer dans un plus petit; descendre à terre, c'est le quitter pour se rendre sur le rivage.

DÉSÉCHOUER, v. a. (*To get a ship afloat.*) Remettre un vaisseau à flot.

DÉSEMBARQUER, v. a. Synonyme de DÉBARQUER. (*Voyez* ce mot.)

DÉSEMPARER, v. a. (*To disable.*) Délabrer, mettre hors de service. — Désemparer un vaisseau (*to disable a ship*), c'est, ou détruire son gréement en partie, ou le démolir. La tempête peut désemparer un bâtiment. Suivant les pertes qu'il peut faire de mâts, vergues, etc., on dit qu'il est désemparé de ces objets (*disabled in the mast, yards*, etc.)

DÉSENVERGUER, v. a. (*To unbend any sail.*) Détacher une voile de la vergue qui la porte.

DÉSERTEUR, s. m. (*Deserter.*) Matelot qui, sans ordre ou sans permission, abandonne le vaisseau sur lequel il était armé pour y faire un service déterminé.

DÉSERTION, s. f. (*Desertion.*) Abandon d'un poste et fuite d'un vaisseau sur lequel ce poste est établi.

DESSUS, adv. (*On; upon.*) On distingue les deux faces opposées d'une voile par les noms de dedans et de dessus. Le premier nom est celui de la face postérieure de cette voile, le se-

cond est celui de la face opposée. Le dessus d'une voile est donc le côté tourné vers l'avant du vaisseau. On a le vent dessus quand il vient de l'avant. Un vaisseau a le dessus du vent sur un autre vaisseau lorsqu'il est au vent à lui (*windward*), ou lorsqu'il est plus près que lui de la source du vent, c'est-à-dire du point de l'horizon d'où le vent semble souffler. — Un bâtiment a vent dessus vent dedans, lorsque, parmi ses voiles déployées, les unes reçoivent le choc du vent sur leur face antérieure, et les autres sur leur face postérieure. Tel est l'ordre et la combinaison des voiles dans un vaisseau qui est en panne.

DÉTACHEMENT, s. m. (*Detachment.*) Partie séparée d'un corps d'officiers, ou de troupes, ou de l'équipage d'un bâtiment (*gang*), ou d'un corps d'armée.

DÉTACHER, v. a. (*To detach.*) Séparer un officier de son corps, un élève de la marine de sa compagnie, un vaisseau d'une armée pour faire un service quelconque.

DÉTAIL, s. m. (*Detail.*) Avoir le détail à bord d'un bâtiment, c'est être chargé d'exécuter les ordres des commandants relativement à son administration intérieure. Les officiers qui sont chargés de ces soins sont dits avoir le détail, être officiers de détail; ils tiennent des états de détail. C'est l'officier en second du bâtiment qui remplit ordinairement ces fonctions. Sur les vaisseaux de ligne, plusieurs en sont chargés sous ses ordres. L'un a le détail de l'artillerie, un autre a le détail des manœuvres, un autre a le détail de la cale, etc.; ce sont autant de collaborateurs qui fournissent au second capitaine les éléments de sa gestion générale.

DÉTALINGUER, v. a. (*To unbend the cable.*) Détacher le bout d'un câble de l'ancre à laquelle il est lié : opération contraire à celle d'entalinguer.

DÉTAPER, v. a. (*To draw out the tampions.*) Oter les tapes ou tampons qui ferment la bouche d'un canon ou d'un écubier.

DÉTROIT, s. m. (*Strait.*) Canal étroit et serré entre deux

terres, qui fait la communication de deux mers. Tel est le détroit de Gibraltar pour la communication de la Méditerranée et de l'Océan, tels sont le détroit de Magellan, celui de Le Maire, le Sund, le détroit de Babel-Mandel, etc.

DEVANT, prép. et s. (*Before.*) Lorsqu'un vaisseau, avec ses voiles déployées, présente directement sa proue au vent, il est vent devant (*wind ahead*); s'il se trouve dans cette position par un mouvement que le manœuvrier a ordonné, il est dit avoir vent devant (*to stay a ship*); mais si une telle position a été forcée et amenée nécessairement par les circonstances, il est dit avoir pris vent devant (*to chapel a ship*). — Le devant (*forepart*) d'un vaisseau est sa proue ou sa partie antérieure; à bord, on dit qu'un homme est devant lorsqu'il est placé au delà du milieu de la longueur du bâtiment, du côté de la proue.

DÉVENTER, v. a. Déventer une voile (*to shiver any sail in the wind, or to spill*), c'est établir le plan de ses faces dans la direction du vent régnant. On dit alors qu'elle a le vent en RALINGUE (*voyez* ce mot). — Un vaisseau déventé est celui qui est abrité du vent par un autre vaisseau.

DÉVERGUER, v. a. *Voyez* DÉSENVERGUER.

DÉVIRER, v. a. Dévirer au cabestan (*to recoil; to come up the capstan*), c'est le faire tourner sur lui-même, dans un sens opposé au mouvement de rotation qu'on lui avait communiqué précédemment pour roidir un cordage ou produire un effet quelconque. — Dévirer une manœuvre, c'est la faire tourner plusieurs fois sur son axe, dans un sens opposé à son commettage, afin de diminuer la torsion qu'elle a reçue et l'empêcher de se replier sur elle-même, surtout lorsqu'elle est destinée à passer dans des poulies ou dans des casses. — Dans un chantier, dévirer une pièce de bois, c'est la retourner sur la face qui est opposée à celle sur laquelle elle reposait auparavant.

DEVIS, s. m. (*Scheme.*) État détaillé :1° des dimensions et des places de toutes les parties d'un vaisseau ; 2° des dépenses exigées pour sa construction, sa mâture, son gréement et ses emménagements ; 3° des défauts et des bonnes qualités qu'on lui a reconnues à la mer, ainsi que des règles qu'il faut suivre, soit pour son arrimage, soit pour son chargement, et des réparations qui lui deviennent nécessaires après une campagne déterminée. — Les deux premiers devis sont l'ouvrage des ingénieurs-constructeurs ; le 3° (*memorial*) est fait et répété par chaque capitaine qui commande un vaisseau dans une campagne quelconque.

DÉVOIEMENT, s. m. (*Flaring of the fashion piece.*) Écartement d'une direction donnée ; se dit d'un couple lorsque la quille n'est pas perpendiculaire au plan de ses branches.

DÉVOYER, v. a. Détourner d'une direction déterminée. (*Voyez* DÉVOIEMENT.)

DIABLE, s. m. (*Drag.*) Machine qui ressemble à un train de carrosse, et sert à transporter des fardeaux d'un lieu à un autre.

DIABLON, s. m. Petite voile d'étai, dont la place est au-dessus du diablotin.

DIABLOTIN, s. m. (*Mizen top-stay-sail.*) Voile d'étai du perroquet de fougue.

DIAMANT, s. m. Partie d'une ancre où se réunissent et sa verge et ses bras.

DIANE, s. f. (*Morning watch.*) A bord d'un vaisseau, ou dans une rade, ou dans un port, on bat la diane par un bruit de caisse, ou on tire un coup de canon de diane (*morning watch gun*), dès la pointe du jour, pour annoncer que le service du jour va commencer.

DIFFÉRENCE. s. f. — La différence de tirants d'eau (*difference in the draught of water*) est la quantité de pieds et de

pouces dont le tirant d'eau de l'étrave ou de la proue d'un vaisseau diffère du tirant d'eau de l'étambot ou de la poupe. — Un bâtiment est ou est mis en différence, lorsque les tirants d'eau de ses extrémités sont ceux que le constructeur ou l'expérience ont fait reconnaître comme les plus convenables; il est sans différence (*upon an even keel*) lorsque la poupe et la proue plongent également dans l'eau. — On dit, après une route faite par un vaisseau, qu'il a telle différence en latitude ou en longitude (*difference of latitude, departure*), pour exprimer que le lieu où il est arrivé est par une latitude ou par une longitude qui diffère de telle quantité de celle du lieu de départ.

DIGON, s. m. Synonyme de FLÈCHE. (*Voyez* ce mot.)

DIMINUER, v. a. On diminue de voiles dans un vaisseau (*to shorten sail*), lorsqu'on soustrait à l'impulsion du vent quelques-unes de ses voiles déployées, afin de diminuer la rapidité de son sillage.

DISPUTER LE VENT, v. a. (*To strive for the weather-gage.*) Ce mot s'emploie pour exprimer les efforts que fait un vaisseau ou une armée pour gagner l'avantage du vent, sur un ennemi qui fait aussi tout son possible pour l'obtenir.

DIVISION, s. f. (*Division.*) La troisième partie d'une des escadres qui composent une armée navale, laquelle se divise en trois escadres. Neuf vaisseaux de ligne forment une escadre; au-dessous de ce nombre, c'est une division. Une division de vaisseaux de haut-bord est commandée par un contre-amiral, ou à son défaut par le plus ancien des capitaines des vaisseaux de la division. Il faut trois bâtiments de guerre au moins pour former une division.

DOGRE, s. m. (*Dogger*), ou **DOGREBOT**, s. m. (*Dogger boat.*) Bâtiment dont on se sert dans les mers de Hollande pour la pêche du hareng : il a deux mâts, un grand mât et un mât d'artimon; il porte des voiles triangulaires.

15.

DOGUE D'AMURE, s. m. (*Chess-tree.*) Bloc de bois fixé extérieurement sur la muraille de quelques vaisseaux, près le plat-bord, en avant du grand mât, pour recevoir un rouet sur lequel passe la grande amure, à l'aide de laquelle on rapproche le coin inférieur de la grande voile, lorsqu'elle doit être présentée obliquement à la quille.

DÔME, s. m. (*Dome.*) Bâti en planches, qui sert d'abri à l'échelle placée pour établir une communication du gaillard à l'entrepont.

DONNER, v. a. et n. Donner à la bande (*to heel*), se dit d'un vaisseau qui est incliné latéralement. — Un vaisseau donne telle voile à un autre bâtiment (*to spare the N. sail*), lorsque, sans déployer cette voile comme lui, il conserve une vitesse égale. — Il donne une bordée, ou sa bordée à l'ennemi, lorsqu'il tire sur lui toutes les pièces de canon qui sont rangées sur un de ses flancs. — Il donne une remorque (*towing*), lorsque de son bord il jette un cordage à un vaisseau désemparé pour le remorquer. — Il donne à la côte (*to run aground*), lorsqu'il se jette sur la côte, étant forcé par l'ennemi, le mauvais temps ou des voies d'eau, de prendre ce parti extrême dans l'espoir de sauver, d'un danger pressant et désespéré, au moins les hommes qui y sont embarqués, et peut-être la cargaison et le bâtiment. — Il donne (*to run rightin*) dans une passe, un port, un canal, lorsqu'il y entre; — dans une flotte, dans une armée, lorsqu'il se mêle à cette flotte, à cette armée, pour la combattre, la diviser et s'emparer des bâtiments dont sa force et sa supériorité peuvent le rendre maître; — il donne dans une affaire, lorsqu'il prend une part active dans un combat général avec un ennemi. — Il donne vent devant (*to stay a ship*), lorsqu'ayant ses voiles déployées, et faisant sur lui-même une rotation horizontale, il vient à présenter sa proue directement à l'impulsion du vent régnant. — Il donne la chasse (*to chase*) à un ennemi lorsqu'il le poursuit pour le combattre. — Il donne le bout ou le travers (*to bring to*), lorsqu'il présente l'avant ou le côté. — On lui donne le feu, en chauffant sa ca-

rène (*to bream*). — Donner la voix, c'est marquer par un cri de convention le moment où plusieurs hommes doivent agir ou réunir leurs efforts pour produire un effet déterminé. — Donner la cale, c'est infliger une certaine punition (*voyez* CALE). — Un capitaine ou le commandant d'un bâtiment, d'une armée, donne la route (*to shape the course*), lorsqu'il indique et prescrit la route qui doit être tenue ; — donner la route pour la nuit (*to regulate the going in the night*).

DORMANT, s. m. Le dormant d'une manœuvre (*standing part*) est la partie fixe de ce cordage ou celle qui est attachée à demeure dans un lieu déterminé. Ce nom sert à la distinguer du courant de la même manœuvre (*runner*) qui est la partie mobile. — On dit d'une manœuvre qu'elle fait dormant en tel lieu, pour exprimer qu'elle y est fixée par un de ses points.

DORMANTE, adj. (*Standing.*) Qualification donnée aux manœuvres qui sont attachées par les deux extrémités pour que leur position ne puisse varier : tels sont les haubans, les étais, les galhaubans. (*Voyez* COURANTE.)

DOSSIER, s. m. (*Backboard.*) On appelle dossier d'un canot le bordage qui forme la face plane de sa poupe dans la partie qui règne au-dessus de l'eau.

DOUBLAGE, s. m. (*Sheathing.*) Enveloppe en bois, cuivre ou feuilles de métal, dont on recouvre la carène d'un vaisseau. En bois (*wood sheathing*), elle garantit la muraille de la piqûre des vers ; en cuivre (*copper sheathing*) ou en feuilles de métal, elle sert à lui conserver la marche dont sa forme le rend susceptible. — On appelle aussi doublage, des bandes de toile dont on fortifie certaines parties des faces des toiles.

DOUBLE, s. m. (*Bight of a rope.*) Le double d'une manœuvre est la partie de ce cordage qui revient sur lui-même, ou parallèlement à lui-même, après avoir passé sur une poulie, ou autour d'un point quelconque. — Une double chaloupe (*pinnace*) est une chaloupe pontée d'une extrémité à l'autre.

DOUBLEMENT, s. m. On appelle doublement d'un écart (*shift of the planks*) l'effet produit par la réunion d'une troisième pièce qui est jointe, par un écart, avec deux autres pièces de bois.

DOUBLER, v. a. (*To sheathe a ship.*) Recouvrir la carène d'un vaisseau d'une nouvelle enveloppe de planches de bois, ou de cuivre ou d'autre métal. — Doubler un écart (*to leave a shift*), c'est fortifier la jonction de deux pièces de bois par une troisième. — Doubler les voiles (*to line a sail*), c'est faire un DOUBLAGE (*voyez* ce mot). — Doubler les manœuvres, c'est augmenter leur nombre. — Un vaisseau double une pointe, un cap, un banc, un danger, etc. (*to weather*), lorsqu'il les dépasse de manière qu'ils lui restent sous le vent. — On double une ligne ennemie, en la mettant, en tout ou en partie, entre deux colonnes de l'armée qui la combat (*to double upon in a sea fight*). — Un vaisseau double un autre bâtiment (*to outsail a ship*), lorsqu'il l'emporte sur lui par sa vitesse, et lorsqu'après l'avoir suivi, il peut le dépasser.

DOUCEUR (EN), loc. adv. (*Handsomely.*) Doucement; graduellement. Filer, amener, larguer en douceur.

DRAGUE, s. f. (*Drag.*) Grand filet qui est attaché à un appareil en fer propre à racler le fond de la mer. Il sert pour faire la pêche, surtout des huîtres et des moules, ou encore pour retirer de l'eau des objets submergés. — On donne le même nom à des bordages épais, qu'on applique sous la carène d'un bâtiment qui est destiné à être souvent échoué. Ces dragues servent à conserver les bordages des fonds du bâtiment, et aident à le maintenir droit dans les échouages.

DRAGUER, v. a. (*To drag or sweep.*) Racler le fond de la mer à l'aide d'une DRAGUE (*voyez* ce mot).

DRAILLE, s. f. (*Staysail stay.*) Cordage destiné à soutenir, par un de ses côtés, une voile d'étai déployée. — Draille du palan d'étai (*girt line of the stay tackle*), cordage horizon-

tal, qui est employé à soutenir le palan d'étai. — Draille verticale (*horse*), gros cordage qu'on place derrière ou devant un mât vertical, pour faciliter l'usage d'une voile carrée dont la vergue, étant attachée par une cosse à cette draille, glisse longitudinalement et est retenue constamment.

DRESSER, v. a. Dresser un vaisseau (*to trim*), c'est le rappeler à une situation droite, dont le vent ou d'autres causes peuvent l'avoir écarté. — Dresser des vergues, c'est les brasser également. — Dresser la barre du gouvernail (*to right in the helm*), c'est mettre ou ramener cette barre dans le plan diamétral, ou parallèlement à la quille.

DRISSE, s. f. (*Halyard or halliard.*) Cordage employé à élever une voile, un pavillon, etc. — Drisse de basse-vergue (*gear*); drisse de grand-vergue ou grande drisse (*main gear*); drisse de la vergue de misaine (*fore gear*); de hunier, de perroquet, etc. (*gaff halyard*); drisse de voile aurique (*throat halyard*); drisse de pavillon (*halyard enseign, of pendant*).

DROIT, adj. — Un vaisseau est droit (*upright ship*) lorsque son plan diamétral est vertical, et qu'il n'a aucune inclinaison latérale; le ramener à cette position, s'il en est écarté, c'est le mettre droit (*to trim the ship*). — Tenir la barre droite, c'est conserver et placer la barre du gouvernail, dans le plan diamétral du vaisseau; de là vient qu'en commandant aux timoniers de diriger ainsi la barre, on dit : Droit! ou droite la barre! (*Right the helm!*) Droit comme ça! (*steady! or helm amidships! as you go!*)

DROME, s. f. (*Float.*) 1° Faisceau de plusieurs pièces de bois : mâts, vergues, etc. 2° Assemblage de canots, chaloupes, futailles, etc. — Pour amortir la vitesse d'un vaisseau qui de son chantier descend à la mer, on lui présente une drome flottante en liberté et considérable.

DROSSE, s. f. Cordage qui sert à mouvoir la barre du gouvernail, ou à lier certaines vergues à leur mât respectif. Chacune

des deux drosses du gouvernail (*tiller rope*, *wheel-rope*) est attachée par un bout à l'extrémité de la barre. — Les basses vergues et la vergue d'artimon après avoir été élevées à leur place, au haut des mâts qui doivent les soutenir, sont liées à ces mêmes mâts par une drosse de racage (*truss; mizen parrel truss*).

DROSSER, v. a. *Voyez* Courant.

DU. Particule. Pour indiquer le port d'un bâtiment ou le nombre des tonneaux de poids qu'il peut transporter, on dit qu'il est du port de N tonneaux (*burthen N tons*).

DUNE, s. f. (*Down.*) Rivage élevé de la mer et formé par des sables amoncelés.

DUNETTE, s. f. (*Poop.*) Pont qui, dans les grands bâtiments, recouvre la partie extrême du gaillard d'arrière, depuis le mât d'artimon jusqu'au couronnement. Elle forme le plafond de la chambre du conseil et des chambres destinées au logement des officiers de l'état-major. Elle sert aussi d'abri à l'habitacle et aux timoniers.

E

EAU, s. f. (*Water.*) — Eau douce (*fresh water*), celle qui est potable; eau de mer, l'eau salée et telle qu'on la puise en pleine mer (*salt water*); eau saumâtre (*brackish water*), celle qui est un mélange d'eau douce et d'eau salée ou d'eau de mer, telle qu'on la trouve dans l'embouchure des rivières, sur le rivage de la grande mer. — L'eau d'un bâtiment est la quantité d'eau douce qu'il embarque. — Faire de l'eau (*to water a ship; to get water*), c'est faire sa provision d'eau douce; faire eau (*to make water*), c'est se remplir d'eau, c'est faire N pouces d'eau à l'heure; alors on court aux pompes pour les faire franchir. Lorsque le fond de la cale est parfaitement sec, on dit que le bâtiment ne fait pas d'eau (*tight ship*). — Être sous l'eau. c'est être plongé au-dessous de la surface de l'eau; être à fleur d'eau (*between wind and water*), c'est être placé au niveau de l'eau. — Être en grande eau (*to be in deep water*), se dit d'un vaisseau qui flotte sur une mer ayant une grande profondeur relativement au tirant d'eau de ce bâtiment. — Les eaux d'un vaisseau (*wake of a ship*) sont celles où il laisse sa trace assez loin après lui dans sa route. Un vaisseau est dans les eaux d'un autre (*to be in the wake of a ship*), lorsque le premier se trouve placé sur un des points de la direction prolongée de la quille de celui qui le précède; se placer dans cette situation, c'est se mettre dans les eaux d'un vaisseau (*to get into the wake*), c'est prendre ses eaux (*to bear into the wake*); comme aussi s'éloigner de cette situation c'est dépasser ses eaux (*to pass the wake*). — On appelle eaux mortes (*dead water*), celles qui entourent : 1° la partie

supérieure et du gouvernail et de l'arcasse d'un bâtiment ; 2° les marées les plus faibles, ou qui correspondent aux quadrations de la lune (*neap tides*) ; eaux vives (*spring tides*) est le nom des marées qui ont lieu au temps des syzygies. — Les lignes d'eau (*water lines*) sont des sections qu'on imagine être faites dans la carène d'un vaisseau parallèlement à la surface de l'eau calme.

ÉBAROUIR, v. n. (*To dry up.*) Les canots, chaloupes, barriques, etc., sont ébarouis lorsque leur enveloppe a éprouvé un tel desséchement qu'ils ne peuvent plus contenir l'eau, ni être impénétrables à l'eau qui les environne.

ÉBAROUISSAGE, s. f. (*Shakes.*) Action par laquelle la chaleur disjoint les pièces composantes d'un canot, d'une chaloupe, d'une barrique, etc.

ÉBE, s. m. Synonyme de JUSANT. (*Voyez* ce mot.)

ÉCART, s. m. (*Scarff.*) Lieu de la jonction de deux pièces de bois. — Écart plat ou à mi-bois (*hook and butt*) ; écart double, ou long, ou flamand (*scarf of the keel*).

ÉCARVER, v. a. (*To scarf.*) Réunir deux pièces de bois par des écarts déterminés, c'est-à-dire en appliquant leurs bouts ou l'un près de l'autre, ou l'un sur l'autre.

ÉCHANTILLON, s. m. (*Scantling.*) Ce mot exprime les dimensions d'une pièce de bois, soit en longueur, soit en épaisseur. — Une pièce n'est pas d'échantillon pour entrer dans la dimension d'un vaisseau, lorsqu'elle n'a pas des dimensions assorties à l'épaisseur que doit avoir la muraille de ce vaisseau. — Suivant que les pièces de bois qui forment la muraille d'un vaisseau sont plus ou moins épaisses, on dit qu'il est de grand ou de faible échantillon.

ÉCHAPPÉE, s. f. On dit qu'un bâtiment a une échappée plus ou moins belle, suivant que les largeurs diminuent plus ou moins rapidement depuis le maître-couple jusqu'à l'étam-

bot. On pense à tort, selon plusieurs, qu'une forme ainsi rétrécie, dans l'arrière d'un bâtiment, permet à l'eau refoulée par la proue de s'échapper plus facilement du côté de l'étambot, et de se rendre directement au gouvernail pour lui faire produire un effet et plus grand et plus sûr.

ÉCHARPES, s. f. pl. *Voyez* LISSE.

ÉCHELLE, s. f. (*Ladder.*) C'est par le moyen des échelles qu'on descend, par exemple, d'un vaisseau à un canot; du gaillard, ou des parties hautes aux parties basses, dans l'intérieur d'un bâtiment. La grande échelle (*quarter-deck ladder*) communique du pont supérieur aux gaillards; l'échelle de dunette (*poop ladder*), du gaillard sur la dunette; l'échelle hors le bord (*gangway and ladder*), d'un canot ou d'une chaloupe à bord; l'échelle de commandement (*accommodation ladder*), est celle qui, comme la précédente, sert à monter à bord, mais qui, plus commode, n'est présentée qu'aux personnes qu'on veut distinguer de la foule. — On appelle échelles du Levant, des places de commerce, situées en Afrique sur les côtes de la Méditerranée, ou dans les mers du Levant.

ÉCHIQUIER, s. m. (*Bow and quarter line.*) Disposition particulière de plusieurs vaisseaux qui naviguent ensemble et à peu près dans un ordre analogue à celui des cases d'un échiquier.

ÉCHOUAGE, s. m. (*Aground.*) Situation d'un bâtiment qui, n'étant pas entouré d'une quantité d'eau assez profonde pour le tenir à flot, repose nécessairement sur le fond de la mer.

ÉCHOUEMENT, s. m. (*Stranding.*) Action d'échouer un vaisseau. L'échouement est volontaire ou involontaire, selon les circonstances.

ÉCHOUER, v. n. (*To be stranded.*) Un vaisseau échoue lorsque l'eau qui l'entoure ne peut soutenir son poids à cause de son peu de profondeur, et l'oblige à s'appuyer sur le fond de la mer. — Échouer sur une côte (*to be ashore*); s'échouer à terre (*to ground*).

ÉCLAIRCIE, s. f. (*Clear spot.*) État passager du ciel, lorsqu'après avoir été couvert, il devient d'abord plus clair dans quelques parties, pour être voilé ensuite par de nouveaux nuages.

ÉCLI, s. m. (*Splinter.*) Éclat de bois qui se sépare d'une pièce, lorsque pliée extraordinairement, ses fibres ne peuvent s'allonger et se prêter à la forme que tend à lui faire prendre une puissance qui agit sur elle. — Un mât qui a éclaté ainsi est dit être éclié.

ÉCLINGURE, s. f. *Voyez* RABLURE.

ÉCLUSE, s. f. (*Oyster-bed.*) Parc demi-circulaire qu'on forme sur les bords de la mer, et qui est ceint du côté du large par un mur en pierres sèches. On y met des huîtres et d'autres coquillages.

ÉCOLE DE MARINE, s. f. (*Naval-School.*) Nom donné aux lycées établis par l'État pour l'instruction des jeunes gens destinés à devenir officiers de marine. Ces écoles sont établies, dans des ports maritimes de guerre, sur de vieux vaisseaux de la flotte, qu'on nomme vaisseaux-écoles.

ÉCOUET, s. m. (*Tack.*) Écouet et amure sont également le nom d'un même cordage qui est attaché au coin inférieur d'une voile basse, et qui sert à le placer au vent du mât qui porte cette voile. — Écouet à bressin (*double tack*), écouet double; écouet de revers (*lee tack*), écouet qui est sous le vent.

ÉCOUTE, s. f. (*Sheet.*) Cordage attaché au coin ou au point inférieur de chaque voile, pour servir à la border. — Écoute bordée (*flowing sheet*), écoute aussi roidie qu'elle peut l'être — Écoutes de l'avant ou de l'arrière (*fore or stern sheets*). — Lorsque les deux écoutes des basses voiles d'un vaisseau sont bordées, on dit alors qu'on va ou qu'on a le vent entre deux écoutes (*both sheets aft*).

ÉCOUTILLE, s. f. (*Hatchway.*) Ouverture quadrangulaire, ou trape qui est faite dans l'épaisseur d'un pont ou d'un gaillard, pour faciliter la communication entre les parties

supérieures et inférieures d'un vaisseau. — Grande écoutille
(*main hatchway*) ; écoutille de la fosse aux câbles (*fore hatch-way*) ; écoutille aux vivres (*steward's hatch-way*) ; écoutille
aux poudres (*magazine hatch-way*), etc. — Clouer les écoutilles (*to spike up the hatchs*), c'est fermer toute communication au-dessus ou au dedans d'un bâtiment, en couvrant ses
écoutilles de leur panneau et en les clouant à leurs places.

ÉCOUTILLON, s. m. (*Scuttle.*) Petite écoutille.

ÉCUBIERS, s. m. pl. (*Hawse holes.*) Trous cylindriques qui
servent au passage des câbles ; ils sont percés presque horizontalement dans la muraille d'un vaisseau qu'ils traversent, et
placés auprès de chaque côté de l'étrave, entre le premier et le
second pont.

ÉCUEILS, s. m. pl. (*Shelves.*) Nom général de toutes les parties du fond de la mer qui s'élèvent si près de la surface de l'eau,
qu'un bâtiment ordinaire ne peut passer au-dessus d'elles sans
les toucher.

ÉCUELLE, s. f. (*Saucer.*) Plaque de fer sur laquelle repose le pivot d'un cabestan de vaisseau ; elle est placée au fond
de la carlingue de ce cabestan. Son nom vient de sa forme
concave.

ÉCUME, s. f. (*Froth, foam.*) L'écume de la mer, produite
par la plus petite agitation que celle-ci éprouve, est une mousse
blanche qui paraît à sa surface.

ÉCUMER, s. f. (*To scour the sea.*) Écumer la mer : exercer la piraterie.

ÉCUMEUR DE MER, s. m. *Voyez* PIRATE.

ÉCUSSON, s. m. (*Escutcheon.*) Partie d'un vaisseau comprise entre les estains. — Les courbes d'écusson (*knee*), sont
des pièces de bois qui s'étendent intérieurement sur les barres
de l'arcasse et sur les couples extrêmes de l'arrière d'un vaisseau. — Les barres d'écusson sont les barres de l'arcasse (*tran-*

soms). La plus élevée de toutes prend surtout le nom de barre d'arcasse (*helm-post transom*).

ÉGORGEOIR, s. m. (*Spilling line.*) Espèce de cargue employée pour soustraire en partie et de la manière la plus prompte, une voile à l'impulsion d'un vent considérable. Carguer un hunier avec des égorgeoirs, c'est égorger un hunier. On dit aussi saisine.

ÉGORGER, v. a. *Voyez* ÉGORGEOIR.

ÉLAN, s. m. (*Spring.*) Mouvement subit de rotation horizontale d'un vaisseau qui, animé d'une vitesse progressive, porte sa proue, tantôt à droite, tantôt à gauche de la route sur laquelle il est dirigé. — Les marins nomment souvent ces sortes d'écarts des lans.

ÉLANCÉ, s. m. (*Flaring.*) Nom des couples qui sont dévoyés et qui sont placés dans la partie de l'avant d'un vaisseau. Un vaisseau a un avant élancé, lorsque la forme de cette partie est très-aigue et lorsque l'étrave a beaucoup d'ÉLANCEMENT. (*Voyez* ce mot.)

ÉLANCEMENT, s. m. (*Rake of the stem.*) On appelle élancement de l'étrave la saillie de l'extrémité supérieure de l'étrave en avant du bout de la quille. — Un vaisseau a peu ou beaucoup d'élancement (*bluff head, or flaring bow*).

ÉLÉVATION, s. f. *Voyez* PLAN.

ÉLÈVE, s. m. *Voyez* ASPIRANT.

ÉLEVER (s'), v. pr. Un vaisseau s'élève dans le vent (*to gain fast to windward*), lorsque, par des routes successives et bien dirigées, il vient à se placer au vent des lieux dont il s'éloigne, ou lorsqu'il semble s'approcher de la source du vent; il s'élève au vent d'un objet (*to ply; to be going on the wind*), lorsqu'après s'être trouvé sous le vent à lui, ou plus éloigné que lui de l'origine du vent, il parvient à en être moins éloigné; il s'élève d'une côte, en se plaçant par les mêmes manœuvres

au vent de tous les points de cette côte (*to be clawing off; to get off the land*); il s'élève en latitude (*to gain fast latitudinally*), lorsque, par la route qu'il tient, il s'approche du pôle élevé sur son horizon, lorsque sa latitude augmente à mesure qu'il s'avance dans l'espace; il s'élève sur les lames (*to rise easily upon the sea*), lorsqu'obéissant à leur impulsion verticale, aussitôt qu'il en est atteint, il se laisse élever à leur hauteur, et se soustrait ainsi à l'inondation qu'il éprouverait s'il ne suivait pas ces lames graduellement dans leur intumescence.

ÉLINGUE, s. f. (*Sling.*) Cordage dont on ceint un fardeau quelconque, pour servir et aider à l'élever de sa place et à le changer de lieu. Les élingues sont quelquefois doubles; quelquefois aussi, elles portent des œillets, un croc, ou deux cosses de fer à leurs extrémités. — Faire usage d'une élingue, c'est élinguer.

ÉLINGUER, v. a. *Voyez* ÉLINGUE.

ÉLONGER, v. a. Ce mot est synonyme : 1° de prolonger, comme dans ces phrases : élonger un vaisseau, une côte (*to lay alongside of a ship; to coast round*); 2° d'étendre dans le sens de la longueur : élonger un cordage (*to rope*).

ÉLONGIS ou **LONGIS**, s. m. (*Trestle trees.*) Nom donné, dans l'art de la mâture, à de longues barres de chêne, qu'on place de chaque côté de la tête d'un mât sur les jottereaux, et dans le sens de la longueur du vaisseau où ce mât est établi.— On donne aussi ce nom aux hiloirs qui s'étendent d'un gaillard à l'autre.

EMBANQUER ou **BANQUER**, v. n. (*To come on a fishing bank*). Arriver sur un banc.

EMBARCADÈRE, s. m. (*Landing-place.*) Lieu sur le rivage de la mer, qui offre un accès facile pour l'embarquement ou le débarquement des marins, des passagers, des effets et marchandises.

EMBARCATION, s. f. (*Craft, boat.*) Nom général, 1° de

16.

tous les petits bateaux, tels que canots, chaloupes , yoles, etc. ; 2° des bâtiments qui ont très-peu de grandeur, tels que des alléges, des barques de toute espèce.

EMBARDÉE, s. f. (*Yaw.*) Mouvement de rotation horizontal et alternatif dans un vaisseau à l'ancre. — Donner ou faire une embardée (*to yaw or sheer*), c'est embarder, c'est-à-dire prendre ce mouvement.

EMBARDER, v. n. *Voyez* EMBARDÉE.

EMBARGO, s. m. (*Embargo.*) Défense faite aux bâtiments qui sont dans un port, d'en sortir sans permission. Faire une telle arrestation, c'est mettre embargo (*to lay an embargo on shipping*).

EMBARQUEMENT, s. m. (*Embarkation.*) Action d'embarquer à bord d'un vaisseau des hommes, des vivres, des effets, des marchandises, des chaloupes, des canots, etc.

EMBARQUER, v. a., n. et pr. (*To embark.*) Mettre à bord ou dans l'intérieur d'un vaisseau; porter de terre ou d'ailleurs, dans un bâtiment, des passagers, des vivres, etc. (*to ship goods, persons, etc.*), des chaloupes et des canots (*to hoist the boats in*). — Pour dire à quelqu'un de monter à bord d'un vaisseau ou d'entrer dans un canot, on lui dit : — Embarque! (*Come a-board!*) — S'embarquer, c'est entrer dans un bâtiment pour faire un voyage plus ou moins long. — Faire embarquer quelqu'un, c'est le faire mettre à bord d'un vaisseau, ou par autorité, ou par protection. — Se faire embarquer, c'est obtenir d'être destiné à faire une campagne sur un vaisseau, ou comme passager, ou comme faisant partie, soit de l'équipage, soit de l'état-major. — Si une lame s'élève au-dessus d'un bâtiment et s'étend sur ses gaillards ou sur ses ponts, on dit que le vaisseau a embarqué une lame (*to ship a heavy sea*).

EMBAUCHÉE, s. f. *Voyez* DÉBAUCHÉE.

EMBELLE, s. m. *Voyez* GAILLARD.

EMBOSSAGE, s. m. Action d'embosser un vaisseau ou une armée.

EMBOSSER, v. a. (*To bring the broad side of a ship to bear upon some fort*, etc.) Placer un vaisseau dans une position différente de celle qu'il a étant mouillé, et telle qu'il présente le côté à un objet déterminé pour ainsi dire dans un état offensif et défensif. — Un vaisseau et une armée s'embossent pour se défendre avec avantage de l'approche d'un ennemi, soit en le menaçant, soit en le combattant avec tous les canons qui peuvent être rangés sur le côté des vaisseaux, ou pour attaquer un fort et le canonner vivement avec toutes les pièces d'artillerie qu'on peut employer.

EMBOSSURE, s. f. (*Spring.*) Cordage qui sert, et à embosser un vaisseau, et à le maintenir embossé. — Faire embossure, c'est s'embosser; mouiller avec embossure, c'est jeter à la mer une ancre à l'arganeau de laquelle on a d'avance attaché un cordage disposé pour servir à embosser le bâtiment. — Appareiller avec embossure, c'est faire embossure dans le seul dessein de faire tourner la proue d'un vaisseau vers un certain côté au moment d'un appareillage ou d'un départ.

EMBOUCHURE, s. f. *Voyez* DÉBOUQUEMENT.

EMBOUDINURE, s. f. (*Pudding.*) Enveloppe de l'arganeau d'une ancre. C'est de l'étoupe, recouverte d'une bande de toile, autour de laquelle on fait des tours pressés et multipliés d'un cordage plus ou moins gros.

EMBOUQUEMENT, s. m. *Voyez* DÉBOUQUEMENT.

EMBOUQUER, v. a. (*To enter into a strait.*) 1° Entrer dans un détroit, dans un canal, dans une passe étroite, qui des deux bouts communique à la mer; 2° s'avancer pour traverser un groupe d'îles ou un archipel en suivant un passage connu.

EMBOURDER, v. a. (*To support.*) Maintenir dans une si-

tuation droite, par le moyen de béquilles, un vaisseau échoué.

ÉMERGER, v. n. Sortir de l'eau.

ÉMÉRILLON, s. m. (*Large fishing hook.*) 1° Large et fort crochet que les marins emploient pour pêcher de gros poissons ; 2° croc qui fixe quelques manœuvres, telles que les drisses ; 3° petit crochet dont se servent les fileurs, dans les corderies des ports, pour attacher le bout du fil qu'on vient d'achever.

EMMANCHER, v. n. (*To enter in the channel.*) Entrer dans la Manche ; et, par extension, entrer dans tout autre canal.

EMMÉNAGEMENTS, s. m. (*Conveniences of a ship.*) Dispositions faites dans les vaisseaux ou pour des logements, ou pour l'arrangement, soit des munitions de guerre, soit des vivres, etc. Ces emménagements prennent des noms différents, suivant leur situation dans l'intérieur d'un bâtiment. (*Voyez* CALE, SOUTE, FOSSE.)

EMPÂTEMENT, s. m. (*Scarfed.*) Étendue que l'enlacement de deux cordages, réunis pour n'en former qu'un seul, embrasse sur la longueur du nouveau cordage. — Empâter, c'est réunir des cordages par leurs extrémités, en plaçant les torons séparés qui terminent un des cordages entre d'autres torons qui appartiennent à un second cordage. On procède ensuite à les épisser ensemble.

EMPÂTER, v. a. *Voyez* EMPÂTEMENT.

EMPÂTURE, s. f. (*Scarf.*) Lorsque deux pièces de bois sont accolées l'une à l'autre, sur une partie de leur longueur, les surfaces par lesquelles elles se touchent forment ce qu'on nomme leur empâture. (*Voyez* VAIGRE.)

EMPENNELAGE, s. m. Assemblage de deux ancres inégales dont l'une est attachée par un cordage court à la croisée d'une ancre plus considérable, qui tient à un câble par son arganeau. On emploie cet assemblage pour éviter qu'un vaisseau ne chasse.

EMPENNELLE, s. f. Ancre d'empennelle (*Small anchor, kedge*), celle qui, dans un empennellage, est la plus petite, et liée à la croisée d'une grosse ancre.

EMPENNELER, v. a. (*To back an anchor.*) Faire un EM-PENNELAGE. (*Voyez* ce mot.)

EMPLANTURE, s. f. 1° Lieu où est planté le pied d'un mât à bord d'un vaisseau. 2° Dans les bateaux, espèce d'ouverture qu'on fait en plaçant quelques taquets les uns auprès des autres sur leur carlingue, afin que le pied de leur mât puisse être reçu, maintenu et déplacé à volonté.

EMPOINTURE, s. f. Synonyme de POINTURE. (*Voyez* ce mot.)

EN. Préposition qui sert à marquer divers rapports. En mer (*to sea*) : en rade (*roader; into the road*); en appareillage (*under sail*); en avant (*forward*); en arrière (*astern*). etc.; être ou rester en travers (*to bring to* : mouiller en travers à la marée (*to ride athwart the tide*), etc.

ENCABLURE, s. f. (*Cables' length.*) Longueur d'un câble, ou mesure de 120 brasses. — Être à 2 ou 3 encablures de la terre (*to be within 2 or 3 cable's length of the shore*).

ENCAPER, v. n. (*To embay.*) Être entre des caps.

ENCOLURE, s. f. (*Cutting down.*) Hauteur du milieu de chaque varangue au-dessus de la rablure de la quille. — Ligne d'encolure (*cutting down line*), ligne courbe qu'on imagine passer par le milieu du contour intérieur ou supérieur de chaque varangue mise en place.

ENCOMBREMENT, s. m. (*Incumbrance.*) Gêne et embarras que produisent tous les effets qui forment le chargement d'un vaisseau. Un objet de grand encombrement est celui qui est très-volumineux, qui occupe beaucoup d'espace relativement à son poids.

ENCOQUER, v. a. Synonyme de CAPELER. (*Voyez* ce mot.)

ENDENTEMENT. s. m. (*Scarfing.*) Il y a endentement entre deux pièces de bois dont les faces sont appliquées l'une sur l'autre sans pouvoir glisser, grâce à des adents saillants et rentrants.

ENDENTER, v. a. (*To indent.*) Réunir des pièces de bois au moyen d'adents. (*Voyez* ADENT.)

ENFILADE, s. f. (*Enfilade.*) Action D'ENFILER. (*Voyez* ce mot.)

ENFILER, v. a. (*To rake or enfilade a ship.*) Tirer des coups de canon sur un vaisseau dans le sens de sa longueur. Un vaisseau peut essuyer une enfilade ou être enfilé par l'avant comme par l'arrière (*to enfilade on the head or the stern*), et si les boulets le parcourent depuis la proue jusqu'à la poupe, il est enfilé de l'avant à l'arrière (*to enfilade fore and aft*). — Une enfilade cause souvent les accidents les plus funestes et les dommages les plus considérables au vaisseau qui a reçu cette volée.

ENFLÉCHURES, s. f. pl. (*Ratlings.*) Échelons en cordes. Ils forment des espèces d'échelles entre les divers haubans de chaque mât, par lesquelles on peut monter jusqu'au sommet.

ENGAGEMENT, s. m. (*Engagement; act.*) 1º Combat entre deux vaisseaux. — 2º Obligation que contracte un matelot de servir sur un bâtiment marchand, sous des conditions déterminées. (*Voyez* CLASSER.)

ENGAGER, v. a. et pr. Engager l'action, un combat naval (*to engage the enemy ship to ship*). — Un vaisseau sous voiles s'engage ou est engagé (*water-logged ship*), lorsque chargé par un grain ou surpris par une risée, il plie sous l'effort de ses voiles, et s'incline jusqu'à courir le danger de chavirer. — Un vaisseau s'engage ou est engagé à la côte ou dans des rochers. — Un cordage est engagé (*foul rope*) lorsque, retenu par des objets environnants, il ne peut librement suivre la di-

rection qu'on veut lui donner. — Un matelot s'engage, qui contracte un enrôlement. (*Voyez* ENGAGEMENT.)

ENGRAVER, v. a. Arrimer des barriques dans le lit de pierres qui sert de lest. (*Voyez* ARRIMER.)

ENGRENAGE, s. m. Arrimage des barriques dans la cale d'un vaisseau, disposées les unes au-dessus des autres. (*Voyez* ARRIMAGE.)

ENGRENER, v. a. Engrener une pompe (*to fetch the pump*), c'est y produire le vide en y jetant de l'eau par sa partie supérieure, afin que les cuirs ramollis et renflés par cette humectation, remplissent mieux tous les passages qui permettraient à l'air extérieur de s'y introduire.

ENHUCHER, v. a. (*Moon-sheered ship.*) Élever au-dessus de l'eau jusqu'à une trop grande hauteur les œuvres mortes d'un vaisseau. Défaut de construction. Quelquefois l'arrière seul est enhuché.

ENJALER, v. a. (*To stock an anchor.*) Garnir d'un jas l'extrémité de la vergue d'une ancre. Pour cela on réunit l'une à l'autre les deux pièces qui forment le jas, en plaçant entre elles et au milieu de leur longueur, dans des mortaises qui y sont pratiquées, l'extrémité de la vergue, qui est armée de deux tenons collatéraux; puis on lie ensemble et étroitement les deux pièces par des liens de fer, et l'ancre est enjalée. C'est par la différence qu'on établit dans la position et la pesanteur du jas avec les bras d'une ancre, qu'on parvient à donner à cette ancre, lorsqu'elle est tombée au fond de la mer, une forte tendance à présenter à ce fond le bec d'une de ses pattes, et à prendre la situation nécessaire.

ENLIGNER, v. a. Synonyme D'ALIGNER. (*Voyez* ce mot.)

ENNEMI, s. m. *Voyez* AMI.

ENRÔLER, v. a. *Voyez* CLASSER et ENGAGEMENT.

ENSEIGNE. s. m. *Voyez* LIEUTENANT.

ENSEMBLE, adv. (*Together.*) Mot qu'on prononce en commandant à des hommes, qui doivent concourir à produire un même effet, d'exercer leurs efforts dans un même instant.

ENTALINGUER, v. a. (*To bend a cable.*) Passer le bout d'un câble dans l'arganeau d'une ancre, etc. (*Voyez* ENTALINGURE.)

ENTALINGURE, s. f. (*Clinch.*) Liure du bout d'un câble, d'un grelin, ou d'un orin, avec une ancre, un grapin ou une bouée. — Entalingure d'un câble (*clinch of a cable*), d'un grelin (*clinch of a cable*), de l'orin (*clinch of a buoy rope to its anchor*), d'un orin à une bouée (*clinch of a buoy rope to its buoy*), d'un grapin (*clinch of a grapling*).

ENTER, v. a. (*To graft.*) Joindre deux pièces de bois, en les mettant l'une au bout de l'autre, et en assemblant leurs extrémités par le moyen d'adents. On ente une pièce de mâture sur une autre, dans la même direction, pour en composer un mât dont la longueur ne peut être fournie par aucune de ces pièces séparément.

ENTRAVERSER, v. a. *Voyez* TRAVERSER.

ENTRE, préposition. Le vaisseau a le vent entre les écoutes (*both sheets aft*), lorsque les deux écoutes de ses basses voiles sont bordées. Il est entre le vent et la marée, lorsque le vent et la marée agissant sur lui dans des directions diamétralement opposées, il présente ses deux flancs à leur impulsion; il est entre deux feux, lorsqu'il est combattu de chaque côté par un vaisseau ennemi.

ENTRE-DEUX, s. m. Entre-deux des gaillards (*waist*), intervalle qui sépare le gaillard de l'avant de celui de l'arrière. — Entre-deux des lames (*trough*), vide que les lames laissent entre elles dans leur propagation uniforme.

ENTREMISES, s. f. pl. (*Carlings.*) Pièces de bois qui sont établies dans un vaisseau entre d'autres pièces, pour les main-

tenir dans leurs distances respectives ou dans d'autres vues. Entremises de baux; entremises d'écoutilles.

ENTREPONT, s. m. (*Between deck.*) Intervalle qui sépare deux ponts dans un vaisseau. On y place la 1re batterie d'un vaisseau de ligne; des hamacs sont suspendus à ses baux. Dans les frégates et les flûtes, la hauteur de l'entrepont n'est pas aussi considérable que celle de l'intervalle de deux ponts à batterie.

ENTREPÔT, s. m. (*Free port; warehouse.*) 1° Port privilégié où peuvent être déposées des marchandises qui doivent être transportées dans des colonies ou des comptoirs, et qui, sans cette destination, seraient soumises à certains droits de douane. — 2° Lieu choisi par une compagnie de commerce pour réunir tous les objets dont elle se propose la vente, ou ceux qui sont nécessaires pour ses armements.

ENTRER, v. n. et a. (*To go into a port; to put into a port.*) Passer de la mer dans un port, une rivière, etc. — Entrer un vaisseau dans un bassin (*to dock a ship*), c'est l'y introduire.

ENTRE-SABORDS, s. m. *Voyez* SABORDS.

ENTRE-TOISES, s. f. pl. (*Transoms of a gun carriage.*) 1° Pièces de bois qui sont placées transversalement dans l'intérieur des affûts. — 2° Autres pièces, telles que celles qui croisent les bigues dans une machine à mâter.

ENVERGUER, v. a. (*To bend a sail to its yard.*) Lacer le côté d'une voile avec la vergue qui est destinée à la porter.

ENVERGURE. s. f. (*Bending of sails; square of a sail.*) Longueur de ce côté d'une voile qui est lacé avec une vergue. — Lorsque cette longueur, dans les basses voiles, est considérable, ou lorsque celle de leurs vergues (*length of the yards*) est très-grande, le vaisseau et les voiles ont beaucoup d'envergure (*sail that is very square*).

ENVOYER, v. a. 1°. Tirer des canons chargés à boulets ou à mitraille (*to cannonade*); 2° Mettre sous le vent la barre du gouvernail (*helm alee*), dans un vaisseau à la voile, pour commencer à faire virer vent debout. Le commandant crie : Envoyez!

ÉPATEMENT, s. m. Ouverture de l'angle que des haubans forment avec le mât qu'ils étayent.

ÉPAVE, s. f. (*Wreck.*) Nom donné à toutes les choses qui sont abandonnées à la mer, ou qu'elle rejette sur ses bords.

ÉPAULE, s. f. (*Ship's shoulder.*) Partie de la muraille d'un bâtiment, comprise depuis l'étrave jusqu'au porte-haubans de misaine.

ÉPERON ou **GUIBRE**, s. m. (*Cutwater; head of a ship.*) Assemblage de charpente qui est placé en saillie hors du vaisseau, et qui lui est attaché sur le devant de l'étrave. — Lisses de l'éperon (*rails of the head*), etc. (*Voyez* JAMBETTE, POULAINE, etc.)

ÉPINGLETTE, s. f. (*Priming iron.*) 1° Longue et forte aiguille de fer que les canonniers emploient pour faire entrer de la poudre dans la lumière d'un canon. 2° Petit épissoir.

ÉPISSER, v. a. (*To splice.*) Ajouter une corde au bout d'une autre, en lardant l'une, et en introduisant dans ses hélices les torons séparés qui terminent la seconde. Faire une telle opération, c'est faire une épissure.

ÉPISSOIR, s. m. (*Splice.*) Morceau de fer ou de bois, en forme de corne de bœuf, qui sert à ouvrir les torons d'un cordage, afin d'y faire passer les torons séparés d'un second cordage avec lequel on veut le réunir, et qui, lui-même par une opération semblable, reçoit les extrémités des trous du premier cordage. Cette réunion est nommée une épissure (*splice*), ou épissure à vache (*cunt splice; cunt line*), lorsque les cordages

se trouvent doubles et forment, entre les lieux des épissures particulières, une espèce d'œillet allongé. — L'épissoir à merliner (*marling spike*) est celui avec lequel les ouvriers qui travaillent aux voiles des vaisseaux ouvrent entre les torons de certaines parties de la ralingue d'une voile, un passage au merlin.

ÉPISSURE. *Voyez* ÉPISSOIR.

ÉPONTILLAGE, s. m. Art d'épontiller.

ÉPONTILLE ou **ÉTANCE,** s. f. (*Stanchion.*) Pièces de bois à l'aide desquelles on étançonne les ponts des vaisseaux. — Épontille de la cale (*pillar of the hold*). — Épontille ou étance à manche (*samson's post*) ; épontille du second pont (*stanchion between the decks*).

ÉPONTILLER ou **ÉTANCER,** v. a. (*To prop.*) Étayer avec des épontilles les ponts, gaillards et passavents d'un vaisseau.

ÉQUERRAGE, s. m. (*Bevelling.*) Angle plan que forment entre elles deux faces planes et adjacentes d'une pièce de bois.

ÉQUERRE, s. f. Pièces à équerre (*square pieces*) ; pièces à fausse équerre (*timbers out of square*).

ÉQUERRER, v. a. (*To bevel any piece.*) Donner à une pièce de bois les équerrages qu'elle doit avoir.

ÉQUIPAGE, s. m. (*Crew; ship's people.*) Nom donné, dans un vaisseau, à l'exception de l'état-major, à l'ensemble de tous les hommes embarqués pour remplir les différentes parties du service qui convient à une navigation sûre, active, prévoyante et facile. Cet équipage est composé de maîtres, contre-maîtres, bossemans, quartier-maîtres, mécaniciens, patrons de chaloupe et canots, pilotes, canonniers, charpentiers, calfats, voiliers, gabiers, timoniers, matelots et mousses. On joint à ces gens de mer des pilotes-côtiers, soldats, armuriers, tonneliers, forgerons, etc., enfin tous ceux inscrits sur le rôle d'équipage. — Gens de l'équipage (*ship's company*). — Faire un équipage (*to man*

a ship), c'est rassembler et engager des hommes pour composer l'équipage d'un bâtiment.

ÉQUIPEMENT, s. m. (*Fitting out.*) Ensemble des approvisionnements de tous les genres ainsi que des objets de toute espèce qui peuvent être nécessaires pour l'armement complet, ou d'un vaisseau, ou d'une escadre, ou d'une armée navale. La cargaison n'est pas comprise dans l'équipement d'un bâtiment.

ÉQUIPER, v. a. *Voyez* ARMER.

ÉQUIPET, s. m. (*Small open locker.*) Petit coffre ouvert dans sa partie supérieure et attaché intérieurement, ou contre la muraille d'un vaisseau, ou à une cloison. Il sert à contenir des petits objets journellement nécessaires.

ERSE, s. f. (*Strop.*) Cordage épissé ses deux bouts ensemble, ce qui lui fait former une espèce de cercle. Certaines erses sont employées à entourer des fardeaux pour les accrocher à un palan ; d'autres servent de point d'appui aux faux-haubans, etc., quelques-unes portent le nom d'ESTROPE. (*Voyez* ce mot.)

ERSEAU, s. m. 1° Petite erse (*small strop*); 2° erse ou estrope d'aviron (*grommet of an oar*).

ESCADRE, s. f. (*Squadron.*) Division d'une armée navale : réunion de neuf vaisseaux de ligne au moins, de 26 au plus, réunis sous un même chef. — Escadre légère est le nom des bâtiments les moins forts qui composent soit une armée, soit une escadre. — On appelle escadre d'évolution (*squadron for the purpose of exercising*), plusieurs bâtiments armés pour s'exercer à des évolutions navales. — On distingue aussi les escadres de blocus, celles d'observation, etc.

ESCADRILLE, s. f. *Voyez* FLOTTILLE.

ESCALE, s. f. *Voyez* RELÂCHE.

ESCOPE, s. f. (*Sheet or scoop.*) Espèce de pelle de bois, creuse et étroite, servant, escope à main (*scoop*), à jeter

hors d'un bateau les eaux qui peuvent s'y être introduites ; — escope de vaisseau (*skeet*), à arroser les voiles ou la surface extérieure de la muraille d'un vaisseau.

ESPALMER, v. a. (*To pay a vessel's bottom.*) Gratter la surface extérieure de la carène d'un vaisseau, pour la nettoyer.

ESPARS, s. m. pl. (*Spars.*) Longues pièces de sapin qui ont un trop faible diamètre, pour porter le nom de mât ou même de mâtereaux. Ils servent à faire les mâts ou les vergues des bâteaux, ou des bout-dehors pour bonnettes, etc.

ESPINGOLE, s. f. (*Blunderbuss.*) Arme à feu, montée comme un fusil ; son canon est court et évasé vers la volée. On la charge de plusieurs balles et on la place souvent sur un chandelier ou un pivot. Elle est surtout employée dans les abordages.

ESQUIF, s. m. (*Skiff.*) Nom donné, dans la langue commune, aux petites embarcations, telle que les canots.

ESSARDER, v. a. *Voyez* FAUBERT.

EST, s. m. (*East.*) Un des quatre points cardinaux ; celui de l'air de vent ou du rayon qui du centre de l'horizon est dirigé vers ce point principal.

ESTACADE, s. f. (*Boom.*) 1° Barrière qu'on forme avec des pièces de mâture, des cordages ou des chaînes, à l'entrée d'un port pour le fermer. — 2° Remplissage en bois qu'on place dans les mailles de la carcasse d'un vaisseau, depuis le platbord jusqu'au-dessous de la flottaison, pour rendre sa muraille susceptible de présenter aux boulets de l'ennemi une résistance égale dans tous ses points.

ESTAINS, s. m. pl. (*Fashion pieces.*) Nom des deux branches d'un couple dévoyé, qui est placé à l'extrémité arrière de la carcasse d'un vaisseau. On les nomme aussi Cornières.

ESTIME, s. m. (*Reckoning, account.*) Calcul approché du

17.

lieu d'un vaisseau sur la surface du globe, d'après la longueur mesurée de la route qu'il a faite et la direction observée de cette même route. Dans cette appréciation, on a égard aux effets présumés des courants, de la dérive, des lames et des écarts qui ont pu altérer ou l'étendue ou la direction de cette route ; mais on voit qu'avec ces données toujours incertaines, qui sont les résultats de l'observation avec le lok ou la boussole, le lieu d'un vaisseau n'est jamais déterminé que d'une manière douteuse ou susceptible d'erreurs (*mistakes in the reckoning*). Lorsque les erreurs sont reconnues, on corrige l'estime, après quoi les marins, convaincus que le lieu estimé d'un vaisseau était plus ou moins avancé sur la direction de sa route que le lieu corrigé, disent alors qu'ils sont en arrière ou en avant de l'estime (*to run ahead or astern of one's reckoning*), ou qu'ils se font de l'avant ou de l'arrière de leur estime. (*Voyez* LA-TITUDE.)

ESTIMER, v. a. (*To reckon.*) Apprécier le chemin d'un vaisseau ainsi que sa direction, et en conclure sa latitude et sa longitude. On mesure la longueur de sa route par le lok ; on connaît l'air de vent sur lequel il a couru à l'aide d'une boussole. De même, déterminer approximativement le chemin, la dérive, les écarts d'un vaisseau ou même la variation de la boussole, c'est aussi les estimer. (*Voyez* LATITUDE.)

ESTIVE, s. f. 1° (*Tension.*) Forte tension à laquelle on soumet exprès dans le port diverses manœuvres ou des cordages neufs, afin de prévenir les mauvais effets de l'allongement qu'ils prendraient après un certain service à la mer. (*Voyez* ÉLONGER.) — 2° Charger en estive. (*Voyez* ESTIVER.)

ESTIVER, v. a. (*To compress.*) Charger en estive, c'est-à-dire comprimer dans l'intérieur d'un vaisseau des marchandises susceptibles d'être réduites à un volume plus petit que celui qu'elles occupent librement dans l'espace. On estive les cotons, les laines, etc.

ESTROPE s. f. (*Block strop.*) Ceinture dont on entoure

une poulie ou autre objet, soit pour la maintenir, soit pour l'attacher partout où cela devient nécessaire. Les estropes sont en cordage ou en fer. — Erse d'aviron ou estrope d'aviron (*grommet of an oar*); estropes d'affût (*breech strops of the guns*); estropes de vergues ou erses des vergues (*grommets*.

ESTROPER, v. a. (*To strop*.) Ceindre d'une estrope. — Estroper une poulie (*to strop a block*), c'est l'entourer d'un cordage qui l'embrasse étroitement.

ÉTABLIR, v. a. 1° Synonyme d'ORIENTER (*voyez* ce mot). — 2° Synonyme de MONTER (*voyez* ce mot). — 3° Établir une croisière (*to fix a cruise*), fixer l'étendue d'un parage déterminé de la mer, qu'un vaisseau ou une armée doit sillonner dans tous les sens pour y croiser.

ÉTABLISSEMENT, s. m. (*Time of high water at full and change days*.) Moment auquel la mer est pleine ou haute chaque jour des syzygies de la lune; c'est celui où la mer, après avoir monté par le flux, va commencer à descendre par le reflux. Il varie suivant les ports, mais il est constant dans un même port. — L'établissement dans tous les ports est utile à connaître; il sert aux navigateurs à calculer l'heure de la pleine mer pour un jour quelconque de la révolution de la lune, en les dirigeant dans le choix, et des routes qu'ils doivent faire ou tenir, et du moment auquel ils doivent les entreprendre.

ÉTAI, s. m. (*Stay*.) Cordage qui sert à étayer les mâts, en les soutenant contre les efforts qui pourraient les renverser de l'avant vers l'arrière. Les étais sont placés dans le plan diamétral prolongé des vaisseaux, et ils s'étendent de la tête de chaque mât à des points d'appui moins élevés et situés en avant de ces mâts. On distingue tous ces étais, qui sont d'une grosseur différente, par le nom de leur mât respectif : grand étai ou étai du grand mât (*main stay*); étai de misaine (*fore stay*), etc. Plusieurs mâts ont un second étai nommé faux étai (*preventer stay*), qui partage avec le premier les efforts à soutenir; dans les mauvais temps, le mât de misaine est de plus étayé par

un fort cordage placé comme les étais, et qu'on nomme étai de tangage (*pitching stay*).

ÉTAIE, s. f. *Voyez* ACCORE, s. f.

ÉTALE, adj. La mer est étale (*high water; slack water*), lorsqu'elle est dans un état stationnaire, c'est-à-dire lorsque le flux ou le reflux journalier est terminé.

ÉTALER, v. a. (*To pursue; to resist.*) 1° Étaler le courant, la mer ou le vent, se dit d'un vaisseau qui leur oppose autant de résistance que ces puissances ont d'action pour l'entraîner dans leur direction. Il étale un courant, souvent à l'aide du vent ; il étale le vent ou la marée contraire à l'aide de ses ancres ; on dit alors que ses ancres ont étalé ou le vent ou la marée. — 2° Un vaisseau en étale un autre, lorsqu'il y a entre eux égalité de vitesse.

ÉTAMBOT, s. m. (*Stern post.*) Pièce de bois, droite et forte, qui, élevée de l'extrémité de la quille d'un vaisseau, termine l'arrière de sa carène, et son plan diamétral. — Contre-étambot intérieur (*inner post*), pièce de bois qui recouvre la face antérieure de l'étambot et ajoute à la résistance de l'étambot et à la solidité de l'arcasse ; — contre-étambot extérieur (*back of the stern post*), pièce de bois qui recouvre la face postérieure de l'étambot et reçoit les entailles profondes où sont logées les ferrures du gouvernail, ce qui ménage la force de l'étambot. — Courbe d'étambot (*knee of the stern post*), pièce angulaire qui sert à lier l'étambot avec la quille d'un vaisseau ou avec les massifs qui sont chevillés avec cette quille. — Rablure de l'étambot (*rabbett of the stern post*), rainure profonde pratiquée sur les faces latérales de l'étambot pour recevoir les extrémités d'un très-grand nombre de bordages de la carène d'un vaisseau, qui sont cloués sur cette même pièce. — Quête de l'étambot. (*Voyez* QUÊTE.)

ÉTAMBRAI, s. m. (*Partner.*) Ouverture ovale ou circulaire, faite dans l'épaisseur des ponts et des gaillards d'un vais-

seau pour servir de passage à ses mâts ou à ses cabestans. Le diamètre des étambrais excède toujours celui des mâts respectifs, soit pour leur permettre un libre passage, soit pour faciliter leur assujettissement à l'aide de coins, qu'on introduit entre les mâts et le bourrelet de l'étambrai.

ÉTANCE, s. f. *Voyez* ÉPONTILLE.

ÉTANCER, v. a. *Voyez* ÉPONTILLER.

ÉTANÇONS, s. m. pl. *Voyez* BÉQUILLES.

ÉTANCHER, v. a. (*To stanch.*) Arrêter le passage de l'eau environnante, dans l'intérieur d'un bâtiment. Quand les voies d'eau sont étanchées ou bouchées, le navire ne fait plus d'eau, il est étanché (*tight ship*).

ÉTARQUER, v. a. Une voile est étarquée ou est étarque lorsqu'elle est hissée à tête de mât et bordée autant qu'elle peut l'être. (*Voyez* BORDER et HISSER.)

ÉTAT-MAJOR, s. m. (*Staff of a ship.*) L'état-major d'un vaisseau est composé de tous les officiers qui le montent et sont sous les ordres d'un capitaine ou commandant.

ÉTAYER, v. a. *Voyez* EMBOURDER et ÉTAI.

ÉTOUPE, s. f. 1° (*Tow*). Rebut du chanvre qui reste sur le peigne ; 2° charpie tirée de vieux cordages, qu'on sépare en torons, pour les remettre en état de chanvre et en former une seconde espèce d'étoupe (*oakum*). — Lorsque les cordages dépecés ont été goudronnés, l'étoupe qui en résulte est nommée étoupe noire ou goudronnée (*tarred oakum*), autrement elle est nommée étoupe blanche (*white oakum*). Celle-ci sert à faire des matelats, des bastingages pour les vaisseaux, etc. ; la noire est roulée en cordons de 2 pouces de circonférence pour servir à calfater les vaisseaux ; on l'appelle aussi étoupe tournée ou filée. — On dit qu'un vaisseau crache ses étoupes lorsque celles-ci sont chassées du vide qu'elles remplissaient dans l'intervalle de ses bordages, par l'effet des grands mouvements de

roulis et de tangage. L'eau entre alors facilement dans l'intérieur du bâtiment et le menace d'un danger plus ou moins grand.

ÉTOUPILLON, s. m. Petite mèche d'étoupe enduite de suif, qu'on introduit dans la lumière des canons chargés lorsqu'on est en mer, afin d'empêcher l'eau de s'insinuer jusqu'à la gargousse.

ÉTRAVE, s. f. (*Stem.*) Pièce courbe, ou suite de pièces courbes qui s'élève dans un vaisseau de guerre, sans s'écarter de son plan diamétral, qu'elle termine, depuis l'extrémité de la quille, jusqu'au-dessus du second pont pour venir présenter, sur l'épaisseur de sa tête, un appui au mât incliné de beaupré. — L'étrave porte, sur la hauteur de ses faces latérales, des points de division formant une échelle de pieds et de demi-pieds, pour servir à marquer le tirant d'eau d'un vaisseau à l'avant. — Sur les même faces, elle porte une rablure (*Rabbett*). Sa saillie est nommée élancement de l'étrave; lorsqu'elle est considérable, on dit que l'étrave est très-élancée (*raking or flaring stem*). — On appelle contre-étrave (*apron*) une pièce de bois appliquée sur le contour intérieur de l'étrave, pour lier ensemble les pièces qui composent cette étrave.

ÉTRIER, s. m.'(*Stirrup.*) On nomme étrier de chaîne de haubans (*lower links of the chains*) le seul anneau qui, dans ces chaînes, est fixé par des chevilles sur la muraille au-dessous des porte-haubans. — On nomme étriers de marche-pied (*stirrups of a horse*), les petits cordages qui passent sous le marche-pied, et sur une vergue pour servir de support aux matelots qui, occupés de quelques opérations sur une vergue, appuient leur pied sur le cordage tendu ou le marche-pied. Il y a aussi des étriers de bout de vergue. — On nomme aussi étrier la bande de fer coudée qui embrasse une extrémité de la barre du gouvernail. Placé en même temps que la barre dans la tête du gouvernail, il facilite la sortie du bout de cette barre si elle vient à se rompre.

ÉTRIVE, s. f. Lorsque deux cordages se croisent et que

dans cet état ils sont liés ensemble par un nouveau cordage au point où ils se rencontrent, on dit alors que leur amarrage est en étrive (*seizing of shroud, or stay close to it's dead eye*). Un cordage fait étrive ou appelle en étrive si, étant tendu, il ne forme pas une ligne droite et se trouve détourné de cette direction primitive dans quelques points de sa longueur.

ÉVENTER, v. a. Éventer une voile (*to fill a sail*), c'est la disposer de manière que le vent, qui auparavant était dirigé suivant le plan de ses faces, ou sur sa face antérieure, exerce son action sur sa face postérieure ou arrière. Éventer la quille d'un vaisseau flottant, c'est coucher le vaisseau sur le côté, de façon que sa quille se montre à fleur d'eau.

ÉVENTRER, v. a. (*To split a sail.*) Percer et fendre une voile enflée par le vent. Il est souvent nécessaire d'éventrer une ou plusieurs voiles, pendant une tempête.

ÉVITAGE, s. m. (*Swinging.*) Rotation horizontale d'un vaisseau autour d'une ancre à laquelle on l'a attaché; elle est produite par un vent nouveau, l'action du courant ou le changement du flux ou reflux. (*Voyez* ÉVITÉE.)

ÉVITÉE, s. f. (*Berth.*) Espace qui est nécessaire à un vaisseau mouillé pour tourner librement autour d'une ancre, ou pour tourner sur lui-même s'il est affourché, c'est-à-dire retenu par plusieurs ancres. — Un vaisseau qui tourne autour de son ancre fait son évitée ou son évitage (*to be swinging*); lorsqu'il n'a pas tout l'espace qui lui est nécessaire pour cette même rotation, il n'a pas son évitée (*to have not sufficient berth*); il commence son évitée (*to tend*), lorsque le courant ou le vent dont il est enveloppé commence à changer de direction. (*Voyez* ÉVITER.)

ÉVITER, v. n. (*To tend.*) Se dit d'un vaisseau mouillé qui, après avoir été en butte à l'effort d'un courant ou d'un vent déterminé, fait un évitage, c'est-à-dire tourne horizontalement. — Éviter au vent (*to stem the wind; to tend to the wind*), éviter à la marée (*to swing at the change of tide*), c'est leur

présenter la proue. — Un vaisseau est évité entre vent et marée (*riding between the wind and tide*), lorsqu'il a un côté exposé directement au vent et l'autre à la marée qui est contraire. — Il est évité le travers au vent (*riding athwart*), si, dans sa position au mouillage, le vent le frappe perpendiculairement à sa longueur. — Il évite dans un grand espace, lorsqu'il n'est retenu que par une seule ancre (*to swing*); — il ne peut éviter (*girt ship*), s'il est retenu par l'arrière et par l'avant, car alors il lui est impossible de tourner sur lui-même.

ÉVOLUER, v. n. (*To evolve.*) Faire des évolutions (*evolutions*), se dit d'un vaisseau qui fait des mouvements quelconques pour varier ses positions, et aussi de plusieurs vaisseaux formant une escadre ou une armée, qui dirigent leurs mouvements pour changer leur situation relative. Évoluer en escadre ou en armée (*to form several evolutions in a fleet; motions of the fleet*).

ÉVOLUTION, s. f. (*Evolution; motions.*) 1° Mouvement de rotation d'un vaisseau sur lui-même (*voyez* ÉVITAGE); 2° Changements d'ordre de plusieurs vaisseaux réunis en corps d'armée pour passer à un nouvel ordre déterminé. (*Voyez* ÉVOLUER.)

EXPÉDIER, v. a. (*To despatch.*) Envoyer un vaisseau à la mer avec une mission, soit militaire, soit commerciale. — On dit aussi qu'un vaisseau est expédié (*Ready to depart*), lorsqu'il a son chargement, ses ordres et ses papiers.

EXPÉDITION, s. f. (*Expedition.*) L'exécution d'un projet qui est rempli avec des vaisseaux ou avec des forces navales. On distingue les expéditions scientifiques, les expéditions de découvertes et les expéditions militaires.

F

FAÇONS, s. f. pl. (*Rising floor.*) 1° Forme rétrécie et pincée d'une partie des extrémités de la carène d'un vaisseau ; 2° acculement des varangues des couples.

FACTORIE ou **FACTORERIE**, s. f. (*Factory.*) Résidence de certains agens ou négociants au milieu d'une nation étrangère, pour y faire un commerce quelconque. On dit aussi Comptoir.

FAIBLE, adj. Un vaisseau a le côté faible ou est faible de côté (*Crank*), lorsque manquant d'une partie de la stabilité qui lui est nécessaire, il prend, sous l'impulsion d'un vent un peu fort, une inclinaison latérale ou une bande considérable.

FAIT, part. On dit qu'il règne ou qu'on a un vent fait (*settled wind*), lorsque les changements qu'il peut éprouver paraissent éloignés.

FAIX, s. m. On appelle 1° Faix de pont, les hiloires (*bending strake*) qui, renversées et placées sous le milieu des baux, servent à lier et à fortifier les ponts d'un vaisseau ; 2° Faix d'une voile, sa ralingue de têtière (*head of a sail*).

FANAL, s. m. (*Lantern ; light.*) Grosse lanterne employée dans les vaisseaux ou pour annoncer pendant la nuit le lieu qu'ils occupent, aux bâtiments qui les environnent, ou pour faire des signaux quelconques. Fanal de hune (*top lantern*) ; fanaux de poupe (*poop lanterns*) ; fanal de soute (*store room lantern*). (*Voyez* PHARE.)

FARDAGE, s. m. (*Dunnage.*) Nom donné 1° à tous les

18

poids inutiles qui sont embarqués dans un bâtiment ou qui sont ajoutés à son gréement ; 2° à un assemblage de fagots qu'on établit au fond d'un vaisseau pour servir de lit élevé à des objets qui, par leur pesanteur et leur nature, ne doivent pas être rangés trop près de la quille.

FARGUES, s. f. pl. (*Wash boards.*) Bordages supplémentaires avec lesquels on augmente parfois la hauteur des bords d'un bateau au-dessus du niveau de la mer, pour le défendre davantage de l'excès de la mer. Elles sont établies à coulisse entre des montants qui ne sont placés qu'au moment du besoin. Il y a aussi des fargues de sabord, qui protégent contre la mer la 1re batterie d'un vaisseau.

FASIER, v. n. (*To shiver.*) Se dit d'une voile dont les deux faces sont alternativement exposées à l'impulsion très-oblique du vent. — Mettre une voile dans cette position, c'est la mettre à fasier, c'est la faire fasier.

FATIGUER, v. n. Se dit d'un vaisseau violemment agité par une grosse mer. S'il est mouillé, il fatigue à l'ancre (*to labour*); s'il est à la voile, il fatigue à la voile (*to work*).

FAUBERT, s. m. (*Swab.*) Faisceau de fils de caret qui, lié à un manche, sert, comme un balai ordinaire, à laver ou à sécher les diverses parties d'un bâtiment, ce qui s'appelle essarder ou fauberter (*to swab*). On nomme fauberteur (*swabber*) celui qui est employé à fauberter.

FAUBERTER, v. a. *Voyez* FAUBERT.

FAUBERTEUR, s. m. *Voyez* FAUBERT.

FELOUQUE, s. f. (*Felucca.*) Petite galère en usage sur la Méditerranée, propre au cabotage ; quelquefois elle est armée en guerre.

FEMELOTS, s. m. pl. (*Googings.*) Pentures à double branche, qu'on fixe sur l'étambot et sur les bordages qui viennent y aboutir.

FER, s. m. (*Iron.*) On dit qu'un vaisseau est sur le fer (*upon iron*) lorsqu'il est à l'ancre (*to ride at anchor*). — Fer à calfat (*caulking iron*), instrument dont un calfat se sert pour calfater un vaisseau. — Fer de gaffe (*boat-hook*), assemblage d'un crochet et d'une pointe en fer qui se place au bout d'une perche pour former une gaffe. — Fer de girouette (*spindle*), montant en fer qui sert de support et d'axe à une girouette. — Fer à lattes (*saddle*), assemblage de trois bandes de fer qui sont implantées sur un noyau circulaire de même métal, et entre lesquelles on introduit le bout d'une basse vergue. — Fer d'arc-boutant (*goose-neck of a boom*), crochet de fer dont certain arc-boutant est armé à son extrémité. — Des fers signifient aussi des chaînes, comme dans la langue commune (*bilbocs*) : enchaîner, mettre un homme aux fers (*to put a man in irons*).

FERLAGE, s. m. Action de ferler une voile.

FERLER, v. a. (*To furl.*) Presser ou serrer étroitement contre une vergue tous les plis multipliés d'une voile retroussée ou carguée, pour la soustraire totalement à l'impulsion du vent régnant.

FERMER, v. a. Dans les relèvements qu'on fait en mer, des objets extérieurs et éloignés, si deux de ces objets paraissent sur des airs de vent différents, et qu'ensuite par un changement de position de l'observateur, l'angle formé d'abord par les rayons visuels dirigés à ces objets, vient à s'évanouir, alors les marins disent avoir fermé cet angle, ou avoir amené ces deux objets l'un par l'autre, parce qu'ils les aperçoivent sur une même ligne (*to bring two marks in one*). Dans les indications qu'on donne aux navigateurs pour parvenir à un mouillage, il leur est prescrit quelquefois, et dans le sens déjà défini, de fermer deux marques de reconnaissance. — Un vaisseau qui se trouve entouré de toute part par des glaces, est fermé par les glaces (*ice-locked*); s'il s'est avancé entre des terres de manière à ne plus découvrir la grande mer, il est fermé entre des terres (*land-locked*). — Fermer un port, c'est en défendre ou en

barrer l'entrée. — Fermer les sabords (*to shut the port-lids*), c'est en abaisser les mantelets.

FERRURES, s. f. (*Hinges.*) Pentures qui servent à attacher le gouvernail à l'étambot d'un vaisseau et à faciliter sa rotation autour de l'arête du contre-étambot.

FEU, s. m. (*Fire.*) Les feux d'un vaisseau sont ses fanaux allumés (*lanterns, lights*). Son feu est l'effet des coups de canon qu'il peut tirer en même temps; donner son feu (*to give fire*); cesser son feu (*to cease firing; to be silenced*). — Allumer son feu ou allumer son fanal de poupe (*light kept burning*); éteindre ses feux (*lights of a ship*). — Les phares ou fanaux, tours élevées, au sommet desquelles on entretient à terre des feux pendant la nuit, portent aussi le nom de feu (*light-house.*) — Donner le feu à un vaisseau (*to bream*), c'est chauffer sa carène, ou brûler avec des fagots allumés le vieil enduit gras dont elle est recouverte.

FEUILLE, s. f. On nomme feuille bretonne (*spirketing*) ou serre-gouttière, certaines vaigres (*ceilings*) qui recouvrent intérieurement la muraille d'un vaisseau, entre le bord inférieur des sabords et la fourrure de gouttière du premier pont. — On nomme feuille de panneau chacune des deux parties d'un panneau à deux volets (*Hatch*).

FEUILLETTE, s. f. *Voyez* GATTON.

FICHE, s. f. (*Rag-bolt*). Petit morceau de fer employé pour différents objets. Anneaux à fiche (*rag-pointed ring-bolt*); fiche de hune (*top ring-bolt*).

FIGURE, s. f. (*Head.*) Statue ou figure emblématique qu'on place ordinairement au sommet de l'éperon pour annoncer le nom d'un bâtiment, en servant d'ailleurs d'ornement à sa proue.

FIL, s. m. (*Twine.*) Petit faisceau de fibres de chanvre tortillés ensemble sur une grosseur qui varie de 2 à 6 lignes

dans les corderies des ports. Celui de 2 à 5 lignes sert à composer de petits cordages qu'on nomme lignes (*lines*) ; on donne le nom de fil de carret (*rope yarn*) à celui qui a 5 lignes de grosseur, quand il est composé de chanvre du premier brin, ou qui en a 6, étant du second brin. — Le fil à voile (*sail twine*) sert à coudre les voiles ; il n'a qu'une demi-ligne de diamètre. — Le fil tel qu'il sort de la main du fileur est nommé fil blanc (*white twine*), pour le distinguer de celui qui est ensuite goudronné, et nommé fil noir ou goudronné (*tarred twine*).

FILARETS, s. m. Nom des lisses de batayoles. (*Voyez* Lisse.)

FILER, v. a. (*To spin.*) Faire des fils propres à composer des cordages pour le service de la marine. — En mer, filer un cordage, c'est le lâcher par degrés lorsqu'il est tendu ; ces gradations ont fait adopter diverses phrases pour les exprimer : Filer du câble (*to veer away the cable*), c'est augmenter la longueur de cette partie du câble qui lie ensemble une ancre mouillée et la bitte d'un vaisseau ; si cette longueur égale la longueur de deux câbles, c'est filer deux câbles (*to veer away two cables*) ; si le câble détaché de la bitte est abandonné jusqu'au bout et passe par l'écubier, il est alors filé par le bout (*to veer out the cable end forend*) ; s'il est lâché peu à peu, il est filé en garant ou en douceur (*to freshen the hawse ; to ease away*) ; c'est ainsi qu'on file avec attention les bras, les écoutes des voiles (*to ease off the sheets ; to let fly easily the main topsail sheet*) ; lâcher entièrement et sans retenue un cordage qui était tendu, c'est le filer en bande (*to let go amain*) ; lâcher convenablement un cordage tendu qui doit avoir moins de roideur, c'est le filer à la demande (*to ease off a rope*). Filer le lok ou la ligne de lok, filer la ligne de sonde, c'est laisser descendre ces lignes dans la mer. (*Voyez* Lok, Sonde, et Larguer.)

FILET, s. m. On nomme filet de bastingage (*nettings ; net works*), une espèce de rets fait avec du bitord qu'on étend

18.

verticalement sur une hauteur de 4 pieds environ au-dessus du bord supérieur et sur le contour d'un vaisseau, pour recevoir et contenir des matelats, hamacs, hardes, etc., qui puissent former un abri contre les coups de feu d'un vaisseau ennemi. On en établit, avant le combat, sur les passavents, les gaillards et la dunette (*quarter nettings*). — Filet de foc (*jib*), petit filet qui sert à contenir le foc, sur le beaupré lorsqu'il est amené. Filet de trelingage (*cat-harping*), celui qui accompagne ce sytème de cordage, afin d'arrêter dans leur chute les poulies et autres objets qui peuvent tomber du haut des mâts entre les bas-haubans.

FILEUR, s. m. (*Spinner.*) Ouvrier qui file (*voyez* FILER). — Fileur à la quenouille (*spinner with a distaff*), celui qui emploie du chanvre attaché parallèlement à une quenouille : fileur à la ceinture (*spinner round his waist*), celui qui forme une ceinture de la poignée de chanvre qu'il veut filer.

FILIN, s. m. (*Rope.*) Cordage qui n'est pas commis en grelin (*cable-laid*).

FIN, adj. On nomme bâtiment fin (*sharp bottomed ship*), celui dont les extrémités sont très-pincées et rétrécies ; fin voilier (*good sailor*), celui dont la marche à la voile est rapide.

FLAMAND, adj. *Voyez* ÉCART.

FLAMBER, v. a. (*To hoist a particular ship's signal.*) Reprocher, à l'aide d'un signal particulier fait par un commandant, à un vaisseau ou à un capitaine de son armée, soit de n'avoir pas obéi comme il le devait aux ordres qui lui étaient donnés, soit d'avoir mis de la lenteur à les remplir, soit de n'être pas à la place qu'il doit occuper, c'est flamber ce capitaine ou ce vaisseau.

FLAMME, s. f. (*Pendant; pennant.*) Banderolle de toile aux couleurs nationales et qui est peu large relativement à sa longueur. Ce signe flottant est arboré à la tête du grand mât, pour distinguer des autres bâtiments, les vaisseaux de

guerre et ceux commissionnés par le gouvernement. Les navires marchands ont des flammes aux couleurs de fantaisie. Le
bout flottant des flammes est souvent fendu, et représente
deux langues qu'agite la brise. — Il y a aussi des flammes de
signaux ; elles sont moins longues et plus larges que les flammes ordinaires.

FLASQUES, s. f. (*Cheeks.*) Flasques de l'affût d'un canon
(*cheeks of a gun carriage, or sides*), les deux pièces qui forment ses faces latérales. — Flasques du beaupré (*bow-sprit*),
deux pièces verticales qui maintiennent le pied de ce mât. Flasques de carlingue (*step*), pièces qui concourent à circonscrire,
avec des varangues, l'espace dans lequel on fait entrer le pied
du grand mât ou du mât de misaine.

FLÈCHE, s. f. (*Beam of a mast.*) On nomme flèches de
mât les excédants des mâts supérieurs, qui s'élèvent au-dessus
du capelage ; on y établit des perroquets volants dans les beaux
temps. — Flèche d'éperon (*prow*), assemblage de deux aiguilles
qui s'élèvent dans le prolongement des faces latérales de l'étrave,
et en avant de cette pièce, en s'appuyant sur la tête du taquet
de gorgère.

FLÈCHE-EN-CUL, s. f. (*Rising tail, or driver.*) Petite
voile triangulaire. établie entre le mât de perroquet de fougue
et la partie supérieure de la vergue d'artimon.

FLEUR (A), prép. et s. (*Level.*) Au niveau. Un objet est à
fleur d'eau (*level with the surface of the water*) lorsqu'il est
placé au niveau de l'eau. — Bordages de fleur (*floor heads,
rung heads*), bordages qui sont au niveau de l'eau ; fleurs d'un
vaisseau (*floor heads*), partie de sa muraille que ces bordages
recouvrent.

FLIBOT, s. m. (*Dutch fly-boat.*) Flûte hollandaise, à fond
plat et à bords très-élevés, porte de 4 à 600 tonneaux.

FLIBUSTIER, s. m. (*Freebooter.*) 1° Corsaire pillard ;
2° voleur ; 3° navire monté par des flibustiers.

FLOT, s. m. (*Flood; tide; flux of the sea.*) Flux; mouvement journalier de la mer vers les côtes; les marins disent aussi vague (*surge*) et lame (*wave*). On dit qu'il y a flot (*the tide flows*) ou demi-flot (*half flood*), lorsque la mer commence à monter ou est montée à la moitié de la hauteur à laquelle elle doit atteindre par le flux. — Être à flot (*to be floating*), se dit d'un bâtiment qui nage sur l'eau; mettre à flot (*to float a ship*), c'est tirer un vaisseau d'un échouage et le faire nager sur l'eau. — Un vaisseau à flot (*afloat or water-borne*) est celui que l'eau entoure et qu'elle soutient surnageant. (*Voyez* LAME, MARÉE et JUSANT.)

FLOTTAISON, s. f. (*Flotson; ship's gage.*) Section qu'on imagine faite au niveau de l'eau dans un vaisseau qui flotte. Le contour de cette section est nommé ligne de flottaison (*load-water line*), ou ligne de charge (*load-water mark*), lorsque le vaisseau est complétement chargé.

FLOTTE, s. f. (*Fleet.*) Nom donné 1° à plusieurs bâtiments de guerre ou de commerce naviguant ensemble; 2° à l'ensemble de tous les bâtiments de guerre d'un État. — Flottes de câbles ou flotteurs (*cable casks*), bouées employées à soulever un câble et à le tenir près du niveau de l'eau. — Petite flotte, *voyez* FLOTTILLE.

FLOTTER, v. n. (*To be water-borne.*) Nager sur l'eau. Le poids d'un corps qui flotte est égal à celui du fluide dont il occupe la place. — Flotter un câble, c'est le faire soutenir à fleur d'eau (*level with the surface of the water*) au moyen de flottes (*cable casks*). — On dit d'un pavillon, qu'il flotte sur la poupe d'un vaisseau, lorsqu'il est déployé et que le vent le développe dans toute son étendue (*flying flag*).

FLOTTILLE ou **ESCADRILLE**, s. f. (*Flotilla.*) 1° Petite flotte; 2° escadre qui n'est composée que de navires au-dessous du rang de vaisseaux et frégates.

FLÛTE, s. f. (*Store ship.*) Bâtiment de charge ou de trans-

port, pour le service de la marine nationale. Les flûtes ont un pont et un faux-pont, avec une vaste capacité ; elle ont trois mâts et des voiles carrées. Leur port est de 600 à 1,500 tonneaux. — Un vaisseau de guerre, qui n'est pas armé de toute son artillerie, et qui est chargé extraordinairement d'objets à transporter, est dit alors être armé en flûte.

FLUX, s. m. (*Flux of the sea.*) Flot qui monte à la marée. (*Voyez* FLOT et MARÉE.)

FOC, s. m. (*Jib.*) Nom donné aux voiles triangulaires qui, à bord d'un vaisseau, sont déployées entre le mât de beaupré et celui de misaine, dans la direction des étais. — Le petit foc (*fore staysail*), est placé suivant la direction de l'étai du petit mât de hune ; et un de ses côtés est porté en divers points par le faux-étai de ce mât ; le grand foc (*standing jib*), a un de ses côtés étendu sur une corde nommée draille, qui descend obliquement de la tête du petit mât de hune jusqu'au bout-dehors de beaupré ; le contre-foc, faux-foc ou second foc (*foretop staysail*), est placé entre les deux précédents, dans une position semblable. — Foc d'artimon, voile d'étai d'artimon (*mizen staysail*). — CLIN-FOC. (*Voyez* ce mot.)

FOÈNE, s. f. (*Fish gig.*) Espèce de harpon à plusieurs pointes de fer ; emmanchée à un long bâton, la foène sert à harponner des poissons d'une grosseur majeure qui nagent à fleur d'eau.

FOND, s. m. Profondeur de la mer et sol qui la recouvre. — Il y a N brasses de fond (*N fathom water*) ; il n'y a pas de fond (*there is no bottom*), si la hauteur de l'eau ne peut être mesurée avec les sondes ; il y a fond (*there is ground ; good depth of water*), si elle peut l'être. — Un vaisseau est sur le fond ; il commence à prendre fond ou à prendre le fond, quand la profondeur de l'eau est sondable ; si elle cesse de l'être, il quitte le fond, il perd le fond. Le fond est de vase, d'argile, de coquilles, de sable, de gravier, etc., ou mêlé, selon les matières qui composent sa surface (*oozy ground, clay ground, shelly*

ground. sandy ground, gravelly ground. etc.); il est dur ou mou, selon la facilité que les ancres éprouvent à y enfoncer leurs pattes; il est de bonne ou de mauvaise tenue (*foul ground*), lorsqu'il résiste fortement, ou cède trop facilement aux pattes des ancres; il est bon ou mauvais (*good anchoring; good soft ground, or foul ground*), selon qu'il est plus ou moins propre au mouillage. — Aller au fond (*to the bottom of the sea*), ou aller à fond (*to sink*), se dit d'un objet quelconque qui tombe ou qu'on jette à l'eau et qui s'y enfonce. — On dit que le fond est sale (*foul bottom of a ship*), lorsque la surface extérieure de la carène d'un vaisseau s'y couvre d'herbes marines ou de coquillages. — On nomme fond de cale (*hold*) la partie la plus basse de l'intérieur de la cale; et fond d'un vaisseau (*bottom*), la partie de la carène, qui est formée par les varangues des couples. Si les varangues ont beaucoup d'acculement, les fonds sont fins (*sharp floor*); si elles en ont très-peu, les fonds sont plats (*flat bottomed*). — Fond d'une voile *(foot of a sail)*; les cargues-fond (*bunt-lines*). servent à retrousser les ralingues de fond (*foot-ropes*).

FORAIN, s. m. (*Baulk; yuffer.*) Nom des vides qui se trouvent entre des barriques ou autres objets arrangés dans l'intérieur d'un vaisseau.

FORAINE (Rade). *Voyez* Rade.

FORBAN, s. m. *Voyez* Flibustier et Pirate.

FORCER, v. a. Forcer de voiles (*to crowd all sail*), se dit d'un vaisseau qui déploie toutes les voiles que les circonstances lui permettent de porter. S'il court alors au plus près du vent, il force de voiles au plus près (*to stretch*). — Un bâtiment est dit forcer de rames (*to pull hard with the oars*). quand les rameurs agissent avec toute la force et la vitesse dont ils sont capables. On appelle mât forcé (*wrung mast*) celui que ses voiles ont forcé, c'est-à-dire que le trop grand effort des voiles ou du vent a fait plier outre mesure, et de telle sorte qu'il ne peut reprendre sa première forme et sa première

position. Le vent est forcé lorsque sa vitesse est extrême ; il force ; le temps est forcé (*storm ; stress of weather*).

FORME, s. f. (*Wet dock.*) Emplacement qui, dans un même bassin, peut recevoir plusieurs bâtiments.

FORT, s. m. (*Extreme breadth of a ship.*) Partie d'un vaisseau à laquelle correspondent les plus étendues de ses lignes d'eau.

FORT, adj. Se dit du côté d'un vaisseau, ou de ce vaisseau (*stiff ship*), quand la muraille a une grande épaisseur.

FORTUNE, s. f. (*Accident; misfortune.*) Accident qu'on essuie sur mer. — Voiles de fortune (*lug sails*), celles qui ne servent qu'accidentellement. — Haubans de fortune (*swifters; preventer shrouds*), les faux-haubans ; — mât de fortune (*jury mast*), mât qui remplace un mât perdu.

FOSSE, s. f. Dans les ports on nomme fosse à mâts (*mast pond*), de longs canaux creusés exprès pour recevoir des mâts d'approvisionnement et les conserver dans l'eau de la mer. — On donne le même nom à toute cavité qu'on reconnaît dans le fond de la mer. Si une telle cavité est sur la surface d'un banc, on l'appelle fosse à banc (*pit*). — Dans les vaisseaux, il y a la fosse aux câbles (*cable stage*), et la fosse aux lions (*boatswain's store room*), où l'on renferme des objets nécessaires à l'entretien du gréement d'un bâtiment.

FOUET, s. m. (*Tail.*) Tresse en corde qu'on ajoute aux estropes de certaines poulies dites poulies à fouet (*tail blocks*), et au bout de quelques BOSSES. (*Voyez* ce mot.) — Le tortillement d'un fouet sur un point d'appui quelconque est nommé amarrage à fouet (*lashing of a tail block*).

FOUETTER, v. a. (*To flap.*) On fouette un premier cordage sur un second en faisant tourner le bout d'un cordage libre sur un cordage tendu. — Les voiles fouettent le mât (*to flap back against the mast*), lorsque déployées dans un temps

où le vent est trop faible pour les maintenir tendues constamment, on les voit alternativement s'approcher, battre le mât qui les porte, et s'en éloigner pour retomber de nouveau et successivement.

FOUGUE, s. m. (*Mizen top mast.*) On appelle fougue ou perroquet de fougue, le mât de hune d'artimon, qui porte une vergue barrée dite vergue de fougue, dont la voile est nommée voile de fougue ou perroquet de fougue.

FOUR, s. m. (*Oven.*) 1° Partie de la soute aux poudres qui contient des gargousses ; 2° four portatif en bois et en brique, fortifié par des liens de fer.

FOURCAT, s. m. (*Crotch.*) Varangue dont l'acculement est très-considérable ; fourcats de porques (*crotches of the riders*). — Fourcat d'ouverture (*lowest transom*), la barre la plus basse de celles qui entrent dans la composition de l'arcasse d'un vaisseau.

FOURRER, v. a. (*To serve.*) Envelopper un cordage d'un petit cordage dit bitord, et dans un sens perpendiculaire à la longueur du premier. Fourrer un câble (*to keckle*), c'est l'envelopper de toile ou de pièces tressées en fil de carret pour le garantir des effets destructifs du frottement.

FOURRURES, s. f. pl. (*Parceling; service.*) 1° Limandes ou toiles goudronnées dont on enveloppe un câble (*rounding*) ou des cordages très-utiles (*royez* LIMANDER) ; 2° enveloppes en paillets (*plat*) ou tours de bitord ayant le même usage (*service*) ; 3° morceaux de bois (*furrings*) que les charpentiers appliquent sur des pièces de bois, pour les renforcer (fourrure d'une vergue), ou pour réparer les défectuosités qu'elles offrent dans leurs contours ; 4° pièces de bois tendres qu'on applique en plusieurs lieux d'un vaisseau pour garantir les cordages (fourrure de bitte) ; 5° fourrures de gouttière (*water ways*), fortes ceintures en bois dans lesquelles sont percés les trous qui servent de conduit à l'eau qui peut se répandre sur un pont de vaisseau.

FRAÎCHEUR, s. f. (*Light air of wind.*) Vent très-faible qui n'est sensible qu'auprès de la surface de la mer ou dans les couches les plus profondes de l'atmosphère.

FRAÎCHIR, v. n. (*To begin to blow high.*) Se dit du vent, lorsque de faible qu'il était il devient plus fort en prenant des accroissements de vitesse. On dit aussi Affraîchir.

FRAIS, s. m. (*Fresh wind.*) Vent modéré ; petit frais (*light gale*), vent plus faible que le vent frais ; ceux qui sont plus forts, depuis le vent frais jusqu'à la tempête, sont exprimés gradativement par joli frais (*gentle gale*) ; beau frais, bon frais (*fresh gale*) ; grand frais, gros frais (*hard gale*).

FRAIS DE ROUTE, s. m. pl. *Voyez* CONDUITE.

FRANC, adj. 1° Vent franc (*good wind*), celui dont la direction est telle, qu'un bâtiment peut, avec ses voiles orientées obliquement à la quille, suivre une route déterminée. — 2° Franc-bord (*planks of the bottom*), ensemble de tous les bordages qui recouvrent extérieurement la carène d'un vaisseau. — 3° Franc-funin ou funin-blanc, ou franc-filin, ou belée (*white hawser*), nom général des forts cordages dont les fils ni les torons ne sont goudronnés. On en fait usage dans les grands appareils pour les ouvrages des ports.

FRANCHIR, v. a. Franchir la lame (*to rise easily upon the sea*), se dit d'un vaisseau qui, dans son mouvement progressif sur une mer agitée, s'élève facilement avec les vagues. Il franchit un banc, un rocher, etc. (*to force over a bank*), lorsqu'il passe par-dessus et au delà sans y rester échoué, après les avoir touchés par quelque point de sa carène ; il franchit dans un port (*to sew in a harbour*), lorsqu'après avoir échoué, il vient à flotter par l'affluence des eaux apportées par la marée ; il franchit de N pieds (*to be sewed by N feet*). — Franchir à la pompe, *voyez* AFFRANCHIR.

FRAPPER, v. a. (*To fix or lash.*) Attacher fixement et à demeure. Frapper une poulie (*to fix a block*).

FRÉGATE, s. f. (*Frigate of war.*) Bâtiment de guerre, qui n'a qu'un seul pont, ou une seule batterie entière, et qui est armé d'un nombre de canons au-dessus de 43 et au-dessous de 61, distribués sur son pont et sur ses deux gaillards. Les frégates ont aussi un faux-pont; leur gréement est semblable à celui d'un vaisseau à plusieurs ponts. Il y en a de premier, de deuxième et de troisième rang; premier rang : frégates de 60 : 30 canons de 30 en batterie et 30 caronades de 30, formant une batterie complète sur le pont; deuxième rang : frégates de 54 : 30 canons de 24 en batterie et des caronades de 30 en barbette; troisième rang : frégates de 44 à 46 bouches à feu. — Les frégates à voiles et les frégates à vapeur sont construites pour marcher rapidement.

FRÉGATER, v. a. Donner à un vaisseau les formes d'une frégate (*frigate-built.*)

FRET, s. m. (*Freight.*) Loyer d'un vaisseau, soit en partie, soit en totalité. — Charger à fret, prendre à fret (*to freight a ship, to take a ship to freight*).

FRÉTER, v. a. (*To charter a vessel.*) Donner un vaisseau à loyer; soit par mois (*to charter by the month*), soit par voyage (*for the entire voyage*), soit par tonneaux (*by the ton*). — Fréter cap et queue, ou en grand, ou en travers (*to take to freight the whole, or by the great; to charter a vessel on the bulk*), c'est donner en location un vaisseau en entier. (*Voyez* AFFRÉTER.) — Sous-fréter (*to under-freight*), c'est sous-louer un vaisseau.

FRÉTEUR, s. m. (*Freighter.*) Propriétaire qui donne son bâtiment à loyer.

FRISES, s. f. pl. (*Frieze.*) Planches sculptées qui ornent l'intervalle des aiguilles de l'éperon.

FRONT (LIGNE OU ORDRE DE). *Voyez* ORDRE.

FRONTEAU, s. m. (*Breast-work.*) Planche sculptée dont

on recouvre extérieurement la face verticale du barrot qui termine, en dedans d'un vaisseau, ou chacun des gaillards, ou la dunette. — Fronteau des gaillards (*breast-work of the quarter-deck*); fronteau de la dunette (*breast-work of the poop*); fronteau à coltis (*breast-work of the foremast frame*); le fronteau de volée ou de serre-banquière (*breast-work of the thick stuff*) est une saillie en bois qui, sur la face intérieure de la serre-banquière d'un vaisseau, sert d'appui à la volée d'un canon lorsqu'il est à la serre ou lorsqu'il est retiré du sabord et en dedans du vaisseau.

FRONTON, s. m. (*Poop-rail, poop-ornaments.*) Ornement en sculpture qui décore la partie supérieure de la poupe d'un vaisseau.

FUIR, v. a. (*To run away.*) Fuir la lame ou courir devant le vent, se dit d'un vaisseau lorsqu'il manœuvre pour courir devant la lame directement et éviter son atteinte.

FUNIN s. m. *Voyez* FRANC-FUNIN.

FUSÉE ou **CLOCHE**, s. f. Mèche ou pièce centrale d'un cabestan (*barrel*). — Fusée d'aviron (*Dolphin an of oar*), bourlet dont on garnit un aviron dans le point de sa longueur, par lequel il est lié au bateau qu'il doit aider à mouvoir. La fusée d'aviron sert à empêcher l'aviron, lorsqu'il est abandonné par le rameur, de glisser ou de passer la bague de corde qui l'attache au tolet. — Les fusées ordinaires (*signal rockets*) sont des artifices volants qui servent aux marins à faire des signaux de nuit.

FÛT, s. m. (*Vane-stock.*) Châssis léger qui forme la monture de la girouette d'un bâtiment. Ce cadre est disposé pour tourner au gré du vent, sur une verge de fer verticale qui termine la hauteur du mât.

G

GABARE, s. f. 1° Bâtiment de charge ou de transport (*vessel of burthen.*) Les gabares de l'Etat ont trois mâts et sont armées de caronades ; leur port varie de quatre cents à six cents tonneaux ; elles transportent d'un port à l'autre, et jusque dans les colonies, des munitions, des troupes, de l'artillerie, etc. ; 2° bateau plat et non ponté (*barge*) qui, sur les rivières ou sur les côtes de la mer, sert au transport des marchandises d'un navire à l'autre ou d'un navire au port. Les patrons de ces bateaux s'appellent Gabariers ou maîtres de gabares ; ils font quelquefois le petit cabotage.

GABARER, v. n. *Voyez* GOUDILLER.

GABARIER, v. n. (*To mould a piece of timber.*) Donner à l'arête d'une pièce de bois, un contour ou une courbure parfaitement semblable à un patron qui est fait exprès en planches minces.

GABARIER, s. m. *Voyez* GABARE.

GABARIT, s. m. (*Mould.*) Patron du contour ou de la courbure que doit avoir l'arête d'une pièce de bois. — Salle de gabarits (*moulding-loft*), salle sur le plancher de laquelle on dessine, dans les ports, les branches des couples d'un vaisseau, semblables à ceux qui sont tracés sur le plan. — Le gabarit du gouvernail (*clarion*) est le seul qui soit conservé à bord d'un vaisseau, pour servir à former un nouveau gouvernail lorsque le premier a été emporté ou par la mer, ou par des boulets, ou par quelque choc contre des rochers.

GABAROT, s. m. (*Little boat.*) Petit bateau dont la carène est très-plate; il est gréé d'un mât et d'une voile. Ses extrémités sont carrées, ses faces latérales verticales; ses fonds ont une surface légèrement courbe qui se relève à l'avant et à l'arrière. Il sert dans les ports ou sur les rivières au transport d'objets quelconques.

GABET, s. m. (*Vane.*) Pinnule qu'on adapte a certains instruments propres à déterminer en mer la hauteur des astres.

GABIE, s. f. (*Litte top.*) Espèce de demi-hune; treillis en bois qui est appliqué sur un des côtés des mâts à antennes.

GABIER, s. m. (*Topman.*) Dénomination de certains matelots d'élite qui, dans un vaisseau, sont distribués dans les hunes de ses mâts. Il y a des gabiers de beaupré, de grand-mât, de misaine, d'artimon; spécialement affectés au service de la mâture. Ils sont sous les ordres d'un chef de hune. — Dans les rades, ils servent quelquefois de canotiers.

GABORD ou **RIBORD**, s. m. (*Garboard strake.*) Bordage faisant partie de l'enveloppe extérieure d'un vaisseau; il est placé près de la quille, de manière qu'un de ses bords est reçu dans la rablure de cette quille depuis l'étrave jusqu'à l'étambot.

GABURON, s. m. Jumelle de Racage. (*Voyez* JUMELLE.)

GAFFE, s. f. (*Boat-hook.*) Instrument de fer, à deux branches, dont l'une est crochue et l'autre droite et pointue, avec une douille emmanchée à un long bâton. On en fait usage dans les bateaux, canots et chaloupes, pour les pousser ou les retenir, suivant les circonstances.

GAGES, s. m. pl. (*Mariner's wages; salary; pay.*) Traitement, solde, salaire des gens de mer; ils sont fixés sur les vaisseaux de l'État; sur les bâtiments marchands ils sont con-

venus de gré à gré entre les hommes de mer et ceux qui les emploient.

GAGNER, v.a. Gagner un mouillage, un port (*to secure a harbour*), c'est parvenir à l'atteindre après certaines difficultés, comme après une bordée ; gagner à la bordée (*by board*). — Gagner au vent ou dans le vent (*to get to windward*), se dit d'un vaisseau qui s'approche des points de l'horizon desquels le vent paraît souffler. — Si on compare la position de ce vaisseau à celle d'un autre vaisseau ou d'un objet quelconque, on dit que le premier gagne le vent ou le dessus du vent (*to gain the weather-gage of a ship*), lorsque par sa vitesse, sa bonne manœuvre et des routes bien combinées, il parvient à se placer sur une ligne perpendiculaire à la direction du vent, tandis que le second se trouve au-dessous de cette même ligne. Comme une telle position est avantageuse, un vaisseau, qui l'obtient sur un autre, est dit aussi avoir gagné l'avantage du vent (*to gain the weather-gage of a ship.*)

GAILLARD, s. m. Plancher partiel qui ne recouvre que l'extrémité du pont supérieur d'un vaisseau, à une hauteur de 5 à 6 pieds (1ᵐ, 665 à 2 mètres). Le gaillard d'arrière (*quarter-deck*) comprend depuis la poupe jusqu'à la hauteur du trois-mât; le gaillard d'avant (*forecastle*) depuis l'avant jusqu'à l'arrière du mât de misaine ; le premier est destiné à l'état-major du vaisseau, le second à l'équipage. La partie qui sépare les deux gaillards s'appelle embelle. — Dans un bâtiment de guerre, les gaillards sont chargés de quelques canons d'un calibre plus faible que ceux des grandes batteries. — Les gaillards sont pendant un combat les postes les plus dangereux. (*Voyez* Passe-avant.)

GAÎNE, s. f. (*Convass edging*). Ourlet large et plat qu'on fait sur les bords d'une voile en repliant la toile sur elle-même. On fait aussi des gaînes aux pavillons et aux flammes.

GALEASSE, s. m. (*Galeas.*) Espèce de galère.

GALÈRE, s. f. (*Galley; row galley.*) Bâtiment long, à voiles et à rames; c'est le plus ancien des navires de guerre connus. — Les galères étaient armées d'un éperon; les forçats et les esclaves barbaresques servaient de rameurs.

GALERIE, s. f. (*Gallery.*) 1° Vaste balcon, saillant en dehors de la poupe et environné d'une balustrade. Sa plate-forme est le prolongement du gaillard; elle communique ordinairement par deux portes à la salle du conseil. Cette galerie de poupe (*stern gallery or balcony*) ne se trouve que dans les grands bâtiments; pour les petits navires on se contente d'en peindre l'image à la place qu'elle occuperait; cette galerie feinte est dite fausse-galerie. (*Voyez* TENDELET.) — 2° Corridor formé sur le faux-pont dans son contour, à la hauteur de la flottaison, dans l'intérieur des vaisseaux de guerre (*gangway of the orlop*).

GALETTE, s. f. (*Round and flat sea-biscuit.*) Pain de biscuit (*sea bread*) rond et plat, dont les bâtiments de mer sont approvisionnés pour la nourriture des équipages dans les voyages d'une certaine étendue.

GALHAUBAN, s. m. (*Backstay.*) Cordage qui descend du sommet des mâts de hune ou de perroquet, jusqu'aux porte-haubans d'un vaisseau, sur lesquels il est fixé. Il est destiné, comme un hauban, à étayer ces mâts latéralement. — Galhaubans de hune (*topmast back-stays*); galhaubans de perroquet (*top galiant-mast back-stays.*) — Galhaubans volants (*preventer back-stays*), galhaubans supplémentaires, qu'on n'établit que dans des moments de besoin.

GALION, s. m. (*Galleon.*) Nom qu'on donnait à de grands bâtiments armés en guerre dont les Espagnols se servaient pour rapporter de riches cargaisons de leurs colonies de l'Amérique du sud.

GALIOTE, s. f. (*Galliot.*) 1° Bâtiment de transport hollandais à formes rondes (*Dutch galliot*): 2° petite galère (*quar-*

ter galley); 3° galiote à bombes (*bomb-ketch*), bâtiment armé de mortiers à son milieu sur une plate-forme et ne portant pas de mât de misaine.

GALOCHE, s. f. (*Hollow cleat.*) 1° Poulie ayant une caisse longue; 2° rouet encastré dans la muraille d'un vaisseau, pour faciliter le passage de l'écoute de misaine et de celle de la grand-voile; 3° demi-anneau de fer ou de bois, qu'on fixe sur un corps par ses deux extrémités, pour servir au passage et à l'amarrage de divers cordages.

GAMBE, s. f. *Voyez* HAUBAN.

GAMBIER, v. a. *Voyez* TRÉLUCHER.

GAMELLE, s. f. (*Mess.*) Vase de bois en forme de seau; espèce de plat contenant la soupe de sept hommes, qui sont dits être à la même gamelle (*to mess together*) ou compagnons de gamelle (*mess-mates*).

GARANT, s. m. (*Fall.*) Bout du cordage qui passe sur les rouets des poulies d'un palan (*fall of a tackle or tackle-fall.*) Garant de caliorne (*fall of a winding tackle*); garant de candelette (*foretackle-fall*); garant de capon (*cat-fall*). — Filer en garant, c'est filer en douceur (*to ease away*).

GARCETTE ou **DAGUE**, s. f. (*Gasket.*) Tresse plate et terminée en pointe. — Les garcettes de ris (*points or reef lines*), servent à serrer sur la vergue les plis d'une voile retroussée, sur la surface de laquelle elles sont multipliées. — Les garcettes de tournevire (*nippers*), d'une grosseur plus considérable, sont employées à réunir étroitement le câble d'une ancre mouillée, avec la tournevire lorsque, seule roidie à l'aide d'un cabestan, elle sert à entraîner avec elle ce même câble et à tirer l'ancre de l'eau.

GARDE, s. f. et m. Garde d'un bâtiment (*voyez* QUART). — Homme de garde (*guard-man*); officier de garde à bord (*commanding officer of the anchor watch*); garde-magasin (*store-*

keeper of the navy); gardes-côtes (*coust-guards*); 1° citoyens ou employés qui veillent à la garde des côtes de la mer ; 2° vaisseaux de guerre qui croisent à peu de distance des côtes.

GARDE-CORPS, s. m. (*Railing.*) 1° Garde-fou ou barrière établie sur les bords d'un vaisseau pour empêcher les hommes de tomber à la mer ; on les nomme aussi lisses de batayoles ou filarets (*rails, netting.*) Ces barrières sont soutenues par des montants en fer ou en bois appelés batayoles (*stanchions of nettings.*) — 2° Garde-corps ou sauvegarde ou tire-veille de beaupré (*man-ropes of the bowsprit; swifters and entering ropes*), cordes tendues de chaque côté du beaupré, servant d'appui et de sauve-garde aux hommes que la manœuvre oblige de s'avancer sur la longueur de ce mât. — 3° Garde-corps ou tire-veille de cabestan (*swifter*), cordage qui, tourné autour du bout de chaque barre implantée dans la tête de cette machine, sert à réunir toutes ces barres ensemble.

GARDE-FEU, s. m. *Voyez* GARGOUSSIER.

GARDE-FOU, s. m. *Voyez* GARDE-CORPS.

GARDE-MARINE, s. m. Ancien nom des élèves ou ASPIRANTS (*voyez* ce mot).

GARDE-TEMPS, s. m. *Voyez* MONTRE MARINE.

GARDIEN, s. m. (*Keeper.*) Celui qui est chargé de la garde d'un canot, d'un magasin, d'un vaisseau désarmé, etc. — Gardien de la sainte-barbe (*yeoman of the powder-room*); gardien de la fosse aux lions (*boatswain's yeoman*), etc.

GARGOUSSE, s. f. (*Cannon-cartridge.*) Petit sac contenant la charge de poudre d'un canon. On en fait pour tous les calibres. Il y a les gargousses d'exercice et celles de combat.

GARGOUSSIER, s. m. 1° Garde-Feu (*match tub*). Portegargousse (*cartridge box*), cylindre creux, en bois, qui renferme une gargousse à l'abri du feu et sert à la transporter où

elle est destinée ; 2° celui qui, dans un combat, distribue et porte les gargousses.

GARNIR, v. a. (*To rig*.) Garnir un vaisseau, c'est le mettre en état d'être mu à l'aide du vent, c'est lui donner des voiles, des manœuvres, etc. — Garnir un mât, une vergue (*to rig a mast; to rig a yard*), c'est munir le mât de ses vergues, la vergue de sa voile. — Garnir un cabestan (*to rig the capstan*), c'est y placer les barres avec lesquelles on le fait tourner, ainsi que les hommes chargés de cette opération. — Garnir un cordage, c'est le recouvrir de toile goudronnée que l'on enveloppe ensuite des tours serrés et multipliés d'un autre cordage. — Garnir une jarre (*to wicker*), c'est recouvrir un de ces vaisseaux de terre cuite d'une enveloppe de fils tressés ensemble.

GARNITURE, s. f. (*Standing and running rigging*.) Assemblage des voiles, manœuvres, poulies, etc., d'un vaisseau. — Atelier de garniture (*rigging house*). — Garniture de l'arganeau d'une ancre (*pudding*).

GATTE, s. f. (*Manger*.) Retranchement fait en arrière des écubiers d'un vaisseau et en avant de ses bittes, afin de servir à retenir les eaux de la mer introduites par ces écubiers et celles qui découlent des câbles lorsqu'on les rentre dans le vaisseau en levant les ancres. L'eau qui tombe dans la gatte s'écoule hors du bâtiment par des dalots.

GATTON, s. m. (*Ropemaker's staff*.) Bâton au bout ou au milieu duquel, dans les corderies, on attache un fouet dit feuillette ; le gatton sert de levier pour faire tourner le cordage qu'on commet.

GAULE, s. f. (*Pole; staff*.) 1° Bâton de pavillon ou d'enseigne ; 2° bâton qui tient au piston d'une pompe, et sert à le faire jouer.

GÊNER, v. a. (*To jam*.) Gêner une barrique, une pièce de bois, c'est la tenir si serrée dans sa place qu'elle ne puisse

prendre aucun mouvement; on gêne des bordages (*to wring*) sur les couples pour produire leur application immédiate et sans intervalle sur ces mêmes couples.

GENOPE, s. f. (*Belay.*) Attache. Cordage un peu gros qui sert à entraîner et à serrer étroitement deux cordages.

GENOPER, v. a. (*To belay.*) Serrer fortement deux objets, tels que deux cordages, par un troisième qui les réunit et les empêche de glisser l'un sur l'autre ou de se séparer.

GENOU, s. m. (*Futlock.*) On nomme genoux de couples (*futtocks of the timbers*) les pièces de bois qui s'étendent sur les branches des varangues d'un vaisseau, les uns, les genoux de fond (*futlocks of the timbers amidships*), sont ceux qui appartiennent aux couples les plus larges et correspondent au milieu de la longueur du bâtiment; les autres, genoux de revers (*futtocks of the timbers fore and aft*), sont ceux qui font partie des couples placés aux extrémités du bâtiment et présentent leur convexité à son intérieur. — Les genoux des porques (*futtocks of the riders*) font partie des pièces composantes des porques ou couples placés en dedans des premiers.

GENS DE MER, s. m. pl. (*Seaman.*) Nom commun à tous les hommes dont l'état est de servir sur les bâtiments de guerre ou de commerce. — Les gens de l'équipage (*mariners*) sont tous les hommes réunis qui doivent se partager et exécuter toutes les parties du service qu'il faut remplir à bord pour conduire le vaisseau à sa destination ou pour lui faire exécuter les entreprises qui ont été l'objet de son armement. Parmi eux, on distingue les matelots, les gabiers, les gens de la cale, les gens du canot ou de la chaloupe, etc. (*Voyez* MARIN.)

GIROUETTE, s. f. (*Vane.*) Bande de toile dont une partie est tendue sur un cadre de bois dit fût (*vane-stock*), et dont l'autre, beaucoup plus longue, est pendante ou flottante au gré du vent. Le cadre est élevé sur une verge de fer qui lui sert

d'axe, et autour laquelle il peut tourner librement, au sommet d'un mât de vaisseau.

GISEMENT, s. m. (*Bearing.*) Position d'une ligne qui réunit deux objets à l'égard de la ligne méridienne. Le gisement d'une partie des côtes de la mer est l'air de vent auquel est parallèle la direction de la ligne qui réunit les deux extrémités de cette partie de côte. Si cette direction est N. E. ou S. O, on dit que le gisement est N. E. ou S. O.

GÎT, 3e personne du verbe neutre gésir. On dit de tel objet qu'il gît, à l'égard d'un autre, à certain air de vent, lorsque la ligne qui réunit ces deux objets a la direction de l'air de vent désigné. — La côte gît Nord et Sud lorsqu'elle se prolonge directement, et au N.et au S.(*the coast bears N.and S.*). — Il faut ranger de près un rocher qui gît au N. de la côte (*which lies N.*).

GLACE, s. f. (*Ice.*) Eau congelée, durcie par le froid. — Glaçons (*icicles*), morceaux de glace. — Mer glaciale (*Frozen sea*). — On appelle banc de glace (*island of ice*) un grand amas de glaces que les courants ou les vents ont jointes ensemble, et qui, flottant dans certaines mers, telles que les mers dites glaciales, causent souvent la perte des vaisseaux, qu'ils encadrent ou dont ils obstruent le passage. On dit alors que ces vaisseaux sont fermés par les glaces.

GLÈNE, s. f. Assemblage des tours que forme sur lui-même un cordage qu'on reploie en couches arrondies. Mettre un cordage en glène, faire une glène, c'est gléner, ou **CUEILLIR** (*voyez* ce mot).

GLÉNER, v. a. *Voyez* GLÈNE et CUEILLIR.

GODILLE, s. f. *Voyez* GOUDILLE.

GODILLER, v. a. *Voyez* GOUDILLER.

GOËLETTE, s. f., ou **SCHOONER** ou **SHOONER,** s. m. (*Schooner*). Petit bâtiment à deux mâts, de 50 à 100 tonneaux; ses deux principales voiles ont une forme quadrangulaire;

celle de l'arrière est tendue entre deux espères de vergues, un pic et un gui; celle de l'avant n'a pas de gui. Au-dessus de ces voiles, ses mâts sont garnis d'un hunier ou d'une voile de fortune. Les goëlettes portent aussi des focs. — Les bricks-goëlettes ont une mâture qui participe de ces deux genres. Il y a des goëlettes de guerre qui servent de Mouches (*voyez* ce mot).

GOLFE, s. m. (*Gulf.*) Large enfoncement de la mer dans les terres.

GONDOLE, s. f. (*Gondola.*) Petit bâtiment de passage, qui est plus ou moins orné, et qu'on met en mouvement avec des rames. Il est surtout en usage sur les canaux vénitiens.

GONDOLER, v. n. (*To sheer round.*) Se dit d'un vaisseau dont les extrémités s'élèvent beaucoup au-dessus de sa partie moyenne, par une courbure très-régulière, quoique plus sensible que dans les bâtiments ordinaires de même classe.

GONDOLIER, s. m. (*Gondolier.*) Canotier des gondoles; celui qui les fait mouvoir à l'aide de rames.

GORET, s. m. (*Hog.*) Espèce de balai fort roide employé à nettoyer la surface extérieure de la carène d'un vaisseau. Il est composé de plusieurs balais ordinaires serrés entre deux planches; un long bâton sert à le faire fonctionner.

GORETER, v. a. (*To sweep.*) Balayer la surface extérieure de la carène d'un vaisseau à l'aide d'un goret.

GOUDILLE, s. f. (*Scull.*) Aviron employé seul à mouvoir un canot ou une petite embarcation.

GOUDILLER ou **GABARER**, v. a. (*To scull.*) Aller à la goudille; communiquer un mouvement progressif à un bateau ou à un canot, à l'aide d'un seul aviron, dit goudille, établi au milieu de son couronnement ou de sa poupe, et dans son plan diamétral. Cette manière de ramer n'exige qu'un seul rameur.

GOUDRON, s. m. (*Tar.*) Gomme liquide, noire, gluante, qui découle des pins lorsque ces bois sont présentés à l'action du feu. On s'en sert pour le goudronnage. (*Voyez* GOUDRONNER.)

GOUDRONNAGE, s. m. *Voyez* GOUDRON.

GOUDRONNER, v. a. Action d'enduire de goudron (*to black or tar*). — On goudronne un vaisseau, de la toile, des mâts, des vergues (*to pay a mast*), en étendant sur leur surface du goudron chaud. On goudronne des fils et des cordages en les trempant dans du goudron liquéfié, ou en les trempant dans une auge pleine de goudron, pour leur faire ensuite traverser les torons d'un cordage où ils sont pressés et forcés de laisser échapper la partie du goudron qui ne leur est pas nécessaire. — Fil goudronné (*tarred twine*); cordage goudronné (*black rope*).

GOUGE, s. f. (*Gouge.*) Espèce de ciseau dont la partie tranchante est plus ou moins courbe, et qui sert à faire dans des bois, ou une cannelure de même forme ou un canal cylindrique.

GOUGER, v. a (*To gouge.*) Pratiquer une goujure (*channel*) ou cannelure sur la surface d'un bois quelconque, à l'aide d'une gouge. — On appelle pommes gougées (*seizing trucks*), des boules de bois cannelées sur leur équateur et percées diamétralement pour servir de passage à une manœuvre courante.

GOUJON, s. m. (*Iron peg.*) Cheville en fer qui a une même grosseur dans toute sa longueur. Il y en a de ronds ou cylindriques, et de prismatiques et triangulaires ou carrés

GOUJURE, s. f. *Voyez* GOUGER.

GOULET, s. m. (*Narrow intrance, or inlet.*) Canal étroit, court, par lequel la grande mer communique soit avec un port, soit avec une rade, etc. — Le courant de la marée est très-rapide dans les goulets.

GOUPILLE, s. f. (*Fore lock.*) Languette courte faite d'un morceau de fer plat, qui est redoublé sur lui-même et sert

a retenir à sa place une cheville liant deux pièces de bois.

GOURNABLE, s. f. (*Treenail.*) Cheville de bois de chêne, de forme presque cylindrique, servant, concurremment avec des clous et des chevilles de fer, à fixer les bordages d'un vaisseau, ce qui s'appelle gournabler. — L'ouvrier qui fait des gournables est nommé gournablier (*mooter*).

GOURNABLER, v. a. *Voyez* GOURNABLE.

GOUSSET DE GOUVERNAIL, s. m. *Voyez* JAUMIÈRE.

GOUTTIÈRE, s. f. (*Gutter.*) Planche épaisse placée sur les bords d'un pont de vaisseau qu'elle concourt à former. — On appelle fourrures de gouttière (*water-ways*), de fortes ceintures en bois établies dans les angles que fait la muraille avec le pont ; leurs trous donnent passage à l'eau.

GOUVERNAIL, s. m. (*Rudder.*) Assemblage de charpente qui forme un solide presque prismatique, dont deux faces parallèles sont étendues et égales, et dont l'épaisseur est peu considérable relativement à ses autres dimensions. Il est composé d'une forte pièce de chêne, qui sert de base à tout l'assemblage, et qui est nommée mèche du gouvernail (*main piece of a rudder*). C'est à cette mèche que sont ajoutées des pièces de sapin chevillées avec elle, pour composer la partie extérieure et saillante dite safran (*chock, after-piece of a rudder*), et achever le gouvernail entier. Cette partie essentielle d'un vaisseau est ensuite suspendue extérieurement à l'étambot par des gonds, afin qu'elle puisse tourner à gauche et à droite de l'étambot, pour former au besoin un angle plus ou moins grand, avec la direction de la quille ou avec celle du plan diamétral du bâtiment. Les pentures qui reçoivent les gonds du gouvernail sont fixées sur l'étambot, et le levier ou la barre, à l'aide de laquelle on change la position du plan de cette machine, entre par un bout dans la tête de la mèche. L'objet du gouvernail est de transmettre au vaisseau qui le porte l'impulsion qu'il reçoit de l'eau environnante, et de lui communiquer un mouvement horizontal de rotation, qui est favorisé par sa position à l'extré-

mité du bâtiment. — Être au gouvernail (*to be the helm*), c'est faire l'office de TIMONIER (*voyez* ce mot et GOUVERNER.) — Barre de gouvernail, *voyez* BARRE.

GOUVERNER, v. a. (*To steer, to cun a ship*) Diriger un vaisseau en mouvement sur un air de vent désigné et le ramener à cette direction, lorsqu'il s'en écarte, par le moyen du gouvernail. (*Voyez* GOUVERNAIL, BARRE et TIMONIER). — Un vaisseau qui gouverne bien (*to answer the helm readily*) est celui qui obéit vivement à l'action de l'eau sur son gouvernail. — Gouverner sur telle baie, telle rade, tel port (*to steer for a place*), présenter et maintenir la proue du bâtiment constamment dirigée vers ce but. — Gouverner sur son ancre (*to steer a ship to her anchor*), présenter la proue vers le lieu où l'ancre est mouillée, afin que le câble qu'on tire en dedans du vaisseau trouve moins de résistance à son passage par l'écubier. — Gouverner à N air de vent (*to stand to N point*), faire parcourir à un vaisseau un espace proportionné d'ailleurs à sa vitesse sur cet air de vent. — Gouverner au plus près (*to keep her to*), tenir le vaisseau dans une position telle que le vent venant de la partie de l'avant, fasse avec sa longueur un angle de 46 à 34°. — Gouverner où on a le cap (*to steer as you go*), maintenir un vaisseau sur la direction qu'il suit dans un instant désigné. — Gouverner pour s'éloigner de l'ennemi (*to steer from the enemy*), faire prendre à un vaisseau, à l'aide du gouvernail, la route qui favorise davantage son éloignement. — Gouverner un vaisseau (*to wind a ship*), action de l'homme qui agit par ses propres bras sur le gouvernail ; faire gouverner (*to cun a ship*), action d'un homme qui commande au précédent. — Gouverner à la lame (*to steer a ship by the sea*), présenter, à l'aide du gouvernail, la proue d'un vaisseau de manière qu'il éprouve le moindre effet possible de la part des lames. — Gouverner dans les eaux d'un vaisseau (*to get into the wake*), diriger la route d'un vaisseau dans les eaux d'un autre vaisseau qui le précède. — Un vaisseau qui ne peut pas gouverner est celui, ou qui obéit difficilement au gouvernail, ou qui n'a pas

assez de vitesse progressive pour qu'il en résulte sur le gouvernail une impulsion de l'eau nécessaire pour produire une rotation, ou qui n'a pas assez d'espace pour tourner sur lui-même (*there is no steerage way*). — L'art de gouverner (*steerage*), consiste à suivre attentivement les mouvements d'un vaisseau, à arrêter ses rotations horizontales aussitôt qu'elles commencent à naître, à éviter le choc dangereux des lames ou des écueils, enfin à conserver le vent dans les voiles. (*Voyez* BARRE et ROUE.)

GRAIN, s. m. Grain de vent (*squall of wind, gust of wind*), rafale, risée, coup de vent passager, subit et de peu de durée. — Grain pesant (*heavy gust of wind*), grain impétueux. — Veiller le grain ou au grain, ou à la risée, *voyez* VEILLER.

GRAPPIN, s. m. (*Grapling.*) Verge de fer armée à une extrémité de plusieurs branches recourbées et placées régulièrement dans divers plans. — Les grappins servent aux canots, aux chaloupes, aux galères, comme les ancres aux vaisseaux (*boat grapling; grapling of a galley*). — Les grappins d'abordage (*fire graplings*) sont plus légers que les précédents; leurs crochets sont pointus et sans pattes; ils sont lancés d'un vaisseau qui veut s'accrocher à un autre. Les uns sont suspendus au bout des basses vergues par le moyen de chaînes de fer; d'autres, dits grappins à main (*hand graplings*), ne sont pas suspendus ainsi, et se lancent de la main. — Les grappins de bout de vergue (*sheer hooks*) sont des piques qui arment le bout des vergues et s'engagent dans les cordages d'un bâtiment voisin de manière à ne pas permettre son éloignement.

GRATTE, s. f. (*Scraper.*) Petite lame de fer, large, tranchante, plate, emmanchée, par une douille, à un bâton perpendiculaire à son plan. Sert 1° à gratter les ponts ou gaillards d'un vaisseau afin de les nettoyer; 2° à gratter la carène d'un vaisseau et en détacher le vieil enduit que le feu n'a pu détruire.

GRATTER, v. a. (*To scrape.*) Travailler avec la GRATTE. (*Voyez* ce mot.)

GRÈVE, s. f. (*Shingly beach.*) Partie du rivage de la mer ou des rivières, qui s'étend vers l'eau en pente douce et couverte de cailloux ; elle offre un sol ferme dans tous les temps, et rend commodes l'embarquement et le débarquement des navigateurs et de toutes sortes d'objets.

GRÉEMENT, s. m. (*Cordage of a ship ; rigging ; tackles and furnitures,*) Assemblage de toutes les voiles, poulies, manœuvres, etc., dont un vaisseau a besoin d'être pourvu pour être mu à l'aide du vent. — De même, toutes les choses de cette espèce qui sont nécessaires à un mât, à une vergue, à un bateau, composent le gréement d'un mât, d'une vergue, d'un bateau, etc.

GRÉER, v. a. (*To rig.*) Gréer un vaisseau, c'est etablir à leur place respective toutes les parties de son GRÉEMENT. (*Voyez* ce mot.) Vaisseau bien ou mal gréé (*not rigged ship-shape*), celui où l'on a ou non observé l'ordre convenable dans l'établissement de toutes les parties de son gréement. — Vaisseau gréé en carré (*square rigged*), celui dont les voiles, de forme quadrangulaires, ressemblent à des trapèzes. — Vaisseau gréé en auriques (*bermuda sails*), celui qui porte des voiles de ce nom ; de même il peut être gréé en brick (*brig*), en senau (*snow*), etc.

GRELIN, s. m. (*Small cable ; warp*). Cordage composé de 3 ou 4 aussières commises ensemble ; il s'appelle câble quand il atteint plus de 12 pouces de grosseur. — Tortiller ensemble plusieurs cordes ordinaires pour ne faire qu'un seul et même cordage, c'est commettre en grelin (*cable laid*). Comme les câbles, les grelins ont 120 brasses ; on les distingue par le nombre de pouces qu'ils ont en grosseur (*N inch cable.*) — Les grelins en queue de rat (*pointed stream cable*) sont ceux qui sont terminés en pointe à une seule extrémité.

GRENIER (EN), loc. adv. *Voyez* VRAC (EN).

GROS, s. m. Gros de l'eau (*spring tide*), la pleine mer au

temps des syzygies de la lune. — Gros d'un mât (*biggest part*), lieu de son grand diamètre, qui est placé ordinairement au sixième de sa longueur, à compter du gros bout ou de son extrémité inférieure.

GROSSE (a la), loc. adv. Prêter à la grosse ou à la grosse Aventure. (*Voyez* ce mot.)

GROSSIR, v. n. (*To grow out; to grow big.*) La mer grossit, lorsqu'elle s'agite et se couvre de lames, dont la hauteur prend successivement de nouveaux accroissements; elle est grosse (*heavy sea*), lorsque ses vagues sont très-élevées.

GUÉRITE de hune ou **PLÈCHE**, s. f. (*Rim.*) Bordage qui recouvre une espace de peu de largeur sur les bords antérieurs et latéraux d'une hune pour fortifier l'assemblage des planches qui composent cette plate-forme.

GUEULE DE RAIE, s. f. *Voyez* Nœud.

GUI, s. m. (*Main boom.*) Espèce de perche qui, appuyée par une extrémité sur le corps d'un mât, sert à déployer le côté inférieur d'une voile nommée bôme, tandis que le côté supérieur est lacé avec une autre perche plus petite, nommée pic ou corne (*gaff.*) — Gui de palan (*guy*), second palan qui sert à varier la position du premier et à le faire correspondre au-dessus d'un lieu déterminé, telle que l'ouverture d'une écoutille à bord d'un vaisseau, etc.

GUIBRE, s. m. *Voyez* Éperon.

GUIDON, s. m. (*Broad pendant.*) Banderolle plus large et moins longue qu'une flamme. Elle est terminée, dans sa partie pendante, par deux pointes bien séparées. On envergue un côté du guidon à un petit bâton; on l'arbore à la tête du grand mât du vaisseau portant le chef de division ou capitaine de vaisseau commandant une division de bâtiments de guerre au nombre de trois ou moins. — Le guidon est de la couleur du pavillon national.

GUINDAGE, s. m. (*Hoisting.*) Action de guinder un mât. (*Voyez* GUINDER.)

GUINDANT, s. m. Guindant de voile, ou de pavillon (*hoist of a sail, or of a flag*), côté d'une voile ou d'un pavillon par lequel ils sont attachés au cordage qui sert à les déployer.

GUINDEAU, s. m. (*Windlass; capstan.*) Treuil ordinaire ; cabestan horizontal, à forme cylindrique, roulant sur deux tourillons qui le terminent et sont montés sur deux montants verticaux.

GUINDER, v. a. (*To sway up.*) Élever à sa place, dans un vaisseau, un mât de hune ou de perroquet. — Mât guindé (*top mast is an end*) ; — hunier guindé (*top sail is a-trip*), se dit aussi, par extension, pour exprimer l'exhaussement de la vergue d'une voile de hune, et le développement de cette voile par une telle opération.

GUINDERESSE, s. f. (*Top-rope.*) Gros cordage qui, dans un vaisseau, est employé à guinder ou à élever les mâts supérieurs à la tête des mâts inférieurs. On roidit la guinderesse à l'aide du cabestan. Lorsque les poulies et les rouets sont multipliés pour l'opération de guinder, la guinderesse est plus longue, et porte le nom de guinderesse double (*double top-rope*), tandis que la première est simple (*single top-rope*).

GUIPON, s. m. (*Mop.*) Espèce de pinceau propre à étendre sur la surface d'un vaisseau le brai ou le courai, ou l'enduit dont on le recouvre, soit en entier, soit dans l'étendue de ses coutures. Il est formé de fils de laine arrangés en faisceau, d'une longueur de 5 à 6 pouces, ou encore de morceaux carrés d'étoffes de laine cloués sur le bout d'un bâton qui sert de manche.

GUIRLANDE, s. f. 1° On appelle guirlande, dans l'art de gréer les vaisseaux, l'assemblage de plusieurs tours d'un petit cordage dont on enveloppe un plus gros cordage afin de prévenir la séparation des torons qui le composent, ou pour con-

server son congréage, c'est-à-dire un autre petit cordage qui est logé dans le vide que les hélices laissent entre elles (*seizing snaked*). — 2° Guirlande des ponts (*deck hook*) est le nom de fortes pièces de bois qui croisent horizontalement ou obliquement et l'étrave et les allonges d'écubier, afin de lier étroitement cette extrémité du bâtiment au reste de sa carcasse. — 3° La Guirlande des écubiers (*breast hook*) placée au-dessous des écubiers, et en dedans des vaisseaux, sert à réunir à cette hauteur toutes les pièces de la proue.

H

HABITACLE, s. m. (*Bittacle; binacle.*) Espèce d'armoire, à trois compartiments parallèles dans leur hauteur, et placée dans un vaisseau au milieu de sa largeur, et immédiatement sous les yeux des timoniers. De chaque côté, dans l'habitacle, on place un compas de route ou une boussole, qui, la nuit, est éclairée par une lampe, dite vérine (*binacle-lamp*), suspendue dans le compartiment du milieu.

HACHE-D'ARMES, s. f. (*Boarding axe.*) Petite hache, qui sert aux marins d'arme offensive et défensive dans les abordages.

HALAGE, s. m. (*Tracking.*) Action de haler ou de tirer. — Chemin de halage (*road used for tracking*), chemin que l'on suit, sur le bord de l'eau, lorsqu'on tire après soi un bateau flottant.

HALE A BORD, s. m. (*Tracking aboard.*) Cordage destiné à attirer vers le vaisseau tout objet extérieur et éloigné qu'on veut embarquer, ou qu'on veut rapprocher de ce bâtiment.

HALE-BAS, s. m. (*Downhall of the stay-sail.*) Cordage qui sert à faire descendre un objet tel que voile, foc, etc., d'une hauteur quelconque. On dit aussi Cale-Bas.

HALER, v. a. (*To haul.*) Tirer à soi avec force, et presque horizontalement. — Haler un cordage ou une manœuvre courante (*to bouce*); haler un palan (*to haul out the tackle*); haler la bouline (*to haul up the bowling*); les cargues-fonds et cargues-boulines (*to haul up the buntlines and leech-lines*);

haler une bouée (*to haul in the buoy*); haler un bout-dehors
en dedans (*to riig the boom in*). — Haler à bord (*to haul on
board*), c'est tirer quelqu'objet pour le rapprocher du vaisseau
où se fait l'action. — Haler un bâtiment flottant (*to track*),
c'est, étant sur le rivage ou sur un chemin de halage, le traîner
après soi pour lui faire descendre ou remonter un canal, une
rivière, etc. — Le commandement de haler se fait en disant :
hale! (*haul oh!*) — Pour exprimer qu'on roidit un cordage
vertical, on dit peser sur ce cordage (*to round up*), au lieu de
haler.

HALER (SE), v. pr. (*To round up; to haul up.*) On dit
qu'il se hale ou qu'il se hale dans le vent, en parlant d'un vaisseau qui gagne au vent ou s'avance vers l'origine du vent.

HAMAC ou **BRANLE**, s. m. (*Hammock.*) Large et
long morceau de toile qui, suspendu à une certaine hauteur
et horizontalement par un faisceau de cordons attachés à
divers points de ses extrémités, forme le lit où repose ordinairement chaque matelot d'un bâtiment. — Les hamacs à
l'anglaise (*cotts*) ne se replient pas sur eux-mêmes, étant
maintenus étendus par le moyen d'un cadre en bois placé
intérieurement, et qui permet d'y arranger, comme dans un
lit ordinaire, un matelas, des couvertures et des draps.

HAMEÇON, s. m. (*Fish-hook.*) Crochet de fer, armé de
pointes en dedans et qu'on garnit d'un appât pour prendre du
poisson.

HANCHE, s. f. (*Quarter of a ship.*) Partie d'un vaisseau
qui est en arrière des haubans du grand mât. La hanche du
vent.

HARPON, s. m. (*Harpoon.*) Sorte de dard en fer, avec un
manche; le harponneur (*harpooner*) le lance contre les baleines, etc., ce qui se nomme harponner (*to harpoon*); il le
retient à lui au moyen d'une corde liée à l'extrémité du manche. (*Voyez* FOÈNE.)

HAUBAN, s. m. (*Shroud.*) Cordage employé dans un vaisseau à assujettir ses mâts dans le sens latéral. Les haubans embrassent la tête des mâts, et descendent de cette hauteur pour venir s'attacher par leur extrémité et avec toute la roideur convenable, ou sur les bords des hunes, ou sur les bouts des barres de perroquet, ou sur les côtés d'un vaisseau, selon les mâts qu'ils étayent. On les distingue par les noms de ces derniers : Grands haubans (*main shrouds*), haubans de misaine (*fore shrouds*), d'artimon (*mizzen shrouds*), de hunes (*top shrouds*), de perroquet (*top-gallant shrouds*). — Hauban simple ou impair (*swifter*); hauban double, ou paire de haubans (*a pair of shrouds*). — Haubans de fortune ou faux-bans (*preventer shrouds or swifters*), pataras, ou faux-haubans, haubans supplémentaires. — Haubans de revers ou gambes (*foothook shrouds*), cordages qui, partant des bords latéraux d'une hune, descendent obliquement sur les haubans du mât inférieur pour y être attachés. — Les haubans des minots (*shrouds for the bumkins*), étayent ces espèces de perches saillantes hors de l'éperon. (*Voyez* PORTE-HAUBANS.)

HAUBANER, v. a. Étayer avec des haubans.

HAUT, adj. Un vaisseau est haut de bord, haut accastillé (*round-sheered ship*, *deep-waisted*), lorsque son bord supérieur est fort élevé au-dessus de l'eau dans son état de flottaison ; il est de haut-bord (*a man of war*), lorsqu'il est destiné pour la guerre et à plusieurs batteries ; il est haut-mâté (*overmasted ship*), lorsque la hauteur de ses mâts sort des limites ordinaires. — Les hauts d'un vaisseau (*upper works*) forment les parties supérieures. — Haute-mer ; haut-fond, *voyez* MER et BAS-FOND.

HAUT, adv. Être en haut (*aloft*), dans un vaisseau, c'est être au haut des mâts à l'égard de ceux qui sont sur les ponts ; ou être sur ses planchers pour ceux qui sont sous ses ponts. — L'ancre est en haut (*the anchor is a-trip*) lorsque, tirée du fond de l'eau, elle se trouve élevée jusqu'au bossoir. — Tout

le monde en haut! (*All hands high!*) est le commandement pour faire monter sur le pont tous ceux qui peuvent se trouver dans l'intérieur d'un bâtiment. — Du monde en haut sur les vergues de hune! (*men up on the topsail yards!*) est le commandement pour faire monter des matelots sur les vergues de hune.

HAUTEUR, s. f. La hauteur des façons ou forme rétrécie de la carène (*rising of the ship's floor abaft and afore*) est la distance de la limite supérieure des façons à la quille. — La hauteur de l'entrepont (*height between decks*), est la distance d'un pont à celui qui lui est immédiatement supérieur ou inférieur. — La hauteur des seuillets (*depth of the gun ports*) est la distance du bord inférieur des sabords à la surface du pont sur lequel reposent les canons auxquels les sabords sont destinés. — Prendre hauteur en mer (*to observe the sun's altitude*), c'est 1° mesurer la hauteur méridienne du soleil, ou une hauteur quelconque de cet astre ou de tout autre astre, pour en conclure, ou la position du vaisseau sur lequel l'observation est faite, ou l'heure vraie de l'observation; 2° faire connaître la hauteur du pôle au-dessus de l'horizon actuel du vaisseau, c'est-à-dire la latitude. — Etre à la hauteur d'une île, d'un port, etc. (*to be off an island, etc.*), se dit lorsque la latitude du vaisseau est aussi celle de ces lieux comparés.

HAUTURIER, adj. *Voyez* PILOTE.

HAUTURIÈRE, adj. *Voyez* LONG-COURS.

HAVRE, s. m. (*Harbour.*) Lieu retiré qui communique à la grande mer, sans que les lames puissent s'y propager.

HÉLER, v. a. (*To hail.*) Appeler de la voix.

HÉLICE, s. f. (*Screw.*) Système propulseur qui a remplacé généralement les roues à aubes des vaisseaux à vapeur et a réalisé le navire-mixte, celui que réunit les qualités de bon voilier à celles de vapeur marchant de calme ou contre le vent. L'hélice pour la propulsion des navires consiste en deux ou trois

ailes hélicoïdales ou tordues, établies sur un axe et tournant dans l'eau à l'arrière. L'arbre est entouré d'une boîte à étoupe dans la partie où il perce le bâtiment, afin d'empêcher l'entrée de l'eau. L'arrière de cet arbre est soutenu par un support placé contre l'étambot, qui repose sur la quille et porte le gouvernail. L'hélice tourne dans cette partie mince des façons extrêmes de l'arrière, où est pratiqué un trou assez grand pour la recevoir. La poussée ou pression vers l'avant occasionnée par son action sur l'eau agit sur un point de l'intérieur du navire qui est abondamment lubrifié. En tournant, l'hélice se fraye un chemin à travers l'eau ; c'est la quantité dont l'eau cède, et qu'on nomme *recul*, qui fait qu'on n'utilise pas toute la force transmise par l'arbre. Les machines destinées à mouvoir les hélices se divisent en deux classes : les machines à engrenages et les machines directes. Dans les premières, la rapidité de rotation nécessaire est communiquée au propulseur au moyen d'un engrenage ; elles se meuvent avec la vitesse ordinaire des appareils des roues à aubes. Dans les secondes, les machines sont directement articulées à l'arbre de l'hélice, et par conséquent elles donnent autant de coups que ce dernier fait de tours. (*Voyez* VAPEUR.)

HERPES, s. f. *Voyez* LISSE.

HEU, s. m. (*Hoy.*) Petit bâtiment hollandais ; grand mât à voile à livarde ; tapecul à l'arrière.

HEUSE, s. f. (*Box of a pump.*) Piston d'une pompe de vaisseau.

HILOIRE, s. f. (*Binding strake of a deck.*) Bordages épais dont on recouvre les baux qui composent la carcasse du pont d'un vaisseau. — Hiloires de passavant (*roof trees*), celles qui s'étendent sur les passavants. — On appelle contre-hiloires de fortes planches qu'on place contre les hiloires.

HISSER, v. a. (*To hoist.*) Élever une chose quelconque à une hauteur plus ou moins grande en tirant sur un cordage. —

Hisser des huniers, des perroquets, des voiles (*to sway; to hoist the top sails; to heave the sails*); hisser les bonnettes (*the studding sails*), hisser le pavillon (*to the hoist flag*); hisser une ancre du fond à bord (*to weigh the anchor*); hisser un fardeau à bord (*to hoist*); hisser à tête de mât (*to sway up*).

HIVERNAGE, s. m. (*Winter time.*) Saison particulière qui est distinguée, dans certains parages, par les pluies et les tempêtes.

HIVERNER, v. n. (*To winter.*) Passer la saison de l'hivernage dans les parages éloignés des régions où règnent périodiquement les pluies et les tempêtes pendant un temps déterminé de l'année.

HOMME DE MER, s. m. (*Seaman.*) Homme que l'expérience a rendu propre aux opérations maritimes.

HORLOGE, s. f. *Voyez* AMPOULETTE et MONTRE MARINE.

HOUACHE, s. f. (*Wake, or track of a ship.*) Eau agitée qu'on remarque toujours derrière la poupe d'un vaisseau qui s'avance dans l'espace; elle forme ainsi une trace écumeuse, qu'on appelle aussi remous (*dead water; eddy water*), de même que les tourbillons d'eau qui se forment au confluent des rivières ou dans leurs sinuosités, lorsque leurs eaux sont détournées très-directement de leur cours primitif. (*Voyez* SILLAGE).

HOUARY ou **WYHEN**, s. m. (*Wherry.*) 1° Petit bâtiment des mers du Nord, à voiles triangulaires, garnies d'un côté d'anneaux, et qu'un balestron sert à déployer; 2° voiles qui, dans d'autres bâtiments, ont la forme et la position adoptées dans les bâtiments de ce même nom.

HOUCRE ou **HOURQUE**, s. f. (*Howker.*) Bâtiment de transport en usage dans les mers de la Hollande: flancs très-larges; 2 mâts à pible en arrière du milieu de sa longueur.

HOUILLE, s. f. *Voyez* CHARBON DE TERRE.

HOULE, s. f. (*Surge, swell of the sea.*) Mouvement d'ondulation qui reste aux eaux de la mer longtemps après la cessation du vent, qui en est la cause première. — Grosse houle (*great swell, heavy swell*). Il y a de la houle (*there is a swell*), se dit lorsque la houle est modérée. — On appelle mer houleuse (*swelling sea*), celle dont les eaux ont de la houle.

HOULEUSE (MER). *Voyez* HOULE.

HOURDY (LISSE D'). *Voyez* LISSE.

HUNE, s. f. (*Top, or round top.*) Plate-forme formée de plusieurs planches jointes par leur épaisseur, et dont l'assemblage est fortifié par des taquets qui les croisent. — Hune d'artimon, du grand mât, du mât de misaine (*mizzen top, main and fore top*). — Les bâtiments mâtés à pible ne portent point de hune.

HUNIER, s. m. (*Topsail.*) Voile portée par une vergue de hune ; elle est gréée sur un mât de hune, au-dessus des basses voiles du grand mât et du mât de misaine. — Grand hunier (*main top sail*), celui du grand mât ; petit hunier (*foretop sail*), celui du mât de misaine. — Guinder (*to sway up*), c'est élever à sa place un mât de hunier ou de perroquet ; un hunier est guindé (*top sail is a trip*) , lorsque sa vergue est élevée à toute la hauteur possible et que cette voile bien tendue présente au vent toute sa surface ; dans le même cas, on dit aussi que le hunier est en haut ou qu'il est en coche (*topsail a trip*). Cette vergue étant abaissée jusqu'à la moitié de la hauteur du mât qui la porte, le hunier est à mi-mât ou amené à mi-mât (*half mast up*) ; le hunier est amené ou il est sur le ton (*lowered down upon the cap*), lorsque cette vergue plus abaissée est descendue sur le ton du mât inférieur (*mast-head*). — Hisser le hunier (*to hoist the topsail*).

HUTTER, v. a. (*To lower the lower yards down a port last.*) Abaisser la grande vergue ou celle de misaine sur le platbord. Opération qui n'a lieu qu'en présence d'une tempête violente et d'une mer furieuse.

I

ILE, s. f. (*Island.*) Espace de terre environnée de tous côtés par la mer. — Iles du vent (*windward islands*), îles situées, dans la zone torride, à l'ouverture du golfe du Mexique, dans l'est des îles sous le vent (*leeward islands*).

ILOT, s. m. (*Islot.*) Très-petite île.

INABORDABLE, adj. *Voyez* ABORDABLE.

INCLINAISON, s. f. (*Inclination.*) 1° Angle plus ou moins grand formé par un mât avec le plan perpendiculaire à l'horizon. — 2° Angle que fait, en inclinant une de ses extrémités vers le plan de l'horizon, une aiguille aimantée librement suspendue par son centre de gravité.

INCOMMODITÉ, s. f. (*Distress.*) Détresse où se trouve un bâtiment lorsqu'il est en mer. Il annonce son incommodité en arborant un pavillon rouge sous les barres de perroquet, en mettant le pavillon de poupe en berne ou plié sur lui-même et en tirant des coups de canon de distance en distance.

INFANTERIE DE MARINE, s. f. (*Marines.*) Corps créé en France en 1838, qui fait le service de la garnison dans les ports militaires et aux colonies, et peut former, d'urgence, des détachements à bord des navires de l'État. — Il y a aussi les Artilleurs de marine. (*Voyez* CANONNIER.)

INGÉNIEUR-CONSTRUCTEUR, s. m. *Voyez* CONSTRUCTEUR.

INSCRIPTION MARITIME. *Voyez* CLASSER.

INVENTAIRE D'ARMEMENT, s. m. (*Inventory of charging.*) État des agrès, provisions, munitions et de tous les objets qui font partie de l'armement d'un vaisseau. — Inventaire de désarmement (*inventory of discharging*), état de tout ce que, au débarquement d'un vaisseau, celui-ci contient de tous ces objets, ou de tout ce qu'il en rapporte après un voyage achevé.

ISTHME, s. f. (*Isthmus.*) Bande étroite de terre qui réunit deux continents ou deux terres plus ou moins considérables, et qui des deux côtés est environnée d'eau. Isthme de Suez, de Panama, etc.

ITAGUE, m. f. (*Tye.*) Cordage attaché par une extrémité à un objet qu'il doit servir à élever jusqu'à une certaine hauteur, tandis que l'autre extrémité est fixée à un palan, à l'aide duquel ce cordage est tiré convenablement. — Fausses itagues (*false tyes*), itagues supplémentaires ajoutées aux premières, dans un combat, pour les remplacer au besoin. — Itagues de sabords (*port ropes*), cordages qui traversent la muraille d'un vaisseau, et qui, attachés au bas des mantelets de sabords, servent à les ouvrir à l'aide d'un palan employé à les roidir. — Les itagues prennent le nom des objets qu'elles servent à mouvoir.

J

JAMBETTES, s. f. (*Timbers of the head*). Pieces de bois qui lient ensemble les lisses de l'éperon. On les appelle aussi montants de poulaine et courbes de herpes (*rails of the head*).

JARDIN, s. m. (*Quarter gallery*). Courbure qui, sur chaque hanche d'un vaisseau, prolonge la galerie qui sert d'ornement à sa poupe.

JAS ou **JOUAIL**, s. m. (*Stock.*) Assemblage de deux pièces de bois surajoutées à une ancre de fer. (*Voyez* AJUSTER et ENJALER.)

JAUGE, s. f. (*Gauge; measurement.*) 1° Bande de parchemin qui sert aux cordiers à mesurer la circonférence d'un cordage. 2° Capacité d'un bâtiment.

JAUGEAGE, s. m. (*Tonnage; measurement.*) Action de jauger un vaisseau.

JAUGER, v. a. (*To gauge, to measure.*) Mesurer la capacité intérieure d'un vaisseau dans les parties qui peuvent et doivent seules recevoir des effets ou des marchandises. Cet espace est estimé en tonneaux d'arrimage, dont le volume est de 42 pieds cubes, et le port d'un bâtiment est toujours déterminé et indiqué par le nombre des tonneaux semblables qu'il est susceptible de recevoir. — On calcule le volume de cet espace intérieur d'un bâtiment, en le partageant en tranches verticales, dont on estime et dont on ajoute les volumes particuliers. — On appelle jaugeur celui dont les fonctions sont de jauger les bâtiments marchands.

JAUMIÈRE ou **SAUMIÈRE**, s. f. (*Helm port.*) Ouverture ovale pratiquée dans la voûte d'un vaisseau, au-dessus de l'extrémité supérieure de l'étambot, pour le passage de la partie haute du gouvernail, lorsque celui-ci est attaché à l'étambot. — On l'appelle aussi gousset de gouvernail.

JET, s. m. (*Jetson; jettison.*) Effet de l'action par laquelle on jette hors d'un vaisseau et à la mer des objets qui embarrassent ou qui font courir des risques à ce bâtiment dans des circonstances particulières.

JETER, v. a. Lancer à la mer du haut d'un vaisseau. — Jeter le lock (*to heave the log*), c'est laisser tomber derrière un bâtiment le lock, qui est assez léger pour flotter, et assez pesant par sa base pour se tenir verticalement sur les eaux. — Jeter le plomb ou la sonde (*to heave the lead*), c'est laisser tomber d'un vaisseau et verticalement la sonde pour connaître la profondeur de l'eau et la qualité du fond qui sont sous le vaisseau. — Jeter l'ancre (*to let go, to cast the anchor*), c'est laisser tomber une ancre au fond de l'eau. — Jeter à la mer (*to throw overboard*), c'est jeter hors du rivage à la mer; jeter hors le bord (*to cast overboard*), c'est jeter à la mer hors d'un vaisseau. — Jeter les canons d'un vaisseau hors le bord (*to heave the guns overboard*), ou encore des mâts coupés, c'est s'en débarrasser pour le salut du vaisseau. — Jeter les grappins d'abordage (*to cast the grapling-irons*), c'est les lancer dans les manœuvres d'un vaisseau ennemi. La tempête, les courants, de mauvaises manœuvres, etc., jettent un vaisseau sur un banc, un rocher, une côte, une terre, ou au plein, ou à la côte, etc. (*to cast away; to drive on shore; to be cast upon land.*) Quelquefois, pour éviter de plus grandes catastrophes, les navigateurs se jettent volontairement à la côte ou en plein (*on shore*).

JEU, s. m. Jeu de voiles (*complete suit of sails*), collection complète de toutes les voiles qui sont nécessaires à un bâtiment pour une navigation quelconque. — Jeu de gouvernail,

espace dans lequel ses rotations s'exécutent. Le gouvernail doit avoir du jeu (*to make easy*), c'est-à-dire que ses mouvements doivent être libres et faciles. Les pièces de bois qui composent un vaisseau ne doivent pas avoir de jeu.

JONQUE, s. f. (*Chinese junk.*) Bâtiment léger en usage dans les Indes orientales pour naviguer le long des côtes.

JOTTEREAUX ou **DAUPHINS**, s. m. pl. (*Cheeks of the masts.*) Nom de deux larges pièces de bois de chêne ou d'orme, qu'on applique de chaque côté, sur la tête d'un bas-mât de vaisseau et à la naissance du ton ou partie extrême et supérieure. Cloués aux mâts, les jottereaux servent d'appui aux barres de hune, ainsi qu'à la hune et au mât de hune qui reposent sur elles. Ils saillent en avant et composent, avec la jumelle, une coulisse ouverte dans laquelle on fait glisser le mât supérieur lorsqu'on l'élève au-dessus du bas-mât, et par laquelle le pied de ce mât est maintenu fixe lorsqu'il est en place. — Jottereaux d'éperon (*cheeks of the head or head-rails*), pièces de bois de chêne longues, angulaires et courbes, qui servent à lier l'éperon au corps du vaisseau. Ils sont au nombre de deux de chaque côté de l'étrave.

JOUE, s. f. (*Bow of a ship.*) Partie de la coque d'un vaisseau qui, placée au-dessus de l'eau, est comprise entre le mât de misaine et l'étrave.

JOUAIL, s. m. *Voyez* JAS.

JOURNAL DE MER ou **JOURNAL DU BORD**, s. m. (*Log-book.*) Registre sur lequel on consigne tout ce qui se passe d'un midi à l'autre à bord d'un vaisseau. Il est tenu tour à tour par chacun des officiers qui commandent les quarts. C'est là le journal officiel. — Souvent, les marins en font un particulier. Les officiers de marine s'appliquent généralement tous à faire exactement leur journal. On en a publié de très-curieux.

JOURS DE PLANCHE, s. m. *Voyez* PLANCHE.

JUMELLER ou **RECLAMPER**, v. a. Fortifier une pièce de bois trop faible ou trop affaiblie, par le moyen d'une nouvelle pièce de bois (*voyez* JUMELLE), qui lui est réunie étroitement, et qui concourt avec elle à résister aux puissances qui tendent à la rompre. On jumelle un mât, une vergue (*to fish a mast or a yard*), un bau (*to clamp a beam*), etc.,lorsqu'ils ont consenti ou éclaté.

JUMELLE, s. f. (*Fish; clamp.*) Pièce de bois appliquée sur une autre, pour la conserver ou pour la fortifier. — Jumelle de racage ou gaburon (*fish of parrel*), longue pièce de chêne qui recouvre la face antérieure d'un bas-mât de vaisseau, depuis la naissance du ton, jusqu'au quart de la longueur de ce mât et au-dessous de la hune. — Jumelles de baux (*clamps of beams*), — de rechange (*spare fishes*), — d'assemblage (*side pieces of a made mast.*) — Jumelle de brasséiage ou mattegau qui facilite l'opération de brasser (*to brace*), en tenant éloignée du mât qui la porte la vergue basse sur la face arrière de laquelle la jumelle est appliquée.

JUSANT ou **ÉBE**, s. m. (*Ebb or ebb tide.*) Mouvement journalier de la mer, que les physiciens nomment reflux (*reflux*). Si, pendant le flux (*flood*), la mer porte de nouvelles eaux sur les rivages, et s'élève à une hauteur plus ou moins grande au-dessus de son niveau naturel, au contraire, pendant le jusant, elle court en sens opposé. — Lorsque ce mouvement de la mer est établi, on dit qu'il y a jusant (*the tide ebbs or falls*); s'il est vif et rapide, il y a grand ou fort jusant (*main ebb*); lorsque ce mouvement s'éteint, le jusant étale ou est étalé (*slak water*).

K

KETCH, s. m. (*Ketch.*) Bâtiment qui porte un grand mât et un mât d'artimon, avec des voiles basses qui ressemblent à l'artimon des vaisseaux, et plusieurs focs qui sont soutenus par un long beaupré. Au-dessus des voiles basses, les ketchs sont gréés de voiles hautes; leur grandeur les fait ranger dans la classe des bâtiments qui peuvent recevoir une charge de 50 à 300 tonneaux.

KOFF, s. m (*Koff.*) Bâtiment de charge hollandais; cabotier ayant un grand mât et un mât de misaine avec des voiles inférieures qui sont à balestron, et des voiles supérieures qui ne sont que des huniers.

L

LABOURER, v. a. 1° Labourer ou chasser se dit d'un vais-seau mouillé dont l'ancre sillonne le fond de la mer, et de cette ancre elle-même (*to drag anchor ; to come home*). 2° Un vais-seau est dit avoir labouré le fond ou avoir labouré avec sa quille (*to pleunge with the kel*), lorsque celle-ci vient à toucher pas-sagèrement le fond de la mer.

LACER, s. m. (*To lace.*) Lacer une voile avec une autre, c'est passer plusieurs fois un cordage dans des pattes ou an-neaux qu'on attache en divers points des ralingues.

LACET, s. m. (*Iron cringle.*) Languette de fer qui, re-pliée sur elle-même, embrasse un anneau de fer dans un point de son contour, et sert à le fixer là où il peut être utile. En ce cas, on introduit ses deux branches dans un trou pratiqué pour les recevoir, puis ou les rive des deux côtés.

LACHE, adj. (*Faint.*) Se dit d'un vaisseau qui a une ten-dance habituelle à ARRIVER (*voyez* ce mot). — Cordage lâche (*slack*), cordage mou.

LAGON, s. m. (*Small sea lake.*) Petit lac formé par la mer entre des terres ou entre des rochers.

LAGUIS, s. m. (*Hitch.*) Nœud coulant fait avec le bout d'un cordage sur un fardeau, et qui se serre d'autant plus que la tension du cordage est plus grande.

LAISSER, v. n. (*To abandon.*) La mer laisse, lorsque, par le reflux, son niveau s'abaisse. — Une ancre laisse, ou

laisse le fond (*the anchor is atrip, or is away*), lorsque sa patte se dégage du sol où elle était enfoncée. — Un vaisseau laisse le fond, quand il quitte les parages de la mer qu'on peut sonder; il laisse ses ancres, lorsqu'il les abandonne après lui au fond de la mer (*to leave the anchors and cables behind her*). — Laisser tomber l'ancre (*to cast anchor*), c'est mouiller. — Laisser courir, abattre ou arriver un vaisseau (*to bear up*), c'est ne pas contrarier sa vitesse. — Laisser porter (*to ease the helm*), c'est maintenir les voiles au vent, sous un angle d'une certaine grandeur.

LAIZE, s. f. (*Width.*) Largeur d'une toile entre les deux lisières.

LAMANAGE, s. m. (*Pilotage.*) Synonyme de PILOTAGE. (*Voyez* ce mot.) — Frais de lamanage (*portage*), salaire des pilotes.

LAMANEUR, s. m. *Voyez* PILOTE.

LAME, s. f. (*Wave.*) Onde, vague ou montagne d'eau plus ou moins élevée, que le vent produit, augmente et entretient sur une mer dont il agite la surface. — Une grosse lame (*high sea*) est haute et large par sa base; une lame longue (*long sea*) a une base qui embrasse un long espace; une lame courte, une mer courte (*short sea*) s'entend de plusieurs lames peu élevées couvrant un petit espace. Les lames qui déferlent (*to unfurl*) sont celles qui se choquent mutuellement. — Un vaisseau qui, se trouvant entre deux lames élevées, ne peut recevoir le vent dans ses voiles, est abrité par la lame (*becalmed in the trough of the sea*). — Un vaisseau a la lame par le travers (*the sea strikes upon her broad-side*), lorsqu'elle est dirigée sur l'un ou l'autre de ses flancs; il fuit la lame lorsqu'il court devant le vent (*to run away*). — *Voyez* FLOT.

LAN, s. m. *Voyez* ÉLAN.

LANCEMENT A L'EAU, s. m. *Voyez* MISE A L'EAU.

LANCER, v. a. Lancer un vaisseau à la mer (*to launch*),

c'est, après qu'il a été construit à terre sur un plan incliné, l'abandonner à sa propre pesanteur, qui le fait glisser sur le chantier et l'entraîne à la mer, en emportant son BERCEAU. (*Voyez* ce mot.) — Un vaisseau lance (*to gripe*) lorsque, dans sa course, il ne suit pas exactement une même direction, s'il ne se meut pas toujours parallèlement à lui-même, ou si sa proue s'écarte à droite ou à gauche. — Il lance à tribord ou à bâbord, selon que ce mouvement de rotation porte sa proue à droite ou à gauche de la direction de la quille; si sa proue s'élance de l'un sur l'autre côté, le bâtiment lance d'un bord à l'autre (*to sheer, to yaw*).

LANGARD, s. m. Voile de fortune (*lug sail*) dont on grée la vergue inférieure du grand mât d'un brigantin, qui porte le même nom.

LANGUE, s. f. 1° Coin plus ou moins long (*wedge*) qui sert, dans le mâtage des vaisseaux, à séparer les mâts de leur étambrai; dans la composition d'un berceau, à soulever le navire au-dessus des tins, etc. 2° Langue de voile, laize de toile qui fait partie d'une voile (*width*).

LARGE, s. m. On nomme le large (*the offing*) tout espace de mer qui est hors de la vue de toute terre. Un vaisseau qui est dans un tel espace est au large (*offward*). S'y diriger, c'est prendre le large (*to take sea room ; to stand off to sea; to sheer or to put off*). — Un vaisseau passe au large d'un autre bâtiment, d'une île ou d'une terre, lorsqu'il en passe à une bonne distance (*to pass at a distance*). — Un canot pousse au large (*to push off*), lorsqu'on le repousse loin d'un vaisseau ou d'un rivage. — Lorsque le vent ou les lames semblent dirigés de la pleine mer vers la terre, on dit qu'ils viennent du large (*sea breeze; high sea in the offing*).

LARGEUR, s. f. (*Main breadth.*) On appelle largeur principale ou absolue la plus grande largeur d'un vaisseau; c'est celle du maître-couple (*midship frame*) qui lui-même est la plus grande section transversale d'un bâtiment.

LARGUE, adj. (*Slack rope.*) Cordage lâche, sans tension. — Écoutes largues (*flowing sheets*), écoutes d'une voile qui ne sont pas retenues. — Le vent est largue pour un vaisseau, lorsque sa direction fait avec la quille un angle plus petit que 112° (en considérant l'ouverture de cet angle tournée vers l'arrière). Si cet angle diffère de la grandeur de un, deux ou trois quarts de vent, le vent est alors d'autant de quarts largue (*N points large wind*). — Quand le vent est largue pour un vaisseau qui est sous voiles, ce vaisseau est dit avoir vent largue, ou courir largue, ou porter largue (*to sail large*).

LARGUER, v. a. et n. (*To dowse any rope.*) Lâcher un cordage tendu, l'abandonner entièrement. C'est dans ce sens qu'on doit entendre ces commandements : Largue les écoutes! (*let fly the sheets!*) Largue le lof! (*up tacks and sheets!*) Largue la grande amure, les drisses! (*let run the halyards!*) les boulines! (*let go away the bowlines!*) les bras! (*let go the N brace!*) les palans de ris! (*let go away the reef tackles!*) une amarre! (*let go a belayed rope!*), etc. — Larguer en bande (*to let go amain*), c'est lâcher instantanément un cordage tendu, sans établir de gradation dans le décroissement de sa roideur : cette expression est surtout employée pour les écoutes des basses voiles, lorsque, pressés par les circonstances, les navigateurs les lâchent sans aucune précaution. On dit aussi alors larguer en pagaie (*hastily*), c'est-à-dire précipitamment. — Larguer est aussi synonyme avec filer, lâcher peu à peu (*to ease off any rope*). — Larguer les écoutes (*to ease off the sheets*), les balancines (*to clear away the lifts*), le point du vent de la grand-voile (*to haul up the weather main clue garnet*), une drisse (*to let run a halyard*), etc. — Larguer des ris (*to let the reef out*), c'est exposer à l'impulsion du vent régnant la partie supérieure d'une voile qui était auparavant repliée et serrée sur sa vergue. — Un vaisseau sous voiles est dit larguer (*to bear up*), lorsqu'il marche sous l'effort d'un vent largue (*voyez* LARGUE). — Un vaisseau largue (*to spring a butt*), lorsque ses pièces composantes se séparent et se désunissent, de manière

qu'il n'est plus un tout parfaitement lié dans tous ses points; il largue de partout (*to be split at sea*) lorsque cette déliaison est portée à un très-haut degré et devient sensible dans toute l'étendue du bâtiment.

LAST, s. m. (*Last.*) Mesure hollandaise qui exprime le poids de deux tonneaux de France environ, ou de 4,000 livres (2,000 kil.)

LATINES (VOILES). *Voyez* VOILE.

LATITUDE, s. f. (*Latitude.*) La latitude d'un vaisseau en mer est sa distance à l'équateur comptée sur le méridien du vaisseau. Lorsqu'il part d'un point quelconque, cette distance est sa latitude de départ; celle du point auquel il arrive après une navigation quelconque est sa latitude d'arrivée. La latitude du point où chaque jour à midi il peut être parvenu est déterminée ou par les observations astronomiques, ou par des mesures prises à bord, soit du chemin qu'il a fait pendant un temps déterminé, soit de la direction de sa route; alors cette latitude est nommée observée ou estimée (*voyez* ESTIME et ESTIMER); ensuite cette latitude estimée étant dégagée de quelques erreurs qui pouvaient l'altérer, est nommée latitude corrigée (*latitude corrected by observation*), pour la distinguer de la latitude observée (*latitude as known by observation*) et estimée (*latitude by dead reckoning*). — Courir en latitude, *voyez* COURIR.

LATTE, s. f. (*Batten.*) Petite pièce de bois ou de fer peu épaisse, longue, étroite et plate. Dans certaines parties d'un vaisseau on forme avec des lattes, des caillebottis, planchers partiels en treillis ou à claire-voie. Les lattes de la plate-forme de la poulaine sont distribuées de manière qu'il y a autant de plein que de vide (*ledges of the gratings*). — On nomme latte de hune (*foot hook plate*) la queue plate, étroite et longue qui termine les bandes de fer dont on ceint les caps de mouton qui servent à roidir les haubans des mâts de hune. On attache après la latte de hune, au moyen d'un trou percé à son extré-

mité, les gambes de hune, dont l'effet est d'assujettir et la hune et les caps de mouton. — On appelle aussi lattes, les bandes de fer qui réunissent les bouts des deux traversins des barres de perroquets.

LÉE, s. f. (*Tow-path.*) Espace de 24 pieds de largeur (7 mètres 796) qui, sur le bord des rivières, doit toujours être libre de tout embarras, pour la commodité de la navigation.

LÈGE, adj. (*Light; in ballast.*) Un bâtiment est lège lorsqu'il ne porte aucun chargement ou aucune cargaison; lorsqu'il n'a que son gréement et le lest qui lui est nécessaire pour naviguer avec sûreté. Il est complétement lège, celui dont la cale est parfaitement vide.

LÉGER, adj. (*Light.*) Se dit d'un canot qui est aisé à mouvoir avec des avirons. Tout bâtiment dont la marche est supérieure est léger de voiles.

LEST, s. m. (*Ballast.*) Assemblage de morceaux de fer, de pierres, de cailloux ou d'autres matières lourdes, qu'on entasse avec ordre jusqu'à une certaine hauteur dans la cale d'un vaisseau, pour abaisser, par leur grande pesanteur spécifique, le lieu du centre de gravité de ce vaisseau chargé, et contribuer ainsi à augmenter la stabilité dont la forme de la carène peut le rendre susceptible. Cette opération est dite Lestage (*Lastage*).
— Lester un bâtiment (*to ballast*). Un vaisseau fait du lest lorsqu'on le charge de son lest. — Le lest en fer (*iron ballast*) ou les matières les plus pesantes sont arrangées dans le fond de la cale; ensuite ce premier lest est recouvert d'un lest en pierres (*stone ballast*), et l'un et l'autre sont distribués de manière à rendre le plus douces possibles les oscillations que la mer communique au vaisseau. C'est le dernier lest qui sert de lit aux barriques qui contiennent des approvisionnements, et qu'on y engrave pour qu'elles ne puissent changer de place.
— Le lest n'est pas compté comme faisant partie de ce qu'on nomme la charge, le chargement ou la cargaison d'un vaisseau.
— Tout bâtiment qui n'est encore chargé que de son lest est

22.

dit être sur son lest (*ship on her ballast*); s'il navigue dans cet état, il est dit aller ou revenir sur son lest (*to go in ballast; to return in ballast*). — On appelle lesteur les hommes et les bateaux qui portent le lest à bord des bâtiments (*ballast-heavers, lighters*).

LESTAGE, s. m. *Voyez* LEST.

LESTER, v. a. *Voyez* LEST.

LESTEUR, s. m. *Voyez* LEST.

LETTRE, s. f. (*Warrant; commission.*) Brevet que le gouvernement délivre aux capitaines au long cours et aux maîtres au cabotage qui ont subi leurs examens théoriques et pratiques. — Lettre de marque (*letter of marque*), autorisation que l'État donne aux armateurs et aux capitaines d'armer en guerre leurs navires et de courir sur les ennemis. — Lettre de santé (*bill of health*), certificat attestant la parfaite salubrité du point que quitte un bâtiment.

LEVÉE, s. f. (*Raising of seaman.*) Rassemblement exigé par les besoins du service de l'État, d'un certain nombre de marins inscrits dans les bureaux des classes. — Levée de la mer (*swell of the sea*), ondulation plus ou moins grande de ses eaux qui, se propageant sous un vaisseau, en élève ou l'avant, ou l'arrière, ou la masse totale, pour les laisser s'abaisser ensuite dans l'intervalle des lames. — Il y a de la levée (*there is a swell; the waves rise high*).

LEVER, v. a. Lever l'ancre (*to weigh the anchor*), tirer une ancre du fond de la mer, par le moyen de son câble et d'un cabestan; on dit aussi lever l'ancre avec le vaisseau ou avec sa chaloupe (*to trip the anchor with the long-boat*). — Lever l'ancre par les cheveux (*to trip the anchor by the buoy-rope*), la lever par le moyen de l'orin. — Lever les lofs (*to haul up the weather clue of N sail*), soulever plus ou moins haut, à l'aide des cargue-points, les coins inférieurs des basses voiles : Lever les lofs de misaine ou de grand-voile (*to raise the fore tack or main tack*). — Lever les rames (*to unship the oar*) dans un

bateau, c'est cesser de les employer en les faisant sortir de l'eau.
— Lever la chasse (*to leave off chase*), c'est cesser la pour-
suite d'un vaisseau. — Lever des matelots, c'est faire une
LEVÉE (*voyez* ce mot).

LIEUE, s. f. (*League.*) La lieue marine est une mesure
itinéraire dont la longueur est de 2,852 toises (5 kilom. 558
mèt.)

LIEUTENANT, s. m. (*Lieutenant.*) Nom donné, 1° à bord
des navires marchands, au troisième officier ; 2° dans la marine
de l'État à des officiers qu'on distingue par les noms de lieutenant de vaisseau (*lieutenant of a ship of the line*) et de lieutenant
de frégate (*lieutenant of frigate.*) — Le lieutenant de vaisseau a
rang de capitaine dans les corps spéciaux de l'armée de terre:
il est placé entre le capitaine de corvette et le lieutenant de
frégate. — Le lieutenant de frégate, autrefois appelé enseigne
(*midshipman*), marche de pair avec les lieutenants en premier des corps spéciaux de l'armée de terre. — On appelle
premier lieutenant ou lieutenant en pied (*first lieutenant :
master of a ship*) celui qui, à bord d'un vaisseau, est chargé de
tout surveiller et de tout contrôler.

LIGNE, s. f. (*Line.*) Menu cordage. — La ligne de sonde
(*lead line*) a 120 brasses de longueur ; elle est formée de 6, 9,
12 ou 15 fils de caret goudronnés (*line of N threads*) ; la ligne d'amarrage (*seizing line*) a 60 brasses de long ; elle est
composée de 6 fils blancs de ligne ou de fils goudronnés ; la ligne de pêche (*fishing line*) est faite avec 6 fils blancs de ligne
— La ligne de lock (*log line*) a 120 brasses. — Les fils de ligne (*lines*) sont distingués des fils de caret (*rope yarns*) parce
qu'ils n'ont que deux ou trois lignes de circonférence. — Lignes d'eau (*water lines*), sections horizontales, faites à diverses hauteurs dans la carène d'un vaisseau, et qu'on imagine,
dans l'architecture navale. Telles 1° la ligne de charge, la ligne
d'eau en charge ou ligne de flottaison (*load-water line, load-
water mark*), qui est celle qui est placée au niveau de l'eau,

lorsque le bâtiment est entièrement chargé ; 2° la ligne d'encolure des varangues (*cutting down line*), autre ligne imaginaire qu'on trace quelquefois dans le plan d'un vaisseau, et qu'on suppose raser le milieu de la face supérieure de toutes les varangues. (*voyez* LISSE.) — Dans l'art de manœuvrer et dans la tactique navale, le mot ligne fait partie de plusieurs expressions : se mettre en ligne (*to draw up*.) — La ligne du plus près (*line close hauled upon N board*) est celle sur laquelle est dirigé un vaisseau lorsque ses voiles sont orientées au plus près du vent, ou celles qui fait avec la direction du vent un angle d'environ 58 à 60°. Elle peut être placée à gauche ou à droite de la direction du vent, c'est pourquoi on donne aussi à cette ligne, suivant sa position, les noms de ligne du plus près tribord ou bâbord (*line close hauled to starboard or larboard*). Ces lignes du plus près prennent aussi le nom de ligne de combat ou de bataille (*line of battle*) parce que c'est sur les divers points de l'une ou de l'autre de ces lignes que se rangent les différents vaisseaux d'une armée ennemie. Aussi dit-on de ces vaisseaux qu'ils sont en ligne (*in line of battle*), lorsqu'ils sont placés régulièrement sur une ligne du plus près, comme on nomme vaisseau de ligne (*ships of the line*), les seuls bâtiments de guerre qui ont une artillerie assez considérable et des dimensions convenables pour se présenter sur une même ligne devant une armée composée de vaisseaux à plusieurs batteries. Si sur une telle ligne les vaisseaux sont rangés à peu de distance les uns des autres, leur ligne est serrée (*close line*); dans l'état contraire, elle est dite étendue (*straggling line*). — Lorsque deux armées navales sont rangées sur deux lignes parallèles du plus près, l'une est au vent à l'égard de l'autre ; la première est nommée ligne du vent (*weather line*), la seconde, ligne sous le vent (*lee line.*) — Lorsque les vaisseaux d'une armée sont rangés sur une ligne qui est perpendiculaire à la direction du vent régnant, ils forment une ligne de front (*line abreast*). On dit aussi ligne de marche, de convoi, etc., pour ordre de marche, de convoi, etc. (*Voyez* ORDRE.) — Pour serrer, doubler une ligne, couper la ligne, *voyez* SERRER, DOUBLER et COUPER.

LIGNER, v. a. *Voyez* ALIGNER.

LIMANDE, s. f. *Voyez* FOURRURE.

LIMANDER, v. a. (*To surround.*) Entourer un cordage d'une limande (*voyez* FOURRURE).

LINGUET, s. m. (*Pawl.*) Petit bout de bois, fort et dur, qui, fixé par son extrémité sur le pont d'un vaisseau, sert d'arc-boutant pour empêcher, au besoin, le cabestan de tourner sur lui-même. On l'appuie sur une forte pièce de bois dite taquet ou traversin du linguet (*wedge of pawl*). Mettre le linguet (*to pawl the capstan*), c'est engager son extrémité dans les dents dont la base du cabestan est hérissée.

LISSE, s. f. (*Line; rail.*) Sections représentées par des lignes et qu'on imagine, dans l'architecture navale, être faites dans le corps d'un vaisseau suivant des plans diversement inclinés à l'horizon, soit à l'avant, soit à l'arrière, et qui d'ailleurs sont perpendiculaires au plan du maître-couple. (*Voyez* LIGNE.) — Lisse des façons (*rising line of the floor*), celle qui passe par l'extrémité des varangues; fausse lisse ou lisse de fond (*ribband between the floor*), celle placée entre la précédente et la quille; lisse du fort (*extreme breadth line*), celle qui correspond aux plus grandes largeurs du vaisseau; lisses n°s 2e, 3e, 4e, etc. (*lines number* 2, 3, 4, etc.), celles qui montent depuis la lisse des façons, entre celle-ci et la lisse du fort; lisse d'accastillage (*rails*), ou d'œuvres-mortes (*rails of the upper works*), celles qui sont placées au-dessus de la lisse du fort; lisse de vibord (*waist rail*), lisse d'accastillage qui termine la muraille du vaisseau à la hauteur des passavants; lisses de rabattue (*quarter rails*), et lisses de couronnement (*upper rail of the stern*), lisses d'accastillage qui, plus élevées que la lisse de vibord, entourent les gaillards ainsi que la dunette; lisse ou barre d'hourdy (*wing transom*), la plus grande des barres de l'arcasse, et qui est placée à la hauteur de l'extrémité supérieure des estains; lisses de l'éperon ou Écharpes, ou Porte-vergues, ou Herpes (*rails of the head*), pièces

de bois longues et combes, qui, au nombre de trois de chaque côté de l'étrave, s'étendent de l'éperon à divers points de la joue du vaisseau, en divergeant entre elles, et en embrassant la poulaine: lisses d'appui, de garde-corps, de fronteau, de batayoles ou filarets (*rough tree rail; rails nettings*) de bastingage (*rails of nettings*), longues tringles qui, dans plusieurs vaisseaux, servent de garde-fous ou garde-corps et sont placées le long des passavants autour de la dunette, au couronnement et sur les fronteaux des gaillards, à hauteur d'appui; lisses ou listeaux de porte-haubans (*rails of chain-males*), tringles appliquées sur le bord extérieur des porte-haubans, pour maintenir les caps de mouton ferrés; lisses de cale de construction (*launching mays*), tringles qui sont clouées sur la cale d'un vaisseau en construction et servent de coulisse à son berceau.

LISTEAU, s. m. (*Listel*). 1° Morceau de bois qui, dans la construction d'un mât composé de plusieurs pièces, sert à suppléer à de légers défauts dans l'épaisseur ou dans la largeur de quelques-unes de ses pièces composantes. — 2° Listeau de porte-haubans, *voyez* LISSE.

LIT, s. m. Lit du vent (*direction of the wind*), direction du vent régnant. — Lit d'un courant des eaux de la mer ou ras de courant (*stream of a current*), 1° espace qu'il embrasse dans son étendue, 2° sa direction réelle. — Lit ou ras de marée (*tide way*), courant des eaux de la mer ayant une surface agitée et clapoteuse, ainsi nommé parce que ce courant particulier est, pense-t-on, combattu par celui de la marée.

LIURE, s. f. (*Gammoning.*) Nom donné à tout cordage qui réunit étroitement deux ou plusieurs objets, en les enveloppant ensemble de plusieurs tours. — Liures de beaupré (*gammonings of the bowsprit*). — Faire une liure (*to work a gammoning*).

LIVARDE, s. f. *Voyez* BALESTRON.

LOCH, s. m. *Voyez* LOK.

LOF, s. m (*Loof,*) 1° Côté sur lequel le vent souffle , dans un vaisseau sous voiles ; 2° celui des coins inférieurs d'une basse voile , qui est du côté du vent lorsqu'elle est orientée obliquement à la quille. — Le grand lof (*weather tack of the main sail*), coin inférieur d'une grand-voile, du côte du vent. — Couple du lof (*loof frame or loof timber*), couple d'un vaisseau qui correspond au grand lof. — Venir au lof (*to go to the weather side, to luff*), se dit d'un vaisseau qui , par une rotation horizontale sur lui-même, reçoit l'impulsion du vent régnant , sous un angle d'incidence plus grand que précédemment. Lorsque, tournant sur lui-même, il présente au vent un de ses côtés pour l'autre, il est dit virer lof pour lof (*to tack or veer*). — Bout de lof ou porte-lof, *voyez* MINOT.

LOFFER, v. n. (*To luff.*) Venir au vent. Pour ordonner d'imprimer à un vaisseau la rotation horizontale sur lui-même pour recevoir l'impulsion du vent régnant , sous un angle d'incidence plus grand que précédemment, on commande au timonnier : loffe! (*touch the wind!*), pour qu'il approche du vent la proue du bâtiment. Si ce mouvement doit être considérable et le plus grand qu'on puisse produire, on commande : loffe tout! (*luff all!*). Si cette rotation n'est ordonnée que pour diriger sur les voiles, et sous un plus petit angle d'incidence, le vent qui augmente momentanément, alors on commande : loffe à la risée! (*ease the ship!*). Si cette rotation n'est pas commandée et que le vaisseau la fasse spontanément, elle est nommée une AULOFFÉE. (*Voyez* ce mot.)

LOK, s. m. (*Log.*) Instrument composé d'une petite planche dite bateau de lok, dont la base circulaire est chargée d'un plomb ; il est employé en mer pour mesurer la vitesse progressive d'un bâtiment. On l'attache à un petit cordage dit ligne de lok (*log line*), et on le laisse tomber derrière le bâtiment. Flottant verticalement, il devient un terme de comparaison aussi fixe que l'état de la mer peut le permettre, et la quantité dont le vaisseau s'en éloigne pendant un temps donné est une mesure approchee de sa vitesse. On file du lok ou de la ligne de

lok, à la demande du sillage. Comme cette ligne qui sert à mesurer l'étendue de la route d'un vaisseau, est divisée dans toute
sa longueur, par des nœuds (*knots*), en partie de 47 pieds 1/2
(15 mèt. 429); on dit qu'un vaisseau file 2, 3, N nœuds, lorsque
dans trente secondes, il parcourt 2, 3, N fois 47 pieds 1/2 (*to
go, to run N knots*). — Six nœuds correspondent à 11 kilomètres à l'heure. — Tour de lok (*reel of the log*), dévidoir sur lequel on roule la ligne de lok. (*Voyez* MARCHE, SILLAGE et VI-
TESSE.)

LONG-COURS, s. m., ou **NAVIGATION HAUTURIÈRE**,
s. f. (*Ocean royage.*) Voyage de mer qu'on fait au loin. Ce mot sert
à distinguer les longues traversées d'avec le CABOTAGE. (*Voyez*
ce mot.)

LONGER, v. a. *Voyez* ÉLONGER.

LONGIS, s. m. *Voyez* ÉLONGIS.

LONGITUDE, s. f. (*Longitude.*) La longitude d'un vaisseau
qui est en mer est la distance de son méridien à un méridien de
convention, mesurée sur l'Équateur dans le sens de l'ouest à
l'est ou de l'est à l'ouest. Il y a plusieurs expressions qui sont
analogues à celles dont on a parlé à l'article LATITUDE (*voyez*
ce mot), telles : longitude de départ et d'arrivée; longitude estimée, observée, corrigée, etc.

LONGUE-VUE, s. f. (*Glass.*) Télescope à tuyau; lunette
d'approche avec laquelle on voit les objets fort éloignés.

LONGUEUR, s. f. La longueur d'un vaisseau (*length of a
ship*), est la plus grande de toutes les distances de ses points
extrêmes; elle est mesurée à la hauteur du premier pont, et est
en même temps celle de ce pont. On la nomme longueur de
tête en tête, ou de rablure en rablure, ou de l'étrave à l'étrave
(*length of gun deck, length from the fore part of her main
stem to the after part of the stern post*). Elle n'embrasse la
saillie ni de l'éperon, ni de la poupe; elle ne comprend même
pas la grandeur dont l'étambot et l'étrave débordent leur rablure.

— Longueur de la quille (*length of the keel upon a right line*)
— Longueur de câble (*cable's length*), mesure de 120 brasses, qui est celle des câbles.

LOUGRE, s. m. (*Lugger.*) Petit bâtiment ayant un grand mât, un mât de misaine et un tapecu, tous trois, ayant une pente très-prononcée vers l'arrière; il a de plus un beaupré très-court.

LOUP-DE-MER, s. m. (*Expert seaman.*) Marin expérimenté.

LOUVOYER ou **BORDEYER** ou **RIBORDER**, v. n. (*To bear or ply to windward by boards.*) Courir successivement sur l'une et l'autre ligne du plus près du vent, pour arriver à un lieu auquel le vent régnant ne peut porter directement un vaisseau. — Louvoyer à petit bord, c'est multiplier les routes dirigées alternativement sur les lignes du plus près tribord et bâbord.

LUNETTE D'APPROCHE, s. f. *Voyez* LONGUE-VUE.

LUZIN, s. m. (*House line.*) Menu cordage composé de deux fils de carret, qui sont commis ou tortillés ensemble. — Luzin blanc (*white house line*), luzin sans goudron; luzin noir (*black house line*), luzin goudronné. — Le luzin sert à faire de petits amarrages, et à surlier de grosses manœuvres.

M

MACHÉMOURE, s. f. (*Biscuit dust.*) Débris du pain biscuit qui sert à la nourriture des gens de mer. La grosseur de
ces débris ne doit pas être moindre que celle d'une noisette, pour
être distribués à l'équipage.

MACHINE A MATER, s. f. (*Sheer hulk, or sheers for masting of ships.*) Machine propre à élever des mâts pour faciliter
et préparer leur établissement dans la place et la situation qu'ils
doivent avoir à bord des vaisseaux. Cet appareil puissant est
composé de plusieurs mâts ou longues pièces de bois rassemblées, offrant un point de suspension élevé pour y fixer les cordages qui servent à hisser les bas-mâts d'un vaisseau, soit pour
les y placer, soit pour les en retirer. Sa base est un quai très-
solide ou un grand pont; dans ce dernier cas la machine à
mâter est nommée flottante (*hulk with sheers*). Voici sa
description : Le ponton qui soutient toute la machine porte
un grand mât solidement établi à l'aide de plusieurs cordages
et d'étançons qui le maintiennent de divers côtés; ce mât sert
d'appui, par des antennes intermédiaires, à un assemblage
de trois pièces de mâture fortes et longues qui est incliné à
l'horizon, dont le pied repose sur le bord du ponton, et qui
est chargé de toutes les poulies et cordages nécessaires à
l'opération du mâtage des vaisseaux. La tête de cet assemblage
et une des antennes sont fortement liées au mât du ponton, et
des cordages attachés sur le bord du ponton achèvent de donner
à cet appareil la résistance et la force dont il doit être capable.
— Les trois grosses pièces de mâture qui composent l'assem-

blage, et qui forment ensemble une espèce de chèvre, puisque éloignées de 12 pieds (4 mètres) par leur base, elles se rapprochent par leur sommet, portent le nom de B'GUES. (*Voyez* ce mot). C'est sur la tête des bigues que repose l'extrémité de l'antenne qui porte tous les palans ou moufles employés pour l'exhaussement des mâts. — Dans certains ports, c'est sur un quai que sont placés les cabestans et les bigues, qui alors sont toujours plus inclinées vers la mer.

MACHINE A VAPEUR, s. f. *Voyez* VAPEUR.

MACHINE A CURER OU A CREUSER, s. f. (*Machine to deepen a port.*) Appareil qui sert à excaver le fond d'un port, pour augmenter la profondeur de l'eau que la mer y rapporte.

MACRÉE, s. f., ou **MASCARET**, s. m. (*Eddyt-ide.*) Courant particulier de la mer, qui, dans son flux, refoule violemment les eaux à l'embouchure de certaines rivières et menace d'un choc violent tout ce qui se présente sur son passage.

MAESTRAL ou **MISTRAL**, s. m. (*Mistral.*) Nom donné au vent N. O. dans les mers du Levant.

MAILLE, s. f. On appelle maille de couples (*timber and room*), la distance réciproque des couples de levée ou des côtes principales et d'autres côtes intermédiaires composant la carcasse d'un vaisseau.

MAILLET, s. m. (*Maul or mallet.*) Le maillet à calfat (*caulking mallet*), est celui dont les calfats font usage pour enfoncer des cordons d'étoupes dans les joints ou coutures des bordages d'un vaisseau. — Le maillet à fourrer (*serving mallet*), sert, dans l'atelier de garniture, non à frapper, mais à faciliter le travail qui a pour objet d'envelopper un cordage de bitord. C'est à cet effet que le cordage à fourrer est tendu horizontalement, et reçu dans la cannelure du maillet, tandis que le bitord, attaché à ce cordage, fait un tour sur le manche et la circonférence du maillet.

MAILLETAGE, s. m. (*Sheathing of a ship's bottom with*

scupper nails.) 1° Action de mailleter un vaisseau. 2° Produit de cette opération. (*Voyez* MAILLETER.)

MAILLETER, v. a. (*To sheath a ship's bottom with nails.*) Recouvrir de clous la surface extérieure de la carène d'un vaisseau. Ces clous sont distribués de manière que leurs têtes, larges de 6 à 8 lignes, ne sont éloignées l'une de l'autre que de 5 à 6 lignes, et la rouille qui succède remplit bientôt cet intervalle, de manière que les vers de mer ne peuvent plus alors piquer et percer la muraille d'un bâtiment ainsi préparé.

MAIN, s. f. (*Hand.*) Tirer une corde main sur main, ou main avant (*to bear a hand, hand over hand*), c'est agir par un mouvement égal et non interrompu. — Amarrer bonne-main, *voyez* AMARRER.

MAISTRANCE, s. f. (*Petty officers.*) Corps des maîtres ou sous-officiers de la marine.

MAÎTRE, s. m. (*Master.*) Titre de tout homme qui en commande d'autres sous les ordres d'un officier supérieur, soit dans un vaisseau, soit dans une batterie, un chantier, un atelier, une forge, etc., pour conduire et faire exécuter des ouvrages ou des opérations quelconques. — Sur les vaisseaux, il y a plusieurs maîtres ou sous-officiers. Le premier est le maître-d'équipage (*boatswain*); son grade correspond à celui d'adjudant sous-officier de l'armée de terre; il en porte l'épaulette. C'est lui qui fait exécuter par l'intermédiaire des contre-maîtres ou quartiers-maîtres (*quarter-masters*) les ordres qu'il reçoit directement des officiers. Il commande à l'équipage de la voix ou par le moyen d'un sifflet. Le soin de tout le gréement d'un vaisseau lui est particulièrement confié. — Il y a aussi les maître canonnier (*gunner*), maître calfat (*caulker*), maître charpentier (*carpenter*), maître voilier (*master sailmaker*), maître pilote (*sea pilot*). — Dans les ports militaires, il y a de pareils maîtres et de même nom; mais on y compte de plus des maîtres mâteurs (*master mastmaker*), maîtres cordiers, tonneliers, pouliers, forgerons, sculpteurs, peintres, des maî-

tres de forges, de garniture, etc. — Dans les chantiers et ateliers, on nomme maîtres entretenus, les ouvriers qui ont une solde annuelle, et qui diffèrent ainsi de ceux qui ne sont payés qu'à la journée ou suivant leur travail. — Tout homme qui ne commande qu'une barque ou un bateau, ou un petit bâtiment destiné au cabotage, est distingué par le nom de maître (*master*).

MAITRE-COUPLE, s. m. (*Midship frame.*) Nom donné, dans l'architecture navale, à celui des couples qui a les plus grandes dimensions dans l'étendue que ses branches embrassent. Son gabari, ou le patron de ce couple, porte le nom de maître-gabari (*bevel of midship frame*), sa varangue celui de maîtresse-varangue ou maîtresse levée, et son bau, celui de maître-bau (*midship beam*).

MAJEUR, adj. Les plus grands mâts d'un bâtiment, ou ses bas-mâts, sont distingués sous le nom de mâts majeurs; dans tous les vaisseaux à trois mâts, ou connaît généralement quatre voiles majeures, qui sont les deux huniers et les deux basses voiles du grand mât et du mât de misaine (*main and main top; fore and fore top sails*). Un vaisseau qui ne présente à l'impulsion du vent que ces quatre voiles seules, est dit courir sous ses quatre voiles majeures.

MAJOR, s. m. (*Major.*) Chirurgien chargé en premier du service sanitaire d'un navire. — Dans les ports militaires, il y a un major de la marine, officier supérieur chargé de la haute surveillance des mouvements du port. — Dans une armée navale, un major d'escadre est un officier supérieur placé sous les ordres de l'amiral commandant en chef, pour transmettre les ordres donnés à chaque partie de sa flotte et en surveiller l'exécution.

MAL DE MER, s. m. (*Sea sickness.*) Spasmes de l'estomac que l'agitation continuelle d'un vaisseau produit ordinairement chez les personnes qui n'ont pas l'habitude de naviguer.

23.

MALE, adj. On dit que la mer est male (*rough sea*), lorsque sa surface est couverte de lames élevées qui, dirigées de différents côtés, communiquent aux vaisseaux qu'elles choquent des mouvements désordonnés et susceptibles d'altérer la solidité de leurs liaisons.

MALINE, s. f. (*Spring-tide.*) Nom des plus hautes marées de chaque mois ou de celles qui ont lieu aux nouvelles et pleines lunes. Les habitants des côtes disent alors qu'ils sont dans les malines ou de maline. — La maline a été belle, lorsque la mer a rapporté sur les côtes, par le flux, une plus grande quantité d'eau qu'elle ne le fait ordinairement dans de semblables positions de la lune.

MALSAINE, adj. (*Unhealthy; dangerous.*) Se dit d'une côte bordée d'écueils, ou dont l'approche est dangereuse parce qu'elle se prolonge insensiblement sous l'eau, sans s'y enfoncer profondément.

MANCHE, s. f. 1° Canal qui sépare la France et l'Angleterre (*Channel*). — 2° Manches à vin ou à eau (*hoses*), fourreaux de toile ou de cuir qui servent à conduire dans des barriques le vin ou l'eau dont on veut les remplir, lorsqu'elles sont arrangées dans la cale d'un vaisseau. — 3° Manches de dalots (*scupper hoses*), petits fourreaux de toile qui garnissent les dalots ou les trous pratiqués dans la muraille d'un vaisseau pour l'écoulement des eaux. — 4° Manches à vent (*wind sails*), grands et longs fourreaux de toile, qu'on établit de la cale à la hauteur des basses vergues pour renouveler l'air. — Manche d'aviron (*handle*), extrémité arrondie d'un aviron, que le rameur saisit avec ses mains pour mettre l'aviron en mouvement.

MANCHETTE, s. f. (*Span or bridle.*) Bout de corde qui est attaché sur un hauban ou dans un lieu quelconque, et dont l'extrémité, garnie d'une cosse, sert à soutenir, à une certaine hauteur, quelques manœuvres courantes qui traversent cette cosse et qui, sans ce moyen, descendraient trop bas. — Manchette d'amure de la grand' voile (*passare*).

MANGER, v. a. Un objet élevé mange le vent à un vaisseau (*to becalm a ship*), lorsqu'il intercepte ou qu'il met ce vaisseau à l'abri de l'impulsion du vent. — Manger du sable (*to cheat the glass*), c'est ne pas attendre la fin de l'écoulement du sable dans un sablier, pour le retourner sur lui-même. — Un vaisseau est mangé par la mer ou de la mer, lorsque les lames l'assaillissent de divers côtés, ou lorsque, par une grosse mer, il disparaît et reparaît alternativement aux yeux des spectateurs (*to be in the hollow of a sea*).

MANIABLE, adj. (*Moderate wind.*) Se dit du vent qui, dans une belle mer, a une force modérée, à l'aide duquel un vaisseau peut évoluer à volonté.

MANNE, s. f. (*Hamper.*) Pannier d'osier sans anse et de forme conique dont on se sert à bord des vaisseaux pour embarquer ou débarquer le lest, ainsi que pour d'autres usages.

MANNÉE, s. f. Quantité de sable, pierres, etc. que peut contenir une manne.

MANŒUVRE, s. f. (*Evolution; working.*) 1° Évolutions d'un vaisseau ou d'une armée; 2° cordages qui servent soit à maintenir des mâts, des vergues, des voiles, soit à varier au besoin leur position. — Un vaisseau fait telle manœuvre, lorsqu'à l'aide de ses voiles ou de son gouvernail, il fait tel mouvement. Celui qui fait exécuter ce mouvement, est dit faire telle manœuvre (*to work a ship*). Si les moyens sont habituellement bien choisis, il entend la manœuvre (*to be expert a working of ships*). Si dans une occasion intéressante, ils sont heureusement et habilement imaginés, la manœuvre est hardie (*bold management, fine manner of working a ship*), comme elle est prompte (*nimble management*), si l'opération est exécutée avec célérité; elle est d'ailleurs bonne ou mauvaise selon ses rapports avec les circonstances; enfin la manœuvre d'un vaisseau ou d'une armée (*working of a ship, management*) est l'art de leur faire faire toutes les évolutions qui deviennent nécessaires dans toutes les situations possibles. La manœuvre

d'une armée (*manœuvre of a fleet*), est connue sous le nom de
TACTIQUE NAVALE. (*Voyez* ce mot.) — On appelle manœuvres
(*rigging and tackling of a ship*), les cordages qui composent
le gréement total d'un vaisseau (*cordage of a ship*). Parmi
ces cordages, les uns, nommés manœuvres courantes (*running
rigging*), sont destinés à plier et déplier les voiles ainsi qu'à
d'autres usages; les autres, dits manœuvres dormantes (*standing rigging*), ont une position fixe; tels sont les étais, les
haubans, etc. Les manœuvres hautes (*upper rigging*), sont
appliquées aux parties supérieures des mâts; les manœuvres
basses (*lower rigging*), sont les manœuvres inférieures. —
Les fausses manœuvres ou manœuvres de combat (*preventer
rigging*), sont les cordages destinés à remplacer les manœuvres en cas d'accident. — Manœuvre passée (*rope leading aft*), celle qui passe dans la caisse d'une poulie, et qui
est dirigée de l'avant à l'arrière du vaisseau; mais si elle est
dirigée en sens contraire, c'est une manœuvre passée à contre
(*rope leading forward*).

MANOEUVRER, v. a. Manœuvrer un vaisseau (*to work
a ship*), lui faire exécuter tous les mouvements que les circonstances peuvent rendre nécessaires dans le cours d'une navigation quelconque. (*Voyez* MANŒUVRE.)

MANOEUVRER, v. n. (*To work.*) Un vaisseau manœuvre
lorsqu'il change l'état de ses voiles et de son gouvernail et
exécute les mouvements qu'on tend à lui imprimer.

MANŒUVRIER, s. m. (*Skilled in working a ship.*)
Qualification spéciale de tout homme de mer qui possède l'art de
manœuvrer un vaisseau, un armée avec succès, dans toutes les
circonstances qui exigent une pratique consommée et une théorie profonde. — On donne aussi ce nom, dans un vaisseau, aux
matelots chargés de travailler au gréement ou qui exécutent les
manœuvres ordonnées.

MANOMÈTRE, s. m. *Voyez* CHAUDIÈRE A VAPEUR.

MANQUER, v. a. et n. (*To fail.*) Ne pas réussir; être en défaut. Manquer une manœuvre, un appareillage, un virement de bord. — On dit d'un vaisseau qui n'a que des qualités très-inférieures qu'il manque de stabilité, de qualités, de capacité (*not to be able to stow her provisions properly*).

MANTELET, s. m. (*Port-lid.*) Volet qui sert à fermer l'ouverture d'un sabord de vaisseau ou d'une embrasure faite pour laisser passer la volée d'un canon de la première batterie. — Faux mantelets (*dead lights*), mantelets volants; — mantelets brisés (*half ports*), mantelets à deux pièces.

MARBRE, s. m. Marbre de gouvernail (*barrel of the steering wheel*), cylindre horizontal sur lequel s'enveloppent les cordages qui font mouvoir la barre du gouvernail. — Marbre de cabestan, *voyez* MÈCHE.

MARCHAND, adj. — Bâtiment marchand (*merchant ship*), navire de commerce. — Marine marchande (*merchant marine*).

MARCHE, s. f. (*Head way.*) La marche d'un vaisseau est la vitesse progressive qu'il est susceptible de prendre. — Navire construit pour la marche (*built to sail very fast; built for sailing.* (*Voyez* SILLAGE, LOK et VITESSE.) — Ordre de marche, *voyez* ORDRE.

MARCHE-PIED, s. m. (*Horse or foot-rope.*) Cordage tendu le long d'une vergue, et attaché à ses deux extrémités pour présenter un appui aux pieds des matelots, lorsqu'ils travaillent à plier ou déplier la voile portée sur cette vergue.

MARCHER, v. n. Un vaisseau marche bien ou mal (*to sail swiftly or very ill*), lorsque, sous l'impulsion d'une puissance déterminée, il prend une vitesse plus ou moins grande. Il marche mieux qu'un autre (*to sail faster*) si, dans les mêmes circonstances, il parcourt un plus grand espace dans un temps égal. Une armée marche en ligne (*to sail in a line*), lorsque ses vaisseaux courant à la suite les uns des autres, ne forment qu'une

seule et même ligne. — Marcher en colonnes, sur N colonnes (*to sail in N ranks*). *Voyez* ORDRE.

MARCHEUR, adj. (*Fine sailer.*) Se dit d'un navire fin voilier, ou de celui qui, par sa machine à vapeur, peut facilement vaincre la résistance que l'eau oppose à son mouvement, c'est-à-dire d'un navire à vapeur bien construit et d'une grande force. (*Voyez* MARCHE.)

MARÉAGE, s. m. (*Hire or pay of a sailor.*) Salaire fixe qu'un armateur ou un capitaine convient de donner à un équipage.

MARÉE, s. f. (*Tide.*) Flux de la mer; mouvement périodique des eaux de la mer, qui, chaque jour, s'avancent et s'élèvent régulièrement deux fois au-dessus de leur niveau dans les divers points de l'Océan, ainsi que sur ses rivages. Cependant quelques personnes expriment par ce même mot le flux ou flot, et le reflux ou jusant, en les nommant particulièrement marée montante (*tide of flood*), et marée descendante (*ebb*). On dit aussi que la marée est basse (*low water*), lorsque le reflux cesse. Si le courant des eaux est dirigé sur N aire de vent, on dit que la marée porte à cet aire de vent (*setting of the tide*), et si cette direction est comparée à celle du vent, si elle est coincidente ou contraire, alors la marée est dite porter sous le vent ou au vent (*leeward or windward tide*). — Le mot marée est également employé pour annoncer la hauteur à laquelle la mer s'élève par ce mouvement journalier. Ainsi on dit que la marée est haute (*high water*), lorsque les eaux ont atteint leur plus grande hauteur, qu'elle est grande (*spring tide*), lorsque cette hauteur est considérable, comme au temps des syzygies de la lune; et qu'elle est morte, ou bâtarde (*neap tide*), lorsque les eaux s'élèvent faiblement, comme dans les quadratures. — Contre-marée (*counter-tide*), courant opposé à la marée qui le produit. (*Voyez* VIF-DE-L'EAU.)

MARGOUILLET, s. m. (*Wooden thimble.*) Anneau de

bois dont l'ouverture centrale sert de passage aux manœuvres, qui doivent être soutenues ou dirigées dans leur cours.

MARGUERITE, s. f. (*Messenger*.) Appareil de poulies et de cordages dont l'action est appliquée sur un point d'un cordage, pour lui faire produire un effet déterminé. — Faire marguerite (*to clap a messenger on the cable*), c'est attacher une marguerite à quelque coin d'un câble, pour aider à lever l'ancre, etc.

MARIAGE, s. m. (*Lashing together of the eyes of the royal.*) Réunion des cordages au moyen d'un autre cordage qui les lace ensemble.

MARIE-SALOPE, s. f. *Voyez* BETTE.

MARIN, s. m. (*Seaman; sea-fearing man.*) Homme dont l'état et l'art sont de naviguer. — Un bon marin (*able seaman*). — Marin d'eau douce (*freshwater jack*), celui qui montre peu d'usage et de connaissance à la mer. — Les marins parlent souvent en s'identifiant avec le vaisseau sur lequel ils sont embarqués; ainsi disent-ils : nous avons touché; nous nous sommes bastingués; nous fîmes côte; vous êtes échoué: ils ont coulé bas, et autres expressions qu'on trouvera ici à chaque mot particulier. (*Voyez* GENS DE MER.)

MARINE, s. f. (*Marine; navy.*) 1° Ensemble de tous les vaisseaux d'une nation; 2° corps des hommes employés ou destinés à servir sur ces bâtiments. — Marine militaire (*navy, men of war*); officiers de marine (*naval officers sea officers*); soldats de marine (*marines*). — Marine marchande (*merchant navy*).

MARINIER, s. m. (*Mariner; seaman.*) Nom donné ordinairement aux hommes employés à conduire des bateaux sur les rivières. — Parmi les gens de mer, il y a des officiers mariniers (*petty officers*), qui sont à l'égard du reste de l'équipage d'un vaisseau, ce que sont les sous-officiers dans

un régiment de terre. On les appelle maîtres, quartiers-maîtres, etc. (*Voyez* MAÎTRE.)

MARIONNETTE, s. f. Poulie tournante. *Voyez* POULIE.

MARNER, v. n. (*To marl.*) La mer est dite marner de N pieds, lorsque, par le flux, ses eaux s'élèvent à la hauteur de N pieds au-dessus de leur niveau naturel.

MARQUE, s. f. (*Mark.*) 1° Point de division, échelle indiquant la hauteur de l'étrave et de l'étambot d'un vaisseau ; 2° indication d'un écueil, d'un mouillage, d'une rade, d'une route, etc. ; 3° trace d'humidité laissée sur la côte ou sur une terre qu'elles baignaient, par les eaux de la mer. On dit alors que la mer marque ou a marqué.

MARQUISE, s. f. (*Marquee*). Tente qu'on place au-dessus et à une certaine distance d'une première tente, qui forme un abri au gaillard d'arrière d'un vaisseau.

MARSOUIN, s. m. On nomme marsouin de l'arrière (*false post or stern post*) l'assemblage de deux pièces de bois dont l'une repose dans la gorge de la courbe de l'étambot, et croise toutes les barres de l'arcasse, avec lesquelles elle est liée par des entailles, et dont l'autre, endentée avec la première, se prolonge sur la carlingue, depuis ce point jusqu'à une certaine distance.

MARTICLE, s. m. *Voyez* ARAIGNÉE.

MARTINET, s. m. (*Halyard.*) Cordage qui, attaché à l'extrémité supérieure d'une vergue d'artimon, sert à lui donner une inclinaison déterminée, et à le soutenir dans cette position. Un faux martinet est un cordage qui l'accompagne quelquefois, pour concourir au même effet. — Martinet de pic (*peek hallyard of the mizzen*), cordage destiné à soutenir l'extrémité d'un pic. — On appelle branches de martinet, des cordages attachés à divers points de l'extrémité supérieure de la vergue d'artimon dans un vaisseau, et qui, allant se réunir au martinet,

servent à soutenir et à incliner à volonté cette vergue oblique à l'horizon.

MARTINGALE, s. f. (*Martingale.*) Arc-boutant qui, dans les grands vaisseaux de guerre, est destiné à assujettir le bâton de foc. C'est une perche placée sous le bout du mât de beaupré, perpendiculairement à la longueur de ce mât.

MASCARET, s. m. *Voyez* MACRÉE.

MASQUER, v. n. *Voyez* COIFFER.

MASSIF, s. m. (*Dead wood.*) Pièce de bois de remplissage qu'on établit à l'avant et à l'arrière d'un vaisseau, dans ses parties basses. Le massif de l'avant ou faux-brion fortifie la liaison du brion avec la première pièce de la quille et contribue à diminuer l'acculement des varangues supérieures.

MAT, s. m. (*Mast.*) Nom donné 1° à de gros et grands arbres de sapin ou de pin; 2° à de fortes pièces longues et ellipsoïdes qu'on établit verticalement à bord d'un vaisseau pour soutenir les voiles dont il est gréé, et lui transmettre l'action que le vent exerce sur ces voiles. Les plus grands arbres ne pouvant fournir la hauteur des mâts très-élevés, on a formé ces mâts de plusieurs mâts partiels placés les uns au-dessus des autres. De même aussi, les bas-mâts ont été composés de plusieurs arbres assemblés et liés entre eux pour ne former qu'un seul tout nommé mât (*made mast, formed of N pieces*). Le nombre des pièces qui entrent dans un tel mât le font distinguer sous le nom de mât d'assemblage, ou de N couches ou pièces, tandis que ces mêmes pièces ne sont autre chose que des mâts bruts ou des mâts travaillés convenablement à leur destination (*rough mast*). Les seuls mâts inférieurs du grand mât et du mât de misaine, ainsi que le mât de beaupré sont des mâts d'assemblage. Des noms particuliers sont attachés à chacun des mâts entiers ou partiels d'un bâtiment. Mât de beaupré (*bowsprit*), celui qui est incliné à l'horizon sur l'avant d'un bâtiment; — mât de misaine (*fore mast*), mât vertical qui suit le

24

mât de beaupré ; est composé du bas-mât de misaine (*lower fore mast*), du petit mât de hune (*fore top mast*), et du petit mât de perroquet (*fore top gallant mast*); — grand mât (*main mast*), celui qui est placé verticalement au milieu à peu près d'un vaisseau ; est composé d'un bas-mât (*lower main mast*), du grand-mât de hune (*main topsail*), et du grand-mât de perroquet (*main top-gallant mast*); — mât d'artimon (*mizzen mast*) mât vertical qui s'élève au-dessus du gaillard d'arrière ; est composé d'un bas-mât (*lower mizzen mast*), d'un mât de perroquet de fougue (*mizzen top mast*), et d'un mât de perruche (*mizzen top-gallant mast*); — mât de pavillon (*ensign staff*), celui qui est placé sur le milieu du couronnement d'un vaisseau ; il porte un pavillon ou encore un TAPECUL (*voyez* ce mot). — Mâts à pible (*pole masts*), mâts particuliers entés les uns sur les autres. — Lieu des mâts (*station of the N mast*), place déterminée où les mâts sont établis sur un vaisseau ; mât guindé (*top mast is an end*), mât élevé à la place qui lui est assignée (*trim of a mast*). — Mâts verticaux (*mast on end*), mâts inclinés vers l'arrière (*mast hanging abaft*). — Mâts jumelés (*fisheh masts*), mât fortifié par de nouvelles pièces de bois ; mâts de rechange ou de fortune (*spare mast; jury mast*), mâts qui remplacent ceux que les évènements de la mer ont abattus. Fosses à mâts (*mast pond*), longs canaux creusés exprès dans les ports pour recevoir des mâts d'approvisionnement et les conserver dans l'eau de la mer. *Voyez* MACHINE A MATER.)

MATS (A) ET-A-CORDE, *voyez* CORDE (A-MATS ET A).

MATELOT, s. m. (*Sailor; common sailor.*) Homme de mer qui, sous les ordres des officiers et des maîtres, exécute toutes les opérations de la garniture, du gréement et de la manœuvre. — Hiérarchiquement, sa position est celle d'un soldat dans l'armée de terre. — On appelle matelots d'un vaisseau (*good company keepers*), dans une armée navale, le bâtiment qui précède et celui qui suit immédiatement ce vaisseau sur une même ligne de combat. Si le vaisseau auquel on les com-

pare dans leur position est celui du commandant de l'armée, alors ils sont les matelots du commandant.

MATER, v. a. (*To fix the mast of a ship.*) Elever les mâts d'un vaisseau et les établir à la place qui leur est assignée. — Il est mâté en vaisseau, lorsqu'il porte trois-mâts verticaux, et il l'est en senau, ou en brick, ou en heu, ou en polacre, etc., lorsque ses mâts sont semblables à ceux d'un senau ou d'un brick, etc. (*three-masted; masted as a snow, as a brig, as a hoy, with pole masts and square sails, etc.*). — Il est mâté à pible lorsque ses mâts partiels sont entés les uns sur les autres (*pole masted*) ; il l'est à calcet et en galère (*masted for a lateen sail, as a galley*), lorsque ses mâts doivent porter des antennes avec des voiles triangulaires. — Si ces mâts sont trop hauts, on dit d'un vaisseau qu'il est haut mâté (*over masted or taunt masted*). — Mâter une pièce de bois, un canon, une épontille, etc. (*to set up a piece, etc.*), c'est les dresser verticalement sur une de leurs extrémités. — (*Voyez* MACHINE A MATER.)

MATEREAU, s. m. (*Small mast.*) Diminutif de mât.

MATEUR, s. m. (*Mastmaker.*) Celui qui, dans les ports, dirige ou exécute le travail et la composition des mâts, vergues, hunes, barres, chouquets, et de toutes les parties de la mâture d'un vaisseau. — Maître-mâteur (*master mastmaker*), chef de l'atelier où ces ouvrages sont exécutés.

MATURE, s. f. (*Masts.*) On nomme mâtures les arbres de pin et de sapin propres à faire des mâts. — La mâture d'un bâtiment est 1° l'assemblage de tous ses mâts, vergues, barres, etc. ; 2° le genre de cet assemblage : mâture de vaisseau, de senau, de brick, etc., (*manner of masting a ship, a snow, a brig, etc.*) — Art de la mâture (*art of masting ships*), art d'exécuter les mâts d'un vaisseau et de les établir à leur place. (*Voyez* MATER.) — Atelier de mâture (*mast shed*), celui où sont fabriqués et préparés les mâts, les vergues, et toutes leurs pièces accessoires.

MAUGÈRE, s. f. (*Cowhide*.) Petite manche de cuir ou de toile goudronnée dont on recouvre extérieurement l'ouverture des dalots d'un vaisseau. — Clous à maugère, *voyez* CLOUS.

MÉCANICIEN, s. m. (*Engineer*.) Celui qui conduit la machine d'un bâtiment à vapeur. — Un décret impérial du 25 septembre 1860 a porté création, pour le service de la flotte française, de 2 mécaniciens en chef, 8 mécaniciens principaux de première classe et 30 mécaniciens principaux de deuxième classe, tous à la nomination de l'empereur. — Les mécaniciens en chef sont adjoints aux commandants supérieurs des bâtiments à vapeur, dans les ports désignés par le ministre de la marine. — Les mécaniciens principaux de première classe sont employés à terre, selon les besoins du service. — Les mécaniciens principaux de deuxième classe sont employés à la mer et à terre. A la mer, ils embarquent sur les bâtiments à vapeur portant le pavillon d'un officier général ou le guidon d'un chef de division, ainsi que sur tous autres bâtiments à vapeur qui seraient désignés par le ministre de la marine; ils sont chargés de la feuille du mécanicien et de la conduite de la machine du bâtiment sur lequel ils sont embarqués; ils sont admis à la table de l'état-major. A terre, ils sont employés aux besoins du service. — Pour la retraite, les mécaniciens en chef sont assimilés au grade de capitaine de corvette; les mécaniciens principaux de première classe au grade de lieutenant de vaisseau, ceux de deuxième classe au grade d'enseigne. L'uniforme est celui de la marine, avec collet et parements de velours lilas.

MÈCHE, s. f. Mèche de mât (*shaft or middle piece of a mast*), pièce centrale d'un mât composé de plusieurs pièces. — Mèche ou marbre du gouvernail (*main piece of a rudder*), pièce principale d'un gouvernail, dans la tête de laquelle sont percées les mortaises qui reçoivent le bout de la barre. — Mèche ou flèche ou cloche de cabestan (*barrel*), forte pièce qui est au centre d'un cabestan, et sur laquelle sont attachés les taquets qui donnent extérieurement à ce cabestan la forme qui lui est propre. — Mèche (*heart of a rope*), faisceau de fils blancs de

chanvre du deuxième brin, qu'on met dans le milieu de l'assemblage des cordages composés de quatre torons.

MEMBRE, s. m. (*Rib of a ship.*) Partie de couple. (*Voyez* COUPLE.)

MEMBRURE, s. f. (*All the ribs.*) Assemblage de tous les couples d'un vaisseau.

MER, s. f. (*Sea.*) Nom donné à toute partie très-étendue de la surface du globe, qui est couverte par les eaux salées. On connaît dans l'hydrographie différentes mers nommées : Pacifique, des Indes, du Nord, du Sud, Atlantique, Méditerranée, Caspienne, Rouge, Noire, Blanche, Britannique, Glaciale, Baltique, Adriatique, etc. — Il a y mer haute ou pleine, ou mer basse (*high or low water*), lorsque son niveau s'est, par le flux ou le reflux journalier, élevé ou abaissé jusqu'à sa plus grande et sa plus petite hauteur. — La mer est montante pendant le flux, et perdante pendant le reflux (*falling sea or tide ebbs*), c'est-à-dire que la mer monte par le flux et perd de son niveau naturel par le reflux. — Être en mer ou à la mer (*to go to sea*) se dit d'un navire qui a pris la mer ; s'il est hors de la vue de toute terre, il est en pleine mer (*in the main sea*) ; il tient la mer (*to keep the sea*), s'il ne cherche pas à relâcher malgré le mauvais temps. — Si un homme tombe d'un vaisseau dans l'eau, c'est un homme à la mer (*to fall overboard*). — Une mer sans fond (*deep sea*), c'est une mer dont les eaux sont très-profondes. — Mer glaciale ou mer de glace (*frozen sea*). — Le mot mer est souvent employé pour celui de lame : Grosse mer (*heavy sea; vlarge sea*), pour grosses lames ; si ses lames sont élevées, elle est haute (*high sea, swelling sea*), et il y a de la mer (*sea runs high*). Elle moutonne, elle blanchit (*sea foams*), si en se brisant les lames se couvrent d'écume ; si les lames sont longues ou courtes, la mer est nommée longue ou courte (*long or short sea*). La mer est creuse (*rising and running cross*) si, en s'élevant, les lames se replient sur elles-mêmes ; elle est clapoteuse (*rolling*), si, s'élevant

24.

peu, les lames se brisent les unes sur les autres ; elle est houleuse (*swelled*), si les lames sont l'effet d'un vent qui a cessé depuis quelque temps ; elle brise (*to break*), lorsque les lames rencontrent un rocher, un vaisseau, une terre quelconque, sur lesquels elles frappent avec force en perdant leur forme et en faisant jaillir leurs eaux à des hauteurs considérables ; elle déferle (*overboard sea*), lorsque ses lames se déploient et s'étendent dans tous sens sur les objets qu'elle rencontre, et les couvre de ses eaux en continuant de se propager dans l'espace. — La mer est belle et calme (*smooth sea*) si sa surface n'est pas troublée. — Un bâtiment a la mer de l'avant ou debout (*high sea a head*), ou de l'arrière (*pooping sea*), ou par le travers (*to have the sea athwart*), suivant que les lames se portent directement ou contre la proue, ou contre la poupe, ou contre l'un ou l'autre flanc.

MER, s. f. (*Sea.*) Chacun définit à sa manière la Mer, cette plaine liquide que la Genèse appelle *amas des eaux*, dans son langage si simple et si grandiose à la fois.

Pour le grammairien, c'est : les eaux qui environnent les continents.

Pour le philosophe : une goutte d'eau dans l'infini.

Pour le naturaliste : un assemblage immense d'eau salée.

Pour le géomètre : un corps dont on ne pourrait calculer que la surface.

Pour le chimiste : un volume incommensurable de protoxyde d'hydrogène tenant en dissolution du chlorure de sodium dans la proportion de 4 pour 100, et renfermant en outre des molécules de sulfate d'oxyde de sodium, des atomes presque inappréciables de ce sulfate d'oxyde de magnésium connu par sa déliquescence, et enfin des parties iodurées et ammoniacales.

Pour le voyageur, pour le spéculateur, pour le commerçant : c'est une grande route.

Pour le vulgaire : le domicile des turbots, le séjour des sardines et des morues et la nourrice des huîtres.

Pour le poëte : l'onde amère, l'abîme salé.

Pour le peintre : un sujet d'étude, ou tout simplement un fond de tableau.

Pour les rois : un empire.

Pour les peuples : un champ de bataille.

Pour les hommes d'État et les diplomates : une question.

Pour l'historien, la mer, c'est l'arène où se sont vidées les plus fameuses querelles ; le but des plus grands efforts de l'humanité ; le moyen d'accomplir les plus gigantesques entreprises : voyages, guerres, batailles, découvertes : et ils nomment, avec Christophe Colomb, qui nous a donné les Amériques, et Gama, qui nous a donné l'Afrique et les Indes, une phalange serrée de héros ou d'hommes de génie qui ont leur place au premier rang parmi les plus illustres renommées de la terre, pour avoir ouvert à la civilisation, à la science, au christianisme, tous les continents et toutes les îles. L'historien ajoute que les véritables conquêtes, celles qui appartiennent à tous les peuples, ont été faites par les marins, et que nous en avons été dotés par la mer.

Enfin, pour le marin, la mer est non-seulement un métier, une profession, une carrière, mais c'est encore une mère-nourrice, une patrie, une habitude, une passion, et souvent même, un impérieux besoin : il ne peut vivre sans naviguer.

Dans un sens plus pratique, la mer, c'est l'activité par opposition à l'inaction, le mouvement par opposition au repos. Ainsi l'on dit : *prendre la mer, être à la mer, tenir la mer,* en parlant d'un bâtiment qui a levé l'ancre, franchi les passes, et est en cours de voyage. Le navire *à la mer* n'est donc pas seulement un navire *à flot.*

Un navire, soit *en rade*, soit *au port*, n'est pas un navire *à la mer.* A bord d'un navire *à la mer*, le capitaine, quel que soit son titre ou son grade, est maître après Dieu ; il dispose du sort de tous les gens embarqués sous ses ordres ; ses pouvoirs sont illimités, et s'il en abuse, nul, tant que le navire est *à la mer*, ne peut, à bord, lui opposer une résistance légitime. — Sans cette autorité absolue, la navigation serait impossible.

Du reste, il en est ainsi, sauf le recours de chacun par-devant la justice ou auprès des chefs directs du capitaine lorsque le régime maritime cesse, c'est-à-dire lorsqu'on cesse d'*être à la mer*.

MERLIN, s. m. (*Marline.*) Petite corde formée de trois fils de caret, commis ensemble ou tortillés. Le merlin blanc n'est pas goudronné ; le merlin noir est goudronné.

MERLINER, v. a. (*To marl.*) Accomplir avec du merlin certains ouvrages de voilerie ou de garniture.

MESTRE, s. m. On appelle arbre de mestre (*main mast of a galley*), le grand mât d'une galère.

MESURES. *Voyez* POIDS.

MÉTACENTRE, s. m. (*Metacenter.*) Point d'intersection de la ligne verticale, qu'on imagine passer par le centre de gravité d'un bâtiment, avec la résultante de la pression latérale que l'eau exerce sur ce vaisseau incliné sur le côté. La stabilité d'un vaisseau, ou sa résistance aux inclinaisons, ou sa tendance à se relever après avoir été incliné, exige que le métacentre soit toujours placé au-dessus du centre de gravité du bâtiment, et dans chaque bâtiment, ce point a une position différente.

METTRE, v. a. Mettre à l'eau un vaisseau (*to launch*), c'est le lancer à la mer ; le mettre à flot (*to bring a ship afloat*), c'est le faire flotter en le plaçant dans une eau assez profonde pour le soutenir ; mettre en mer ou à la mer (*to put to sea*), c'est s'éloigner des côtes et faire route au large ; mettre sous voiles ou en route (*to get under sail*), se dit d'un vaisseau qui appareille ; il met dehors (*to put out*), si cette route l'éloigne directement de la terre ; mettre un vaisseau dehors (*to fit out*), c'est l'équiper complétement pour le préparer à partir. — Mettre N voiles (*to set, to loose N sails*), c'est déployer N nouvelles voiles en faisant route ; mettre sa batterie à l'eau (*wind laid ship on her broad-side*), se dit d'un vaisseau tellement incliné latéralement que le bord inférieur des sabords de sa première

batterie touche à la surface de l'eau; lorsqu'il dirige sa proue ou sa route sur un certain aire? de vent, il met le cap sur N aire? de vent (*to lay the head to N point*). — Mettre sur le fer, c'est jeter l'ancre (*to anchor*). — Il met à culer (*to go back*), lorsque ses voiles le font reculer de l'avant vers l'arrière. Si ses voiles reçoivent l'impulsion du vent sur les faces antérieures, elles sont mises vent dessus ou sur le mât (*to back the sails*); si, après avoir été orientées obliquement à la quille d'un côté, elles sont ensuite orientées de la même manière sur l'autre côté, le vaisseau est mis à l'autre bord (*to tack about; to tack upon the other quarter; to set sail upon the other tack*). Si, en pleine mer toutes ses voiles sont serrées, le bâtiment met à sec (*to lie a-hull*); il met à la cape (*to bring to*); il met la barre dessous ou au vent (*a-weather the helm*), lorsque la barre du gouvernail est poussée du côté du vent. — Mettre le canot à la mer (*to hoist a boat out*), c'est débarquer le canot d'un bâtiment, pour s'en servir au besoin; mettre des hommes ou des objets à terre (*to land*), c'est les débarquer sur la côte ou sur le rivage.

MEURTRIÈRE, s. f. (*Loop hole.*) Trou percé dans le plancher du gaillard d'un bâtiment corsaire, pour permettre aux hommes qui se retranchent sous ce plancher, de tirer sur des ennemis qui ont abordé le bâtiment.

MINAHOUET, s. m. (*Burton.*) Petit appareil imaginé pour roidir les haubans de hune. C'est un bâton dont les deux bouts s'arrêtent dans les œillets qui terminent un cordage lâche, au milieu duquel est fixé une espèce de fouet. Le fouet enveloppe par plusieurs tours une partie du hauban, et la ride ou le cordage qui sert à lacer les deux caps de mouton est attachée au milieu du bâton de l'appareil. Dans cet état, on fait tourner sur lui-même le bâton, qui fait alors fonction de treuil, et la ride, par cette opération continuée convenablement, est lacée aussi serrée qu'elle doit l'être, c'est-à-dire que le hauban se trouve, par ce moyen, avoir acquis toute la tension qui lui est nécessaire pour concourir à assurer l'établissement du mât qu'il embrasse.

MINOT, s. m. (*Bumkin.*) Espèce d'arc-boutant appuyé par une extrémité contre la proue d'un vaisseau, au delà de laquelle il est saillant, en faisant avec le plan diamétral un angle d'environ 15°. Il sert à présenter hors du vaisseau, un point d'appui au coin inférieur de la misaine, lorsqu'elle doit être orientée au plus près du vent. — Il y a aussi deux minots ou porte-lofs ou bouts de lof, pour servir à retenir le lof de cette voile. — On nomme encore minot un arc-boutant qu'on emploie quelquefois pour éloigner de la muraille du vaisseau les pattes d'une ancre, lorsqu'on se propose, après l'avoir levée, de la placer horizontalement le long des porte-haubans de misaine, ou à la hauteur de ces porte-haubans.

MINUTE, s. f. (*Minute-glass.*) Sablier qui mesure une minute.

MISAINE, s. f. (*Fore mast.*) Le mât de misaine est placé à l'extrémité antérieure de la quille d'un vaisseau. Il est composé de mâts partiels. (*Voyez* MAT.) — Vergue de misaine (*fore yard*), forte vergue portée par le bas-mât de misaine (*lower fore mast*). — Misaine ou voile de misaine (*fore sail*), grand' voile, attachée par un de ses côtés à la vergue de misaine. Les haubans, étais, et autres manœuvres appartenant au mât de misaine ajoutent son nom à leur nom générique.

MISE A L'EAU, s. f., ou **LANCEMENT A L'EAU**, s. m. (*Launch.*) Opération qui a pour objet de lancer un vaisseau à la mer, ou de faire descendre vers la mer et du haut de son chantier un vaisseau nouvellement construit. (*Voyez* LANCER.)

MITRAILLE, s. f. (*Case shot.*) Paquet de balles et de morceaux de vieux fer dont on charge quelquefois les canons d'un vaisseau, afin de couper les manœuvres d'un vaisseau ennemi qu'on combat à peu de distance, de déchirer ses voiles et de détruire son gréement ainsi que les hommes qui se présenteraient pour manœuvrer ou combattre à découvert.

MODÈLE, s. m. (*Model.*) Patron en relief d'un bâtiment de mer. Ces modèles sont ordinairement en bois.

MOLETTE, s. f. (*Whirl.*) Nom donné, dans les corderies des ports, à de petits cylindres de bois qui roulent chacun sur une cheville implantée perpendiculairement dans le chapeau de la roue des fileurs.

MOLLE, adj. La mer est dite molle, ou molle mer (*slack water*), lorsque ses eaux, après s'être abaissées par le reflux, sont et restent stationnaires en attendant le flux suivant.

MOLLIR, v. a. et n. (*To ease away.*) Lâcher en partie un cordage tendu, pour diminuer sa roideur de quelques degrés. C'est ainsi qu'on mollit un câble, des haubans, etc. — On dit du vent ou de la mer qu'ils mollissent (*to slacken*) lorsqu'ils diminuent de force, de vitesse ou d'agitation.

MONDE, s. m. Équipage d'un vaisseau, ou certaine partie de cet équipage. On commande à bord : Du monde en haut! (*men up!*); en haut tout le monde! (*All hands high!*).

MONNAIES. *Voyez* POIDS.

MONTANT, s. m. (*Flowing water.*) 1° Flux qui amène les eaux de la mer; 2° courant de ces eaux. On dit qu'il y a montant, lorsque ce courant est établi. — Dans la charpente d'un vaisseau, on nomme montants de voûte (*counter timbers*), des pièces courbes, appuyées sur la lisse d'hourdy; montants de cornières (*quarter pieces or side counter timbers*), les allonges de cornières. D'autres pièces de bois situées verticalement dans un vaisseau reçoivent aussi le nom de montants : montants de coltis, de beaupré, de batayoles, etc.

MONTER, v. a. 1° Synonyme d'établir. Mettre à leur place toutes les pièces composant un bâtiment. Monter l'arcasse d'un vaisseau, son gouvernail (*to hang the rudder*), ses canons, ses pierriers (*to ship the swivel guns*), les mantelets de ses sabords (*to hang the ports*), etc. — 2° Synonyme de commander (*to have the command*).

MONTRE MARINE ou HORLOGE MARINE, s. f.

(*Chronometer ; timekeeper* .) Montre ou horloge dont la marche est rendue indépendante de l'influence de toutes les causes qui font varier les montres et les horloges à la mer.

MOQUE ou **MOQUE A COEUR**, s. f. (*Heart.*) Bloc de bois qui ressemble à une sphère aplatie dans son contour, ou qui a la forme d'un cœur, et qui est évidé dans son milieu. C'est dans les moques d'étai (*dead blocks*), qu'on fait passer les cordages dits rides, qui donnent aux étais la tension qu'ils doivent avoir pour le maintien des mâts. — Lorsque les moques, au lieu d'être évidées, sont percées de N trous, on les nomme moques à N trous (*dead eye with N holes*); elles ressemblent alors à des caps de mouton. — Moque d'araignée (*dead eye, crowfoot*), *voyez* ARAIGNÉE.

MORDRE, v. a. (*To bite.*) On dit de l'ancre d'un vaisseau qu'elle mord le fond, lorsqu'après être tombée à la mer, sa patte s'enfonce dans le sol.

MORT, s. m. Le mort de l'eau ou le mort d'eau (*neap tide*), ou les eaux mortes, indiquent l'époque à laquelle les marées sont moins considérables pendant une lunaison, c'est-à-dire le temps des quadratures de la lune.

MORT, adj. (*Dead.*) Corps mort, gros câble qui est fixe, et sert, dans les ports, à amarrer les vaisseaux. — Tour mort d'un cordage, tour simple. Eaux mortes (*dead sea*), celles qui enveloppent l'arrière de la carène d'un vaisseau en mouvement. — Œuvre morte (*voyez* OEUVRE).

MORTIER, s. m. (*Mortar.*) Pièce de fonte dont on se sert pour envoyer des bombes.

MOU, s. m. (*Slack.*) Le mou d'un cordage est sa partie lâche et sans roideur.

MOU, adj. (*Slack.*) Un cordage mou est un cordage lâche ; un vaisseau mou est un vaisseau LACHE (*voyez* ce mot).

MOUCHE, s. f. (*Fly.*) Petit bâtiment léger et vite, qui est

détaché d'une armée navale pour suivre, observer un ennemi, et rendre compte de sa marche, de ses mouvements et des projets que peuvent annoncer toutes les circonstances où il se trouve.

MOUFLE, s. f. *Voyez* PALAN.

MOUILLAGE, s. m. (*Anchorage.*) Lieu de la mer où les vaisseaux peuvent être retenus par le moyen de leurs ancres. Le mouillage est bon, lorsque la mer recouvre un fond peu éloigné de sa surface, et dans lequel les pattes d'une ancre peuvent mordre et s'engager de manière à maintenir un vaisseau contre les efforts du vent et de la mer (*anchoring place or berth*); il est mauvais, si ces conditions ne sont pas remplies (*bad anchoring ground*). On dit de même qu'il est bon ou mauvais, s'il est à l'abri ou exposé au choc des grands vents et des lames du large. — Un vaisseau ou un navigateur cherche un mouillage (*to strive for an anchoring place*); lorsqu'il l'a trouvé, il le sonde (*to sound*); avant de laisser tomber ses ancres il les prépare, et c'est alors mettre au mouillage ou sur le fer; c'est mouiller (*to anchor*). S'il est retenu solidement sur ses ancres, il est au mouillage (*to ride at anchor; a ship riding at anchor*).

MOUILLER, v. n. Lorsqu'un vaisseau laisse tomber une ancre sur le fond de la mer, afin que sa patte s'y engage et serve à le retenir dans le lieu où il se trouve, par le moyen d'un câble qui le lie à cette ancre, il mouille, il s'ancre (*to anchor; to come to anchor; to cast anchor; to anchor one's self*). — Être bien ou mal mouillé (*voyez* MOUILLAGE). — Mouiller en pagale et avec de l'aire (*to stream a buoy, to anchor hastily*), c'est mouiller précipitamment et sous voiles; mouiller en s'embossant (*to moor with a spring on the cable*) ou en croupière (*to cast an anchor by the stern*), c'est mouiller avec un câble et un grelin; mouiller en patte d'oie (*with three anchors a head*), c'est être retenu par trois ancres, tendus en même temps et formant une patte d'oie. — Un vaisseau est mouillé le travers au vent (*to ride athwart*), s'il présente un de ses

côtés perpendiculairement à l'impulsion du vent régnant ; si le vent, contraire à la marée, agit sur le vaisseau avec une force égale, il est mouillé entre vent et marée (*to ride betwixt wind and tide*) ; il est mouillé en créance, lorsque c'est sa chaloupe qui est chargée de porter une de ses ancres au lieu du mouillage, et de rapporter à bord le câble entalingué ou attaché à cette ancre ; il est mouillé en barbe (*with N anchors ahead*), lorsqu'il est mouillé par plusieurs ancres qui concourent ensemble à cet effet. — Être mouillé en affourchant, *voyez* AFFOURCHER.

MOUILLER, v. a. (*To moor a ship.*) Ancrer ; jeter l'ancre. — Mouiller une ancre (*to ride*), c'est la jeter à l'eau pour que ses pattes s'engagent dans le fond de la mer, et retiennent le vaisseau auquel elle appartient. — Mouiller les voiles (*to wet the sails*), c'est les arroser d'eau pour les rendre plus serrées dans leur tissu lorsqu'elles sont déployées. — Le commandement : Mouille! (*let go the anchor!*), prononcé à bord d'un vaisseau, est l'ordre de laisser tomber l'ancre sur le fond de la mer.

MOUSSE, s. m. (*Younker ; cabin boy.*) Jeune homme d'un âge au-dessous de seize ans et au-dessus de huit, qui est embarqué sur un vaisseau pour commencer l'apprentissage de l'état de matelot.

MOUSSON, s. f. (*Monsoon.*) Vent périodique et régulier qui, après avoir soufflé pendant un certain temps de l'année dans une direction, est remplacé ensuite par un vent opposé ou d'une direction contraire : mousson du S. O., du N. E., etc.

MOUSTACHE, s. f. (*Standing lift.*) Cordage destiné à soutenir en partie le poids d'une vergue qui est suspendue à un mât à une certaine hauteur. — Moustaches de la vergue barrée (*standing lifts of the cross-jack yard*); moustaches de la vergue de civadière (*standing lift of the sprit-sail*).

MOUTON, s. m. (*Froth of the sea.*) Écume blanche qui se forme çà et là, sur des lames naissantes, lorsqu'un vent frais

commence à leur faire prendre, et tend à augmenter leur grandeur ainsi que leur élévation. On dit alors que la mer moutonne (*to foam*).

MOUTONNER, v. n. *Voyez* MOUTON.

MOUVEMENT, s. m. Les mouvements d'une armée (*motions of the fleet*) sont ses évolutions. — Les mouvements d'un vaisseau sont ses roulis et ses tangages (*rolling and Pitching*).

MUDER, v. a. *Voyez* TRÉLUCHER.

MURAILLE, s. f. (*Wall of a ship.*) On donne ce nom, dans un vaisseau, à l'épaisseur de son bord, membres, bordages et vaigres compris.

N

NAGE, s. f. (*Swimming*.) La nage d'un bâtiment est, sur ses bords, l'espace où sont placés les avirons qui servent à lui donner du mouvement. — Banc de nage (*thwart; seat of rowers*), long siége où les rameurs s'asseyent pour agir avec leurs avirons. — Une chaloupe qui marche bien au moyen des avirons, est bonne de nage (*to row swiftly*). — A la nage (*in swimming*), en nageant. — Traverser une rivière à la nage (*to swim acros a river*), un bras de mer (*arm of the sea*).

NAGER, v. a. (*To pull; to row.*) Ramer; faire usage des avirons pour imprimer du mouvement à un bâtiment. — Nager debout (*to row a long stroke*), c'est se tenir debout en ramant; nager sec (*to row dry*), c'est mouvoir l'aviron sans faire jaillir l'eau qui est refoulée dans le choc; nager à sec (*to touch the shore with the oars in rowing*), c'est pousser le bâtiment, à l'aide d'avirons, dont le bout, au lieu de frapper l'eau, s'appuie sur le fond ou le rivage; nager de force (*to row swiftly*), c'est ramer avec toute la vitesse et toute la force que les rameurs peuvent employer; nager plat (*to row with the wash*), c'est, après chaque choc de la rame, en présenter horizontalement la pelle au-dessus de la surface de l'eau; nager sur le fer (*upon iron*), c'est retenir un bateau, à l'aide d'avirons, dans une place dont les courants ou les lames tendent à l'éloigner malgré un grappin qui est mouillé; nager tribord ou babord (*to pull with the starboard or larboard oars*), c'est faire agir les avirons qui sont placés sur le côté droit ou sur le côté gauche du bateau qu'on doit mouvoir; nager partout (*with all the oars*), c'est employer en même temps les avirons placés en même nombre de

chaque côté du bateau, c'est nager tous ensemble (*together*);
nager qui est paré (*to pull with the oars that are shipped*),
c'est mouvoir le bateau à l'aide des seuls avirons qui sont armés
ou parés, c'est-à-dire prêts à être employés. — On commande
ainsi laconiquement pour obtenir ces divers résultats : Nage!
nage tribord ou babord! nage plat! nage sec! nage qui est
paré, etc.

NAGEUR ou **RAMEUR**, s. m. (*Rower.*) Homme employé dans un bâtiment à mouvoir une rame ou un aviron.
(*Voyez* VOGUE-AVANT.)

NAUFRAGE, s. m. (*Shipwreck.*) Perte d'un vaisseau produite, ou par les vents, ou par la mer, ou par des écueils.

NAUFRAGER, v. n. Naufrager (*To be wrecked.*) Faire
naufrage.

NAULAGE, s. m. Action de fréter un bâtiment. (*Voyez*
FRÉTER ou AFFRÉTER.)

NAUTIQUE, adj. (*Nautical.*) Relatif à la navigation. —
Astronomie nautique (*nautical astronomy*); carte nautique
(*sea chart*).

NAVAL, adj. (*Naval.*) Relatif à la navigation. — Des forces
ou des puissances navales (*navy*), ou des armées navales
(*royal fleets*), consistent en un nombre de vaisseaux de guerre
(*ships of war*). — Combat naval (*naval fight*).

NAVIGABLE, adj. (*Navigable.*) Une mer est navigable,
lorsque, dans tous ses points, elle offre aux vaisseaux une profondeur d'eau convenable, lorsqu'elle n'est pas coupée par des
écueils ou embarrassée par des îles, des rochers ou des glaces.
Dans un cas contraire, elle n'est pas navigable (*unnavigable*).
Souvent telle mer, telle rivière ne sont navigables que pour des
bâtiments d'une grandeur déterminée.

NAVIGATEUR, s. m. (*Seafaring man.*) 1° Homme qui
voyage sur mer ou par mer; 2° celui qui a fait de grands

voyages sur mer; 3° voyageur plus ou moins instruit, occupé à faire ou à recueillir des observations dans tous les genres et et dans les différentes parties du globe; 4° marin habile; 5° bon pilote.

NAVIGATION, s. f. (*Navigation*) 1° Art de voyager sur mer ou de conduire un vaisseau d'un point donné à un autre sur la surface des mers. 2° Voyage ; belle navigation; navigation heureuse ou malheureuse, dangereuse, dure, longue, courte. — Navigation hauturière ou au LONG-COURS (*voyez* ce mot); navigation des côtes (*voyez* CABOTAGE). — Navigation à vapeur, *voyez* VAPEUR.

NAVIGUER, v. n. (*To navigate.*) Voyager par eau ou par mer. — Un homme navigue, lorsque son état habituel est de servir sur mer; et selon qu'il est employé sur les vaisseaux de l'État ou sur les bâtiments de commerce, il est dit naviguer pour l'État ou pour le commerce (*to serve an board a ship of war, on board a merchantman*). — Un navire navigue bien lorsqu'il se comporte bien à la mer (*to behave well at sea*).

NAVIRE, s. m. (*Vessel; ship.*) Nom général de tout bâtiment de mer ou propre pour la mer, et plus particulièrement des bâtiments marchands ou de commerce. — Les navires sont classés suivant le nombre de leurs mâts, le nombre des tonnaux de 2,000 livres (1,000 kil.), qu'ils peuvent transporter, etc. — Le mot : Navire! (*Vessel! ship!*) crié à haute voix et en mer, annonce la découverte d'un bâtiment qui paraît sur l'horizon de l'observateur. Dans la même acception, on dit aussi: Voile! (*Sail!*) — L'exclamation : Oh ! du navire ! (*Ship ahoy!*) est un appel fait à un navire éloigné pour l'avertir qu'on veut lui parler. — Navire à vapeur; navire-mixte, *voyez* VAPEUR et HÉLICE.

NÉGRIER, adj. et s. (*Slaveship; African trader.*) Bâtiment qui fait la traite des noirs. — Celui qui se livre à cet odieux commerce porte le même nom.

NEPTUNE, s. m. (*Neptune; nautical atlas.*) Atlas de cartes marines.

NEUTRE, adj. Un bâtiment neutre (*neutral ship*), est celui d'une nation qui ne prend point de parti entre les puissances maritimes belligérantes. — On dit souvent, par abréviation, que c'est un neutre (*neuter*).

NEZ, s. m. Synonyme avec proue; ne s'emploie que dans cette expression : Il est sur le nez ou trop sur le nez (*too much by the head*), en parlant d'un bâtiment trop chargé sur l'avant, ou dont la proue est trop profondément plongée dans l'eau, relativement à la position de sa partie moyenne ou arrière.

NŒUD, s. m. (*Knot.*) Enlacement de cordes, propre à les réunir entre elles ou à les fixer séparément dans des lieux déterminés, et susceptible d'être délié au besoin. — Nœud plat ou marin (*carrick bend*); nœud de bouline (*bowline knot*); nœud d'écoute (*sheet knot*); nœuds de vache (*granny's bend*), nœuds ressemblant aux nœuds plats et qui servent à ajuster ensemble des aussières, des grelins et autres cordages; nœud d'anguille (*jamming knot*), nœud simple et coulant par lequel on attache un cordage à une pièce de bois, à un mât, etc, pour le tirer dans le sens de leur longueur; demi-nœud (*overhand knot*), nœud ordinaire fait lâchement et ouvert pour former une espèce d'anneau; nœud de bois (*limber hitch*) ou gueule de raie (*cat's paw*), nœud par lequel on attache un cordage à un cordage suspendu; nœud de haubans ou culs de porc (*wale knot or crowning; round knot*), des espèces de boutons par lesquels sont terminés plusieurs cordages. — Les lignes de lok portent sur leur longueur des divisions égales qui sont marquées par des nœuds ordinaires, dits nœuds de la ligue de lok (*knots of the log line*). *Voyez* LOK.

NOIX, s. f. La noix d'un mât (*hound of the top mast*) est un excédant en bois ou un renfort qu'on laisse près de la tête des mâts de hune et de perroquet, pour servir d'appui, et aux barres et aux cordages qui embrassent ces mâts au-dessus de

cette partie, pour les maintenir dans leur situation. — Noix s'entend aussi de la tête d'un CABESTAN (*voyez* ce mot).

NOLIS, s. m. *Voyez* FRET.

NOLISEMENT, s. m. *Voyez* AFFRÉTEMENT.

NOLISER, v. a. *Voyez* AFFRÉTER.

NORD, s. m. (*North.*) Nom du pôle boréal de la terre et de l'aire de vent dirigé vers ce pôle. — Le vent est au Nord (*the wind is north*), lorsqu'il souffle du point de l'horizon vers lequel est dirigé l'air de vent nommé nord.

NORD-EST, s. m. (*North-East.*) Point de l'horizon qui partage l'intervalle compris entre le Nord et l'Est.

NORD-OUEST, s. m. (*North-west.*) Point de l'horizon qui partage l'intervalle compris entre le Nord et l'Ouest.

NOVICE, s. m. (*Novice.*) 1° Conscrit de la marine; 2° mousse qui a pris des forces et se forme au matelotage; 3° volontaire âgé de plus de seize ans.

NOYER, v. a. Noyer la batterie d'un vaisseau (*to drown the guns of a ship*), se dit de la mer dont l'agitation empêche d'ouvrir ses sabords pour faire usage des canons. — A la mer, on noie un vaisseau (*to lay a ship*), lorsqu'en s'éloignant continuellement de ce bâtiment, il cesse d'être visible, étant caché par la rondeur de la terre. De même on noie une côte, une île, une terre (*to settle the land*) en s'avançant au large ou en haute mer.

NUAISON, s. f. (*Duration of a mind.*) Durée du vent sur une direction déterminée.

O

O! (*O!*) Interjection employée par les marins pour donner le signal à des hommes rassemblés pour une même opération, de réunir leurs efforts au même instant, afin de produire tout l'effet dont ils sont capables par le concours de leurs forces; c'est ainsi qu'ils disent à haute voix : ô hisse! ô hale! ô saille! ô ride! pour annoncer le moment où ils doivent tous ensemble Hisser, Haler, Sailler ou Rider. (*Voyez* ces mots.)

OBLIQUE, adj. (*Oblique.*) On dit de la route d'un vaisseau qu'elle est oblique ou obliquée, lorsque ce vaisseau est sollicité à se mouvoir sur une direction qui fait un angle plus ou moins grand avec celle de sa quille.

OCCASE, adj. L'amplitude d'un astre est occase (*westerly*), lorsqu'on le considère au moment où il se plonge sous l'horizon par son mouvement diurne; et c'est la distance à laquelle il se trouve, dans cette position, du vrai point d'Ouest du monde, ou du point d'intersection du plan de l'équateur avec celui de l'horizon de l'observateur. — L'amplitude est nommé ortive (*Easterly*), lorsque l'astre observé se lève sur l'horizon.

OCTANT, s. m. (*Octant; Hadley's quadrant.*) Instrument astronomique propre à l'estimation des distances des astres; fait en bois et en cuivre, il a la forme d'un secteur de cercle dont l'arc divisé est de 45°. Il est garni de deux miroirs ainsi que d'une pinnule et d'une alidade.

OEIL ou **OEILLET,** s. m. (*Eye.*) 1° Vide central de l'ar-

ganeau d'une ancre; 2° mortaises de la tête du gouvernail; 3° trous percés dans les parties inférieures de la voile de civadière; 4° trous faits en différentes parties de l'étendue des voiles; 5° boucles qui terminent des cordages; 6° anneaux qu'on fait former aux estropes de certaines poulies, etc. — OEillets de ris (*eyelet holes*); œillets d'étai (*eyes of a stay*); œillets de tournemine (*eyes in the two ends of the voyal*); œillets des estropes de poulies (*eyes of a block strop*); œillets de chevilles (*eyes of a bolt*). — Aiguilles à œillet, *voyez* AIGUILLE.

OEUVRE, s. f. OEuvres vives (*quick works*), parties d'un vaisseau qui sortent de l'eau; œuvres mortes (*dead works*), parties d'un vaisseau qui sont submergées.

OFFICIER, s. m. (*Officer.*) Marin faisant partie de l'ÉTAT-MAJOR. (*Voyez* ce mot.)

OH! Exclamation. (*O!*) *Voyez* NAVIRE.

OPPOSÉ, adj. Deux bâtiments sont dits courir à bord opposé (*upon a contrary tack*) lorsqu'ils suivent des routes parallèles et contraires.

ORDRE, s. m. (*Order.*) Nom donné, dans les évolutions navales, à la disposition relative et déterminée des vaisseaux qui composent une armée. — Ordre de combat ou de bataille (*order of battle*), ordre dans lequel les vaisseaux sont rangés sur une même ligne, qui est celle du plus près du vent; ordre de chasse (*order of pursuit*), celui qu'il convient de prendre en poursuivant un ennemi; il se change aisément en ordre de bataille; ordre de retraite (*order of retreat*), celui dans lequel les vaisseaux sont rangés sur les deux lignes du plus près du vent et font, en fuyant, route vent largue ou arrière, comme, en poursuivant, font route vent largue les vaisseaux en ordre de chasse. L'ordre de marche (*order of sailing in a fleet*), varie selon les cas; généralement, c'est celui ou les vaisseaux sont dirigés sur trois colonnes parallèles à une des lignes de combat et courent au plus près du vent (*order in N columns*).

— Ordre de front (*line a breast*), ordre de marche dans lequel les vaisseaux rangés sur une ligne perpendiculaire à la direction du vent font route vent largue ou vent arrière. — Un ordre peut être naturel ou renversé (*direct or inverted line*), selon que les vaisseaux qui doivent être les uns devant les autres y sont réellement ou s'ils sont dans un ordre contraire.

OREILLE, s. f. (*Jlukes.*) Les oreilles d'une ancre sont les parties saillantes de chaque patte. — On donne aussi le nom d'oreille à des crocs ou adents des épontilles.

OREILLER ou **COUSSIN**, s. m. (*Cross chock.*) 1° Pièce qui consolide et croise les deux pièces formant une varangue de couple ; 2° pièce qui fortifie les deux pièces qui composent les barres de l'arcasse.

ORIENTER ou **ÉTABLIR**, v. a. (*To trim.*) Placer une voile déployée dans une direction déterminée, de manière que, sous l'impulsion du vent, elle produise sur un vaisseau l'effet le plus avantageux que les circonstances puissent permettre. Si sa position est bien choisie, et si la voile est bien étendue, elle est bien orientée (*to trim ship-shape*). — Elle est orientée au largue, ou au plus près du vent (*to trim all sharp; close hauled or sharp trimmed*), suivant la position de cette voile à l'égard du vent régnant. — Orienter un vaisseau (*to trim the ship's sails*), c'est orienter toutes ses voiles.

ORIN, s. m. (*Buoy rope.*) Cordage attaché par une de ses extrémités à la croisée d'une ancre, et par l'autre à une bouée. — L'orin des ancres à jet est attaché à leur organeau. — L'orin de galère (*buoy rope of row-galley*), est un grelin dont la longueur est assortie à la profondeur des rivières qu'un vaisseau remonte ou descend.

ORTIVE, adj. *Voyez* OCCASE.

OSTE, s. f. (*Brace of lateen yards.*) Manœuvre qui est pour une antenne ce qu'est un bras pour une vergue. (*Voyez* BRAS.)

OUEST, s. m. (*West.*) Nom d'un des quatre points cardinaux de l'horizon, de celui qui, sur la circonférence de l'horizon, est à 90° sur la gauche du point du Nord. — Le rayon qui du centre de l'horizon, se dirige au point Ouest est aussi nommé l'Ouest (*west point.*) — Faire l'Ouest, être dans l'Ouest, se dit d'un vaisseau qui se meut sur cette ligne ou d'un vaisseau ou autre objet, si la ligne menée de celui-ci au premier se dirige à l'Ouest de l'horizon.

OURAGAN, s. m. (*Hurricane.*) Tempête qui varie dans sa force et dans sa direction. La mer est alors battue dans divers sens et devient très-dangereuse pour les navigateurs.

OURDIR, v. a. (*To warp.*) Étendre horizontalement sur une certaine longueur et dans des directions parallèles tous les fils qui doivent entrer dans la composition d'un cordage. — L'ouvrier chargé de ce travail est nommé ourdisseur (*Warper*).

OURDISSAGE, s. m. (*Warping.*) Opération qui a pour objet d'ourdir un cordage. (*Voyez* OURDIR.)

OURDISSEUR, s. m. *Voyez* OURDIR.

OURDISSOIR, s. m. (*Warping stanchions.*) Assemblage de montants verticaux qui sont disposés dans un port au bout d'une corderie, pour servir d'appui aux axes horizontaux sur lesquels roulent les tourets ou dévidoirs qu'on enveloppe de fils de caret.

OURSE, s. f. (*Vang; mizen bowline.*) Manœuvre qui sert à mouvoir l'extrémité inférieure d'une antenne de galère.

OUVERT, s. m. (*Open.*) L'ouvert d'une baie, d'un port, c'est leur entrée, leur ouverture du côté de la grande mer. — Un vaisseau est à l'ouvert d'un port (*to be open with any place*), lorsqu'il est placé vis-à-vis de l'entrée qui y conduit.

OUVERTURE, s. f. (*Opening.*) On nomme ouverture entre les terres une coupure qu'on aperçoit de la mer, avec

laquelle elle communique et qui se prolonge entre des terres. — L'entrée d'un port est aussi son ouverture. — L'ouverture d'un couple de vaisseau est celle de ses deux branches ; l'ouverture d'une armée navale dont les vaisseaux sont rangés sur plusieurs colonnes parallèles, est la distance respective de ces colonnes.

OUVRIR, v. a. (*To open.*) Un vaisseau qui s'avance dans l'espace est dit ouvrir deux objets, lorsque de ce vaisseau on commence à ne plus les voir, comme auparavant, sur une même ligne, par le changement de position du vaisseau relativement à ces objets. Si l'écartement de ces objets est plus ou moins considérable, on dit qu'on les ouvre de telle quantité ; et comme on prend souvent pour mesure de leur distance, la largeur de la voile d'un bâtiment, on exprime cette distance en disant qu'on ouvre ces objets d'une ou deux voiles. — Ouvrir une voile, c'est la placer de manière que le vent régnant frappe sa surface sous un grand angle d'incidence, sans changer la position du vaisseau. — Ouvrir une baie, une rade, c'est commencer à découvrir leur entrée. — Ouvrir les sabords d'une batterie (*to open the weather or lee ports on the lower deck*, c'est lever les mantelets qui ferment ces ouvertures.

P

PACFI ou **PAFI**, s. m. (*Main and fore sails.*) Nom donné quelquefois aux basses voiles, c'est-à-dire à la grande voile et à celle de misaine.

PAGALE (EN), loc. adv. (*Hastily.*) Précipitamment. — Mouiller en pagale (*to anchor hastily*); amener en pagale (*to stream or to lower hastily*); larguer en pagale (*to let go amain or hastily*), etc. *Voyez* VRAC (EN).

PAGAYE, s. f. (*Paddle.*) Espèce de pelle dont on fait usage pour mouvoir des canots ou des pirogues; c'est un petit aviron court, en forme de large fer de lance.

PAGAYER, s. m. (*To paddle.*) Faire usage d'une pagaye pour donner du mouvement à un petit bateau. Le pagayeur (*rower*) se place sur le côté du bateau, prend d'une main l'extrémité de la pagaye, qu'il saisit de l'autre un peu plus loin, et la tient dans une situation verticale, puis il plonge la pelle dans l'eau. Dans cet état, il la tire à lui avec vitesse, parallèlement à la longueur du bateau, et la résistance que l'eau oppose à la pelle qui la refoule, lui sert à repousser le bateau, et à le faire avancer dans l'espace suivant une direction contraire.

PAGAYEUR, s. m. *Voyez* PAGAYER.

PAILLE, s. f. Pailles de bittes (*long bolts*), longues chevilles de fer qu'on introduit dans la tête d'une bitte pour empêcher le câble qui embrasse ce montant et qui lie le vaisseau à une ancre mouillée, de passer par dessus le sommet du montant. Des chevilles semblables, dites pailles de garnitures (*rig-*

ging) servent dans les ateliers des ports à serrer les estropes des poulies. — Pailles d'arrimage (*logs*), bûches bien droites et peu grosses dont on fait usage pour maintenir en place les barriques dans la cale.

PAILLET, s. m. (*Mat or paunch.*) Espèce de natte faite avec des fils de caret enlacés ensemble.

PALADE, s. f. (*Oar shot.*) Nom de chaque coup d'aviron que donne un rameur.

PALAN, s. m., ou **MOUFLE**, s. f. (*Tackle ; tackle-block.*) Assemblage de cordes et de poulies dont la combinaison sert à élever de grands fardeaux avec de faibles puissances. — Palan d'étai ou de charge (*stay tackle*) ; palan de bouline (*bowline tackle*) ; palan à canons (*gun tackle*) ; palan de retraite (*relieved tackle of the gun*) ; palan de bout (*sprit sail halyard*) ; palan d'amure (*mizen parrel truss*) ; paian de gui (*tackle of the guy*) ; palan de roulis (*rolling tackle*) ; grand palan (*main tackle*) ; petit palan (*whip or burton*), etc.

PALANQUER, v. a. (*To bowse.*) Tirer ou roidir un cordage qui passe dans les poulies d'un palan. — Palanquer les haubans (*to set up the shrouds*), c'est ajouter à leur tension, à l'aide de palans.

PALANQUIN, s. m. (*Burton.*) Petit palan. — Palanquin de ris (*reef tackle*) ; palanquin de sabord (*port tackle*).

PALE ou **PELLE**, s. f. (*Wash or blade.*) Extrémité large et plate d'un aviron et d'une rame, au moyen de laquelle les rameurs refoulent l'eau.

PALME, s. f. (*Palm.*) Longueur de 13 lignes, qui sert de mesure convenue pour estimer le diamètre des mâts. — Un mât a N palmes (*mast N palms thick*).

PALONNE ou **CHAPE DE TRAINE**, s. f. (*Strop.*) Cordage fait d'étoupe et employé dans les corderies pour l'opération du commettage.

PANNE, s. f. Un navire en panne (*lying to*) est celui qui est maintenu, soit par sa voilure, soit par sa machine à vapeur dans un état stationnaire. — Mettre en panne (*to bring to*); être, rester en panne (*to lie to*).

PANNEAU, s. m. (*Hatch, or cover of a hatchway.*) Couverture en planche ou trappe fermant les écoutilles. — Panneau de bassin ou de cuisine (*caboose*), celui qui est placé au-dessus des cuisines; — Petit panneau (*cap scuttle*), celui qui recouvre les écoutillons.

PANTENNE (EN), loc. adv. Gréement, mâture en pantenne (*disabled*), c'est-à-dire désemparés. — Vergues en pantenne (*displaced*), c'est-à-dire dérangées exprès; signe de deuil sur un vaisseau, à la mort du commandant.

PAPILLON, s. m. (*Little sail.*) Petite voile que, dans les beaux temps, on surajoute au-dessus des cacatois, sur la flèche des mâts de ce nom.

PAQUEBOT, s. m. (*Packet boat.*) Bâtiment destiné à porter les lettres, les dépêches et les voyageurs. — Paquebot à vapeur (*steamer*); on dit aussi steamer en français.

PAR. (*On; by*). Préposition dont on se sert pour désigner le lieu d'un vaisseau ou d'un objet relativement à un autre : par le travers (*on the beam*); par la hanche (*on the quarter*); par l'avant ou par l'arrière (*on the bow; athwart hawse*); par mer (*by sea*); etc.

PARACLOSE, s. f. (*Limber board.*) Planche qui, placée dans un vaisseau le long et auprès de la carlingue, n'est pas clouée sur les varangues qu'elle croise, ainsi que le sont les vaigres ou planches collatérales.

PARAGE, s. m. (*Space of the sea.*) Espace de mer borné dans ses dimensions. — Bon parage (*good berth*).

PARALLÈLE, s. m. (*Parallel.*) Tout cercle ou section qu'on peut imaginer faite dans le globe parallèlement au plan

de l'équateur. — Un vaisseau est sur ou par tel parallèle, lorsque sa latitude égale est celle de ce parallèle.

PARC, s. m. Parc à moutons ou autres bestiaux (*sheep-
pen*). — Espace où l'on enferme des animaux à bord d'un
vaisseau. — Parc d'artillerie (*Warren*). — Parc (*dock
yard*), port ou arsenal qui ne reçoit que des vaisseaux de
guerre. — Parc à boulets (*shot locker or garland*) espace
ménagé à bord pour contenir des boulets.

PARER, v. a. Préparer; éviter; dégager; polir. —
Parer un câble dans un vaisseau (*to get a cableready*),
c'est le préparer de manière qu'il puisse accompagner comme
il convient l'ancre qu'on va laisser tomber. — L'ordre de tout
préparer pour l'opération de virer de bord ou de mouiller
une ou plusieurs ancres, est indiqué en disant à haute-voix :
pare à virer! (*see all clear to go about, ready about*), et pare
à mouiller (*to stand by the bower*). — Un vaisseau paré (*to be
ready*) est celui qui est prêt à partir, à combattre, etc. — Parer
une ancre (*to see an anchor clear for coming to*), c'est attacher son câble à son organeau, et la suspendre de manière
qu'elle puisse descendre au fond de l'eau, au premier signal.
— Parer une manœuvre, un cordage, etc. (*to get ready clear*),
c'est les dégager de tous les obstacles qui en embrassent l'usage.
Parer un palan (*to underrun a tackle*), c'est remettre dans
leurs places respectives toutes les parties d'un tel appareil. —
Parer une pointe, un cap, un ban (*to get aloof from a bank*),
c'est éviter de les choquer. — Parer l'abordage d'un autre bâtiment (*to fend off*), c'est s'en défendre ou l'éviter. — Parer
un vaisseau (*to dub a ship*), c'est polir les faces extérieures de
ses couples.

PARLEMENTAIRE, adj. Un bâtiment parlementaire (*cartel
ship*) est celui qui est envoyé pour parlementer avec une armée
navale ennemie; il porte un pavillon tout blanc, dit pavillon
parlementaire (*white flag*).

PART, s. f. (*Part; profit.*) Part déterminée dans le profit

26.

que peut faire un bâtiment. Certains matelots, surtout pour la pêche de la baleine, sont à la part. — Part de prise (*prize money*), portion adjugée, dans la valeur d'un bâtiment, à ceux qui ont concouru à l'enlever à l'ennemi.

PARTANCE, s. f. (*Departure; time of departing.*) Un vaisseau en partance est celui qui est au moment de son départ et cesse toute communication avec la terre (*to be ready for sailing*). — Coup de partance (*sailing gun*), coup de canon tiré à bord d'un vaisseau pour annoncer son départ. — Point de partance (*departure*), point d'où l'on part. — Faire une belle partance (*to set sail with fair weather*) se dit d'un bâtiment qui part par un vent et une mer favorables.

PASSAGE, s. m. (*Passage.*) Transport sur un bâtiment d'une personne qui passe d'un lieu à un autre, d'un passager (*passenger*).

PASSAGER, s. m. *Voyez* PASSAGE.

PASSAVANT, s. m. (*Gangway.*) Plancher partiel établi de chaque côté d'un vaisseau, à la hauteur et dans l'intervalle de ses deux gaillards, pour leur servir de communication et pour recouvrir les canons de la batterie immédiatement inférieure.

PASSE, s. f. (*Strait; fair way through a channel.*) Passage étroit, rempli par la mer et navigable. — Passe d'une corde (*turn*), tour que fait cette corde.

PASSE-PORT, s. m. (*Passport.*) Permission donnée par l'État à un bâtiment de commerce, de faire un voyage déterminé.

PASSER, v. a. et n. Passer des manœuvres (*to reeve*), c'est disposer les manœuvres qui entrent dans le gréement d'un vaisseau, de manière qu'ils passent dans les points, les détours et les poulies qu'ils doivent parcourir. — Un vaisseau passe au vent d'un autre vaisseau (*to pass to the windward, to weather; or to pass to the leeward*), lorsque la route du premier

croise le second, dans un point qui est au vent ou sous le vent de
celui-ci. Il passe sous la poupe ou sous le beaupré (*to pass under the stem, or to pass to the leeward*), lorsqu'il passe derrière ou devant un vaisseau ; il passe à poupe, lorsqu'il se range
sous la poupe de ce bâtiment pour y recevoir une communication quelconque, ou pour le canonner avec avantage. — Un
bâtiment passe sur un banc, sur un haut-fond, etc., (*to forge
over*), s'il traverse un espace de mer qui découvre ces écueils,
en les touchant et en glissant fortement sur leur surface, sans
cependant y être arrêté. — Passer à tribord ou à bâbord, c'est
se placer sur la partie gauche ou droite d'un vaisseau. — Passer
par dessus le bord (*to overrake*), c'est tomber d'un vaisseau
dans la mer. — Passe du monde sur le bord ! (*Man the side !*)
est le commandement fait à un nombre indéterminé des gens
de l'équipage, de passer sur un côté ; passe du monde sur la
hune ! (*man well the top !*) — Passer la tournevire (*to shift
the royal*), c'est, après avoir employé la tournevire à tirer sur
le câble d'une ancre mouillée, en faire usage sur l'autre côté du
vaisseau pour un autre câble qui tient, à une seconde ancre
mouillée.

PASSE-VOLANT, s. m. (*False muster.*) 1° Canons posti-
ches ou en bois ; 2° hommes qui se trouvent en mer à bord
d'un vaisseau, sans être enregistrés sur le rôle de l'équipage.

PATACHE, s. f. (*Tender.*) Bâtiment employé sur les côtes
et sur les rivières pour visiter les bâtiments et percevoir les droits.

PATARAS, s. m. (*Swifters.*) Haubans supplémentaires,
dits aussi faux-haubans, qui ne sont employés qu'au besoin,
pour concourir à étayer un mât.

PATRON, s. m. (*Master.*) Conducteur d'un petit bâtiment
de mer. — Patron de chaloupe, de canot (*cockswain of the
pinnace and boat*), celui qui est chargé particulièrement de
conduire ces embarcations.

PATTE, s. f. Pattes d'une ancre (*flukes*), plaques de fer

dont les bras d'une ancre sont armés. — Pattes de voiles (*cringles*), demi-anneaux ou petites anses en corde qui garnissent sur certains points les ralingues des voiles — Pattes d'oie, combinaison de trois cordages ayant la forme d'une patte-d'oie.

PAUMELLE, s. f. (*Sailmaker's palm.*) Dé des voiliers.

PAUMOYER, v. a. (*To underrun*) Faire courir sur la main et dans sa longueur un cordage quelconque.

PAVILLON, s. m. (*Colour.*) Espèce de bannière longue et quadrangulaire déployée sur la poupe d'un vaisseau. Il désigne, par ses couleurs, la nation à laquelle appartient le bâtiment qui le porte. — Pavillon de poupe (*ship's ensign*); pavillon de beaupré (*jack*); pavillon amiral (*admiral flag*); pavillon neutre (*colour of a neutral nation*); pavillon parlementaire (*white flag*), qui est tout blanc; pavillons pour signaux (*flag of any nation*), tels le pavillon de combat (*flag for engagement, or flag of line*), etc. — Amener son pavillon, *voyez* AMENER.

PAVOIS, s. m. (*Top armour, garter cloths.*) Bandes d'étoffes de couleur qu'on étend autour des bords supérieurs d'un vaisseau, pour lui servir d'ornement dans certains jours de fête ou de cérémonie, ce qui s'appelle pavoiser (*to spread the waist cloths*).

PAVOISER, v. a. *Voyez* PAVOIS.

PEIGNER, v. a. (*To hatchel hemp.*) Dans les corderies, on peigne le chanvre, pour séparer les étoupes, le chanvre du premier brin et celui du second brin. — On peigne les torons d'une épissure et on les étend en filasse sur la longueur de l'étai (*to worm a stay*).

PELLE, s. f. *Voyez* PALE.

PENDEUR, s. m. (*Pendant.*) Cordage gros et court, qui embrasse la tête d'un mât, et dont les deux bouts pendent sur les haubans inférieurs. — Pendeurs des faux-haubans (*pendant*

of the preventer shrouds); pendeurs des caliornes et des candelettes (*winding tackle pendant*); pendeurs des bouts des vergues (*brace pendant*); pendeur du palan dit bredindin (*small stay tackle pendant*).

PENEAU (FAIRE). — (*To get every thing clear to come to anchor.*) Préparer une ancre à être mouillée, sans embarras et sans obstacle.

PENON, s. m. (*Dog vane.*) Petite girouette formée d'un fil garni de plusieurs tranches de liége fort minces et de forme circulaire, sur le contour desquelles sont implantées des plumes. Ce penon est porté par un bâton qu'on fixe à volonté sur le bord de la muraille du gaillard d'arrière d'un vaisseau, pour indiquer la direction du vent régnant.

PENTE DE TENTE, s. f. (*Side of an awning.*) Parties latérales d'une tente qui pendent verticalement.

PENTURES, s. f. (*Hinges.*) Bandes de fer qui servent à soutenir les portes, les fenêtres, à recevoir les gonds du gouvernail, etc.

PERDRE, v. a. Cesser d'avoir. — Perdre ses mâts, ses voiles (*to spend a mast*), ses ancres, ses câbles, etc. — Perdre la terre de vue (*land laid; to lose sight of the land*); — se perdre, se briser sur un écueil; se perdre corps et bien (*to be lost or wrecked*). — On dit de la mer pendant son reflux, qu'elle perd (*tide falls*), parce que réellement elle perd de la hauteur à laquelle le flux avait élevé son niveau.

PÉRIR, v. n. (*To be destroyed.*) Prendre fin, être détruit, se dit d'un vaisseau.

PERPENDICULAIRE, s. f. (*Perpendicular.*) Nom donné, dans l'architecture navale, à des lignes qui sont abaissées perpendiculairement du sommet de l'étrave et de l'étambot, sur le prolongement de la face inférieure de la quille. — La perpendiculaire du vent (*wind upon the beam*) est une ligne perpendiculaire à la direction du vent régnant.

PERROQUET, s. m. (*Gallant mast.*) Nom donné aux mâts qui sont établis au-dessus de ceux de hune et aux voiles que portent ces mâts. On distingue le grand et le petit perroquet (*main and fore top gallant masts*); mât vergue et voile de perroquet de fougue (*mizzen top sail*), mât vergue et voile situés au-dessus du bas-mât d'artimon. — Perroquets volants ou royaux (*top gallant royal*). petites voiles qu'on déploie quelquefois au-dessus des voiles de perroquet (*gallant-sails*) et qui sont portées sur les flèches des mâts de perroquet; on les nomme aussi cacatois ou catacois.

PERRUCHE, s. f. *Voyez* MAT.

PESER, v. n. (*To hang upon.*) Agir par son propre poids, pour roidir un cordage, ou pour produire un effet quelconque.

PHARE, s. m. (*Light-house.*) 1° Tour sur laquelle on place un grand fanal pour guider les vaisseaux qui sont en mer; 2° ce fanal lui-même.

Le dernier état des phares qu'ait publié le dépôt de la marine impériale énumère sur les côtes de France 259 phares et fanaux fonctionnant. Les phares sont divisés en 6 catégories; 1° à *feu fixe*, lumière éclatante; 2° *à éclats*, lumière qui montre alternativement 5 éclats et 5 éclipses ou plus, dans l'intervalle d'une minute; 3° *fixe à éclats*, lumière fixe qui montre un éclat blanc ou rouge, précédé ou suivi de courtes éclipses et à des intervalles qui varient de 2, 3 ou 4 minutes; 4° *tournant*, feu dont la lumière augmente d'une manière graduelle, jusqu'à ce qu'elle jette sa plus grande clarté, et qui décroît ensuite graduellement jusqu'à s'éclipser à intervalles égaux de 1, 2, 3 minutes, et quelquefois 3 fois dans la même minute; 5° *intermittent*, c'est-à-dire dont la lumière, qui paraît tout à coup reste visible pendant un certain laps de temps et s'éclipse pendant un court intervalle; 6° *alternatif*, lumière qui paraît rouge et blanche alternativement sans éclipse intermédiaire. Quant au mode de leur éclairage, les phares et fanaux des côtes de France se divisent en 2 catégories distinctes : la première comprenant

les nouveaux établissements éclairés par des *appareils lenticulaires* ou *dioptriques*, et la seconde les phares et fanaux à *ré-
flecteurs* ou *catoptriques*. Dans l'un et l'autre système, la con-
dition principale à remplir est de diriger vers l'horizon les
rayons émanés d'un ou de plusieurs foyers de lumière.

Les appareils lenticulaires sont classés en quatre ordres principaux. Les trois premiers comprennent les phares de quinze
à trente milles marins de portée, et le quatrième ordre les simples *fanaux* dont l'horizon ne s'étend guère au delà de neuf à
douze milles. Quant aux appareils à réverbères, on ne les divise
communément qu'en deux ordres, selon qu'ils sont disposés
pour l'éclairage des phares proprement dits, ou des simples fanaux d'entrée de port.

Les phares les plus puissants des côtes de France sont ceux
du cap d'Ailly, de la baie de Goulfar, de Cordouan, du mont
d'Agde, du cap Camaret, et du mont Pertusato (*Corse*); la lumière de ces phares s'étend jusqu'à 27 milles.

L'éclairage des phares et fanaux est confié à des *gardiens
allumeurs*, dont le nombre est généralement fixé ainsi qu'il
suit : trois gardiens pour les phares de premier ordre, deux
pour ceux de second ordre, deux pour ceux de troisième ordre
et un pour ceux de quatrième ordre, chacun de ces gardiens
veille à son tour.

Le plus ancien des phares de France est celui de la tour de
Cordouan, à l'embouchure de la Gironde; il repose sur une île
de rochers à fleur d'eau qu'une tradition ancienne indique avoir
été unie aux terres du bas Médoc, et mesure 63 mètres d'élévation. Louis de Foix, célèbre architecte du seizième siècle,
traça les dessins de cette tour, dont la première pierre fut posée
en 1585; on la restaura sous Louis XIV et on lui mit l'inscription suivante : « *Louis XIV*, *roi très-chrétien*, *releva sur
ses fondements la tour de Cordouan*, *afin qu'elle dirigeât par
des feux nocturnes la marche des navires à travers les écueils
qui embarrassent l'embouchure de la Garonne.* » Antérieu-
rement Louis le Débonnaire avoit fait placer au même endroit
une tour fort basse, et au lieu de fanal, des hommes sonnaient

du cor nuit et jour pour avertir les navigateurs du danger.

Avant 1782, la tour de Cordouan était éclairée par un feu de charbon. A cette époque, on y plaça un fanal avec des lampes, c'est-à-dire le premier feu sur le principe de rotation qui ait éclairé les mers du globe, perfectionnement inappréciable dans la navigation. Un nouvel appareil a remplacé l'appareil ancien le 11 août 1854.

PIBLE (A), loc. adv. — On appelle mât à pible (*pole mast*) celui qui est d'un seul brin, n'ayant ni hune ni barre. Le bâtiment qui porte de tels mâts est dit avoir une mâture à pible, être mâté à pible (*pole masted*).

PIC, s. m. *Voyez* CORNE.

PIC (A), loc. adv. Verticalement. Un vaisseau est à pic (*anchor a-peek, to ride a-peek*) lorsque sa proue est placée verticalement au-dessus de son ancre mouillée; il met à pic, lorsqu'on le conduit à cette position relative (*perpendicularly*). — Côte à pic (*perpendicular*). Virer à pic, *voyez* VIRER.

PIÈCE, s. f. Canon (*gun*). — Pièces de bois : pièces de quille (*pieces of keel*), de l'étrave (*of the stem*), de tour des préceintes (*harpings*), de tour (*winding butts*) de cordage (*piece of cordage*); pièce d'eau (*water cask*), etc.

PIED, s. m. Avoir le pied marin (*shoe*), c'est se prêter facilement et sans être incommodé, aux oscillations d'un vaisseau. — Pied d'un mât (*heel of a mast*). — Avoir pied (*to have a footing*).

PIÉTER, v. a. Marquer sur une longueur quelconque les pieds et les demi-pieds qui forment sa division. Piéter l'étrave et l'étambot (*to mark the stem and the stern post with fleet*).

PIGOU, s. m. (*Wooden candlestick.*) Espèce de chandelier à 2 pointes dont on se sert pour éclairer la cale d'un bâtiment pendant son chargement.

PILOTAGE, s. m. (*Pilotage.*) Art de diriger et de mesurer les routes des vaisseaux en mer.

PILOTE, s. m. (*Pilot.*) Marin qui exerce le PILOTAGE (*voyez* ce mot.) — Pilote côtier ou lamaneur (*coasting pilot*); pilote hauturier ou au long cours (*sea pilot.*) — Salaire des pilotes, *voyez* LAMANAGE.

PILOTER, v. a. (*To pilot.*) Diriger et conduire un bâtiment vers un lieu déterminé de la surface des mers.

PILOTIN, s. m. (*Young pilot.*) Apprenti pilote.

PINASSE, s. f. (*Pinnace.*) 1° Petit bâtiment gréé en goëlette ou en sloop, dont la qualité est de bien marcher; 2° canot armé de 8 avirons, et destiné au service des vaisseaux.

PINCER LE VENT, v. a. (*To haul closetothe mind.*) Recevoir l'impulsion du vent sous le plus petit angle d'incidence possible; tenir le plus près.

PINQUE, s. f. (*Pink.*) Bâtiment marchand, à poupe très-élevée, à carène vaste, à fond plat et à voiles latines à 200 à 300 tonneaux.

PIQUER, v. a. 1° Frapper (*to strike*): piquer l'horloge, la cloche ou les heures, frapper un battant sur la cloche pour annoncer l'heure à bord; piquer un homme d'un bout de corde, l'en frapper. — 2° piquer le vent, *voyez* PINCER LE VENT.

PIRATE, s. m. (*Pirate.*) Flibustier, forban, écumeur de mer.

PIRATER, v. n. (*To rob at sea.*) Voler sur mer; faire le métier de pirate.

PIRATERIE, s. f. (*Piracy*), métier de pirate.

PIROGUE, s. f. (*Pirogue.*) Petit bateau qui plonge peu dans l'eau et qui s'élève peu au-dessus du niveau de la mer. Il est souvent formé d'un tronc d'arbre et est mu à l'aide de pagayes

Sa carène est très-aiguë, et sa longeur est très-grande par rapport à sa largeur.

PISTON, s. m. (*Piston.*) Partie mobile d'une pompe; cylindre de bois, de fer ou de cuivre, garni de feutre ou de cuir par le bout, et qui entre dans le corps d'une pompe; pour servir à élever l'air ou l'eau. (*Voyez* VAPEUR.)

PLAGE, s. f. (*Sea beach or strand.*) Espace plat qui est d'une étendue plus ou moins grande sur le rivage de la mer, et qui n'est recouvert d'eau que dans les grandes marées.

PLAN, s. m. (*Plan.*) Celui d'un vaisseau (*plan of a ship*), est une surface plane sur laquelle ce corps est projeté, en lui supposant une situation déterminée. Plan d'élévation (*plan of elevation*); plan vertical des couples (*vertical plan*); plan horizontal des lignes (*horizontal plan*), trois plans qui sont réciproquement perpendiculaires les uns aux autres. Le premier présente les différentes longueurs d'un vaisseau à diverses profondeurs; sur le deuxième sont tracées les contours réels de la moitié de chaque couple, c'est-à-dire les largeurs d'un vaisseau, correspondantes à des profondeurs déterminées; le troisième présente les différentes demi-largeurs de la carène, qui correspondent à différentes longueurs, ou qui appartiennent à différentes lignes d'eau. — Le plan diamétral est celui qui partage le vaisseau en deux parties égales dans le sens de sa longueur ou de son grand diamètre. — A ces plans fondamentaux, on en ajoute d'autres pour faciliter les opérations des charpentiers. On fait séparément le plan réel de chaque lisse, celui des estains, des barres d'arcasse, etc. — Plans d'arrimage, couches horizontales des barriques placées dans la cale d'un bâtiment.

PLANCHE, s. f. (*Gang board of a boat.*) Longue planche qui sert à établir une facile communication à terre du bord des bateaux qui s'enfoncent peu dans l'eau, et qui peuvent s'approcher de très-près du rivage de la mer. — Jours de planche (*lay days*), jours déterminés en nombre, qui sont accordés pour le déchargement entier d'un bâtiment (*voyez* STARIE).

PLANÇON, s. m. (*Plank timbers.*) Pièce de bois longue et droite, et qui, par ses dimensions, est susceptible d'être réduite, à l'aide de la scie, en bordages ou en planches plus ou moins épaisses.

PLANTADE ou **CHANTIER A COMMETTRE**, s. m. (*Plantation timbers*). Assemblage de charpente placé à l'extrémité de l'atelier dans une corderie de marine, pour servir de support aux manivelles qui servent à tortiller les torons dont on compose les cordages.

PLAT, s. m. Plat de la varangue *flat of the floor timber*), contour extérieur d'une varangue s'éloignant peu, excepté à ses extrémités, du plan prolongé de la face supérieure de la quille. — Plat d'une rame ou d'un aviron (*wash*), partie plate avec laquelle le rameur refoule l'eau. — Plat (*mess*), réunion de sept hommes désignés pour manger ensemble à la gamelle et boire au même bidon ; être du même plat (*to mess together*), manger ainsi ensemble.

PLAT-BORD, s. m. (*Gunnel.*) Suite de larges bordages qui, placés horizontalement sur le sommet de la muraille d'un vaisseau et dans toute sa longueur, recouvrent la tête des alonges de tous les couples. On dit qu'un bâtiment a eu ou a mis le plat-bord à l'eau (*to have the gunnel in*), pour indiquer une certaine inclinaison extraordinaire, et latérale de ce bâtiment, portée à un tel point que le plat-bord se trouve au niveau de l'eau.

PLATE-BANDE, s. f. 1° Large bande de fer qui retient le tourillon d'un canon dans son affût (*clamp of a gun, or cap square*) ; 2° larges bordages qui croisent extérieurement les montants de poupe (*rails*).

PLATE-FORME, s. f. (*Plat-form.*) Assemblage de pièces de bois et de planches dont on forme une espèce de plancher horizontal. — Plate-forme de la fosse aux câbles (*cable stage*) ; plate-forme de l'éperon (*head gratings*). — Une hune est une plate-forme. (*Voyez* HUNE.)

PLÈCHE, s. f. *Voyez* GUÉRITE DE HUNE.

PLEIN, s. m. Le plein de l'eau (*high water*), ou le plein de la mer, est l'état de la mer lorsque, par le flux, ses eaux se sont élevées à toute la hauteur de laquelle elles doivent descendre par le reflux. C'est le moment où le flux cesse, et où le reflux va commencer. — Aller au plein, mettre au plein, donner au plein (*to drive on shore*), se dit d'un vaisseau jeté sur la côte.

PLEIN, adj. Mer pleine (*high water*), celle dont les eaux, par le flux, sont parvenues à toute la hauteur où elles peuvent être portées dans la marée d'un jour déterminé. — En pleine mer (*in the open sea*), dans la haute mer, au large, loin des côtes, terres, etc. — Courir à pleines voiles (*full sails*), se dit d'un vaisseau dont les voiles parfaitement tendues reçoivent le vent régnant sur tous les points de leur surface ; il porte plein, lorsque, en outre, ses voiles reçoivent l'impulsion du vent sous un angle d'incidence d'une certaine grandeur (*to keep the sails full*) ; il porte près et plein (*full and by*), si ses voiles sont pleines ou bien enflées par le vent, en même temps qu'elles sont orientées au plus près.

PLET ou **PLI** DE CABLE, s. m. (*Fake of a rope coiled up.*) Tour que fait autour du centre de la roue un câble ou un cordage quelconque cueilli en rond, c'est-à-dire roulé sur lui-même.

PLIER, v. n. Incliner. Un vaisseau plie (*to heel along*), lorsque, sous l'effort de ses voiles, il prend une trop grande inclinaison latérale ; plier sur tribord ou sur babord (*to heel aport or starboard*); plier beaucoup (*to lie along very much*).

PLOC, s. m. (*Felt.*) Mélange de poils de bœuf, de vache, de chien, etc., dont on compose une enveloppe qu'on applique extérieurement, pour contribuer à la conservation du franc-bord, sur les bordages de la carène d'un vaisseau ou sur les planches goudronnées dont elle est recouverte.

PLOMB, s. m. *Voyez* SONDE.

PLONGER, v. n. Un vaisseau qui plonge de N pieds dans l'eau (*to duck in the water*), n'est pas enfoncé sous l'eau de ce nombre de pieds ; mais une partie de son volume, et dont la hauteur est de N pieds, est enfoncée dans l'eau, ou est au-dessous du niveau de l'eau ; on dit alors en d'autres termes que ce bâtiment tire N pieds d'eau (*to draw N feet of water*).

PLOQUER, v. a. Garnir de PLOC (*voyez* ce mot) la carène d'un vaisseau.

POIDS ET MESURES, MONNAIES. Nous avons cru utile de publier ici, dans l'intérêt des navigateurs, le RAPPORT DES MONNAIES ÉTRANGÈRES AVEC CELLES DE FRANCE, *toutes supposées exactes de poids et de titre d'après les lois de fabrication.*

FRANCE.

Les poids et mesures sont réglés par le système métrique décimal, dont l'unité fondamentale est le mètre, équivalant à la dix-millionnième partie du quart du méridien terrestre.

Poids. — Le kilogramme vaut 1,000 grammes. — Le gramme est le poids d'un volume d'eau distillée égal au cube de la 100ᵉ partie du mètre ou à un centimètre cube.

Mesures. — Le mètre est l'unité des mesures de longueur.

— L'are est l'unité des mesures de superficie ; elle représente 100 mètres carrés, ou un carré de 10 mètres de côté.

— Le stère est l'unité des mesures de solidité : c'est un cube d'un mètre de côté.

— Le litre est l'unité des mesures de capacité ; c'est la contenance d'un vase d'un décimètre cube.

L'Algérie, la Belgique, les États Sardes, la Suisse, etc, ont le même système monétaire que la France.

L'unité de compte est le franc (100 centimes). Les monnaies, or ou argent, sont à 900/1000ᵉˢ. Les pièces qui ont cours

légal valent : 40 fr., 20 fr., 10 fr., et 5 fr. (*or*); — 5 fr., 2 fr., 1 fr., 50 centimes et 20 centimes (*argent*); — 1 décime ou 10 centimes, 1/2 décime ou 5 centimes et 1 centime (*cuivre*).

Allemagne (États d').

Thaler double (argent) 7 dans un marc	7	30
Thaler simple, à 30 silbergroschen	3	70
Gros ou 30e de thaler	0	12
id. ou 22e de thaler	0	16
Pfennig de 12 au gros	0	01
Florin, 60 kreutzers	2	10
Kreutzer	0	04

Angleterre.

Guinée de 21 schelling (or)	26	25
Souverain, 20 schelling	25	»
Couronne (argent) nouvelle	5	70
Schelling, 12 penny	1	25
Penny ou denier	0	10

Autriche, Bohême et Hongrie.

Souverain (or)	35	10
Demi-souv., 6 fl., 40 kr.	17	41
Ducat impérial, 4 fl., 5 kr.	11	81
Écu ou Risdale (arg.), 2 flor. 10 kreutz	5	61
Couronne, écu de Brabant	5	70
Écu de convention	5	15
Florin (gulden)	2	10
Kreutzer	0	04

Bade (Or).

Pièce de 10 florins	21	»
Pièce de 1 florin	9	10

Bavière.

Carolin (or)	25	66
Maximilien	17	18
Couronne (argent)	5	66
Risdale de 1800	5	10
Teston	»	86

Danemarck et Holstein.

Chrétien, 1773 (or)	20	95
Frédéric, 8 risdales	20	32
Ducat species	11	86
Ducat courant	9	47
Risdale d'espèce (argent)	5	68
Marc danois, 16 schell	0	45

Deux-Siciles.

Décuple (or) 30 ducats	129	90
Doppia de don Carlos	26	46
Id. de Ferdinand IV	25	61
Pièce de Murat	20	00
Onze nouvelle	13	30
Écu de Murat	5	00
Ducat royal (argent)	4	24

Égypte.

Sequin (or)	12	90
Piastre neuve	4	40

Espagne.

Quadruple ou once, 16 piastr.	81	00
Doblon, 1/2 quadruple	40	50
Doblon d'Isabelle	25	80
Pistole, 4 piastres	20	20
Écu d'or, 2 piastres	10	10
Piastre d'or (Escudo d'oro)	5	05
Piastre (argent) 20 réal	5	30
Réal, 16 ochavo	0	26

États-Romains.

Zecchino de 10 scudo (or)	53	50
Doppia, 3 scudo, 21 baj.	17	18
Zecchino, sequin	11	70
Mezza-dop., 1 sc., 60 baj.	8	56
Scudo (argent), 10 paoli	5	35
Paolo, 10 bajoucci	0	53
Bajoucco, 5 quatrini	0	05

États-Unis.

Double-aigle, 20 dollars (or)	103	30
Aigle, 10 dollars	51	65
Dollar (argent), 100 cent.	5	30
Cent	0	05

Grèce.

Othon, 20 drachmes (or)	17	90
Écu (argent), 5 drachmes	4	48
Drachme, 100 leptas	0	88

Havane.

Onzo espanola, 17 piastr. (or)	90	80
Onzo mejicana, 16 piastres	86	40
Doblon, 4 piastre 1/4	22	95
Peso fuerte (arg.), 10 réaux	5	40
Réal fuerte	0	54

Hollande et Pays-Bas.

Ryder, 14 florins 67	31	00
Guillaume, 10 florins	20	70
Ducat de Hol. (or), 5 flor. 1/2.	11	80
— de Guillaume, 5 flor. 1/2.	11	85
Drye-gulden (argent), 3 flor.	6	38
Drye-gulden (1818), 3 florins.	6	41

Drye-gulden (1848), 2 flor. 1/2.	5 26
Florin, 100 cents............	2 14
Florin de 1848, 100 cents....	2 10

Lombardo-Vénitien.

Scudo d'oro (or), 3 ozellas...	144 35
Ozella, 4 zecchino..........	47 60
Souverain (1823), 40 lire....	35 10
Doppia de Milan, 23 lire....	19 16
Demi-souverain, 20 lire.....	17 55
Zecchino, 14 lire...........	11 70
Ducat, 9 lire..............	7 50
Ecu de 6 liv. (arg.), 6 id....	5 10
Lira, 100 centesimo........	0 87

Parme et Plaisance.

Quadruple pistole (or)......	85 00
Pistole....................	21 10
Sequin, 2 ducats 1/3........	11 85
Ducat (argent).............	5 20

Portugal.

Dobra (or).................	90 43
Couronne de 10,000 reis.....	56 50
Portugaise et lisbonine......	33 96
Demi-couronne	28 60
Cinq de couronne..........	11 20
Dix de couronne...........	5 60
Cruzade d'or neuve.........	3 35
Cruzade de 1,000 reis (argent).	6 12
Id. de 480 reis Id. .	2 94
Id. vieille (argent)....	2 83
Cinq testons-argent........	3 12
Deux testons..............	2 55
Teston....................	1 26
Demi-teston...............	0 60

Brésil.

Dobrao (or), 20,000 reis, vaut.	169 60
Dobrao, 15,000 reis.........	90 40
Portugaise, 6,400 reis.......	45 00
Lisbonine, 4,800 reis........	33 95
Couronne (argent), 1,000 reis.	6 03
Cruzade neuve, 480 reis.....	3 36
Cruzade vieille, 380 reis.....	2 83
Cruzade de 400 reis........	2 94

Russie.

Pièces de 10 roubles (or)....	41 10

Pièces de 5 roubles.........	20 55
Ducat 2 roub. 80...........	11 80
Rouble (argent), 100 kopecks.	4 00
Solot, 25 kopecks..........	1 00
Kopeck...................	0 04

Suède.

Ducat (or), 5 riksdaler, 18 skilling...............	11 70
Demi-ducat	5 35
Quart de ducat............	2 37
Species (argent), 125 skilling.	5 66

Toscane.

Ruspone (or) 3 seq..........	35 56
Sequin à l'effigie, 2 liv......	12 00
Doppia, 3 livour. 1/2........	21 09
Rosine, 3 livour. 3/4........	21 54
Livournine (arg.) piastre à la rose...................	6 70
Piastres de 10 paolis........	5 60
Lira, 20 soldi..............	0 85

Turquie.

Pièces de 100 piastres (or)...	22 68
Sequin de 50 piastres........	11 20
Pièces de 20 piastres (arg.)..	4 45
Altmichlec, de 60 paras......	3 53
Pièces de 10 piastres........	2 22
Altelek, 6 piastres..........	1 29
Pièces de 5 piastres.........	1 11
Yaremled, de 20 paras.......	0 96
Beehlik, de 5 piastres	0 80
Roub de 10 paras..........	0 49
Piastre de Constantinople...	0 22
Yrmilik, 1/2 piastres.........	0 10

Villes hanséatiques.

Ducat (or), ad legem........	11 85
Ducat nouveau.............	11 76
Risdaler de constitut. de 3 marcs 13 schelling.......	5 78
Marc, 16 schelling..........	1 52
Schelling, 2 suhsling........	0 09
Suhsling, 2 dreslinge.......	0 05

POINT, s. m. Point de partance ou de départ (*departure*), point d'où le vaisseau est parti à midi; point d'arrivée, point du globe sur lequel il se trouve au midi suivant (*arrival, place from whence a ship takes her departure*). — Faire le point (*to prick the ship's place; to do a day's work*), c'est détermi-

ner le point de la surface de la mer où est parvenu un navire après une route qui est connnue par sa longueur et par sa direction. Lorsque cette détermination manque d'exactitude, on la rectifie ; et c'est alors corriger le point. (*Voyez* CORRECTION). — Faire le point par le quartier ou par les sinus (*plane sailing*), c'est faire le point à l'aide du quartier de réduction, ou en calculant directement les parties des triangles qui servent à déterminer le chemin partiel du vaisseau, soit en latitude, soit en longitude. On le fait par les cartes, lorsqu'on trace sur les cartes marines les triangles qui servent à fixer le point d'arrivée d'un vaisseau ; avec les données déjà indiquées.

— *Faire le point* pour une certaine heure, c'est déterminer la latitude et la longitude du *point* où on était à cette heure.

On déduit le *point observé* de l'observation des astres.

On déduit le *point estimé* de la route suivie au *compas* et des indications du *loch*, depuis le dernier point déterminé, qui prend le nom de *point de départ*.

1° *Trouver le point estimé.*

Exemple. — *On est parti d'un point situé par* 60° 42′, 5 *latitude N et* 29° 14′ *long O. La variation est* 30° *N O. Le journal du bord donne les indications ci-dessous; on demande le point d'arrivée.*

TABLE DE LOCH.

| Heures. | VENTS. | | ÉTAT de la mer. | Routes. | Nœuds. | Dérive. |
	Direction.	Force.				
1	S. E.	b. b.	belle	S. 29° O.	8.2	5° T.
2	id.	id.	id.	id.	9.4	
3	id.	id.	id.	id.	10.0	
3ʰ.30					5.1	
4	O. S. O.	id.	id.	S. 6° E.	5.0	6° B.
5	id.	id.	id.	id.	9.2	
6	id.	id.	id.	id.	9.5	7° B.
7	id.	id.	id.	id.	9.0	
7ʰ.30					5.0	
8	S. S. E.	J. B.	id.	S. 42° O.	4.7	7°T.
9	id.	id.	id.	id.	8.2	
10	id.	id.	id.	id.	7.4	
11	id.	id.	id.	id.	5.6	
Minuit.	id.	id.	id.	id.	5.8	
1	id.	id.	id.	S. 72° E.	4.8	0°
2	id.	id.	id.	id.	4.3	»
2ʰ.30					2.0	»
3	E. S. E.	J. b.	id.	S. 3°20° O.	5.2	»
4	variable à l'E.	id.	id.	id.	8.4	»
5	id.	id.	id.	id.	9.0	»
6	id.	id.	id.	id.	8.7	»
7	id.	id.	id.	id.	9.1	»
8	id.	id.	id.	id.	8.2	»
8ʰ.15					2.3	»
9	id.	id.	id.	S. 10° E.	4.1	5° T.
10	id.	id.	id.	id.	6.8	»
11	id.	id.	id.	id.	7.9	»
Midi.	id.	id.	id.	id.	8.2	»

Chaque ligne de la table de loch indique ce qui a été fait de-

puis la ligne précédente. Ainsi la table de loch indique que de midi à 3ʰ 30ᵐ on a couru au S. 29° O. du compas avec 5° de dérive tribord; la somme des nœuds montre que le bâtiment a fait pendant cet intervalle de temps un nombre de milles marqué par 32ʰ,7. A 3ʰ 30ᵐ, on a changé la route et gouverné au S. 8° E. avec 6° de dérive babord jusqu'à 5ʰ; on a fait ainsi 14ᵐ,2.

De 5ʰ à 7ʰ 30ᵐ le cap est resté le même que de 3ʰ 30ᵐ à 5ʰ, mais la dérive est devenue 7° babord; on a fait 23ᵐ,5.

De 7ʰ 30ᵐ à minuit, on a couru au S. 42° O. avec 7° de dérive tribord; on a fait 31ᵐ,7.

De minuit à 2ʰ 30ᵐ, on a couru au S. 72° O., sans dérive; on a fait 11ᵐ,1

De 2ʰ 30ᵐ à 8ʰ 15ᵐ, on a été au S. 20° O. sans dérive, et on a fait 50ᵐ,9.

Enfin de 8ʰ 15ᵐ à midi, on a été au S. 10° E. avec 5° de dérive tribord, et on a fait 27ᵐ.

Pour faire le point, disposez le calcul de la manière suivante : dans une première colonne écrivez les routes au compas; dans une seconde colonne et en regard de chaque route mettez la dérive qui lui correspond; cherchez la route vraie que vous écrirez dans la troisième colonne; puis dans une quatrième colonne vous inscrirez le nombre de milles qui correspond à chaque route.

Quatre autres colonnes sont intitulées N., S., E., O.

Variation 30° N. O.

Routes au compas.	Derive.	Routes vraies.	Milles.	N.	S.	E.	O.
S. 29° O.	5° T.	S. 4° O.	32.7		32.6	»	2.3
S. 6 E.	6° B.	S. 12 E.	14.2		10.5	9.5	»
S. 6 E.	7° B.	S. 13 E.	23.5		17.2	16.0	
S. 42 O.	7° T.	S. 49 O.	31.7		30.0	»	10.2
S. 72 E.	O	N. 78 E.	11.1	2.3	»	10.9	»
S. 20 O.	O	S. 10 E.	50.9		50.1	8.9	»
S. 10 E.	5° T.	S. 35 E.	27.0		22.1	15.5	»
Sommes partielles........				2.3	162.5	60.8	12.5
					2.3	12.5	
Différences........					160.2	48.3	

Prenez la table pour faire le point. Avec la route vraie S. 4°
O., vous trouverez :

Pour 30 milles...	Chemin S... 29ᵐ927	Chemin O... 2ᵐ093
Pour 2 milles...	— ... 1.9951	— ... 0.1395
Pour 0.7	— ... 0.69829	— ... 0.048*3

Pour 32ᵐ7 ...... Chemin S... 32ᵐ62029 Chemin O... 2ᵐ28135

Nous avons ainsi opéré avec détail pour montrer l'usage de la
table de point; on aurait pu abréger, en prenant d'abord pour
30 milles, puis pour 3 milles, et rejetant les décimales inutiles.

Avec la route vraie S. 42°E., vous trouverez :

Pour 10 milles....	Chemin S.... 7ᵐ43	Chemin E.... 6ᵐ69
Pour 4 —	— ... 2.97	— 2.68
Pour 0.2 —	— 0.15	— 0.13

Pour 14°2 — .... Chemin S... 10ᵐ55 Chemin E.... 9ᵐ50

Et ainsi de suite. Quand vous aurez terminé, écrivez en face de chaque route les chemins N. dans la colonne N., les chemins S. dans la colonne S., les chemins E. dans la colonne E., les chemins O. dans la colonne O.

Faites la somme des chemins N., celle des chemins S., celle des chemins E., celle des chemins O.

Comparez la somme des chemins N. et la somme des chemins S.; retranchez la plus petite de la plus grande; le reste vous donnera, tous les méridiens étant égaux, le chemin total fait par le bâtiment au N. ou au S., ou le changement en latitude. Ainsi la somme des chemins N. est $2^m,3$, celle des chemins S. est $162^m,5$; la différence est $160^m,2$. Le bâtiment a fait $160^m,2$ au S. ou, autrement dit, la latitude a changé de $160'2$ ou $2^o 40'2$ S.

Latitude de départ...........	60° 42'.5 N.
Changement en latitude.......	2 40 .2 S.
Latitude d'arrivée...........	58° 02'.3 N.

Quand on connaît les latitudes de départ et d'arrivée, on cherche la *latitude moyenne*. Si les latitudes de départ et d'arrivée ont même nom, faites leur somme et prenez la demi-somme; si elles ont noms contraires, faites leur différence et prenez la demi-différence.

Latitude de départ...........	60° 42'.5 N.
Latitude d'arrivée...........	58 02 .3 N.
Somme...........	118° 44'.8
Demi-somme en latitude moyenne.	59 22 .4 N.

Comparez la somme des chemins E. et celle des chemins O.; retranchez la plus petite de la plus grande; vous aurez le nombre de milles faits à l'Est ou à l'Ouest par le bâtiment. Ici on a fait $48^m,3$ à l'E.

Tous les parallèles terrestres diminuent de part et d'autre de l'équateur, et à mesure qu'on s'en éloigne; le nombre des milles

faits sur l'équateur par le bâtiment indique le nombre de minutes, de degrés du déplacement en longitude.

Entrez dans la table avec la latitude moyenne, considérée comme angle de route, le nombre de milles du chemin E. ou O. considéré comme le chemin N. ou S. le nombre de milles correspondant indiquera le nombre de minutes du changement en longitude.

Considérez successivement les deux lignes horizontales de la table qui correspondent à 59° d'angle de route, et cherchez-y le nombre qui approche le plus de 483 (48^m, 3 est le chemin E.); vous trouverez 4,6353 ou 464 qui correspond à 90 minutes de déplacement en longitude. Si vous voulez plus d'affirmation, retranchez 46,553 de 48,3 et faites pour le reste 1,947 comme précédemment; vous trouverez sur la ligne horizontale qui correspond à 59° le nombre 2,0602 qui correspond à 4 milles. Vous aurez donc :

Longitude de départ............	29° 14′ O.
Ch. en long. 94′ E ou..........	1 34 E.
Longitude d'arrivée............	27° 40′ O.

Ainsi on a en définitive :

Point estimé à midi. { Latitude.... 58° 02′.3 N.
{ Longitude... 27 40 O.

Calculer la variation du compas. — Relevez le soleil à l'aide du compas de relèvements à l'instant de son lever vrai ou de son coucher vrai, c'est-à-dire quand le bord inférieur du soleil paraît élevé au-dessus de l'horizon des deux tiers de son diamètre vertical. Vous aurez l'amplitude magnétique que l'on compte de 0° à 90° à partir de l'E. ou de l'O. suivant qu'il s'agit du lever ou du coucher vers le N. ou vers le S.

Lisez la déclinaison du soleil dans les *éphémérides* pour le jour de l'observation; négligez les secondes. Ayez la latitude estimée. Du log.-sinus déclinaison retranchez log.-cosinus latitude, et vous aurez log.-sinus amplitude vraie.

On compte l'amplitude vraie de 0° à 90 à partir de l'E. ou de

l'O., suivant qu'il s'agit du lever ou du coucher, et vers le N. si la déclinaison est N. ou vers le S. si la déclinaison est S. Il suffit de combiner l'amplitude vraie et l'amplitude magnétique pour avoir la variation du compas. Pour cela on donne le signe + aux amplitudes qui sont comptées dans le sens NESO., le signe — à celles qui sont comptées en sens contraire, et on retranche toujours algébriquement l'amplitude magnétique de l'amplitude vraie; la variation est NO. quand le reste a le signe —; elle est NE. dans le cas contraire.

Exemple I. — Le 5 *mars* 1862, *dans un lieu de latitude estimée* 18° 20′ N., *de longitude estimée* 115° 27′ O., *on relève le centre du soleil à l'E.* 20° 30′ S. *du compas, à l'instant de son lever vrai. Quelle est la variation du compas?*

Déclin. ☉ le 5 mars.   6° 02′ A..   Log. sinus....... 9.0216318
Latitude...........   18° 20′ N..   Log. cosinus..... 9.9773772

                                       Log. sin. Ampl. vr. 9.0412546
                                       Ampl. vraie...... 6° 21′ 20

Amplitude vraie... E (lever vrai).   6° 21′ S. (nom de la décl.).
Amplitude magnétique....... E.   20° 30′ S.

Amplitude vraie........   + 6° 21′
Amplitude magnétique..   + 20° 30′

        Variation........ — 14° 09′.... ou 14° 09′ NO.

Exemple II. — Le 26 *mars* 1862, *dans un lieu de latitude estimée* 7° 12′ S., *de longitude estimée* 84° 32′ E., *on relève le centre du soleil à l'O.* 10° 40′ S. *du compas à l'instant de son coucher vrai. Quelle est la variation du compas?*

Déclin. ☉ le 26 mars.   2° 13′ B..   Log. sinus 8.5874694
Latitude...........   7° 12′ S..   Log. cosin....... 9.9965619

                                     Log. sin. Ampl. vr. 8.5909075
                                     Ampl. vraie.   2° 14′

| Ampl. vraie O. (coucher vrai). | 2° 14′ | N (nom de la déclin.). | — 2° 14′ |
| Ampl. magn........O. | 10° 40′ | S............ | + 10° 40′ |

Variation .... — 12° 54′
ou 12° 54′ NO.

Trouver le point observé à la mer. — Admettons qu'au midi d'un jour donné on ait le point observé. La table de loch relate tous les chemins parcourus et permet de fixer à un moment quelconque la position estimée du bâtiment.

Faites dans la matinée (principalement) ou dans la soirée l'observation de la hauteur du soleil dans les circonstances favorables au calcul d'heure.

Notez l'indication précise du chronomètre, à l'instant de l'observation ; déterminez aussi le point estimé. Recueillez en un mot tout ce qui est nécessaire au calcul de longitude, à l'aide des chronomètres.

Une fois l'observation faite, attendez le midi vrai suivant. Observez la hauteur méridienne du soleil, faites le point estimé à midi et concluez la latitude calculée.

L'estime vous permettra de trouver une latitude assez exacte pour le moment de l'observation du soleil dans les circonstances favorables au calcul d'heure. Vous déterminerez la longitude pour cet instant, et à l'aide de l'estime vous fixerez la longitude à l'instant de l'observation méridienne.

Cette manière de faire est rationelle et rigoureuse. En effet, une observation méridienne exacte du soleil permet de trouver une bonne latitude à midi. L'erreur sur la longitude entraîne une erreur sur la déclinaison solaire ; or, la plus grande variation de la déclinaison solaire n'atteint pas 24′ en 24^h ou 1′ en 1^h ; il faudrait donc commettre une erreur de 15° sur la longitude pour arriver à une erreur de 1′ sur la déclinaison et par suite sur la latitude calculée.

La latitude étant exacte, le calcul de longitude se fait à l'aide d'éléments (hauteur vraie, distance polaire, latitude) qui sont exacts, et on trouve une bonne longitude. L'estime sert à trouver la longitude à midi.

Un exemple expliquera ce qui peut être obscur dans l'indication précédente.

Exemple. Le 20 *février* 1862, *à midi moyen de Paris, un chronomètre, dont la marche diurne est* + 12ˢ, 48, *marquait* 3ʰ 36ᵐ 12ˢ. 6.

Le 6 mars, vers 7ʰ *du matin, on observe le soleil dans les circonstances favorables au calcul d'heure avec un sextant dont l'erreur instrumentale est* + 3′ 20″ *et on a :*

Elév. de l'œil 1ᵐ 9...., *hauteur* ⊙ 16° 06′..... *heure au chron.* 3ʰ 24ᵐ 13ˢ. *Dès l'observation, on fait* 24ᵐ *au S.* 40° *O. du compas avec* 4° *dérive tribord et* 18° *de variation N. E., et dans le nouveau lieu on observe avec le même sextant la hauteur méridienne* ⊙ *de* 51° 36′ 30″, *face au Sud.*

Le point estimé à l'instant de l'observation méridienne donne :

Latitude	44°	25′ N.
Longitude estimée	112°	14′ E.

Trouvez le point observé à midi.

Occupez-vous de l'observation méridienne, et cherchez la latitude. Peu importe l'erreur sur la longitude, une bonne observation méridienne vous donnera toujours une latitude exacte, puisque l'erreur en longitude n'influera que sur la déclinaison solaire ; or, la variation maximum de la déclinaison solaire n'atteint pas 24′ en 24ʰ, ou 1′ en 1ʰ, ou 1″ en 1′; donc une erreur de 15′ en longitude vous donne l'erreur bien négligeable de 1″ sur la déclinaison, et cela dans les cas les plus défavorables.

Ainsi 112° 14′ long. E. ou 112°,2 long. E. font 7ʰ 28ᵐ, 8. ou 7ʰ 29ᵐ.

Heure du lieu le 6.	0ʰ 00ᵐ t. v.	Décl. ⊙ le 5 à 0ⁿ à Paris. 6° 05′ 01″ B
Long. E........	7 29	24ʰ] + 22′ 43. Variation. + 15 41
H. de Paris le 5..	16ʰ 31ᵐ t. v.	Déclin. méridienne..... 6° 20′ 42″ B
Eq. du temps (lue		
à la minute)...	+ 3	
H. de Paris le 5..	16ʰ 34ᵐ t. m.	

Hauteur instrum. ☉........	51°	36'	30"
Erreur instrum.............	+	3	20
Hauteur observée ☾........	51°	39'	50"
Dépress. (Tab. III).........	—	2	43
Hauteur appar. ☾..........	51°	37'	21"
Réf. parall. (Tab. IV).......	—	0	43
Hauteur vraie ☾...........	51°	36'	38"
Demi-diam. (Ephémér.)......	+	16	
Hauteur vraie ☉...........	51°	52'	38"
Dist. zén. vraie ☉..........	38°	07'	22" N.
Déclin. méridienne..........	6	20	42 B.
Latitude calculée...........	44°	28'	04" N.

Dès que la latitude à midi est déterminée, consultez la table de loch et voyez ses indications depuis l'observation propice au calcul d'heure.

On a fait 24ᵐ du S. 40° O. au compas, la variation étant 18° N. E., la dérive 4ᵒ tribord.

S. 40° O..................... + 40°
Variation... 18° NE... + 18° ⎫
Dérive..... 4° tr.... + 4° ⎭ + 22°

Route vraie (somme alg.)....... + 62° ou S. 62° O.

Prenez cette route en sens inverse (cela est évident) pour conclure du point à midi le point à l'instant du calcul d'heure.

Route vraie........... N. 62° E.

Chemin N........	11'.3	Chemin E.........	21ᵐ,2
Latitude départ....	44° 28'.1 N.		
Latitude arrivée...	44° 39'.4 N.	(au moment du calcul d'heure.)	
Somme..........	89 07.5		
Latit. moy........	44 33.7 N...	Ch. en long.......	0° 30' E.
		Long. départ......	112° 14' E.
		Long. estimée.....	112° 44' E.

On pourrait se dispenser de calculer la longitude estimée; mais il est utile de l'avoir pour juger l'influence de l'estime au point de vue de ses erreurs et des variations que peuvent donner les courants.

Ceci posé, occupez-vous de l'observation faite dans les circonstances favorables au calcul d'heure.

H. du lieu, 5 mars. 19ʰ 00ᵐ	H. chron. 20 fév. 0ʰ t. m. Paris... 3ʰ 36ᵐ 12ˢ.6
Long. est. 112° 7 E. 7 30.8	Avance (20 fév.-5 mars) 13ʲ..... + 2 42 .2
H. de Paris 5 mars. 11ʰ 29ᵐ	H. chron. 5 mars, 0ʰ t. m. Paris. 3ʰ 38ᵐ 55ˢ
	H. chron. à l'instant de l'obs... 3 24 13
	Interv. t. chron. de 0ʰ Paris à obs. 11ʰ 45ᵐ 18ˢ
	Correction pour m. d......... — 6
	Heure t. m. Paris, 5 mars...... 11ʰ 45ᵐ 12ˢ

Calculez pour l'heure T. M. de Paris la déclinaison et l'équation du temps.

Décl. 5 mars 0ʰ t. m. Paris. 6° 05′ 01″ B.	Eq. du t. 0°, 5 mars. + 2ᵐ 46ˢ.7
Variation en 11ʰ 45ᵐ 12ˢ.. + 10 49	Var. en 11ʰ 45ᵐ.2. — 8 .6
Déclinaison calculée..... 6° 15′ 50″ B.	Eq. du t. calculée.. + 2ᵐ 38ˢ.1
Distance pol. (lat. N.).... 83° 44′ 10″	

Corrigez la hauteur observée ☉.

Haut. instrum. ☉...........	16°	06′	
Err. instrum...............	+	3	20″
Haut. obs. ☉..............	16°	09′	20″
Dépr. 1ᵐ.9 (Tab. III)........	—	2	29
Haut. app. ☉..............	16°	06′	51″
Réf. par. (Tab. IV)..........	—	3	11
Haut. vr. ☉................	16°	03′	49″
Demi-diam. (Ephém.)........	+	16	
Haut. vr. ☉................	16°	19′	40″

Faites le calcul de l'heure avec la latitude déduite de la lati-

tude observée à midi, et ne prenez les logarithmes qu'à la dizaine de secondes sans calculs de parties proportionnelles :

```
H...   16° 19' 40"
P...   83  44  10 ...... Col. sin...   0.0026005
L...   44  39  24 (20").. Col. cos...   0.1479198
```

```
2 s..  144° 43' 14"
s....   72  21  37 (40").. Log. cos..   9.4814667
s-h..   56  01  57 (02') .. Log. sin...   9.9187445
```

Somme........	19.5507315
1/2 somme ou log. sin. 1 2 P.	0.7753657
1 2 angle au pôle..........	36° 35' 46"
	× 8

Angle au pôle en t........	4ʰ 32ᵐ 45ˢ
H. t. v. du lieu, 5 mars.....	19 07 15
Eq. du temps..........+	2 38

H. t. m. du lieu, 5 mars....	19ʰ 09ᵐ 53ˢ
H. t. m. de Paris, 5 mars...	11 45 12

Longitude Est...........	7ʰ 24ᵐ 41ˢ
En temps...............	111° 10' 15"... 111° 10'.2 E.
Chⁱ en long. à midi......................	30'.0 O.

Long. calculée à midi..............	110° 40'.2 E.
Latit. calculée à midi..............	44° 28'.1 N.

On a ainsi le *point* observé à midi.

—

Point d'une voile (*clue of a sail*), coin de sa surface ; point d'amure (*tack*) ; point d'écoute (*clue*) ; point du vent (*weather clue of a sail*).

POINTAGE, s. m. (*Pointing.*) Art de pointer les routes d'un vaisseau, ou de déterminer sur les cartes marines le lieu de la mer auquel est parvenu ce vaisseau. On donne le même nom à l'opération graphique qui est employée pour placer ce point avec la précision que peut comporter la variation des bases sur lesquelles elle est établie. (*Voyez* POINTER.)

POINTE, s. f. (*Foreland.*) 1° Langue de terre ou de rochers qui s'avance plus ou moins au milieu de la mer, en conservant une certaine élévation au-dessus du niveau de l'eau. 2° AIR DE VENT. (*Voyez* ce mot.)

POINTER, v. a. (*To prick the chart; to prick off the ship on the chart*), pointer la carte ; faire sur une carte marine les opérations nécessaires pour y marquer le point de la mer auquel est parvenu un vaisseau après une route connue. — Pointer un canon (*to point*), c'est le diriger vers un but déterminé, et lorsque ce but est de démâter un bâtiment ennemi, ou de frapper sur la partie visible de ce bâtiment, ou de percer sa carène, c'est alors pointer, ou à démâter (*to disable the mast, to carry away any masts*), ou en belle, ou à couler bas (*to point the guns so as to sink an enemy's ship*).

POINTURES, s. f. pl. (*Earings.*) Points supérieurs d'une voile quadrangulaire qui sont attachés à la vergue qui porte cette voile.

POLACRE, s. f. (*Polacre.*) Bâtiment de charge, à 3 mâts, dont les deux plus grands sont à pible.

POLICE D'ASSURANCE, s. f. *Voyez* ASSURANCE.

POLICE DE CONNAISSEMENT, s. f. *Voyez* CONNAISSEMENT.

POMME, s. f. Sphère aplatie et en bois, terminant les bâtons de flammes, etc. : pommes de flamme (*acorn of a pendent staff*), de girouette (*truck of a vane*), de pavillon (*truck of the mast head*), etc. — Pommes de racage (*trucks of the parrel*), boules de bois percées diamétralement et faisant partie du racage d'une vergue. — Pommes goujées (*seizing trucks*), boules de bois cannelées sur leur équateur, et percées diamétralement. — Pomme d'étai (*mouse of a stay*), espèce de bourlet qu'on forme sur un point de la longueur d'un étai, et à peu de distance de son œillet, pour empêcher celui-ci de

glisser. — Pommes de tournevire (*mouses of the voyal*), bourlets sphériques empêchant la tournevire de glisser.

POMPE, s. f. (*Pump.*) Long tube en bois qui sert à aspirer l'eau dans laquelle trempe sa base, pour la rejeter par son extrémité supérieure, grâce au mouvement ascendant et descendant imprimé à la soupape intérieure à l'aide du levier à bras. Un vaisseau de guerre a **4** pompes autour de son grand mât, destinées à enlever l'eau qui séjourne au fond de la cale. — La pompe d'étrave (*pump of stem*), située contre l'étrave, prend l'eau à la mer et la verse sur le pont, pour le lavage, etc. — Les pompes à main sont portatives; on s'en sert pour les transvasements, dans les cambuses. — Pompe chargée (*loaded*), celle dont le mécanisme intérieur, en contact avec l'eau inférieure, est en état de la rejeter par en haut; pompe franche (*free*), celle qui ne trouve plus d'eau à sa base. — Pompe à chapelet (*chain-pump*) celle qui sert à élever de l'eau par le moyen d'une suite de plateaux horizontaux, enfilés par une même chaîne sans fin, et fixés sur sa longueur de distance en distance. Cette chaîne parcourt le corps de la pompe, et ses plateaux circulaires, qui ont un diamètre presque égal au diamètre intérieur de cette pompe, forcent l'eau qu'ils rencontrent dans leur mouvement à s'élever comme eux et avec eux jusqu'à une hauteur nécessaire. — Corps de pompe (*chamber of a pump*). partie intérieure d'une pompe, parcourue par le piston dans ses mouvement alternatifs. — Gaule de pompe (*voyez* GAULE).

PONT, s. m. (*Deck.*) Plancher presque horizontal, qui s'étend d'une extrémité à l'autre d'un vaisseau, et en divise l'intérieur en plusieurs étages, comme les planchers des édifices civils. — Dans les bâtiments marchands, un pont (*spar deck*) n'est qu'une couverture qui met l'intérieur du navire à l'abri des lames et de la pluie, en même temps qu'il sert de plancher sur lequel on peut marcher de l'étrave à l'étambot. — Dans les vaisseaux de guerre, les ponts soutiennent de chaque côté un certain nombre de canons. Le pont inférieur, dans ceux qui en ont deux ou trois, est nommé premier pont (*lower*

deck, lower gun deck); il porte les plus gros canons; le suivant est le second pont (middle deck); le supérieur est le troisième pont (upper deck). — Faux-pont (orlop deck), pont placé au-dessous du pont inférieur qui porte des canons. — Pont-volant (hanging stage), plancher mobile qui sert ou à mettre à l'abri les gens de l'équipage, ou à faciliter, dans différentes parties d'un vaisseau, le travail des calfats ou des charpentiers.

PONTER, v. a. Un bâtiment est dit ponté ou non ponté, lorsque son intérieur est couvert ou partagé par un ou plusieurs ponts (decked vessel, undecked or open).

PONTON. s. m. (Pontoon.) 1° Bâtiment à fond plat, en usage dans l'intérieur ou dans les opérations des ports; 2° vieux vaisseau, quelquefois transformé en prison et souvent aussi employé comme le précédent.

PORQUE, s. f. (Rider.) Nom des couples qu'on établit en dedans de certaines couples de levée d'un vaisseau, pour ajouter aux liaisons des parties qui composent la coque d'un bâtiment. — Porques plates (floor riders); porques acculées (aftermost and foremost riders).

PORT, s. m. Port de rivière (port); port de mer (sea port); port militaire (royal dockyard); port marchand (trading sea port town). — Port ouvert (open port), celui dont l'entrée est libre; port fermé (obstructed), celui dont l'entrée n'est pas libre ou celui où les lames de la mer ne peuvent s'introduire qu'en perdant leur grandeur et leur force. — Port à barre (sea port with a bar), celui dont un banc de sable croise l'ouverture. — Avoir un port sous le vent (port under the lee), se dit d'un vaisseau en mer qui est dans une position à pouvoir se réfugier à volonté dans certain port. — Arriver à bon port (to arrive safe). — Le port d'un vaisseau (burthen or tonnage) est le poids total qu'il peut transporter avec sûreté : tel bâtiment a N tonneaux de port, il est de N tonneaux (burthen N tons). On distingue 1° le port en tonneaux de poids, qui est

toujours le poids du volume d'eau déplacé par le bâtiment en comptant depuis l'etat de sa flottaison, quand il est totalement vide, jusqu'à sa flottaison lorsqu'il est complétement chargé; 2° le port en tonneaux d'arrimage ou d'encombrement, qui n'est que le volume de la cale de ce bâtiment. — Port permis (*tons' permission*), certaine quantité de tonneaux en marchandises quelconques que les officiers marchands peuvent embarquer pour leur compte et sans payer de fret sur le bâtiment dont le soin leur est confié.

PORTE-BOSSOIR, s. m. (*Supporter of the cat head.*) Pièce de bois servant de support à un bossoir.

PORTE-COLLIER, s. m. (*Belaying cleat of the lower mast.*) 1° Taquet des mâts; 2° tenon qui termine le mât de beaupré.

PORTE-GARGOUSSE, s. m. *Voyez* GARGOUSSIER.

PORTE-HAUBANS, s. m. (*Chain-Wales.*) Planches longues, larges et épaisses fixées en dehors d'un vaisseau et sur sa muraille, pour établir les haubans d'un bas-mât. — Grands porte-haubans ou porte-haubans de grand-mât (*main chain-wales*), de misaine (*fore chain-wales*), d'artimon (*mizzen chain-wales*).

PORTE-LOF, s. m. *Voyez* MINOT.

PORTE-TOLET, s. m. *Voyez* TOLET.

PORTE-VERGUE, s. m. Lisse d'éperon. *Voyez* LISSE.

PORTE-VOIX, s. m. (*Speaking-trumpet.*) Sorte de trompette en fer-blanc qui porte la voix au loin, avec une intonation plus volumineuse. On distingue 1° le petit porte-voix ou porte-voix à main, ou braillard, c'est celui de l'officier de quart, avec lequel il commande les manœuvres; 2° le grand porte-voix, celui qui sert à héler les embarcations en rade et les navires en mer; 3° le porte-voix de combat, dont le long tube,

traversant les ponts du vaisseau, met le commandant en communication verbale avec les chefs de batteries.

PORTER, v. a. Porter N canons (*to bear N ordnance, mounted with N pounders*); porter N tonneaux (*to load or carry*), être du port de N tonneaux. (*Voyez* PORT.) — Bien porter la toile ou la voile (*to be stiff*), se dit d'un bâtiment qui résiste convenablement à l'inclinaison que tendent à produire ses voiles multipliées et enflées par un vent frais. — Porter ses basses voiles, porter N voile (*to carry the courses; to carry N sail*), c'est exposer ses basses voiles ou N voile à l'impulsion du vent. — Une voile porte lorsqu'elle reçoit sur sa face postérieure l'impulsion du vent régnant, ce qui la distingue de l'état qu'elle a lorsque sa face antérieure est frappée par le vent, alors que son plan est sur la direction du vent (*to be full, or to fill the sails*). — Pour faire augmenter l'angle d'incidence sous lequel le vent frappe les voiles déployées, on commande au timonier de faire porter (*to ease the helm*). — Porter largue (*voyez* LARGUE). — Porter à N air de vent (*to stand to N point, or to point to N*); porter au large (*to bear off from the land*), s'avancer vers la pleine mer en s'éloignant de la terre; porter sur la terre (*to stand on the shore*), s'en approcher; porter sur un vaisseau (*to bear up to a ship*), courir sur lui; porter sur un ennemi (*to stand towards the enemy*), sur ou vers tel port (*to bear to N haven, to bear away for N port*); porter en route (*to stand upon the course*), suivre sa route. — Longueur portant sur terre (*length of the keel in a right line*), longueur de la quille d'un bâtiment, parce que c'est par les points de sa quille qu'il repose sur la terre pendant sa construction.

POSTE, s. m. (*Station.*) Place fixe. Chaque homme et chaque chose ont leur poste dans un vaisseau, de même que ce dernier a le sien dans l'intérieur d'un port. — Poste du chirurgien (*surgeon's berth*), partie du vaisseau où il est logé; poste des malades (*cockpit*), celle où ils sont soignés; on dit encore poste de l'équipage, poste des soldats, etc.

POUILLOUSE, s. f. La grande voile d'étai. (*Voyez* VOILE.)

POULAIN, s. m. *Voyez* SOUS-BARBE.

POULAINE, s. f. (*Head.*) Plate-forme horizontale placée entre les lisses collatérales de l'éperon, et à la hauteur de la deuxième batterie d'un vaisseau de 74 canons.

POULIE, s. f. (*Block.*) Petite pièce de bois percée dans son épaisseur par une mortaise dans laquelle est logé un rouet qui y tourne librement sur un axe en bois ou en fer, dont les extrémités entrent dans les parois de la mortaise. On distingue un grand nombre de poulies dans un vaisseau, soit pour augmenter, soit pour diriger les effets des puissances motrices. Il y a des poulies à un, deux ou trois rouets. On les distingue aussi par leur usage particulier : poulies à canon (*double block*), à palan (*long tackle block*), à talon (*top sail sheet block*), en trois (*triple block*), de capon (*cat block*), de caliornes (*winding tackle*), de drisse (*gear block*), tournante ou marionnette (*turning block*); poulie de retour (*quarter block*), de balancine (*lift block*), de guinderesse (*top block*), d'étai (*stay block*), d'itague (*large leading block*), à fouet (*tail block*), à croc (*block with a hook*), à tourniquet (*block with a swivel hook*), de mâtage et de carène (*careening block*), etc., etc.

POULINERIE, s. f. (*Block-shed.*) Atelier où sont fabriquées les poulies propres au gréement des navires.

POULIEUR, s. m. (*Block-maker.*) Ouvrier qui fabrique des poulies.

POUPE, s. f. *Voyez* ARRIÈRE.

POUSSER, v. a. Pousser la barre (*to bring the helm*), c'est porter la barre du gouvernail d'un vaisseau soit à tribord, soit à bâbord ; pousser au large (*to sheer off*), c'est, pour un vaisseau, gagner la grande mer ; pour un canot, c'est s'écarter ou du rivage ou d'un bâtiment ou d'un objet quelconque près

desquels il était arrêté; être poussé à la côte (*to be driven on shore*), se dit d'un bâtiment qui est entraîné sur une côte par des puissances supérieures; pousser une bordée, c'est la pro-longer (*long tack.*)

PRAME, s. f. (*Pram, or flat-bottomed ship.*) Gros et fort bâtiment, à fond plat, servant comme de forteresse mobile.

PRÉCEINTE, s. f. (*Wale.*) Espèce de ceinture en chêne, très-épaisse, qu'on applique comme les bordages, qu'elle excède en largeur et épaisseur, pour lier étroitement les couples d'un navire. La plus élevée des préceintes est dite carreau (*sheer rail or waist rail*); elle rase le bord des passavants; deux autres qui, dans un vaisseau à deux ponts, ceignent le vais-seau au-dessous de sa batterie basse, sont dites premières et secondes préceintes (*main wales*); deux autres, établies entre les deux batteries, sont dites troisième et quatrième préceintes (*channel wales*).

PRÉFECTURE MARITIME, s. f. (*Maritime prefecture.*) Chef-lieu d'arrondissement maritime où réside, avec le titre de préfet (*resident commissioner of a dockyard*), un officier général de la marine, qui gouverne tout le département, dont le chef-lieu est le centre d'action en ce qui se rapporte à la marine.

PRÉLART ou **PRÉLAT**, s. m. (*Tarpawling.*) Toile im-prégée de goudron, qu'on étend sur les écoutilles d'un vais-seau, sur les marchandises, etc. pour les préserver de la pluie.

PRÈS, préposition. — Les voiles d'un vaisseau sont orientées au plus près du vent (*close-hauled*), lorsque leur plan forme avec la quille un angle aussi petit que le gréement des mâts peut le permettre, et lorsque, dans cet état, le vent les frappe sous un angle d'incidence qui n'a pour mesure que onze à douze de-grés. Si cet angle est un peu plus grand, elles sont orientées près du vent; et elles portent près et loin (*full and by*), lorsque cet angle est assez ouvert pour que les voiles soient également et fortement frappées dans tous leurs points par le vent régnant,

en gardant toujours leur position oblique à la quille. — Un vaisseau dont les voiles sont dans ces différents états est dit alors faire ou tenir le plus près (*to be close-hauled, or sharp-trimmed*), courir ou présenter au plus près ; et lorsqu'on dispose ainsi ses voiles, il se met au plus près. — On commande au timonnier : — Près du vent ! (*Touch the wind!*) — Près et plein ! (*Full and by!*) — Pas plus près ! (*No nearer!*)

PRÉSENTER, v. a. Être dirigé. Un vaisseau qui a sa proue tournée vers le vent, ou vers les lames, ou vers un courant, est dit présenter le bout au vent ou à la lame ou au courant (*to stem the wind, the sea, the current*). — Lorsqu'on le compare à un objet extérieur placé sur une ligne perpendiculaire à la longueur du bâtiment, celui-ci présente le travers au premier (*to bring the broad-side*). C'est ainsi qu'on fait présenter le travers d'un vaisseau à un port qu'il doit canonner.

PRESSE, s. f. (*Press.*) Contrainte exercée sur des hommes pour les armer sur des bâtiments de mer, et les faire servir de matelots. — Presseurs, enrôleurs pour la presse (*press-gang*).

PRESSER, v. a. (*To impress.*) Exercer la presse.

PRESSEURS, s. m. *Voyez* PRESSE.

PRÊTER, v. a. Un vaisseau qui présente le côté soit au vent, soit aux lames, soit à un courant, soit à l'ennemi dans un combat, est dit leur prêter le côté (*to range abreast*) ; et il ne prend cette position que pour braver leurs efforts sans en craindre de funestes conséquences.

PRIME D'ASSURANCE, **s. f.** (*Premium of insurance.*) Somme d'argent qui est payée d'avance à un assureur, comme le prix de l'engagement qu'il contracte de remplir les clauses d'une police d'assurance.

PRISE, s. f. (*Prize; capture by the enemy.*) Bâtiment pris à l'ennemi.

PROLONGER. v. a. Un vaisseau prolonge un vaisseau, une

côte, une île, une mer, lorsqu'il s'avance le long de ce vaisseau de cette côte, etc., dans une direction parallèle à leur longueur et à peu de distance (*to bring a ship alongside of another*), prolonger une ligne ennemie (*to run down a line; to range a line; to pass along the line*), c'est courir parallèlement à cette ligne, en se tenant très-près des bâtiments qui la composent. — (*Voyez* ÉLONGER.)

PROUE, s. f. (*Prow.*) Partie extrême de l'avant d'un vaisseau. (*Voyez* AVANT.)

PROVISIONS, s. f. pl. *Voyez* VIVRES.

PUITS, s. m. On appelle puits sur le fond (*well on a bank*), une cavité profonde dans un haut-fond que l'eau recouvre et dont le centre ne peut être sondé.

Q

QUAI, s. m. (*Quay.*) Espace le long de la mer ou d'une rivière; c'est souvent une levée revêtue de pierres, mais qui est toujours préparée de manière à faciliter et l'approche des bâtiments, et leur chargement, et leur déchargement. Un bâtiment est à quai lorsqu'il est le long d'un quai.

QUARANTAINE, s. f. (*Quarantine.*) Temps pendant lequel toute communication est interdite aux bâtiments et aux personnes qui sont à bord, lorsqu'ils ont communiqué avec des peuples soupçonnés d'être attaqués de la peste. Ce temps est souvent de quarante jours. — Se soumettre à cette loi, c'est faire quarantaine, ou être en quarantaine (*to perform quarantine*).

QUARANTAINIER, s. m. (*Ratling, ratline.*) Petit cordage composé de trois torons ou cordons de fils commis ensemble. Les quarantainiers simples ont de 6 à 9 fils, les quarantainiers doubles de 12 à 15 (*N thread ratling*). *Voyez* RABAN.

QUART, s. m. Un quart de vent (*point*) est la trente-deuxième partie de la circonférence d'une boussole. Le nom de quart vient de ce que les airs de vent compris entre deux points éloignés de 45 degrés, partagent cette distance en quatre parties égales. — Le vent change de N quarts, lorsque sa direction nouvelle fait avec sa direction précédente un angle de N quarts ou de N fois 11°, 15'; de même un vaisseau arrive de N quarts (*to bear away N points*), lorsque, par un mouvement de rotation sur lui-même, le vent agit sur ses voiles sous un angle d'incidence qui augmente de

29.

N quarts. On donne le nom de quart de nonante (*back quadrant*) à un instrument en bois servant à mesurer, quoique avec peu de précision, les hauteurs du soleil, depuis 0° jusqu'à 90°. Il est composé de deux arcs de cercle (l'un de 60° et l'autre de 30°), tracés dans un même plan avec des rayons différents. — A bord des vaisseaux, le quart est la garde du bâtiment (*watch*) pendant le quart d'un jour, soit six heures consécutives. Le quart ou la garde ou le service est confié aux mêmes personnes depuis midi jusqu'à six heures, temps auquel elles sont relevées par d'autres personnes qui remplissent les mêmes fonctions jusqu'à minuit. Ensuite, les remplacements se font de 4 heures en 4 heures. Les uns sont nommés quarts de jours et les autres quarts de nuit (*day-break watch, and night watch*), selon qu'ils ont lieu pendant le jour ou pendant la nuit. — Être de quart (*to keep the watch*) ou faire le quart (*to be upon the watch*), c'est être de service ou de garde à bord ; faire bon quart (*to keep a good look-out*), c'est faire le service avec une surveillance particulière et continuelle. — Officier de quart (*officer who commands the watch*), celui qui commande le quart ; quart de tribord et quart de bâbord (*starboard and larboard watch*), chacune des deux moitiés de l'équipage qui sont successivement de quart ; pour les appeler au quart, on commande : Tribord ou bâbord au quart! (*starboard or larboard watch ahoy!*) ; alors une moitié prend le quart que l'autre laisse, ce qui s'appelle changer le quart! — Bon quart! partout bon quart! à l'autre et bon quart! (*good watch! all's well! to another and good watch!*), sont des exclamations proférées à haute voix, la nuit et à chaque demi-heure, par les hommes de quart, pour annoncer qu'ils font bonne garde. — Rôle de quart, *voyez* RÔLE.

QUARTIER, s. m. Quartier-Maître (*voyez* MAÎTRE). — Être de quartier (*quartering wind*), se dit du vent lorsqu'il souffle dans la hanche d'un vaisseau, entre la poupe et le maître-couple. — Quartier de réduction (*sinical quadrant*), instrument qui sert aux marins à compter le chemin que le navire a parcouru pendant un espace de temps donné. C'est or-

dinairement un carré de papier, collé sur une feuille de carton, et ayant la forme d'un parallélogramme rectangle, dont la surface est divisée, en un très-grand nombre de petits carrés égaux, par des lignes qui sont menées parallèlement aux deux côtés adjacents de ce parallélogramme ; de plus, des arcs tracés du sommet d'un des angles du quartier, comme centre, et avec des rayons égaux aux distances qui séparent ce centre des divers points de divisions des côtés, achèvent de rendre ce quartier propre aux opérations indiquées, ou à l'usage annoncé. Un de ces derniers arcs est divisé en parties de 12′ et il sert à diriger, du centre, un fil, de manière à lui faire former avec la ligne nord et sud que représente la hauteur du carré, le rhumb de vent de la route faite par un vaisseau. C'est sur ce fil ainsi dirigé qu'on prend une longueur pour représenter celle de la route en faisant valoir depuis une jusqu'à N lieues, l'étendue de chacune des divisions des rayons. Ainsi à l'aide de ce fil qui est mobile autour du centre du quartier, et des lignes divisées qui sont tracées, on peut former aisément tous les triangles-rectangles dont les côtés et les angles entrent dans le calcul du chemin fait par un vaisseau, soit en latitude, soit en longitude.

QUÊTE DE L'ÉTAMBOT, s. f. (*Rake of the stern post.*) Quantité dont s'écarte, de l'extrémité postérieure de la quille d'un vaisseau, une perpendiculaire qui est abaissée du sommet de l'étambot sur le prolongement de la face intérieure de la quille.

QUEUE, s. f. On appelle cordage en queue de rat (*pointing ; pointed rope*), celui dont le bout se termine en pointe, ce qui le rend plus facile à introduire dans les caisses de poulies où il doit passer.

QUILLE, s. f. (*Keel.*) Partie inférieure de la carcasse d'un vaisseau. Les couples y sont disposés et arrêtés. — Fausse-quille (*false-keel*), planche épaisse dont on recouvre quelquefois la face inférieure de la quille. — Contre-quille (*upper false keel*), pièce de bois appliquée sur la face supérieure et hori-

rizontale de la quille ; doublage qui fortifie la quille, assure la liaison de ses parties et contribue à ce qu'elles ne soient altérées en aucun point.

QUINÇONNEAU, s. m. *Voyez* CABILLOT.

R

RABAN, s. m. (*Rope band.*) Cordage court, employé à attacher ou à lier diverses choses. — Rabans d'envergure (*head lines*), de faix, de têtière (*earings*), de pointures de ris (*reef earings*), etc., espèces de quarantainiers. — Rabans de ferlage (*furling lines*), tresses plates et larges faites de fils carrets qui servent à serrer sur une vergue tous les plis d'une voile retroussée. — Rabans de sabord (*port ropes*), forts quarantainiers qui servent à maintenir fermés les mantelets des sabords. — Rabans de pavillon (*rope-band of a flag*), anneaux en corde qui lient un pavillon au mât sur lequel il est déployé. — Rabans de hamac (*rope-band of hammock*), petits cordages qui servent soit à suspendre, soit à étendre un hamac dans le sens de sa largeur.

RABATTUE, s. f. Partie de la muraille d'un vaisseau qui forme l'enceinte des gaillards ou de la dunette : rabattue de l'avant (*drift rail forward*), prolongement vertical de la muraille qui correspond au gaillard d'avant et s'étend au-dessus de la préceinte la plus élevée. — Lisse de rabattue (*voyez* LISSE). — La grande rabattue (*drift rail abaft*), prolongement de la muraille entre le gaillard d'arrière et la dunette.

RABLURE ou **ÉCLINGURE**, s. f. (*Rabbet.*) Lieu où aboutissent les bordages d'un vaisseau, soit à l'étrave, soit à l'étambot ; c'est une rainure triangulaire pratiquée sur les faces latérales de ces dernières pièces, où viennent se perdre les extrémités des bordages. Éclingure ou rablure des estains (*after-hood*), de l'étrave (*fore-hood*).

RACAGE, s. m. (*Parrel.*) Collier dont on entoure le fût d'un mât, à l'aide d'un cordage dit bâtard de racage (*parrel rope*), et par lequel on attache à ce mât la vergue qu'il doit porter.

RACAMBEAU, s. m. (*Traveller.*) Espèce d'anneau en fer qui porte dans un des points de sa circonférence un crochet opposé à un œillet, et dont le contour est garni de petits anneaux mobiles en bois ou en fer. C'est dans l'ouverture de cet anneau qu'on fait passer le bout-dehors du beaupré, afin qu'il serve à retenir (*gib iron*) par son crochet le point d'amure du grand foc ainsi que le bout de sa draille.

RADE, s. f. (*Road.*) Étendue de mer peu profonde enfermée en partie par des terres plus ou moins élevées, et qui présente aux navires des mouillages à l'abri du vent et des lames. — Mettre en rade (*to go into the road*); être en rade (*roader*). — Rades foraines (*open roads*), celles qui ne sont ceintes qu'en partie par des terres élevées, et sont battues ouvertement par plusieurs vents de mer lorsqu'ils règnent.

RADOUB, s. m. (*Repair.*) Réparation plus ou moins considérable qu'on fait à un bâtiment de mer. — Vaisseau en radoub (*ship repairing*), celui qu'on répare; — donner un radoub ou radouber (*to repair*), faire cette réparation. — S'identifiant avec leur vaisseau, les marins disent qu'ils se radoubent (*to repair the ship's hull*). — Radouber des cordages ou des voiles (*to refit*), c'est le rétablir.

RADOUBER, v. a. *Voyez* RADOUB.

RAFALE, s. f. *Voyez* GRAIN.

RAFRAICHIR, v. a. Rafraîchir un canon (*to freshen a gun*) qui est échauffé après avoir tiré un grand nombre de coups, c'est l'arroser d'eau froide. — Rafraîchir des manœuvres (*to freshen the hawse*), c'est, lorsque le frottement a altéré certaines parties de leur longueur, exposer des parties fraîches et nouvelles de ces manœuvres à l'action de cette cause destructive.

— On rafraîchit l'entalingure d'un câble, en retranchant la première qui est usée et en la remplaçant par une seconde.

RAFRAICHISSEMENTS, s. m. pl. (*Supply of fresh provisions.*) Provisions de vivres frais, qu'on fait ordinairement dans les lieux où relâche un navire.

RAGUER, v. a. (*To chafe or gall.*) Déchirer, user par le frottement.

RALINGUE, s. f. (*Bolt rope.*) Cordage cousu sur les bords d'une voile pour la fortifier. — Ralingues de têtière (*heard ropes*) ou d'envergure (*square*), celles qui bordent une voile sur le côté qui est destiné à être lacé avec une vergue; — ralingues de bordure ou de fond (*foot ropes*), celles qui sont étendues sur le côté inférieur d'une voile; — ralingues de chute (*leech ropes*), celles qui bordent les côtés verticaux d'une voile. — Mettre en ralingue (*to spill*), se dit d'un vaisseau qui a les voiles en ralingue, ou ayant leur plan que circonscrivent les ralingues, sur la direction du vent qui souffle. — Un vaisseau vient en ralingue (*to touch*) si, par une rotation sur lui-même, il présente le plan de ses voiles dans la direction du vent. (*Voyez* TÊTIÈRE.)

RALINGUER, v. a. (*To fly loose to the wind.*) 1° Coudre une ralingue sur le contour d'une voile; 2° disposer cette voile de manière que le vent ne frappe ni dessus ni dedans, mais soit dirigé dans le plan même des ralingues de cette voile.

RALLIER, v. a. Rallier un poste (*to rally or regain a station*), reprendre un poste qu'on a quitté ou s'en approcher pour le prendre; — rallier une armée (*to rally*), se réunir à elle; — rallier le vent (*to touch the wind*), gouverner plus près du vent; rallier bien le vent (*to haul the wind again*), ou se bien rallier au vent, se dit d'un bâtiment qui a la propriété habituelle de s'élever rapidement au vent, ou de peu dériver, lorsqu'il court au plus près.

RAME, s. f. (*Oar.*) Aviron. — Aller à la rame, gouverner

à la rame, faire force de rames (*to ply the oars amain*). — Coup de rame (*stroke*). *Voyez* AVIRON.

RAMER, v. n. *Voyez* NAGER.

RAMEUR, s. m. *Voyez* NAGEUR.

RANÇON, s. f. (*Ransom.*) Prix exigé ou somme donnée, pour le rachat ou la délivrance d'un bâtiment dont un ennemi s'est emparé.

RANÇONNER, v. a. (*To ransom.*) Exiger une rançon; après le payement de la rançon, le bâtiment est rançonné (*to be ransomed*).

RANG, s. m. (*Rate.*) On appelle rang la classe à laquelle appartient un vaisseau, suivant la force de son artillerie : premier rang : vaisseaux à 3 ponts, portant depuis 110 jusqu'à 131 canons; deuxième rang : vaisseaux à 2 ponts, portant de 80 à 100 bouches à feu; troisième rang : vaisseaux également à 2 batteries, ayant 74 pièces d'artillerie. — Les frégates de 60, de 54 et de 44 sont dites de premier, second et troisième rang.

RANGER, v. a. Ranger ou serrer la côte, la terre, une île, un vaisseau, une roche (*to coast*), c'est en passer à peu de distance et parallèlement à leur longueur; ranger le vent (*to claw the wind*), c'est serrer le vent ou tenir le plus près (*to bear up, to work to windward*); ranger une armée en ligne de bataille (*to lay a fleet to the line of battle*), c'est disposer sur une même ligne de bataille les vaisseaux qui la composent. — Le vent se range de l'avant (*to haul forward*) ou de l'arrière (*to veer aft*), selon que le changement de sa direction fait diminuer ou augmenter l'angle de cette direction avec la quille; il se range à N air de vent (*to veer to the N point*), lorsqu'il vient à souffler sur la direction désignée par cet air de vent. — Le ranger en bataille (*to draw up*).

RAPIQUER AU VENT, v. n. (*To bring a ship to the wind*), se dit d'un vaisseau qui, après avoir couru largue, vient au plus près.

RAPPROCHER, v. n. Un vaisseau rapproche du vent quand, tournant sur lui-même horizontalement, et ayant ses voiles orientées au plus près, il fait diminuer l'angle d'incidence du vent régnant sur ces mêmes voiles. Le vent rapproche lorsque c'est son propre changement qui produit cet effet (*to haul forward*).

RAS, s. m. Ras de carène (*floating-stage*), sorte de plate-forme qui plonge peu dans l'eau, et présente une grande surface horizontale, où se placent les ouvriers chargés de radouber les vaisseaux. — Ras de marée, ras de courant (*voyez* LIT). — Un vaisseau est ras (*low or straight-sheered ship*), lorsque la partie de ce vaisseau qui s'élève au-dessus de la mer a peu de hauteur comparativement aux bâtiments de la même classe; il est ras comme un ponton (*disabled*), lorsqu'après un combat ou une tempête il est désemparé, c'est-à-dire privé de ses mâts, de ses vergues, de ses voiles, etc.

RASER, v. a. (*To cut down a ship.*) Diminuer la hauteur de cette partie d'un vaisseau qui s'élève au-dessus de l'eau, en supprimant ou sa teugue, ou sa dunette, ou ses gaillards, ou les ponts placés au-dessus du premier.

RATEAU, s. m. Rateaux de vergue (*racks of yard*), pièces de bois percées de plusieurs trous, qu'on applique sur quelques parties de la longueur d'une vergue pour servir à attacher les divers points de l'envergure d'un voile basse. C'est dans ces trous qu'on introduit les cordages qui réunissent la voile à la vergue, lorsque ces mêmes cordages ne peuvent tourner sur la circonférence de la vergue à cause des poulies des drisses de suspente qui se trouvent dans les mêmes places où ils devraient passer. — Rateaux de haubans (*cross pieces*), planches étroites traversées dans divers points de leur largeur et perpendiculairement par des chevilles. On les fixe dans une position horizontale, sur les bas-haubans; et les chevilles servent d'autant de points d'appui auxquels on attache diverses petites manœuvres. — Rateaux en poulies ou rateaux de beaupré (*racks of the*

bowsprit), caisses longues, étroites, peu larges, garnies de rouets, servant au passage de plusieurs manœuvres qui descendent du sommet du beaupré ou de son bout-dehors pour se rendre sur le gaillard-d'avant d'un vaisseau.

RÉA ou **RIA**, s. m. Rouet d'une poulie. *Voyez* ROUET.

REBOUSSE, s. f. (*Starting bolt.*) Repoussoir ou cheville de fer qui sert à en repousser d'autres pour les faire sortir des trous où elles ont été introduites et chassées.

RECHANGE, s. m. (*Spare.*) Remplacement. Mâts, voiles, etc., de rechange (*spare top mast, spare sails*, etc.). — Barre de rechange (*spare tiller*), seconde barre de gouvernail destinée à remplacer la première en cas d'accident. — Rechange du maître (*boatswain's spare store*), assemblage de toutes les choses qui sont confiées aux maîtres pour la réparation ou le remplacement de toutes les parties du gréement.

RÉCIF ou **RESCIF**, s. m. (*Ridge.*) Rochers sous l'eau.

RECLAMPER, v. a. *Voyez* JUMELER.

RECONNAISSANCE (MARQUES DE). *Voyez* BALISE.

RECONNAISSANCE (SIGNAUX DE). *Voyez* SIGNAL.

RÉDUCTION, s. f. (*Reduction.*) Opération graphique par laquelle on détermine la forme du plus grand nombre des couples d'un vaisseau, étant donnée celle de quelques couples particuliers, tels que le maître-couple et les deux couples extrêmes. — La réduction des routes d'un vaisseau est aussi une opération par laquelle on cherche le résultat des routes partielles que peut avoir faites ce vaisseau pour déterminer le point de son arrivée ou celui auquel il est parvenu sur la surface du globe. Les marins emploient souvent pour cela l'instrument nommé quartier de réduction. (*Voyez* QUARTIER.)

REFLUX, s. m. *Voyez* JUSANT et MARÉE.

REFONDRE UN VAISSEAU, v. a. (*To rebuilt or repair a*

ship thoroughly.) Faire à sa masse entière une réparation telle qu'elle devient presque une construction totale.

REFONTE, s. f. (*Thorough repair.*) Réparation générale faite à un vaisseau depuis la quille jusqu'au couronnement. — Demi-refonte, la moitié de ce travail.

REFOULER, v. a. Refouler des chevilles (*to cast off*), c'est les repousser des trous qu'elles remplissent. — Un vaisseau refoule un courant ou la marée (*to run full against the tide*), lorsqu'il s'avance dans une direction opposée à celle de ce courant ou de la marée.

REFUSER, v. n. (*To scant.*) Se dit du vent dont la direction venant à changer ne permet plus à un vaisseau de courir au plus près. C'est le contraire d'adonner (*to veer aft, to come in favour*), c'est-à-dire de devenir favorable. — Un vaisseau refuse de virer (*not to come to the wind*), lorsqu'il n'obéit pas aux puissances mises en action pour le faire virer de bord.

REGRÉER, v. a. (*To repair the cordage of a ship.*) Réparer les dommages faits au gréement d'un vaisseau pendant une tempête ou dans un combat.

RELACHE ou **ESCALE**, s. f. (*Stay.*) Retraite dans un port soit pour se ravitailler ou réparer ses avaries, soit pour fuir le mauvais temps, soit enfin pour débarquer des lettres ou des voyageurs. — Port de relâche (*place to get refreshments*).

RELACHER, v. a. (*To put into a port; to stop and stay.*) Faire relâche. — Relâcher par besoin (*to touch at any part*).

RELÈVEMENT, s. m. On appelle relèvement des ponts et des gaillards (*the sheer of a ship's deck*), la différence toujours plus grande à l'arrière qu'à l'avant des extrémités des ponts et des gaillards. Relèvement au compas (*setting by the compass*), air de vent sur la direction duquel un vaisseau, une terre, etc., sont vus d'un vaisseau; ces observations sont faites

à l'aide du compas. — Relèvement à la boussole (*bearing*). *Voyez* RELEVER.

RELEVER, v. a. Faire un relèvement; remarquer sur une boussole l'air de vent qui est dirigé vers un objet, c'est relever cet objet (*bearing*). — Relever l'un par l'autre (*to keep N in one whit N*), se dit quand il s'agit de deux objets qui paraissent sur la même ligne, quoiqu'à des distances différentes; si ce sont deux vaisseaux, alors ils sont relevés l'un dans les eaux de l'autre (*in the wake of each other*). — Relever une côte (*to draw a view of a coast*), c'est en dessiner la vue ou l'aspect telle qu'elle est aperçue de divers points. — Relever un vaisseau, c'est aussi le remettre à flot (*to bring a ship afloat; to set a ship afloat again; to raise a ship*). — Relever une ancre (*to weigh anchor again, to change a berth*), c'est la tirer du fond de l'eau, pour la porter dans un autre mouillage. — Relever le quart (*to set the watch*), à bord d'un vaisseau, c'est succéder aux personnes qui étaient chargées de faire le quart; dans le même sens on dit relever un officier, un timonier, etc. — Ce verbe est quelquefois réfléchi, ainsi l'on dit d'un vaisseau qu'il s'est relevé d'une côte, lorsque placé d'abord sous le vent de cette côte, et menacé d'y être entraîné, il est parvenu à s'en éloigner et à se mettre au vent à elle.

REMONTER, v. n. Se dit d'un vaisseau qui se meut dans un sens opposé au vent, au courant, à la marée, etc. (*to get up*). — Remonter avec la marée (*to tide up*), se dit d'un vaisseau qui, pour remonter une rivière, se laisse entraîner par le flux. — Dans le sens actif, remonter le gouvernail (*to ship the rudder*), c'est placer ses gonds dans les pentures.

REMORQUE, s. f. (*Towing*.) Cordage employé par un bâtiment qui en a un autre à la remorque, autrement pour le remorquer (*to tow*), c'est-à-dire pour le traîner après lui.

REMORQUER, v. a. *Voyez* REMORQUE.

REMORQUEUR, s. m. (*Tow-boat, tug*.) Bâtiment qui remorque.

REMOUS, s. m. *Voyez* HOUACHE.

REMPLIR, n. n. Un canot, un bateau, exposés à une mer orageuse, remplissent (*to fill, toget water-logged*), lorsque les lames, passant par-dessus ces embarcations dont l'intérieur n'est pas abrité par un plancher, les couvrent de leurs eaux et les emplissent.

REMPLISSAGE, s. m. (*Dead wood.*) Nom général de toute pièce de bois qui dans un vaisseau remplit un vide quelconque.

RENARD, s. m. (*Traverse board.*) Petit plateau rond en cuivre ou en bois, sur lequel on a peint une rose de boussole. Douze trous percés sur chaque rayon ou sur la direction de chaque air de vent servent à recevoir une cheville au moyen de laquelle le timonier retrace la route qu'il a fait suivre au vaisseau. — Renard à traîner les bois (*dog or cant hook*), fort crochet en fer qui sert à déplacer et à traîner des pièces de bois.

RENCONTRER, v. a. (*To shift the helm*) Empêcher un vaisseau de faire sur lui-même une rotation trop étendue, de tribord à babord, et réciproquement. Pour cela, on commande au timonier de rencontrer l'arrivée ou l'auloffée (*to stop the effect of the tiller*).

RENDRE, v. a. (*To surrender.*) Rendre un vaisseau, se rendre à l'ennemi.

RENFORT, s. m. On nomme renforts de voiles (*tabling at the foot ropes and leech ropes*), des morceaux de toile appliqués sur différentes parties de l'étendue d'une voile, pour la fortifier et la doubler. — Renfort d'un mât (*voyez* NOIX).

RENTRÉE, s. f. Rentrée d'un couple (*tumbling home or housed in*), différence entre sa plus grande demi-largeur et celle qui correspond à l'extrémité de ses branches. Lorsque cette différence est très-grande, on dit d'un vaisseau qu'il a beaucoup de rentrée (*housed in*).

30.

RENVERSER, v. a. Renverser un ordre (*to invert the line*), c'est, dans une armée navale rangée en ligne de bataille, faire marcher les vaisseaux derrière ceux qu'ils auraient dû précéder, d'après les rangs primitivement assignés. — Compas renversé, *voyez* COMPAS.

RÉPÉTER, v. a. Refaire les signaux faits par les ordres du commandant d'une armée navale (*to repeat the signals*). Les bâtiments chargés de ce soin sont appelés répétiteurs (*repeaters*).

RÉPÉTITEUR, s. m. *Voyez* RÉPÉTER.

REPRENDRE UNE MANOEUVRE, v. a. La rétablir dans son premier état. Reprendre un palan (*to sheepsh-ank*).

RESSAC, s. m. (*Surf.*) Retour tumultueux des lames sur elles-mêmes en présence d'un obstacle.

RESTER, v. n. Un vaisseau en marche change constamment de position, relativement à tous les objets qui sont sur son horizon ; c'est pourquoi les navigateurs expriment ces relations fugitives, en disant qu'un objet qu'ils aperçoivent sur la direction de N air de vent, leur reste à N air de vent (*to bear from the ship*).

RETARDEMENT, s. m. (*Demurrage.*) Retard dans le déchargement d'un bâtiment de commerce.

RETENUE, s. f. Cordage qui soutient ou retient un objet quelconque. — Retenue pour carène (*relieving tackle*), fort cordage qui sert à maintenir un vaisseau dans une certaine inclinaison latérale, ou qui empêche qu'elle ne reçoive une augmentation dangereuse.

RETOUR, s. m. Retour de courant (*eddy*), se dit des eaux d'un courant revenant sur elles-mêmes après avoir été contrariées dans leur direction par un obstacle quelconque. — Bâtiment de retour (*home-bound ship*), celui qui n'a que la mission d'aller dans tel port ; bâtiment pour allée et retour (*for*

the cargo outward and homeward), celui qui dès son dé-part, a une mission pour aller et revenir.

RETRAITE (ORDRE DE). *Voyez* ORDRE.

RETROUSSER, v. a. *Voyez* CARGUER.

REVERS, s. m. (*Top timber.*) Allonge de revers : celle qui, dans le contour d'une branche de couple, a une courbure qui présente sa convexité à l'intérieur du couple. — Revers du coltis (*flaring of the knuckle timber*).

REVIREMENT, s. m. (*Going about again.*) Mouvement de rotation horizontale qu'on communique une seconde fois à un vaisseau pour le faire virer de bord, après l'avoir fait virer une première fois; ce qui s'appelle revirer (*to tack about again*).

REVIRER, v. n. *Voyez* REVIREMENT.

REVOLIN, s. m. (*Eddy wind.*) Vent réfléchi par une côte, une île, une montagne, une voile, etc.

RHUMB, RUMB ou RUM DE VENT, s. m. (*Course or rhumb line.*) Angle formé par la direction d'un air de vent quelconque et la ligne Nord et Sud. Ainsi le rhumb de vent d'un vaisseau est l'angle de cette route avec le méridien.

RIA, s. m. *Voyez* RÉA.

RIBORDER, v. n. *Voyez* LOUVOYER.

RIBORD, s. m. *Voyez* GABORD.

RIDE, s. f. (*Laniard.*) Cordage mince employé pour lacer ensemble deux caps de mouton et pour roidir fortement un cordage plus gros, dont un bout porte un des caps de mouton. — Rides de haubans (*laniards of the shrouds*), de galhau-bans, d'étais, de marchepieds (*laniard of the back stays, of the stay, of a horse*).

RIDER, v. a. (*To taughten a rope.*) Rider un cordage,

c'est lacer par une ride, le cap de mouton qu'il porte à son extrémité avec celui qui lui correspond (*to set up the shrouds ; to haul taught the shrouds*).

RINGEOT, s. m. *Voyez* BRION.

RIS, s. m. (*Reef.*) Partie d'une voile comprise entre le côté qui est lacé à la vergue et une ligne parallèle à cette envergure. La grande voile et la misaine n'ont qu'un seul ris. Les huniers en ont jusqu'à trois; le perroquet de fougue en a deux. — Ris de chasse (*first reef*) ou premier ris, celui qui est le plus élevé dans les huniers et le perroquet de fougue; — second et troisième ris, ceux qui sont inférieurs à celui-là; — bas ris (*lower reef*), le plus bas; — prendre un ris (*to reef in*), c'est soustraire à l'impulsion du vent la partie supérieure nommée ris, de l'étendue d'une voile déployée, ou raccourcir cette voile dans le sens de sa hauteur; — larguer un ou plusieurs ris (*to let the reefs out*), c'est lâcher les plis des ris qui étaient serrés sur la vergue, ou desserrer les garcettes qui retenaient ces parties d'une voile, repliées sur la vergue. — Un vaisseau a tous les ris pris dans ses voiles (*to be close-reefed*), lorsque les ris de ses voiles déployées sont tous serrés sur leurs vergues (*reefed sails*).

RISÉE ou **RAFALE**, s. f. (*Squall.*) Accès ou accroissement de vitesse du vent régnant. On dit aussi GRAIN. (*Voyez* ce mot.)

RISER ou **ARRISER**, v. a. (*To reef the sails.*) Abaisser un hunier ou un perroquet pour que ses voiles présentent moins de surface au vent régnant.

RISSE, s. f. *Voyez* SAISINE.

RISSER ou **ARRISSER**, v. a. (*To seize, to lash.*) Attacher, fixer solidement sur un vaisseau les chaloupes, les canots et les vergues qu'il transporte en mer pour les besoins à venir, ou tel autre objet quelconque.

ROCHE, s. f. (*Rock.*) Nom adopté généralement par les marins, pour désigner les rocs et rochers. — Être dans les roches (*to be among the rocks*) se dit d'un vaisseau qui est porté au milieu des écueils; s'il les touche ou s'il s'y échoue, il est sur les roches (*upon the rocks*).

RÔLE, s. m. (*Bill.*) On appelle rôle d'équipage une liste générale des hommes qui sont employés à bord d'un vaisseau, avec une qualité quelconque de fonctionnaire (*muster*). — Cette liste comprend même les passagers. — Ce premier rôle sert à en former d'autres, tel que le rôle de quart (*watch bill*), qui est celui des hommes qui doivent faire le quart de tribord et celui de babord ; tel que le rôle de combat et d'abordage (*quarter bill*), où le poste de chaque homme est assigné, soit pendant un combat, soit dans un cas d'abordage.

ROMAILLET ou **ROMBAILLET**, s. m. (*Furr.*) Morceau de bois qu'on insère dans un assemblage de charpente pour remplir un vide, ou suppléer au défaut des dimensions des pièces composantes.

ROMPRE, v. a. — On appelle vaisseau rompu (*broken-backed ship*), un vaisseau excessivement arqué. — Une ligne de vaisseaux est rompue, lorsque la flotte ne forme plus une ligne droite et régulière : Rompre une ligne (*to break the line of battle*).

ROSE, s. f. On nomme rose de compas (*fly or face of a sea compass*), un carton circulaire très-léger, dont on couvre l'aiguille aimantée d'une boussole, et sur la face supérieure duquel on a dessiné les 32 airs de vent que la boussole doit servir à indiquer ; sa circonférence est ainsi divisée en degrés. Des rayons sont menés du centre à chacune des 32 divisions égales de cette circonférence, et l'assemblage de ces rayons divergents a été appelé rose. — Roses du gouvernail (*hinges of the rudder*), pentures qui, fixées à l'étambot d'un vaisseau, reçoivent les gonds du gouvernail.

ROUANNE, s. f. (*Boringtool.*) Instrument employé pour forer une pièce de bois dans le sens de sa longueur. C'est avec cet instrument qu'on creuse les pompes des vaisseaux.

ROUANNER, v. a. (*To bore a pump.*) Percer une pièce de bois dans le sens de sa longueur pour en faire une pompe.

ROUE, s. f. (*Wheel.*) La roue du gouvernail (*wheel of the helm; steering wheel*), sert à varier les positions du plan du gouvernail. Elle est fixée perpendiculairement à un cylindre horizontal qui, en tournant sur lui-même, s'enveloppe de drosses, cordages qui sont attachés à l'extrémité de la barre du gouvernail, et qui servent à porter le bout de cette barre ou à droite ou à gauche du plan diamétral du vaisseau. — Les roues à filer (*spinning wheels*) servent, dans les corderies, à filer le chanvre. — Roue de manœuvre (*voyez* ROUER). — Roues des navires à vapeur : Les premiers bateaux à vapeur n'eurent pour propulseur que des roues, au nombre de deux, situées le plus ordinairement un peu en avant du centre de gravité des bateaux, et chacune d'un côté. — Les roues à aubes sont garnies, à leur circonférence, d'aubes en bois attachées aux rayons de moyeux en fonte fixés sur l'axe ou arbre qui transmet à tout le système le mouvement de rotation imprimé par la machine. Mais l'hélice est infiniment préférable aux roues et les a généralement remplacées. (*Voyez* HÉLICE.)

ROUER, v. a. (*To coil a cable.*) Plier un cordage en rond, et en faire une roue, dite roue de manœuvre. On dit aussi cueillir et gléner.

ROUET, s. m. (*Sheave.*) Plateau circulaire et cylindrique, en bois ou en métal, qui est cannelé sur son contour, pour recevoir et retenir le cordage dont on l'enveloppe, lorsqu'il fait partie d'une poulie, ou lorsqu'il tourne librement, sur un axe fixe qui le traverse par son centre perpendiculairement à ses faces supérieure et inférieure. Les poulies ordinaires ont des rouets de gayac ou d'autre bois dur (*sheave, wheel*) ; le chaumard, les bittons, les bossoirs, les poulies de guinderesse

et de capon, sont garnis de rouets en cuivre (*brass sheaves*).

ROULER, v. n. (*To roll.*) Se dit d'un vaisseau lorsqu'alternativement il s'incline latéralement et sur la droite et sur la gauche par l'effet des lames qui se succèdent régulierement, et entretiennent ces mouvements d'oscillation. S'il roule beaucoup, on le nomme rouleur (*a ship which rolls much at sea*).

ROULEUR, s. m. *Voyez* ROULER.

ROULIS, s. m. (*Rolling.*) Oscillation d'un vaisseau dans le sens de sa largeur, ou inclinaison successive et alternative d'un vaisseau tantôt sur le côté droit et tantôt sur le côté gauche. Les roulis sont l'effet des lames sur les flancs d'un vaisseau ; ils varient suivant la forme et l'arrimage des bâtiments. — Roulis sous le vent (*lee lurches*).

ROUSTER ou **ROUSTURER**, v. a. (*To woold.*) Lier étroitement deux pièces de bois placées l'une sur l'autre, à l'aide d'un cordage qui enveloppe leur assemblage par des tours pressés et multipliés. — Rouster un bateau (*to woold a boat*), c'est le ceindre par un cordage qui passe dessus et dessous pour l'empêcher de s'ouvrir.

ROUSTURE, s. f. (*Woolding.*) 1° Cordage qui sert à rouster deux pièces de bois ; 2° faisceaux de cordages servant au même travail, entre autres pour lier ensemble la tête de deux colombiers dans le berceau d'un navire. (*Voyez* ROUSTER.)

ROUTE, s. f. (*Traverse.*) Chemin fait ou à faire par un vaisseau sur la surface de la mer, en suivant un air de vent déterminé. — Être en route, c'est être en marche ; mettre le cap en route (*to stand on the course ; to wind the ship*), porter en route (*to lay on the course*), c'est diriger sa marche sur la route proposée. — Route directe (*direct course*) ; route oblique (*traverse or oblique way*) ; route estimée (*dead reckoning*) ; route corrigée (*correction in the dead reckoning*) ; route composée (*traverse sailing*), route unique qui condui-

rait au même point un vaisseau qui n'y est parvenu que par plusieurs routes partielles et faites sur différents airs de vent. — Faire fausse route (*to alter the course*), s'écarter de sa route, afin de tromper un ennemi ou un espion. — Faire telle route (*to sail N ward, to stand N*), c'est diriger sa marche à tel air de vent. — Faire la même route avec un autre vaisseau (*to stand the same way*), c'est suivre des airs de vent parallèles. — Donner la route (*to shape the course*), ordonner que dans tel intervalle de temps le bâtiment soit dirigé sur tel air de vent. Donner la route pour la nuit (*to regulate the going in the night*). — La route d'un midi à l'autre (*day's work*) est le chemin fait par un vaisseau pendant un intervalle de vingt-quatre heures.

ROUTIER, s. m. (*Sailing directions; directory.*) Nom général des livres qui contiennent des instructions nécessaires et propres à diriger les navigateurs sur certaines routes. Les routiers sont généralement enrichis de cartes, de vues de côtes, etc.

RUMB ou **RUM DE VENT**, s. m. *Voyez* RHUMB.

S

SABLE, s. m. (*Watch glass.*) — On compte souvent, à bord des vaisseaux, les demi-heures écoulées par le nombre de fois que le sable du sablier a passé d'une ampoulette dans l'autre; et on dit qu'il a passé tant de sables (*N glasses*). — Manger du sable, c'est retourner le sablier avant que le sable contenu dans une ampoulette soit entièrement écoulé dans l'ampoulette inférieure (*to turn the hour-glass too soon*).

SABLIER, s. m. *Voyez* AMPOULETTE.

SABORD, s. m. (*Port.*) Ouverture quadrangulaire qui est faite dans la muraille d'un vaisseau pour laisser un passage à la volée d'un canon. — Sabords de la batterie basse ou sabords du premier pont (*gun ports of the lower tier*); sabords de N pont ou de N gaillards (*gun ports of N deck*). — Sabords de chasse (*chase ports*), ceux qui sont placés à l'extrémité antérieure ou dans la proue d'un vaisseau; sabords de retraite (*stern ports*), ceux qui sont percés dans la voûte de l'arcasse et dans la poupe. — Faux-sabords (*sham ports*) 1° mantelets ou volets mobiles qui servent à fermer les sabords des batteries supérieures à celle du premier pont; 2° sabords figurés ou peints sur la face extérieure de la muraille d'un vaisseau. — Sabord d'arrière ou de chambre (*row port, or light port*), petite ouverture faite dans la muraille d'un vaisseau, ou pour faire passer un aviron, ou pour donner du jour dans une chambre. — Sabords de Sainte-Barbe (*gun room ports*). — Sabords à embarquer ou sabords de décharge (*raft ports*), ouvertures percées dans la poupe d'un bâtiment de transport, pour charger ou dé-

charger divers objets. — Entre-sabords (*Intervals between the ports*), morceaux de planches ou de bordages dont on recouvre la muraille d'un vaisseau dans l'intervalle qui sépare les sabords d'une batterie.

SACS D'ÉCUBIERS, s. m. pl. (*Hawse bags.*) Poches en toile pleines de foin, avec lesquelles on bouche les écubiers d'un vaisseau qui est en route, afin de fermer tout accès aux lames qui pourraient s'introduire par ces larges ouvertures.

SAFRAN, s. m. Partie extérieure d'un gouvernail (*chock of a rudder; after piece of a rudder*). Elle est en bois de sapin, et assemblée avec la mèche. — Taquet ou safran de l'étrave (*wedge of stem*), pièce de bois qui est appliquée sur la face extérieure et antérieure de l'étrave et qui s'étend depuis le talon de la quille jusqu'à la gorgère.

SAILLER ou **SAQUER**, v. a. Tirer une pièce de bois dans le sens de sa longueur, pour la faire glisser sur un plan et la changer de place. On commande : Saille! (*Rouse!*)

SAINTE-BARBE, s. f. (*Gun room.*) Anciennement, retranchement fait à l'extrémité postérieure du premier pont d'un vaisseau de guerre; on y déposait beaucoup d'ustensiles d'artillerie; aujourd'hui, c'est un magasin réservé dans les plus basses parties du vaisseau, où s'arriment les poudres qui forment la provision d'armement.

SAIQUE, s. f. (*Saick.*) Navire des mers du Levant, portant deux mâts et un beaupré; n'a pas de perroquet.

SAISINE ou **RISSE**, s. f. (*Gripe.*) Cordage employé à saisir ou à maintenir des chaloupes et canots, lorsqu'on les a établis sur le pont du vaisseau au service duquel ils sont destinés. — Saisines ou égorgeoirs de huniers (*hand leech line for the top sails*).

SAISIR, v. n. (*To bind.*) Lier deux objets. — Saisir des ancres sur les côtés d'un vaisseau (*to secure the anchor*), c'est

les attacher de manière qu'elles ne puissent prendre d'autre mouvement que celui qui est commun à tout le vaisseau.

SALAIRES, s. m. pl. *Voyez* GAGES.

SALLE DE GABARIT, s. f. *Voyez* GABARIT.

SALUER. v. a. (*To salute*.) Rendre les honneurs, ou faire à bord d'un vaisseau des démonstrations extérieures de respect ou de considération. — Un vaisseau salue un fort, un vaisseau, un pavillon, en tirant un nombre déterminé de coups de canon (*to fire a salute of N guns*). — Quelquefois l'équipage salue de la voix (*with cheers*). — On salue de ses voiles, en les abaissant devant l'objet auquel on veut rendre cet honneur; on salue en pliant et abaissant son pavillon (*to strike the colours*) plus ou moins bas. — Faire saluer un fort ou un bâtiment, c'est exiger les honneurs du salut, et contraindre à les rendre : rendre un salut, c'est répondre par un salut particulier à celui qu'on a reçu (*to return the salute*).

SALUT, s. m. *Voyez* SALUER.

SALVA-NOS, s. m. Bouée de sauvetage. *Voyez* BOUÉE.

SANCIR, v. n. (*To sink or founder at sea.*) Se dit d'un vaisseau lorsqu'étant à l'ancre, au milieu d'une mer agitée, les lames viennent le submerger et le font couler au fond de l'eau. — Sancir sous voiles (*to founder under sail*), c'est sombrer (*to overset*), se renverser latéralement sous voiles.

SAQUER, v. a. *Voyez* SAILLER.

SAUCIER, s. m. (*Saucer.*) Plaque de fer sur laquelle on fait porter le pivot du cabestan d'un vaisseau.

SAUMIÈRE, s. f. *Voyez* JAUMIÈRE.

SAUMON, s. m. (*Kentledge.*) Masse de fer coulé d'un poids qui varie de 50 à 200 livres (25 à 100 kil.), ayant la forme d'un parallélipipède rectangle. On emploie des saumons pour composer le lest en fer des vaisseaux.

SAUTE, s. f. On appelle saute de vent (*sudden veering of the wind*), un changement subit dans la direction d'un vent régnant. On la dit de N airs de vent, lorsque la nouvelle direction fait un angle de cette grandeur avec la direction primitive. On dit qu'un vaisseau a sauté de N pointes (*to shift suddenly*).

SAUTER, v. n. Sauter de N pointes (*voyez* SAUTE); sauter en l'air (*to blow up*), se dit d'un vaisseau soulevé avec effort et brisé par suite de l'explosion de sa machine à vapeur ou de l'explosion de la poudre dont il est chargé. — Sauter à l'abordage (*to board or enter an enemy's ship*).

SAUVE-GARDE, s. f. Sauve-garde du gouvernail (*rudder pendant with its chains*), cordage destiné à retenir le gouvernail d'un vaisseau dans le cas où ses gonds sortiraient des crapaudines ou des roses. — Quelquefois la sauve-garde est en chaînes, entièrement ou en partie. — Sauve-garde de beaupré; sauve-garde d'échelle, *voyez* GARDE-CORPS et TIRE-VEILLE.

SAUVEMENT, s. m. (*Salvage.*) Action de sauver du naufrage ou de soustraire à la fureur de la mer, soit des marchandises, soit des débris précieux, soit des objets quelconques qui sont menacés d'être détruits ou engloutis.

SAUVE QUI PEUT! ou **SAUVE QUI POURRA!** adv. Signal que donne le commandant d'une armée navale ou d'un convoi pour que chaque bâtiment de la flotte suive telle route qui lui semblera favorable pour échapper à un ennemi ayant des forces supérieures.

SAUVER (*To save.*) Soustraire à la fureur des flots des personnes, des vaisseaux, des marchandises, etc.

SAUVETAGE, s. m. (*Salvage; saving any goods from the sea.*) Synonyme de SAUVEMENT (*voyez* ce mot). — Bateau de sauvetage (*life-boat*). — Bouée de sauvetage, *voyez* BOUÉE.

SAVATE, s. f., ou **SEMELLE**, s. f. Savate ou semelle d'une ancre (*shoe of the anchor*), morceau de bois plat et excavé sur une de ses faces; est destinée à servir de base au bec d'une ancre, ou lorsqu'elle est déposée sur le rivage et dans un port, ou lorsqu'elle est fixée sur le côté d'un vaisseau, ou lorsqu'on l'en détache pour la mettre au mouillage. La savate empêche par sa largeur que la patte ne s'enfonce et défend les bordages du vaisseau. — Savate pour toute, *voyez* PORTE-TOLET. — Savates à dériver, *voyez* DERIVES.

SCHOONER, s. m. *Voyez* GOELETTE.

SCIER, v. n. (*To hold water.*) Mouvoir des avirons, de manière à faire reculer ou culer un bateau, c'est-à-dire dans le dessein de lui communiquer une certaine vitesse de l'avant vers l'arrière. — Scier à culer (*to back astern*). — Scier tribord ou babord (*to hold water with the starboard or larboard oars*).

SEC (A), loc. adv. Un bâtiment est à sec ou reste à sec (*high and dry*), lorsqu'il est échoué sur un fond que la mer abandonne par son reflux, ou par l'effet d'un vent impétueux; il met à sec (*to hull to*), ou il court à sec (*to scud under bare poles*), lorsque la tempête ou d'autres considérations pressantes obligent de serrer toutes ses voiles.

SÈCHE, s. f. Nom donné à des parties du fond de la mer, qui s'élèvent à une hauteur assez grande pour paraître à découvert au-dessus du niveau de l'eau à l'époque de la basse-mer ou dans des temps calmes (*rocks or sands left dry*).

SÈCHE (VERGUE). *Voyez* VERGUE.

SECOND, s. m. (*Mate.*) Officier qui, dans un bâtiment marchand, est immédiatement après le capitaine.

SELLE, s. f. (*Caulking box.*) Escabeau qui sert de siége à un calfat pendant son travail, et qui est disposé pour contenir ses outils.

31.

SEMAQUE, s. f. (*Smack.*) Bâtiment de pêche ou de cabotage en Angleterre et en Écosse ; est ordinairement gréé comme un cutter ou comme un heu ; il porte quelquefois un hunier dont les coins inférieurs descendent jusqu'au plat bord.

SEMELLE, s. f. *Voyez* SAVATE et DÉRIVES.

SENAU, s. m. (*Snow.*) Bâtiment qui a deux mâts gréés de voiles carrées. Il a, de plus que les bricks, un double mât mince et allongé, dit mât de senau, lequel sert à soutenir et une vergue dite corne ou pic (*gaff*), et une voile nommée voile de senau (*try sail*). La corne est appuyée sur ce mât, par une de ses extrémités terminée en croissant, et c'est sur elle qu'est enverguée la voile de senau, qui ressemble à l'artimon d'un vaisseau. — Être gréé en senau, se dit en parlant des bâtiments dont la mâture et la voilure ressemblent à celles des senaux.

SENTINE, s. f. (*Well room.*) Endroit de la cale d'un bâtiment où s'accumulent de toutes parts les eaux répandues ou étrangères et où elles se corrompent promptement.

SEP DE DRISSE, s. m. *Voyez* CHAUMARD.

SERPENTER, v. a. (*To snake two ropes together.*) Lier ensemble deux cordages parallèles par le moyen d'un troisième qui, dans son cours, imitant les ondulations d'un serpent, passe sur l'un et sur l'autre en divers points, en étendant ses tours sur la longueur des cordages qu'il réunit.

SERRE-BAUQUIÈRE, s. f. *Voyez* BAUQUIÈRE.

SERRE-BOSSE, s. f. (*Shank painter.*) Cordage employé à maintenir, le long du bord et sous les porte-haubans de misaine, la croisée d'une ancre qui est traversée. (*Voyez* TRAVERSER.)

SERRE-FILE, s. m. (*Sternmost ship.*) Dernier vaisseau de la ligne formée par une armée navale.

SERRE-GOUTTIÈRE, s. f. *Voyez* FEUILLE.

SERRE (A LA). loc. adv. Lorsqu'un canon, qui n'est pas en batterie, est assujetti de manière à ne pouvoir changer de place au milieu des roulis, sa bouche est attachée par un cordage qui passe dans un anneau fixé sur la serre-bauquière. Dans cet état, ce canon est dit être à la serre (*gun housed athwart*).

SERRER, v. a. Serrer une voile (*to furl a sail, or hand a sail*), c'est plier une voile carguée sur sa vergue en pressant la toile avec des cordages dits rabans de ferlage. — Serrer les voiles triangulaires, telles que les focs et les voiles d'étai ainsi que les pavillons, c'est les abaisser ou les amener tout bas (*to haul down the jib and all the stay sails*); il en est de même des bonnettes (*to haul down the studding sails*). — Serrer de la voile (*to shorten sails*), c'est diminuer le nombre de voiles déployées. — Serrer une ligne (*to contract the line; to close the line*), c'est diminuer la distance première qui était établie entre les vaisseaux d'une armée navale formant une ligne. — Serrer au feu (*to close with; to keep near the enemy*), c'est, dans un combat, s'approcher de plus près d'un ennemi dont on reçoit le feu et auquel on donne le sien. — Serrer le vent, la terre ou la côte, *voyez* RANGER.

SERVICE, s. m. *Voyez* QUART.

SERVIR, v. n. Faire servir (*to fill the sail*), est le commandement qu'on fait à bord pour qu'on dispose une voile de manière à ce que, frappée comme il convient par le vent, elle continue à accélérer la marche du bâtiment.

SEUILLET, s. m. On appelle seuillet de sabord (*sole*), une pièce de bois qui forme le seuil d'un sabord ou de son ouverture; souillet de haut ou sommier (*port sell*), le seuil supérieur de chaque sabord et qui est parallèle au seuillet de sabord.

SEXTANT, s. m. (*Sextant.*) Instrument astronomique qui ne diffère de l'octant que par l'étendue de son arc qui est de 60° (*voyez* OCTANT). — Le double sextant peut mesurer des arcs doubles, 120°.

SHOONER, s. m. *Voyez* GOELETTE.

SIFFLER, v. n. (*To pipe.*) Les maîtres et leurs substituts ont à bord d'un vaisseau des sifflets d'argent (*call; pipe*), au moyen desquels ils transmettent les ordres à l'équipage. Les modulations variées et convenues du sifflet traduisent la volonté aussi bien que le pourrait faire la parole. — Siffler, commander au sifflet (*to pipe*).

SIFFLET, s. m. *Voyez* SIFFLER.

SIGNAL, s. m. (*Signal.*) Signe indicatif de certains ordres, ou de certains avertissements; il est déployé à bord d'un vaisseau ou à terre pour être remarqué et observé dans des circonstances et des lieux déterminés.

Les signaux, soit généraux, soit particuliers, sont devenus une langue qui est commune seulement entre les vaisseaux d'une même armée, ou entre ceux d'une même nation. On fait des signaux, soit avec des pavillons (*by displaying colours*) isolés ou placés les uns au-dessus des autres, ou accompagnés de flammes (*pendents*), soit avec des guidons (*broad pendents*), soit avec des flammes, soit avec des fanaux (*by lanterns*), des fusées (*signal by rockets*), des coups de canon (*by firing a canon*), soit avec des voiles (*by sails*) disposées d'une manière convenue. — On distingue les signaux de jour (*day signal*), ceux de nuit (*night signals*), et ceux de brume (*fog signals*). Enfin il y a des signaux de partance, d'incommodité, de détresse ou d'alarme, d'évolutions, d'ennemi, de sauve qui peut, de combat, d'exécution, d'annulement, de ralliement.

Les personnes qui ont quelque idée du commerce maritime connaissent l'importance de Belle-Ile-en-mer comme point d'attérage. Le nombre des navires qui viennent y prendre langue après une longue navigation, s'accroît tous les jours d'une façon considérable. Dans toutes nos colonies, dans les mers de l'Inde et du Sud principalement, il ne se signe guère de chartes-parties où l'on ne stipule que le navire devra prendre des ordres à Belle-Ile.

La *chambre de commerce de Nantes* a pensé qu'il y aurait, pour le commerce maritime de toutes les nations, une utilité très-réelle et très-grande à ce que les capitaines fussent prévenus qu'ils pourraient désormais, même en restant sous voiles, communiquer par signaux, avec un mât qu'elle a fait placer, en 1862, à bâbord de l'entrée du port de Palais, du côté opposé à la citadelle. Ce mât est destiné à servir d'intermédiaire entre les navires d'un côté et de l'autre avec l'île, et par suite avec le continent qui s'y relie par le télégraphe électrique. Peu d'instants suffisent donc pour rendre à ces navires, toujours sous voiles, la réponse de leurs armateurs, que ceux-ci habitent Nantes, le Havre, Paris, Londres ou Saint-Pétersbourg.

Comment un navire anglais ou russe pourra-t-il faire comprendre ses signaux aux employés du télégraphe français?

De la manière la plus simple et la plus facile.

Un ancien officier de port de notre marine, M. Reynold, a composé un *Code de signaux,* dont chaque mot, chaque phrase correspond à un numéro.

Les signaux se font à l'aide de pavillons ou de feux de différentes couleurs et disposés d'une certaine façon, selon les phrases à exprimer.

Cet ouvrage, rendu réglementaire en France, a été, sur la proposition de notre gouvernement, traduit officiellement en sept langues, dans lesquelles les mêmes numéros ont identiquement la même signification qu'en français.

Ainsi donc, un navire russe ou anglais, à l'aide de cette langue universelle, peut, en signalant les dix chiffres de la numération, figurés par dix pavillons, former des millions de combinaisons et se faire comprendre dans les sept langues de la traduction, et se mettre ainsi en relation instantanée avec tous les points de l'Europe, reliés à Belle-Ile par le télégraphe électrique. La dépêche et la réponse se transmettent au moyen des numéros du *Code-Reynold,* sans se donner la peine d'en faire la traduction en langage vulgaire, ce qui sera l'affaire des destinataires.

On voit qu'il serait facile d'utiliser, au profit du commerce maritime de toutes les nations, la ligne des sémaphores qui

garnissent le littoral de la France comme mesure stratégique, et qui déjà communiquent entre eux et avec les lignes télégraphiques.

En mettant chacun de ces sémaphores à même de correspondre également avec les signaux nautiques, la correspondance établie par la chambre de commerce de Nantes, seulement pour les navires attérissant à Belle-Ile, existerait immédiatement sur toute l'étendue de nos côtes.

Que les autres puissances maritimes suivent cet exemple, et désormais un navire, en vue de la côte du Portugal ou de la Grèce, par exemple, télégraphiera, sous voiles, avec Londres, Paris ou Saint-Pétersbourg.

SILLAGE, s. m. (*Headway.*) Vitesse d'un vaisseau; on donne aussi improprement ce nom à la trace, dite houache ou remous, qu'il laisse après lui sur sa route. — Mesurer le sillage d'un vaisseau, c'est mesurer sa vitesse; on dit qu'il a N sillage (*to go at N rate*) ou que sa vitesse lui fait parcourir N espace dans un temps déterminé. Lorsque sa vitesse progressive est considérable, il a un grand sillage, ou sille ou fait sillage (*to sail swiftly; to have fresh way through the water*). (*Voyez* MARCHE, LOK et VITESSE.)

SILLER, v. a. *Voyez* SILLAGE.

SLOOP ou **SLOUP**, s. m. *Voyez* CUTTER.

SMOGLER, v. a. (*To smuggle.*) Faire sur mer le métier de contrebandier.

SMOGLEUR, s. m. (*Smuggler.*) 1° Contrebandier marin; 2° navire qu'il monte.

SOLDE, s. f. (*Pay.*) *Voyez* GAGES et TRAITEMENT DE TABLE.

SOMBRER, v. n. *Voyez* SANCIR.

SOMMIER, s. m. *Voyez* SEUILLET.

SONDE, s. f. (*Lead; plummet.*) Instrument dont on se sert pour sonder (*to sound or to heave the lead*), c'est-à-dire pour mesurer, en mer, la profondeur de l'eau et prendre connaissance de la qualité du sol qu'elle recouvre. La sonde se compose d'une petite pyramide de plomb et d'une petite corde dite ligne de sonde (*lead line*) et qui est divisée en brasses. On laisse couler jusqu'au fond le plomb de sonde (*plummet, sounding lead*), dont la base inférieure est excavée pour être remplie de suif, afin qu'en reposant sur le fond, elle se charge d'un échantillon ou d'une empreinte qui indique la qualité ou l'état du sol sur lequel elle est tombée. Le poids de ces plombs varie de 5 à 100 livres (2 k. 1/2 à 50 kil.), parce que les uns servent pour de grandes sondes (*deep sea leads*), les autres pour de petites sondes (*hand lead*), suivant les profondeurs de l'eau, que les marins appellent également sondes. Aussi marquer ces profondeurs sur les cartes marines, c'est marquer les sondes. — Être sur la sonde ou sur les sondes (*to be in soundings*), se dit de navigateurs qui, revenant du large, sont parvenus sur les lieux où les plombs de sonde attachés à une ligne de 100 brasses de longueur peuvent atteindre le fond de la mer ; aller à la sonde (*to sail by soudings*), c'est s'avancer dans l'espace la sonde à la main et la promener sans cesse sur le fond de la mer pour être promptement averti des variations de la profondeur de l'eau. — Sonde de pompe (*gauge rod of a pump*), verge de fer qu'on laisse descendre dans le corps d'une pompe de vaisseau pour la sonder (*to sound the pump*), afin de connaître quelle est la hauteur de l'eau accumulée dans la cale de ce bâtiment.

SONDER, v. a. *Voyez* SONDE.

SORTIR, v. n. (*To go out.*) Quitter un port, une rade, etc., c'est en sortir. — Sortir en touant (*to warp a ship*) se dit d'un vaisseau qui quitte un port, une rade en se faisant remorquer par des canots ou des chaloupes. — S'il est tiré par une cordelle, il sort à la cordelle (*with tow line*). — Sortir de la ligne (*to leave the line of battle*), se dit d'un vaisseau qui,

faisant partie d'une armée navale rangée sur une ligne, s'éloigne à droite ou à gauche de la place qu'il devrait occuper. — Lorsqu'un vaisseau ou un objet élevé commencent à paraître sur l'horizon d'un navigateur qui s'avance dans l'espace, ce vaisseau et cet objet sont dits sortir de l'eau à l'horizon (*to raise*).

SOUFFLAGE, s. m. (*Furring.*) Revêtement en planches, dont on recouvre extérieurement la muraille d'un vaisseau, de l'avant à l'arrière, aux environs de sa flottaison, pour corriger la forme défectueuse de la carène. Faire cette opération, c'est souffler un navire (*to furr*).

SOUFFLER, v. a. *Voyez* SOUFFLAGE.

SOUILLE, s. f. (*Bed of a ship after having laid on the mud.*) Enfoncement que forme dans la vase un vaisseau qui y repose, après que la mer l'a abandonné et l'y a laissé échoué. C'est une espèce de lit auquel il imprime sa forme.

SOUPAPE DE SURETÉ, s. f. (*Safety, valve.*) *Voyez* CHAUDIÈRE A VAPEUR.

SOUQUER, v. a. (*To make fast; to stretch; to seize, or to hitch.*) Serrer étroitement les tours d'un cordage qui est employé à retenir ensemble deux objets quelconques. Souquer une amarre, une bridure, une genope, etc., c'est donner à ces liens toute la roideur qui peut les rendre solides et inébranlables.

SOUS, préposition. Un navire est sous le vent d'un autre navire (*to the leeward*), lorsqu'il est plus éloigné que lui de l'origine du vent; on dit alors qu'il est sous son écoute (*under her lee*). Il est sous la côte ou sous la terre (*under the shore*), lorsqu'il en est à peu de distance. — Un vaisseau paraît à un autre sous son bossoir (*under the weather or lee bow*), lorsqu'il est placé à peu de distance sur la direction de ce bossoir. — Tous les objets qui sont en général plus éloignés de l'origine du vent régnant, que les navigateurs qui les observent, sont

dits être sous le vent à eux (*to leeward, under their lee*). Les manœuvres qui sont de ce côté reçoivent le nom de manœuvres de sous le vent. — La barre du gouvernail étant rangée de ce même côté est aussi sous le vent. — Un vaisseau qui déploie ses voiles pour partir est dit mettre sous voiles, et dans sa marche, il est sous voiles (*sailing, under sail*); s'il ne porte que ses quatre voiles majeures, il est sous ses voiles majeures (*under her courses*).

SOUS-BARBE, s. f., ou **BARBE-JEAN**, s. m. (*Bobstay.*) 1° Cordage qui, attaché sous le beaupré et à la gorgère en dehors de l'éperon d'un vaisseau, sert à maintenir le mât dans la place où il a été établi. C'est une espèce d'étai opposé aux efforts qui tendent à éloigner ce mât verticalement de l'éperon. 2° Une des trois bigues d'une machine à mâter (*sheer*), c'est celle du milieu. 3° Arc-boutant dit aussi poulain, dont le pied repose sur la cale d'un chantier, et dont la tête s'appuie contre l'étambot d'un vaisseau en construction pour contribuer à l'empêcher de glisser (*carling*).

SOUS-BERNE, s. f. (*Freshes.*) On dit qu'il y a sous-berne lorsque des crues d'eau considérables grossissent une rivière de manière que le flux de la mer ne fasse sur elle que des effets peu sensibles, et que le courant contraire qui descend des terres soit supérieur à celui de la marée montante, ou dans sa force, ou dans son volume, ou dans sa grandeur. En cet état, un navire entraîné par un tel courant de rivière est dit être drossé par la sous-berne (*involved by the freshes*).

SOUS-FRÉTER, v. a. *Voyez* FRÉTER.

SOUTE, s. f. (*Store room.*) Compartiment fait dans l'intérieur d'un vaisseau au-dessous des ponts. — Soute aux poudres (*powder room, magazine*); soute à biscuit (*bread room*); soute de rechange (*gunner's store room*), dans laquelle les maîtres canonniers déposent divers objets relatifs au service de l'artillerie du vaisseau; soute aux voiles (*sail room*), etc.

SOUTENIR, v. a. Soutenir la chasse (*voyez* CHASSE). — Soutenir au vent (*to be maintained against the wind*), c'est continuer de se maintenir également au vent et sans dérive. Se soutenir contre le vent, la marée, un courant (*to bear up against the wind, tide or current*).

STABILITÉ, s. f. (*Stability.*) Qualité d'un vaisseau par laquelle il oppose une résistance convenable aux puissances qui tendent à l'incliner latéralement. — Manquer de stabilité (*too crank ship*); en avoir beaucoup (*stiff ship*).

STARIE, s. f. Synonyme de jours de planche (*voyez* PLANCHE et SURESTARIE).

STATION, s. f. (*Station.*) Parage assigné à certains vaisseaux chargés de veiller, soit à la sûreté du commerce et à sa défense, soit à l'honneur du pavillon national. Les vaisseaux qui font une station ou qui sont en station sont nommés stationnaires (*stationary ships*).

STEAMER, s. m. *Voyez* PAQUEBOT.

STOP ! (*Stop!*) C'est-à-dire arrête! On entend souvent ce commandement à bord des vaisseaux. Ainsi on dit stop! pour ordonner à celui qui file la ligne de lok de cesser de la lâcher.

SUBRÉCARGUE, s. m. (*Supercargo.*) Régisseur de la cargaison de certains bâtiments de commerce.

SUD, s. m. (*South.*) Pôle austral de la terre; point d'intersection de l'horizon avec le plan du méridien du lieu. — Courir au Sud, faire le Sud (*to sail southward*), se dit d'un vaisseau qui court directement vers le point Sud de son horizon. Si le vent paraît souffler de ce même point, on le nomme vent de Sud (*southerly wind*).

SUD-EST, s. m. (*South-east.*) Point de l'horizon qui partage l'intervalle compris entre le sud et l'est.

SUD-OUEST, s. m. (*South-west.*) Point de l'horizon qui partage l'intervalle compris entre le sud et l'ouest.

SUIF, s. m. *Voyez* COURAI.

SUPER, v. a. (*To aspirate.*) Aspirer. Se dit d'une pompe dont on fait jouer le piston lorsqu'il n'y a plus d'eau dans la cale du vaisseau. Si l'étoupe qui remplit les coutures des bordages voisins du pied de la pompe se trouve chassée en dedans, on dit que la pompe a supé l'étoupe des coutures (*to suckin the tow*).

SUR. Préposition. Un vaisseau plus incliné qu'il ne doit l'être vers un côté, vers l'avant, etc., est dit être sur ce CÔTÉ, sur l'AVANT, etc. (*voyez* ces mots). — Être sur les ailes d'une armée (*in the wings*), c'est être placé à côté d'elles. — Les voiles sont sur le mât, lorsque le vent les applique sur le mât qui les porte (*to lay all flat aback*).

SURESTARIE, s. f. (*Demurrage.*) Nombre des jours qu'il faut en outre des jours de planche (*voyez* PLANCHE), pour le débarquement entier d'un bâtiment marchand.

SURJALER, v. a. Un vaisseau surjale son ancre; il a son ancre surjalée (*foul anchor; the anchor is foul*), lorsque le câble de cette ancre, au lieu de s'étendre directement de l'arganeau à l'écubier du vaisseau, fait un tour sur le jas et empêche l'ancre de mordre au fond de la mer, ce qui oblige à remouiller.

SURLIER, v. a. (*To make a lashing.*) Faire une surliure, envelopper des tours multipliés d'un petit cordage le bout d'un gros cordage, afin que celui-ci ne puisse se détordre.

SURLIURE, s. f. *Voyez* SURLIER.

SURVENTER, v. n. (*To overblow.*) Venter outre mesure.

SUSPENTE, s. f. (*Suspending rope.*) 1° Fort cordage qui soutient le poids d'une vergue par son milieu. 2° Tout cordage par lequel est suspendu un palan ou un fardeau quelconque.

T

TABLE DE LOK, s. f. (*Log board.*) Tableau à plusieurs colonnes , sur lequel on marque, à bord d'un vaisseau , à la fin de chaque quart , et le vent qui a régné , et le chemin qui a été fait par le bâtiment, et l'air de vent qu'il a suivi , et autres remarques essentielles.

TABLETTE D'ÉQUARRAGES, s. f. (*Rising staff.*) Petite planche sur laquelle, dans les chantiers des ports , les charpentiers tracent les équarrages des pièces qu'ils doivent travailler.

TABLIER, s. m. (*Tabling in the bunt of the top sail.*) Assemblage de toile dont on recouvre la partie moyenne et inférieure d'un hunier et d'un perroquet de fougue , pour les fortifier et les conserver.

TACTIQUE NAVALE, s. f. (*Naval exercise.*) Art de disposer plusieurs vaisseaux d'une armée , et une armée entière , dans un ordre convenable aux circonstances , d'en combiner les forces et les mouvements pour le succès d'une attaque ou d'une défense générale ou particlle. (*Voyez* ORDRE.)

TAILLE-MER, s. m. (*Cut-water.*) Pièce de bois qui , appliquée extérieurement sur le taquet d'une gorgère , sert de base à l'éperon d'un vaisseau.

TAILLER, v. a. Tailler de l'avant (*to sail very fast*), se dit, dans le sens absolu, d'un vaisseau qui marche rapidement.— Vaisseau taillé pour la marche (*built sharp or so as to sail fast*).

TAILLE-VENT, s. m. (*Lug main sail.*) Voile à bourcet qui est plus petite que la grand'voile, qu'elle remplace dans les chasse-marée quand le vent souffle bon frais.

TALON, s. m. Talon de la quille (*heel*), son extrémité arrière; talon du ringeot (*gripe*). — Donner un coup de talon (*to touch the ground*), se dit d'un vaisseau qui, passant sur un écueil, le frappe en touchant de l'arrière. - On dit aussi talonner (*to strand.*)

TALONNER, v. a. *Voyez* TALON.

TAMBOUR, s. m. (*Barrel*). 1° Synonyme de BAT (*wash boards under the cheeks of the cut-water*) (*voyez* BAT); 2° petite construction en planches qui recouvre un panneau, une écoutille; etc. 3° sorte de caisse volante que l'on construit sur la tête du gouvernail. — Tambour du fanal des soutes à poudre archipompe placée au-dessous du mât d'artimon et destinée à former une enceinte à deux pompes, ainsi qu'à renfermer un fanal, par lequel on peut éclairer, sans danger la soute aux poudres à travers un vitrage de l'archipompe.

TAMISAILLE, s. f., ou **CROISSANT**, s. m. (*Sweep of the tiller.*) Pièce de bois contournée en arc de cercle dans le sens de sa longueur; elle est placée à la hauteur de la tête du gouvernail pour servir d'appui à l'extrémité de sa barre, lorsque celle-ci est portée soit à droite, soit à gauche du plan diamétral du bâtiment.

TAMPON ou **TAPON**, s. m. (*Shot plugs.*) Nom donné à des morceaux de bois avec lesquels on remplit des trous qui ouvrent un passage à l'eau de la mer dans l'intérieur d'un bâtiment. — Les tampons ou tapons, ou tapes d'écubiers (*hawse plugs*) sont de longs cônes tronqués en bois, qui sont employés pour fermer au besoin les ouvertures des écubiers d'un vaisseau.

TANGAGE, s. m. (*Pitching.*) Oscillation d'un vaisseau autour d'un axe horizontal qu'on imaginerait passer par son centre de gravité, et perpendiculairement à sa longueur. Le

tangage élève et abaisse alternativement chaque extrémité du vaisseau et fait particulièrement plonger son avant dans les lames. Les tangages sont vifs ou doux, selon qu'ils impriment au vaisseau des oscillations violentes ou modérées.

TANGON, s. m. (*Fore sail boom.*) Bout-dehors particulier qui sert à déployer le côté inférieur de la bonnette basse de la voile de misaine ; est attaché sur le gaillard-d'avant, parallèlement à la largeur du vaisseau.

TANGUER, v. n. (*To pitch.*) Faire des tangages. (*Voyez* TANGAGE). — Tanguer sous voiles, tanguer à l'ancre (*to heave and set or to ride hard*).

TAPE, s. f. 1° Tape d'écubiers (*voyez* TAMPON); 2° tampons ou bouchons de liége (*tampions*), qui servent à fermer la bouche des canons. Les placer, c'est taper (*to put the tampions in the guns*) ; les ôter, c'est détaper (*to draw out the tampions*).

TAPECUL, s. m. (*Ringsail or driver.*) 1° Voile ayant la forme d'un trapèze et qu'on déploye dans un vaisseau, pendant un beau temps. Elle est portée par le mât de pavillon et étendue à l'aide d'un bout-dehors qu'on prolonge à l'arrière au delà du couronnement du bâtiment. — 2° Bonnette qu'on établit, lorsque le vent est faible et largue, au bout supérieur de la vergue d'artimon, et dont le bord inférieur est étendu par un bout-dehors qui passe au delà des bouteilles.

TAPER, v. a. (*To put in the tampions.*) Boucher les canons d'un vaisseau avec des tapes. (*Voyez* TAPE.)

TAPON, s. m. *Voyez* TAMPON.

TAQUETS, s. m. pl. (*Cheek ; cleat ; wedge.*) Morceaux de bois ou de fer de diverses formes et qu'on fixe en plusieurs points d'un vaisseau pour servir d'appui, ou à des cordages qu'on y attache, ou à des pièces de bois dont il faut fortifier soit l'établissement, soit l'assemblage. Parmi les taquets les plus

impertants nous citerons : les taquets de haubans, à cornes et à branches (*common belaying cleats*) ; les safrans ou taquets de l'étrave (*wedges of stem*) ; les taquets de lançage ou de tournage (*kevels*), d'échelle (*steps for ladders*), de mâts ou porte colliers (*cleats of the lower mast*), de cabestan (*wedges of capstan*), les taquets ou violons de beaupré (*B's of the bow sprit*), de bout de vergue ou de ris (*steaps of the yard arms*), les taquets mattegaus ou jumelles de brasséiage (*cleats to brace*), les taquets de bittes (*spurs of the bitts or standards*), les taquets de hune (*knees of the top*), de gorgère (*gripes or knees of the head*), les taquets de linguet ou traversins du linguet (*wedges of pawl*).

TARTANE, s. f. (*Tartan.*) Petit bâtiment portant un grand mât, un tapecul et un beaupré ; sa principale voile, très-étendue, est de forme latine ; il est gréé de plusieurs focs.

TÉLESCOPE, s. m. *Voyez* LONGUE-VUE.

TÉMOIN, s. m. (*Unlaid end of a rope.*) Nom donné aux bouts de torons effilés que les cordiers laissent à l'extrémité des cordages qu'ils commettent.

TEMPÊTE, s. f. (*Tempest.*) Orage qui arrive sur mer. Violente agitation de l'air et des eaux, causée par l'impétuosité des vents, et souvent mêlée de pluie, d'éclairs, de tonnerre, etc.

TEMPS, s. m. (*Weather.*) Les marins employent fréquemment ce mot comme synonyme avec vent.

TENDELET, s. m. (*Till or awning of a boat.*) 1º Espèce de dais dont on recouvre à peu de hauteur la chambre d'une chaloupe ou d'un canot ; 2º petite voûte saillante qui recouvre la galerie d'un vaisseau.

TENIR, v. a. Un vaisseau tient le plus près, au plus près ou au vent (*to keep the mind*) lorsqu'il court au plus près du vent et qu'il garde cette position en s'avançant dans l'espace ; il tient deux objets l'un par l'autre (*to keep two sea marks in one*).

lorsque de ce bâtiment on aperçoit ces objets sur une même ligne ; il tient un vaisseau dans sa marche (*to keep away with a ship*), lorsqu'il ne lui cède point en vitesse ; il tient le large (*to hold out in the offing*), lorsqu'il navigue à une certaine distance de la terre, et lorsque, malgré la tempête, il reste en pleine mer sans chercher à relâcher ; il tient la mer (*to keep the sea*), tant qu'il ne cesse pas de naviguer ; il tient à vue de terre (*to keep the land aboard*), lorsque sa marche est dirigée de manière que de son bord on ne perd jamais la vue de la terre ; il tient la ligne (*to keep in the line of battle*), lorsqu'il garde constamment la place où il doit être sur une ligne de bataille formée par l'armée navale dont il fait partie. — Tenir une voile en ralingue (*to work the windward*), c'est maintenir son plan dans la direction du vent régnant. — Tenir bon sur un cordage quelconque (*to hold tight*), c'est le retenir dans l'état de tension qu'on lui a donné, sans lui en laisser perdre un seul degré.

TENON, s. m. (*Tenon.*) Bout d'une pièce de bois qui entre dans une mortaise. Le bout du mât de beaupré et celui des mâts verticaux sont terminés par un tenon, dit aussi porte-collier, qui sert à recevoir leur chouquet. On appelle aussi tenons (*nuts*) les espèces d'oreilles qu'a une ancre près de l'arganeau, et qui servent à empêcher le jas, lorsqu'il est établi, de glisser le long de la verge. — Il y a des tenons pour réunir l'étambot à la quille, les varangues des couples extrêmes à la contre-quille, le pied du mât de beaupré aux flasques ou montants, etc.

TENTE ou **BANNE**, s. f. (*Awning.*) Tenture en toile cirée dont on recouvre horizontalement et à peu de hauteur, ou les ponts ou les gaillards d'un vaisseau, pour les mettre à l'abri de la pluie ou du soleil. — Dans les vaisseaux, il y a de grandes tentes *maindeck awning*), des tentes de gaillard et des tentes de dunette (*quarter deck, poop awning*). — Tentes de nage (*awnings for the rowers of a boat*), tentes de canot ou de chaloupe, servant à préserver les rameurs de la chaleur ou de la pluie. —

Dresser une tente ou une banne, cela s'appelle banner (*to tilt*).

TENUE, s. f. Le fond de la mer est de bonne tenue (*good holding*), lorsque la patte d'une ancre qui y est enfoncée peut surmonter une résistance considérable sans labourer le sol; autrement il est de mauvaise tenue (*bad holding*).

TERME, s m. (*Quarter piece.*) Nom de deux pièces de sculpture qui descendent du haut du couronnement d'un vaisseau, embrassent la poupe par ses côtés, et forment une espèce de cadre au tableau.

TERRE ! (*Land!*) Cri que fait entendre l'homme de vigie à bord d'un vaisseau pour annoncer qu'il vient d'apercevoir la terre.

TERRE-NEUVIER, s. m. (*Banker.*) Qualification donnée aux marins et aux bâtiments employés à la pêche de la morue sur le grand banc ou sur la côte de l'île de Terre-Neuve.

TERRIR, v. n. *Voyez* ATTERRER.

TÊTE, s. f. (*Head.*) Extrémité supérieure d'un cabestan, d'un mât, d'un gouvernail, d'une allonge, d'une étrave, d'un étambot, d'une ancre, etc. (*drum head, head of the mast, rudder head, bed of the bowsprit, etc.*) — Têtes de varangue (*floor heads*), les deux bouts d'une varangue. — Vaisseau de tête (*headmost ship*), celui qui ouvre la marche dans une ligne de bataille, formée par une armée navale; il est à la tête de la ligne (*a head*). — Faire tête à son ancre (*to stem the wind or current*), se dit d'un vaisseau soutenu contre les vents ou les courants par le câble qui le lie à son ancre mouillée. — La longueur d'un vaisseau étant mesurée depuis l'extrémité supérieure et de l'étrave et de l'étambot, est la longueur mesurée de tête en tête (*headmost ship*).

TÊTIÈRE, s. f. (*Head of a sail.*) Nom distinctif de la ralingue qui est cousue sur le bord supérieur d'une voile.

TEUGUE ou **TUGUE**, s. f., petite dunette dont le plancher est très-convexe.

THERS-POINT, adv. On donne le nom de voiles en tiers-point aux voiles triangulaires (*triangular sails*).

TILLAC, s. m. Synonyme de PONT (*voyez* ce mot). — Clous de tillac (*double deck nails*), clous de deux pouces à tête ronde; clous de demi-tillac (*sheathing nails*), clous d'un pouce 1/2, à tête ronde.

TIMON, s. m. (*Tiller of a rudder.*) Barre du gouvernail. (*Voyez* BARRE.)

TIMONER, v. a. *Voyez* GOUVERNER.

TIMONERIE, s. f. (*Steerage.*) Espace du gaillard-d'arrière d'un vaisseau, auprès du mât d'artimon, où sont placés les timoniers, la roue du gouvernail et l'habitacle.

TIMONIER ou **HOMME A LA BARRE**, s. m. (*Helmsman.*) Celui qui, dans un vaisseau, donne au gouvernail, par le moyen de la barre, toutes les positions qui conviennent à la sûreté et à la célérité de la navigation.

TIN, s. m. (*Stock.*) Billot ou morceau de bois qu'on emploie pour servir de base ou de support, soit à une pièce de bois qu'un charpentier veut travailler, soit à un bâtiment qu'on se propose de construire, soit à un vaisseau en radoub, soit à des chaloupes ou à des canots mis à terre ou qu'on veut placer à bord.

TIRANT-D'EAU, s. m. *Voyez* CALAISON.

TIRER, v. a et n. Un vaisseau est dit tirer N pieds d'eau (*to draw N feet of water*), lorsque, pour flotter librement, il plonge de ce nombre de pieds dans la mer, ou lorsque la hauteur de sa partie submergée, dans cet état, est du nombre de pieds indiqué. (*Voyez* CALAISON). — Tirer au large, c'est prendre le large, gagner la haute mer (*to take sea room*).

TIRE-VEILLE, s. f. *Voyez* GARDE-CORPS.

TOILE, s. f. (*Sail.*) Les marins employent quelquefois ce mot comme synonyme de voile.

TOLET, s. m. (*Thole*.) Fiche de bois ou de fer qu'on introduit verticalement, et à moitié de sa longeur, dans un des points du bord supérieur d'un canot ou d'une chaloupe; la partie excédante sert à retenir l'aviron, par un anneau de corde qui embrasse le tolet et l'aviron. — On appelle porte-tolet un excédant en bois, qu'on laisse de distance en distance sur la face supérieure du plat-bord d'un bateau à rames, au lieu où doit être implanté le tolet, afin que cet excédant, placé immédiatement sous chaque aviron, en éprouve seul le frottement, et garantisse ainsi le plat-bord. — On appelle porte-tolet, ou savate pour toute, une pièce de bois excavée dont on recouvre un mât, dans la partie où est appuyée la tête des aiguilles qui le soutiennent, lorsque le vaisseau auquel appartient ce mât est incliné latéralement dans un port, pour être caréné. — Double tolet, *voyez* DAMES.

TOLETIÈRES, s. f. pl. *Voyez* DAMES.

TOMBER v. n. Un vaisseau est dit tomber sur un autre (*to drive towards a ship*), lorsque le premier, par ses mouvements, menace le second d'en être choqué, parce qu'il est entraîné sur lui, ou par un courant, ou par le vent, ou par suite d'une mauvaise manœuvre. De même un vaisseau tombe sur une terre, dans une armée, etc. — Tomber à la mer (*to fall overboard*), c'est être entraîné dans la mer par son propre poids du haut d'un bâtiment, d'un rocher, etc. Laisser tomber la grand'voile ou la misaine, c'est laisser ces voiles se déployer dans toute leur hauteur. — Le vent tombe ou la mer tombe lorsque la force de l'un et l'agitation de l'autre éprouvent des diminutions très-sensibles.

TON, s. m. Le ton d'un mât (*mast head*), c'est sa partie extrême et supérieure. C'est par là que le saisissent et l'embrassent les haubans et les étais employés à le soutenir. C'est aussi par ce bout qu'un mât inférieur est accolé et réuni à un mât supérieur; et comme la tête du ton est le point le plus bas auquel peut descendre la vergue portée par le mât de hune, on

dit, lorsque cette vergue est ainsi placée, qu'elle est amenée sur le ton, ou que le hunier est sur le ton (*to have the top sails upon the cap*).

TONNE, s. f. (*Ton.*) Espèce de bouée, grosse, conique, ou d'autre forme quelconque, en bois ou en cuivre. (*Voyez* BOUÉE).

TONNEAU, s. m. (*Ton.*) On distingue dans la marine deux espèces de tonneaux qui servent de mesure à la contenance d'un bâtiment. L'une de ces mesures est en tonneaux de poids de 2,000 livres (1,000 kil.) ; l'autre en tonneaux de volume, qui sont de 42 pieds cubes (1,45 mèt. cube). *Voyez* PORT.

TONNELLERIE, s. f. (*Cooperage.*) Atelier d'un arsenal de marine, où sont fabriqués les tonneaux, les barriques, et toutes les pièces propres à contenir de l'eau, du vin ou des provisions liquides quelconques à bord des vaisseaux.

TONTURE, s. f. (*Sheer of ship's deck.*) Courbure des ponts d'un vaisseau, dans le sens de sa longueur ou dans le sens de sa largeur.

TONTURER, v. a. (*To build a ship with a great sheer.*) Donner une courbure gracieuse à un vaisseau dans le sens de sa longueur, de manière que ses extrémités se relèvent sensiblement au-dessus de sa partie moyenne. — Un vaisseau est bien ou mal tonturé (*round-sheered ship*). — Tonturer un pont, c'est le disposer, de manière que le milieu soit plus élevé que ses extrémités.

TORON, s. m. (*Strand.*) Long faisceau composé de fils de caret, et qui a reçu un tortillement propre à le faire commettre avec des torons semblables, pour en composer un cordage. — On distingue des torons de différents cordages par le nombre des fils qui les composent, comme on classe les cordages par le nombre de leurs torons (*rope of N strands*).

TORS, s. m. (*Twisting of a rope.*) Degré de torsion qu'on

donne à un cordage ou à un toron. Lorsque cette torsion est très-grande, un cordage a beaucoup de tors; abaisser le degré de torsion qu'un cordage a reçu, c'est lui ôter du tors (*to untwist a rope*).

TOUAGE, s. m. (*Towing.*) Action de touer un vaisseau ou l'opération qui a le même effet pour objet. (*Voyez* Touer.)

TOUCHER, v. a et n. Se dit, absolu, dans le sens d'un vaisseau qui, dans sa course et sans s'arrêter, frappe par quelques points de sa quille ou de sa carène un écueil, un fond, un rocher, des bancs de sable (*to run aground; to strike upon the sands*). — Un bâtiment touche à une île, à une terre, à un port, etc. (*to touch at any port*), lorsqu'il s'arrête près de ces lieux, pour des raisons particulières, qui ne sont qu'accessoires à sa destination principale. — Toucher une aiguille, c'est l'aimanter (*to magnetize*).

TOUÉE, s. f. (*Tow line.*) Cordage à l'aide duquel on tire un vaisseau flottant, pour lui faire parcourir un certain espace. On nomme touée (*warp*) le cordage à l'aide duquel un bâtiment en remorque un autre. — Grande touée (*sheet shot*), assemblage de trois câbles ajoutés bout à bout, qui sont attachés aux arganeaux des ancres dites ancres de touée (*kedges*) d'un vaisseau. La petite touée (*small tow line*), qui sert au même usage, n'est composée que de deux câbles.

TOUER, v. a. (*To tow or to warp.*) Touer un vaisseau flottant, c'est le traîner sur l'eau à l'aide de cordages. Il est toué ou se fait touer, quand ce sont des canots armés de rameurs qui l'entraînent en tirant sur un cordage. Il se toue lui-même (*to haul one's self ahead*), s'il s'avance dans l'espace au moyen d'un cordage attaché à un point fixe ou à une ancre, sur lequel tire, à bord de ce bâtiment, son propre équipage.

TOUPIN, s. m. *Voyez* Cochoir.

TOUR, s. m. Tour de bitord (*reel for spun yarn*), espèce de dévidoir, sur lequel on roule un bitord. — Tour mort (*clove*

33

hitch), tour par lequel un cordage embrasse la circonférence entière d'un autre cordage. — Tour de bittes (*bitt hitch*) tour qu'on fait faire à un câble sur le montant d'une bitte, pour lier un vaisseau à son ancre mouillée ; on le nomme tour et choe (*half-hitch*) lorsqu'après ce premier tour, le câble repasse encore sur le montant, pour y faire un demi-tour. — Tour d'anguille (*eel hitch*), suite de circonvolutions spirales qu'on fait faire à un cordage sur celui auquel on veut l'unir. — Tour des câbles (*a cross in the hawse*), tortillement l'un sur l'autre des câbles de deux ancres mouillées ; dans cet état, le vaisseau est dit avoir un ou plusieurs tours dans ses câbles (*foul hawse*). — Tour de LOK (*voyez* ce mot).

TOURMENTE, s. f. (*Storm.*) Paroxysme du vent; tempête arrivée à son plus grand développement.

TOURMENTIN, s. m. (*Fore-stay sail.*) Nom donné sur les grands navires à ce qu'on appelle trinquette sur les petits bâtiments. C'est une voile de petite dimension et très-forte de toile qui remplace un foc pendant la durée d'une tourmente.

TOURNE-VIRE, s. f. (*Voyal.*) Gros cordage employé dans un vaisseau à tirer sur le câble d'une ancre mouillée, soit pour approcher le vaisseau de son ancre, soit pour élever celle-ci du fond de la mer. — Dépasser la tourne-vire (*to shift the voyal*), c'est, après l'avoir employée à ramener en dedans du vaisseau le câble qui passe par un écubier de tribord, la faire servir à retirer un câble passant par un écubier de babord. Cette seconde opération exige que le cabestan reçoive un mouvement de rotation contraire à celui qui lui était communiqué auparavant.

TOURNIQUET, s. m. (*Swivel; roller.*)Pièce de bois tendre, cylindrique, faite pour tourner sur son axe longitudinal, soit verticalement, soit horizontalement. On en établit dans diverses parties d'un vaisseau, pour détourner de leur direction différents cordages, ainsi que la tourne-vire.

TRAINE. s. f. (*Cart.*) Espèce de chariot dont on fait usage.

dans les corderies, pour servir de support aux cochoirs avec lesquels on commet des cordages.

TRAÎNE (A LA), loc. adv. Avoir un objet à la traîne (*towing at the stern of a ship*), se dit d'un vaisseau qui, s'avançant dans l'espace, traîne dans l'eau un objet quelconque qui lui est attaché. — Bateau à la traîne (*boat in tow*).

TRAIT CARRÉ, s. m. Être gréé en trait carré (*square-rigged vessel*), se dit d'un navire qui ne porte, par le moyen de ses mâts verticaux, que des voiles triangulaires et attachées par un de leurs côtés à une vergue horizontale.

TRAITE, s. f. (*Slave-trade*.) Commerce impie des esclaves noirs. (*Voyez* NÉGRIER.)

TRAITEMENT, s. m. (*Salary*.) *Voyez* GAGES.

TRAITEMENT DE TABLE, s. m. (*Supplement of pay*.) Supplément de solde que reçoivent le capitaine, les officiers, les élèves et les maîtres chargés, embarqués sur les bâtiments de l'État.

TRANSFILAGE, s. m. (*Marling*.) 1° Action de transfiler; 2° l'ouvrage exécuté.

TRANSFILER, v. a. (*To snake, to mart*.) Entourer un cordage ou un faisceau de fil avec du merlin ou du lusin, ou de la ligne, ou du petit cordage, afin d'empêcher la désunion des torons.

TRAVERS, s. m. Côté d'un bâtiment (*side of a ship*). Un vaisseau est dit présenter le travers à un courant, à la marée, au vent, à la lame, lorsque leur impulsion est dirigée perpendiculairement à son flanc (*wind on the beam, sea on the beam, to have the sea athwart*). — S'entraverser (*to bring the broadside*), ou présenter le travers à un fort ou à une batterie de terre, ou à un autre vaisseau, c'est exposer directement son côté aux coups de canon qui peuvent être dirigés sur le vaisseau. — Un vaisseau en panne est dit aussi avoir mis en

travers, être en travers ou rester en travers (*to bring to*). — Lorsque, d'un vaisseau, on aperçoit un objet qui est situé sur une ligne perpendiculaire à la quille, les navigateurs disent qu'ils voient cet objet par leur travers (*abreast*). — Un vaisseau mouille en travers de la marée (*to ride athwart the tide*), lorsque sa situation au mouillage est telle que la marée s'avance et vient le frapper perpendiculairement à sa longueur. — Réciproquement on dit d'un vaisseau qu'il est par le travers d'un autre vaisseau, lorsque, relativement à ce dernier, il est placé sur une ligne horizontale perpendiculaire à sa longueur (*athwart the ship*); il est aussi par le travers d'une baie, d'un port, lorsqu'il est sur une ligne perpendiculaire à l'ouverture de cette baie ou de ce port; et deux bâtiments sont travers par travers (*hank for hank*), lorsque leurs flancs sont réciproquement parallèles. — Lorsqu'un objet est aperçu du bord d'un vaisseau sur une ligne horizontale qui passe par le bossoir, ou par les haubans du mât de misaine ou d'artimon, ou par les écubiers d'un bâtiment, on dit qu'il est par le travers ou du bossoir, ou des haubans de misaine, ou de ceux d'artimon, ou des écubiers (*on the bow, on the quarter ahead, on the quarter astern, athwart the hawse.*)

TRAVERSÉE, s. f. (*Passage.*) 1° Voyage maritime d'un lieu à un autre; 2° temps employé à faire un tel voyage. — Belle traversée (*to have a fine passage*); traversée de N jours (*passage of N days*).

TRAVERSER, v. a. Traverser une ancre à bord d'un vaisseau (*to fish the anchor*), c'est la relever, de dessous le bossoir où elle est pendante, et l'etablir horizontalement sous un des porte-haubans du mât de misaine. — Traverser une voile (*to flat in the sails*), c'est roidir son écoute afin que la partie de cette voile qui est sous le vent soit présentée sous un plus grand angle d'incidence à l'impulsion du vent réguant. C'est ainsi qu'on traverse la misaine (*to flat in forward*), de même que les focs (*to haul over the jib and fore stay sail sheets*), dans le dessein de faire arriver un bâtiment ou plus

sûrement ou plus rapidement. — Traverser un vaisseau (*to bring the ship's broadside*) ou l'entraverser, c'est le placer de manière qu'il présente le travers ou le côté directement à un objet déterminé. — Une armée en traverse une autre (*to cross*), lorsque les bâtiments de la première passent dans les intervalles qui séparent les bâtiments de la seconde rangée sur une ligne.

TRAVERSIER, adj. Le vent est traversier pour tel vaisseau (*wind that sets right into*), lorsqu'il souffle perpendiculairement à sa longueur.

TRAVERSIÈRE, s. f. *Voyez* CANTONNIÈRE.

TRAVERSIN, s. m. (*Stretcher.*) Nom de toute pièce de bois qui est mise en travers dans un assemblage de charpente. — Traversin des bittes (*cross piece of the bitts*); traversin d'écoutille (*gutter ledge*); traversin de chaloupe (*stretcher*); traversin ou taquet de linguet (*whelp of pawl*); traversin ou barre de hune ou de perroquet (*cross tree*), traversin de bau (*small carling*, etc.)

TRELINGAGE, s. m. (*Cat-harping.*) Assemblage de plusieurs tours et retours d'un cordage qui réunissent la quenouillette des haubans de tribord d'un bas-mât, avec celle des haubans opposés du même mât.

TRELINGUER, v. a. (*To surround.*) Faire le trelingage des bas-haubans de misaine ou du grand mât. (*Voyez* TRELINGAGE.)

TRÉLUCHER ou **MUDER**, ou **GAMBIER**, v. a. (*To gybe or to shift the sails.*) Changer la position des voiles triangulaires dans les bâtiments à antennes: c'est leur faire faire, à droite avec la quille, le même angle qu'elles faisaient précédemment avec elle du côté opposé.

TRÉMUE, s. f. (*Companion around the hatchway of a fishing boat.*) Entourage en planches que l'on bâtit autour de

33.

l'écoutille des bateaux de pêche, pour empêcher les lames de se répandre par cette ouverture dans l'intérieur de ces petits bâtiments. — On appelle aussi tremues les dalots de gatte (*voyez* DALOT).

TRÉOU (VOILE DE), s. f. (*Lug sail.*) Voile carrée que les tartanes, galères et autres bâtiments substituent, dans les gros temps, à leurs voiles triangulaires.

TRESSE, s. f. (*Sennit; plat.*) Tissu plat, fait avec des fils de caret, qui sont toujours en nombre impair. — Quelquefois on en fait avec de vieux cordages (*foxes*).

TRÉVIRE, s. f. (*Parbuckle.*) Cordage employé pour rouler avec ménagement et facilité, ou une barrique, ou un corps cylindrique quelconque, sur un plan incliné.

TRIANGLE, s. m. (*Triangular hanging stage.*) Échafaud qui a une forme triangulaire, et qu'on construit avec des planches autour d'un mât de vaisseau, pour soutenir des ouvriers qui travaillent à l'entretien ou à quelques réparations que ce mât peut exiger.

TRIBORD, s. m. (*Starboard.*) Nom indicatif du côté d'un vaisseau, qui se trouve à la droite d'un spectateur, lorsqu'il regarde, et qu'il est tourné vers la proue. Tout marin dit aussi, par extension, de tout objet qui est à sa droite, que cet objet est à tribord. — Lorsque les voiles d'un vaisseau sont amurées sur le côté droit, alors ce bâtiment a les amures à tribord ou court tribord amure (*on the starboard tack*). — Tribord est aussi le nom distinctif de la moitié de l'équipage qui est toujours de service après l'autre moitié nommée quart de bâbord. Quand le tour d'être de quart est arrivé pour cette moitié de l'équipage, on lui en donne l'ordre en disant : Tribord au quart! (*starboard watch, oah!*) — Dans un bateau, on commande de nager aux rameurs du côté droit en disant : Nage tribord! (*pull starboard!*) Scie tribord! — Pour lui faire mettre la barre à droite, on commande au timonier : Tribord

la barre! ou Tribord! (*starboard the helm!*), et pour qu'il la pousse à droite jusqu'au flanc du vaisseau, on dit : Tribord tout! (*hard a starboard!*).

TRIBORDAIS, s. m. (*Starboard watch.*) Nom des gens de mer composant une des moitiés de l'équipage qui est destinée à faire le service sur un vaisseau. Les hommes qui forment l'autre moitié s'appellent BABORDAIS (*voyez* ce mot).

TRINQUETTE, s. f. (*Fore-stay sail.*) 1° Voile latine portée par le mât de l'avant d'un bâtiment à antennes : 2° voile du petit foc dans les bâtiments gréés en voiles quadrangulaires. 3° tourmentin des grands navires (*voyez* TOURMENTIN).

TROIS-MATS s. m. (*Ship with three masts.*) Bâtiment flottant, navire portant trois mâts perpendiculaires à l'horizon : un mât de misaine, un grand mât et un mât d'artimon. Les trois-mâts ont, de plus, un mât de beaupré. (*Voyez* MAT.)

TROMBE, s. f. (*Water-spout.*) Colonne d'eau et d'air, mue en tourbillon par le vent, et qui par une extrémité tient à un nuage, et par l'autre à la surface de la mer ou d'une rivière.

TROMBLON, s. m. (*Blunderbuss.*) Grosse espingole, montée sur un chandelier ou pivot ; porte une balle d'une livre (1/2 kil.) et quelques menus projectiles.

TROU, s. m. (*Hole.*) Trous d'écoutes (*holes-for the sheets*), ouvertures par où passent, à travers la muraille d'un vaisseau, les écoutes des basses voiles ; yeux ou trous de civadière (*holes formed in the clues of a sprit sail*), trous percés dans la partie inférieure de la voile dite civadière, pour faciliter l'écoulement des eaux dont les lames la remplissent souvent. — Trou de chat ou trou du chat (*lubber's hole*), ouverture ménagée au milieu d'une hune, afin qu'elle laisse un libre passage et au ton du bas-mât pour lequel elle est faite, et aux haubans ou étais qui le soutiennent, et au bout inférieur d'un mât de hune ou

de perroquet de fougue, et enfin aux hommes qui ne veulent pas monter par les gambes sur cette plate-forme.

TYPHON, s. m. (*Hurricane.*) Ouragan particulier, surtout aux mers de Chine, et qui, soufflant en vent impétueux de divers points de l'horizon, n'a point de direction fixe d'après laquelle les marins puissent manœuvrer pour s'en défendre.

U

USANCE, s. f. (*Usance.*) 1° Terme de droit maritime qui, dans les polices d'affrétement et les chartes-parties d'engagement entre capitaines et affréteurs, exprime une fixation de temps; par exemple les jours de PLANCHE (*voyez* ce mot). 2° Synonyme d'usage (*usage*), dans le commerce maritime. Un négociant est dit connaître les usances, quand il connaît tous les trafics de mer.

US ET COUTUMES DE MER, s. m. (*Naval ways and customs.*) Titre de lois très-anciennes, et d'après lesquelles ont été réglés les contrats et la juridiction maritime.

V

VA ! (A Dieu-). (*Aboui ship!*) Expression adverbiale pour annoncer qu'on doit commencer, à bord d'un vaisseau, toutes les opérations exigées pour faire virer de bord vent devant. Alors on lâche les écoutes des focs, ainsi que des voiles d'étai, et on met la barre sous le vent.

VA-ET-VIENT, s. m. (*Pass-rope.*) Cordage tendu d'un point à un autre, à peu de distance du niveau de l'eau, et qui sert d'appui pour diriger et faire glisser un bateau flottant, de l'un à l'autre de ces points. — On établit souvent un va-et-vient dans un naufrage.

VAGUE, s. f. *Voyez* Flot.

VAIGRAGE, s. m. (*Ceiling.*) 1° Assemblage de toutes les planches dont on recouvre intérieurement la surface de la carcasse d'un vaisseau; 2° opération qui a pour but d'établir à leur place toutes les vaigres d'un bâtiment.

VAIGRE, s. f. (*Ceiling.*) Planche dont on recouvre intérieurement la carcasse d'un vaisseau. Les vaigres dans leur cours sont dirigées de l'avant à l'arrière du bâtiment, et elles sont placées les unes au-dessus des autres depuis la carlingue jusqu'au sommet des alonges des couples. Entre ces vaigres, quelques-unes ont des noms particuliers : celle d'empature (*thick stuff*) passe par les extrémités des varangues de tous les couples. Depuis celle-ci jusqu'à la carlingue, les vaigres intermédiaires sont nommées vaigres de fond (*foot-waling*), et elles sont placées sans laisser aucun jour entre elles.

VAIGRER, v. a. (*To place the planks and thick stuff of a ship's ceiling*). Recouvrir intérieurement la muraille d'un vaisseau avec des vaigres (*voyez* VAIGRE).

VAISSEAU, s. m. (*Ship.*) Nom général de tout bâtiment de mer et particulièrement des navires de guerre qui ont une certaine force et une certaine grandeur. — Vaisseaux de commerce ou bâtiments marchands (*merchant ships*), de transport (*transport ship*), de charge (*vessel of burthen*), de pêche (*fisherman*), négrier (*slaver*), cabotier (*coasting ship*), pour le long-cours (*trip*), de compagnie (*good company keeper*), de N tonneaux (*N tons*), à N mâts, etc. (*N masts*), etc. — Les vaisseaux de guerre (*ships of war*) ont des noms distinctifs lorsqu'ils n'ont qu'un seul pont; mais ceux qui ont deux ou plusieurs ponts sont désignés généralement sous le nom de vaisseaux de ligne (*ships of the line*). On les distingue par le nombre de leurs ponts et celui de leurs canons; vaisseaux à N ponts ou de N canons ou de N rang (*N decker ship, two or three deck ship, N rate man of war.*) — On appelle *vaisseaux cuirassés* les navires de guerre extérieurement garnis d'une cuirasse en fer, qui ne laisse pas prise aux projectiles. Chaque jour on abandonne les bâtiments de guerre en bois, comme impossibles devant l'artillerie contemporaine. Les flancs des navires cuirassés sont intégralement bardés de fer, ainsi que son avant et son arrière. (*Voyez* l'article suivant.) — Dans une armée, le vaisseau commandant est l'amiral (*flag ship*); ceux qui terminent la ligne de combat sont nommés vaisseaux de tête ou de queue. — La grandeur des vaisseaux les fait aussi désigner sous le nom de vaisseaux de haut-bord ou de bas-bord (*large ship; low built vessel*). Leur qualité leur fait donner le titre de vaisseaux fins, bons marcheurs ou lourds à la marche (*slug ship, etc.*). Leur position momentanée est indiquée par les expressions de vaisseaux sur les chantiers ou en construction (*new ship building*); en armement (*ship in commission*); en charge, à l'ancre ou au mouillage (*ship riding at anchor*); en rade (*roader ship*); à la voile ou sans voiles (*ship under sail*; à va-

peur (*steam-boat*), etc. (*Voyez* l'article suivant.)— Enfin les vaisseaux sont nommés amis, neutres ou ennemis (*friend*, *neutral or enemy's ship*), suivant leurs relations politiques avec les vaisseaux qu'ils rencontrent. — Vaisseau à Vapeur; Vaisseau-Mixte, *voyez* VAPEUR, HÉLICE, et l'article suivant.

VAISSEAUX A VAPEUR CUIRASSÉS. Nom donné à des vaisseaux enveloppés d'une cuirasse de métal qui, dans les flottes militaires, tendent partout à remplacer les *batteries flottantes* et les vaisseaux à voiles. « Les expériences de la frégate la *Gloire*, dit M. le vice-amiral comte Bouët-Willaumez, ont été concluantes; la flotte cuirassée n'est plus une chimère pour les uns, une espérance pour les autres; elle est passée dans le domaine de la réalité et des faits accomplis; aujourd'hui, tout indique que le vaisseau à vapeur le *Napoléon*, qui était, il y a dix ans à peine, le chef-d'œuvre de l'habile ingénieur Dupuy de Lôme, est détrôné par son œuvre nouvelle, dont la conception et les résultats lui font plus d'honneur encore; qu'en un mot, ce beau et rapide instrument de guerre va être sous peu chassé de la lice des combats par la frégate cuirassée la *Gloire*, comme il en avait chassé lui-même le vaisseau à voiles, ce roi de la mer pendant tant de siècles : retour fréquent des choses d'ici-bas et auquel nous ont habitués les rapides progrès de l'art et de la science moderne !

« Déjà nos lourdes *batteries flottantes* de la mer Noire, en réduisant si facilement au silence et en couvrant de décombres la forteresse de Kinburn, avaient démontré l'impuissance de l'artillerie actuelle contre leurs cuirasses de métal de 11 à 12 centimètres d'épaisseur; mais ces informes bâtiments se traînaient péniblement sur mer plutôt qu'ils n'y naviguaient; une remorque leur était indispensable, et rien n'indiquait aux yeux de beaucoup de gens que leurs pesantes coques bardées de fer pussent être bonnes à autre chose qu'à s'embosser contre des forts ennemis. Comment s'est fait le pas immense qui sépare ces engins tout primitifs de la rapide frégate la *Gloire?* Comment a-t-on pu doter d'une vitesse de quatre lieues marines à l'heure.

un navire revêtu d'une enveloppe de métal de 900 tonneaux de poids, soit 900,000 kilos? Voici comment : Qu'on prenne ce même vaisseau à vapeur le *Napoléon* comme point de départ; qu'on lui conserve sa carène, sa puissante machine de 900 chevaux, l'hélice que cette machine met en mouvement et aussi sa batterie basse; mais qu'on supprime, qu'on rase avant tout ce qui est au-dessus, c'est-à-dire sa seconde batterie, sa batterie du pont et tous les mâts, vergues et voiles carrées de sa mâture, en même temps que la moitié de cette mâture; que, par suite, on supprime également la moitié de l'équipage et la moitié des vivres, des munitions, des agrès, des rechanges, etc.; il se trouvera que tous ces éléments en bois, fer, comestibles, cordes ou hommes supprimés de la coque du vaisseau étant équivalents à un poids approximatif de 900 tonneaux, cette coque aura été allégée d'autant, c'est-à-dire d'un poids équivalent à celui de la cuirasse de métal dont on peut revêtir jusqu'à la flottaison des hauts du bâtiment ainsi métamorphosé; dès ce moment le problème est résolu, et ce bâtiment métamorphosé, c'est la *Gloire!*

« Mais, dira-t-on, l'élément d'*attaque,* l'artillerie de ce nouveau navire est considérablement réduite; c'est vrai; mais en revanche, l'élément de *résistance* dont il est pourvu a tant augmenté sa puissance militaire, que la fragile coque du type primitif, le *Napoléon,* serait hors d'état de lutter désormais contre cet invulnérable type nouveau, la *Gloire.*

Nous avons pris la *Gloire* à son berceau; suivons-la sur mer. Les premiers essais furent brillants; ils eurent lieu de calme, et donnèrent treize nœuds ou milles marins à toute vapeur, onze nœuds et quart avec la moitié des feux allumés. C'était autant et même plus de vitesse que jamais vaisseau rapide en bois n'avait donné. Plus tard, par un coup de vent de *mistral* des plus violents, elle donna dix nœuds de moyenne, vent debout, dans le voisinage de Toulon, et onze nœuds et demi au plus près, sous ses trois voiles auriques, les seules qu'on puisse établir sur sa mâture réduite. Les mouvements devant la grosse mer furent très-satisfaisants, et les liaisons en étaient si vigou-

reusement façonnés qu'après les expériences, l'arc du navire resta, comme au début, de quatre centimètres.

« Mais, dira-t-on, quelle frégate coûteuse que celle dont l'enveloppe de métal ne coûte pas moins de 900,000 francs! Voyons un peu : le vaisseau à vapeur en bois le *Napoléon* coûte quatre millions, et si la cuirasse de la *Gloire* ajoute à ces frais près d'un million de plus, il ne faut pas perdre de vue que la suppression des deux batteries hautes du vaisseau en bois, de la moitié de sa mâture, de la moitié de ses approvisionnements et de ses munitions, représente un demi-million dont a bénéficié la construction de la *Gloire*; il ne faut pas perdre de vue, enfin, que cette frégate n'exigeant, pour son armement, que cinq cent soixante-dix hommes au lieu de neuf cent treize, effectif du *Napoléon*, l'équilibre entre le coût des deux bâtiments ne tarde pas à être rétabli. On le voit donc, les faits comme les chiffres parlent en faveur de la flotte cuirassée dont la *Gloire* a été le premier spécimen sur les mers. Aussi ne s'étonnera-t-on pas que l'Angleterre nous ait suivis dans cette voie. A la *Gloire* a succédé le *Warrior*, qui en diffère par une innovation que beaucoup de marins anglais désapprouvent eux-mêmes; la partie centrale du *Warrior* est seule cuirassée; les deux extrémités du bâtiment sont à la merci des projectiles ennemis. Or, nul n'ignore que le gouvernail, la barre, la roue qui le dirigent, la boussole, etc., d'un côté, et de l'autre les ancres, les chaînes, les bittes, etc., tous éléments majeurs de la vitalité de ce navire, sont précisément placés à ces extrémités.

« Quoi qu'il en soit, et quel que doive être un jour le type définitif du bâtiment à vapeur cuirassé, ce qui ressort aujourd'hui de l'œuvre nouvelle de M. Dupuy de Lôme, c'est qu'aucune nation n'oserait désormais mettre un vaisseau de ligne en bois *non cuirassé* sur chantier! »

VALET, s. m. (*Wad.*) Nom donné à des pelotons ou des paquets de vieux fils de caret qui servent de bourre dans le chargement des canons.

VAPEUR, s. f. (*Vapour*, *steam.*) Nous trouvons la vapeur

de toutes les voiles qui sont nécessaires pour mouvoir un vaisseau dans tous les temps. — 2° Nombre de voiles déployées, dans un instant donné à bord d'un bâtiment (*rate of sailing*); voilure convenable (*sailing trim*), voilure réglée, celle qu'on a déterminée (*to regulate the quantity of sail to be carried*). — Courir sous N voilure (*to be under the N sails*); faire N voilure (*to sail at N rate*); augmenter ou diminuer sa voilure (*to make more sail or to shorten sail*).

VOLÉE, s. f. Volée d'un canon (*chase of a gun*). 1° Partie de la pièce comprise entre les tourillons et la bouche; 2° coup de canon. — Volée de canons (*volley of guns*), bordée (*broadside*), décharge de plusieurs canons faite en même temps. — Fronteau de volée, *voyez* FRONTEAU.

VOLET, s. m. (*Boat compass.*) Petite boussole dont on fait usage dans les chaloupes et les canots.

VOUTE, s. f. On appelle voûte ou grande voûte (*lower counter*) la surface courbe comprise entre la lisse d'hourdy et le pont immédiatement supérieur d'un vaisseau. Lorsque cette voûte a une grande saillie, dans un bâtiment, on dit que celui-ci a beaucoup de voûte (*ship that has a very hollow counter*). — On nomme petite voûte (*upper counter*), le plafond de la galerie de la poupe.

VRAC (EN), loc. adv. (*In bulk.*) Des objets jetés sans ordre dans un vaisseau sont chargés en vrac ou en grenier ou en pagaïe.

W

WYHEN, s. m. *Voyez* HOUARY.

WOURWAYRY, s. m. Nom donné, aux Antilles, à un grain violent. (*Voyez* GRAIN.)

les choses qui peuvent être nécessaires à la nourriture des hommes embarqués sur un vaisseau pour une expédition quelconque. — Faire ces provisions (*to get provisions*), c'est faire des vivres. — Donner des vivres à un vaisseau (*to store a ship*), c'est, en mer ou dans une relâche, renouveler les vivres de ce bâtiment.

VOGUE-AVANT, s. m. (*Strokesman.*) Nom donné, dans un bâtiment armé d'avirons, 1° à celui des rameurs qui est placé le plus près de l'étrave, et qui est ordinairement le brigadier de l'équipage de ce petit bâtiment : 2° au rameur qui agit sur l'extrémité de la partie intérieure d'un aviron, tandis que d'autres hommes agissent aussi sur ce même aviron par d'autres points éloignés de cette même extrémité.

VOGUER, v. n. *Voyez* NAGER.

VOIE D'EAU, s. f. (*Leak.*) Ouverture accidentelle, faite dans la partie submergée d'un vaisseau, et qui laisse un passage plus ou moins grand à l'eau environnante dans l'intérieur du bâtiment. — Avoir une voie d'eau (*to spring a leak*), c'est avoir une ouverture faite à la carène, ou par les boulets, ou par des chocs contre des aspérités du fond de la mer, ou par des échouages, ou par la désunion des pièces composantes d'un vaisseau ou par l'altération du calfatage et la sortie des étoupes. Aveugler ou boucher une voie d'eau (*to stop a leak*), c'est fermer l'ouverture par laquelle l'eau de la mer s'introduit dans la cale d'un vaisseau.

VOILE, s. f. (*Sail.*) Assemblage de laizes de toile, qui, parallèles et dans un même plan, sont cousues l'une à l'autre par leurs bords, afin de former une surface assez étendue pour recevoir une impulsion considérable du vent, au choc duquel cette surface doit être exposée. Il y a les voiles carrées (*square sails*) et les voiles latines ou triangulaires (*lateen sails*). On les distingue suivant les mâts qui les soutiennent : — Grand'voile (*main sail*), voile de misaine (*fore sail*), voile d'artimon (*mizzen sail*), huniers (*main and fore top sails*)

perruche (*mizzen top gallant sail*), perroquets royaux ou volans (*main and fore top gallant royal sails*), civadière (*sprit sail*), contre-civadière (*bowsprit top sail*), focs (*jibs*), voile d'étai (*stay sails*), bonnettes (*studding-sails*). Il y a encore des voiles qui portent des noms particuliers, telles les voiles de FORTUNE, de TAPECUL, à BALESTRON, à BOURCET, etc. (*voyez* ces noms). La situation respective des voiles à bord des vaissaux les fait aussi distinguer en voiles hautes et basses voiles (*courses*), voiles de l'avant ou de l'arrière (*head or after sails*), les quatre voiles majeures (*main and main top, fore and fore top sails*), assemblage de la grand'voile, de la misaine et des deux huniers; grand'voile d'étai ou pouillousse (*main stay sail*), etc. — Voile enverguée, serrée, carguée, etc. (*voyez* ENVERGUER, SERRER, CARGUER, etc.) — Un vaisseau met sous voiles, ou à la voile, ou fait voile pour tel lieu (*to sail for, to set sail, to sail*), lorsqu'il déploie ses voiles, pour faire une route proposée à l'aide d'un vent plus ou moins favorable; dans cet état il est sous voiles ou à la voile (*under sail*). — Augmenter ou diminuer de voiles (*to make more sail, to shorten sail*); forcer de voiles (*to crowd sail*); faire petites voiles ou aller à petites voiles (*to carry little sail*); faire de la voile (*to set sail*), c'est déployer toutes les voiles que les circonstances permettent de présenter au choc du vent. (*Voyez* GRÉER, NAVIRE et VITESSE.)

VOILERIE, s. f. (*Sail loft.*) Atelier où sont fabriquées et réparées les voiles des vaisseaux.

VOILIER, s. m. (*Sail maker.*) Ouvrier qui taille et coud les voiles propres aux bâtiments de mer.

VOILIER, adj. On dit d'un vaisseau qu'il est fin, bon ou mauvais voilier (*good or bad sailer; that sails swiftly or heacily*), selon qu'il est susceptible d'acquérir une plus ou moins grande vitesse progressive que tout autre bâtiment de la même classe, avec les mêmes moyens et dans les circonstances égales.

VOILURE, s. f. (*Complete suit of sails.*) 1° Assemblage

au mât d'artimon, où elle n'est employée que pour offrir un appui aux deux points inférieurs de la voile de perroquet de fougue. — Ces vergues, qui sont placées sur un vaisseau perpendiculairement à la hauteur des mâts qui les soutiennent, sont nommées vergues carrées (*square yards*); on appelle vergues latines ou triangulaires (*lateen yards*), les antennes qui servent à étendre des voiles du même nom. — Aux extrémités des vergues, il y a des dents saillantes appelées taquets (*steaps*), destinées à maintenir aux bouts des vergues les coins supérieurs de la voile qui est lacée avec elles. — Lorsque des vaisseaux sont placés l'un à côté de l'autre, leurs vergues basses qui sont celles de grand'-voile et de misaine, ayant une longueur qui dépasse la largeur des bâtiments auxquels elles appartiennent, se prolongent réciproquement, et cet état de choses fait dire de ces vaisseaux, qu'ils sont vergue à vergue (*yard arm and yard arm*).

VÉRIN, s. m. (*Screw-jack.*) Machine semblable à une vis de pressoir, et qui est employée, dans les ports, à soulever des poids considérables.

On établit des vérins comme des crics, et l'on fait tourner leur vis avec des leviers.

VÉRINE, s. f. (*Binnacle amp.*) Lampe qu'on allume dans l'habitacle d'un vaisseau pour éclairer, la nuit, les boussoles qui sont de chaque côté.

VERTICAL, s. m. (*Vertical plan.*) Nom donné au plan vertical des couples d'un vaisseau. *Voyez* PLAN.

VIBORD, s. m. (*Waist.*) Partie de la muraille d'un vaisseau qui est comprise entre les deux gaillards, et qui s'élève au-dessus du pont supérieur de ce bâtiment.

VICE-AMIRAL, s. m. *Voyez* AMIRAL.

VIF-DE-L'EAU, s. m. (*Spring tide.*) Expression métaphorique pour indiquer l'époque des grandes marées, parce qu'alors,

la mer s'élevant à une grande hauteur sur les côtes, ses eaux s'avancent du large avec une très-grande vitesse.

VIGIE, s. f. (*Rocks above water, lurking rocks.*) Nom donné à des rochers ou écueils qui sont placés en pleine mer ou à une grande distance des côtes, et dont le sommet s'élève plus ou moins au-dessus de la surface de l'eau. C'est sous ce nom que ces dangers sont marqués sur les cartes marines. — Être en vigie (*to watch*), c'est veiller du haut des mâts d'un vaisseau, pour observer et découvrir de loin tous les objets qui peuvent se présenter sur l'horizon, et dont la connaissance peut intéresser le salut du bâtiment. Les hommes chargés de ce service portent eux-mêmes le nom de vigies (*look-out man*).

VIOLON, s. m. On nomme violon de beaupré ou taquet de beaupré (*B's of the bowsprit*), des morceaux de planches d'une grande épaisseur, qui sont établis pour servir de support au bâton de foc.

VIRAGE, s. m. (*Veering.*) 1° Action de virer de bord au cabestan; 2° espace nécessaire pour cette opération.

VIREMENTS, s. m. pl. Les virements de bord d'un vaisseau (*veerings*), sont les mouvements qu'il fait horizontalement en tournant sur lui-même, pour présenter au vent le côté qui n'y était pas exposé précédemment.

VIRER, v. n. et a. (*To veer.*) Tourner sur soi-même. — Virer au cabestan (*to heave the capstan*), c'est faire tourner un cabestan sur son axe. Si cette machine est employée à lever une ancre ou à rapprocher un vaisseau de son ancre mouillée, alors c'est virer sur cette ancre (*to heave in the cable*); et on vire à pic (*to heave short apeak*), lorsque, par la suite de cette opération ou de ces mouvements du cabestan, le vaisseau est amené à correspondre verticalement au-dessus de son ancre. — Si, en virant un vaisseau, on l'incline plus ou moins sur un de ses côtés, alors c'est le virer en carène (*to heave down a ship to careen*); si cette inclinaison latérale est portée jusqu'au point

de faire paraître la quille au niveau de l'eau, le bâtiment est alors viré en quille (*to heave with her keel out*). Un vaisseau vire de bord (*to put about a ship; to go about*), lorsqu'il tourne horizontalement sur lui-même, pour présenter au vent le côté qui n'y était pas exposé précédemment. Virer vent devant (*to tack*), se dit d'un vaisseau qui, en virant, présente directement sa proue à l'origine et au choc du vent; si au contraire il ne présente au vent le flanc opposé à celui qu'il présentait avant de virer, qu'après une rotation très-étendue, il est dit virer de bord, vent arrière ou lof pour lof (*to veer or to box a ship off*), parce que dans le cours de cette évolution, il est une situation où le vent frappe directement sur la poupe ou l'arrière du vaisseau. — Une armée vire de bord, lorsque les vaisseaux, dont elle est composée exécutent tous cette évolution. Quelquefois aussi les vaisseaux exécutent successivement cette rotation, soit vent devant, soit vent arrière, et alors l'armée vire de bord par la contre-marche, vent devant ou vent-arrière (*to tack successively in each other's wakes, to veer in succession*).

VIREVAU, s. m. (*Roller or Winch.*) Cabestan horizontal, ou treuil qui tourne sur son axe de longueur placé horizontalement.

VIRURE, s. f. (*Strake*), ou **COURS DE BORDAGES DE VAIGRES**, s.m. (*Strakes.*) Suite de planches épaisses mises bout à bout et appliquées sur la carcasse d'un bâtiment, depuis sa proue jusqu'à sa poupe, pour former une partie de revêtement de cette carcasse.

VISITE. s. f. (*Inspection.*) *Voyez* VISITER.

VISITER, v. a. (*To inspect.*) Faire la visite, c'est-à-dire, 1° Dans les ports examiner l'état particulier du gréement, de la mâture et de la voilure d'un vaisseau; 2° en mer, examiner les papiers d'un bâtiment qu'on rencontre sur la route.

VITESSE, s. f. (*Speed; head way.*) Durant une grande

tempête, le vent parcourt *trente-six mètres* par seconde. Pendant un de ces terribles ouragans qui déracinent les arbres et abattent les maisons, sa vitesse devient de *quarante-cinq mètres* par seconde. Voici, au reste, comment procède sa rapidité : (nous employons ici le mot *vèle*, expression usitée déjà dans le langage de la mécanique, pour établir une unité de vitesse à laquelle il faut donner un mètre par seconde) :

Vitesse du vent à peine sensible.	0,50 à 1 vèle.
— brise légère.............	1	à 1,36
— vent frais..............	1,35	à 3,35
— vent bon frais..........	3,35	à 8
— forte brise.............	8	à 12
— vent impétueux.........	12	à 17
— raffale................	17	à 20
— tempête...............	22	
— grande tempête.........	27	
En sus, comme nous venons de le dire plus haut :		
— ouragan...............	36	
— ouragan qui déracine les arbres et abat les maisons.	45	

Voici la marche des bateaux :

Maximum des bateaux rapides sur des canaux : 4 lieues à l'heure (16 kil.).

Maximum des bateaux à vapeur sur les principaux fleuves d'Amérique : 6 lieues à l'heure (24 kil.).

Vitesse des navires à vapeur, traversant l'Atlantique : 7 nœuds 1/2 à l'heure.

Vitesse des grands vaisseaux : de 11 à 15 nœuds.

Vitesse des batteries flotantes : 4 nœuds.

Vitesse moyenne des frégates : 8 nœuds.

Six nœuds à l'heure correspondent à 11,160 mètres, un peu plus de onze kilomètres. (*Voyez* MARCHE, SILLAGE et LOK.)

VIVRES. s. f. pl. (*Victuals.*) Provisions générales de toutes

obstacle, du bord au fond de l'eau, en entraînant leurs câbles après elles.

VEILLER, v. a et n. (*To watch.*) Veiller une écoute, une drisse, une manœuvre (*to stand by the sheet, by the halyard, etc.*), c'est être prêt à faire de ces cordages tel usage que les circonstances peuvent rendre nécessaire. — Veiller le grain, au grain, à la risée (*squall*), c'est se préparer à manœuvrer convenablement pour prévenir les dangers dont un vaisseau peut être menacé par des souffles de vent accidentels, violents et subits. — Veiller l'arrivée ou l'auloffée d'un bâtiment (*yaw to the luff or lee lurch*), c'est être attentif à ses oscillations, de manière à les arrêter à l'aide du gouvernail. — Veiller en avant (*to look out fore*), c'est examiner avec soin si dans l'espace vers lequel le vaisseau s'avance, il n'y a aucun danger à courir. De là vient qu'un rocher qui élève son sommet au-dessus de la surface de l'eau est nommé une roche qui veille (*rock always out of the water*), parce qu'elle marque aux navigateurs le danger qu'elle peut leur faire courir, et éveille leur attention sur leur sûreté.

VENIR, v. n. Un vaisseau vient au vent, ou au lof (*to spring the luff*), lorsque tournant horizontalement sur lui-même, ses voiles, orientées obliquement à la quille, reçoivent l'impulsion du vent sous un angle d'incidence plus petit que dans la situation précédente du bâtiment.

VENT, s. m. (*Wind.*) Agitation de l'air, qui met en mouvement les vaisseaux sur la mer. Les vents ont reçu les noms des 32 divisions de l'horizon. (*Voyez* AIR DE VENT.) On distingue les vents alisés, les brises, etc.; et relativement à un bâtiment en mer, les vents DEBOUT, ARRIÈRE, LARGUE, au PLUS PRÈS, FRAIS, de BOULINE, entre deux ÉCOUTES, vent DESSUS, vent DEDANS, vent DEVANT, vent de QUARTIER, vent par le TRAVERS, vent D'AVAL, vent D'AMONT (*voyez* ces mots). — Être au vent ou dans le vent (*upon the wind*) d'un objet, c'est être entre cet objet et le point où se trouve l'origine du vent, être

34.

sous le vent (*large from the wind*) d'un objet, c'est le contraire. Côté au vent (*lee shore*); côté sous le vent (*weather shore*); — côté du vent ou du lof (*weather side; weather beam*); côté sous le vent (*lee side*). — Vitesse du vent, *royez* VITESSE.

VENTER, v. n. (*To blow.*) Lorsque le vent règne avec une certaine force et sur une direction déterminée, les marins disent qu'il vente (*royez* VENT).

VERGE, s. f. (*Rod; spear.*) Verge de girouette (*vane spear*), la tige de fer qui la soutient; — verge de pompe (*pump spear*), tige qui tient au piston d'une pompe et sert à le mouvoir. — Verge d'ancre (*shank*), longue pièce de fer qui est réunie aux deux bras d'une ancre dans une situation perpendiculaire à la ligne qu'on imaginerait menée d'un bec à l'autre des pattes de cette ancre. Cette verge porte à son extrémité un anneau auquel le câble est attaché, et un jas en bois qui contribue à faire présenter le bec de l'ancre au sol sur lequel elle touche afin que son propre poids puisse servir ensuite à l'y faire enfoncer.

VERGUE, s. f. (*Yard.*) Longue pièce de sapin, arrondie sur son contour, dont les diamètres décroissent dans un certain rapport depuis le milieu environ de sa longueur jusqu'à ses extrémités et qui sert à étendre le côté d'une voile quelconque. Le grand nombre des vergues d'un bâtiment a porté à les distinguer par les noms des voiles qui sont lacées avec elles. C'est pourquoi il y a une grande vergue (*main yard*), une vergue de misaine (*fore yard*), une vergue d'artimon (*mizzen yard*), celles de petit et de grand hunier (*main and fore yard*), celles des perroquets et du perroquet de fougue, de perruche, et des perroquets royaux ou voians (*main top gallant and fore yard, mizzen top, mizzen top galiant, main and fore top gallant royal yard*), celles de civadière, de contre-civadière, de bonnettes, de tapecul (*sprit sail, sprit top sail, driver yards*), enfin la vergue sèche ou barrée (*cross jack yard*), suspendue

d'eau à chaque instant sous nos pas et dans les usages domestiques. Les brouillards, les nuages, etc., ne sont autre chose que de la vapeur d'eau plus froide que celle qui s'élève de dessus un vase d'eau bouillante. Or, tout le monde connaît les machines à vapeur (*steam-engines*), ces puissants moteurs dont l'industrie, les arts mécaniques et la navigation tirent de si grands secours. La force produite par une machine à vapeur est due à la vapeur d'eau engendrée dans une chaudière (*voyez* CHAUDIÈRE A VAPEUR) hermétiquement fermée, et qu'on laisse pénétrer, à de courts intervalles et alternativement, en avant et en arrière d'un piston (*piston*) se mouvant dans un grand tuyau de fer ou de fonte. Ce piston mobile, surmonté d'une tige de fer, transmet son mouvement alternatif de va-et-vient, ou la force qu'il reçoit de la vapeur, aux diverses machines qu'on a besoin de faire fonctionner. La vapeur d'eau acquiert donc par la chaleur une force élastique, une force de détente, qui est la source de la force transmise au piston enfermé dans le cylindre de la machine. — Par machines à une atmosphère, à deux, à trois, à quatre atmosphères, par machines à basse, à moyenne, à haute pression (*pressune*), on entend des machines dans lesquelles on emploie de la vapeur plus ou moins chaude, c'est-à-dire de la vapeur pour la production de laquelle il a fallu plus ou moins de chaleur, et qui, mise en contact avec un thermomètre, ferait marquer à cet instrument un degré plus ou moins élevé. De la vapeur à la pression d'une atmosphère est celle qui fait équilibre à une colonne d'air de la hauteur de l'atmosphère dont la base serait celle du piston de la machine, et plus habituellement on dit que cette pression équivaut à un poids de un kilogramme par centimètre carré de la surface du piston de la machine. — Les machines qui emploient la vapeur à deux atmosphères sont des machines à basse pression. Avec une atmosphère de plus, elles sont à moyenne pression, et pour toutes les machines à plus de trois atmosphères, on dit qu'elles sont à haute pression. — La température de la vapeur à une atmosphère est de 100 degrés du thermomètre centigrade. Pour lui donner une force élastique double, c'est-à-dire de deux atmosphères, il s'en faut de beau-

coup que cette température ait besoin d'atteindre 200 degrés. A 120 degrés seulement, la vapeur est à deux atmosphères ; à 132 ou 133, elle est à trois atmosphères, et en avançant davantage, on voit qu'une addition de quelques degrés de chaleur seulement communique à la vapeur une force d'expansion prodigieuse qui, entre des mains inhabiles, peut causer les plus grands désastres. Cependant les accidents deviennent de plus en plus rares, et l'on peut dire que la navigation à la vapeur offre infiniment moins de dangers que la navigation ordinaire. — Malheureusement, il faut, pour les voyages lointains, embarquer beaucoup de combustible (*fuel*), houille ou charbon de terre (*pit-coal ; coals*), qui non-seulement est très-coûteux mais fort embarrassant. Si l'on pouvait trouver une autre force motrice, l'action de la navigation à vapeur serait généralisée. (*Voyez* HÉLICE, VITESSE et CHEMIN DE FER MARITIME.)

VAPEUR, s. m. (*Steam-boat.*) Nom donné, par abréviation, à tout navire à vapeur.

VARANGUE, s. f. (*Floor-timber.*) Nom d'une des pièces composantes d'un couple, celle qui occupe la partie moyenne de son contour, et qui sert de réunion à ses deux branches ascendantes. — Varangues plates (*flat*), acculées (*rising floor*); varangues de fond (*floor timber amidship*), de porque (*floor rider*), etc.

VASARD, adj. (*Oozy.*) Se dit du sol que recouvre la mer, lorsqu'il est mêlé d'une grande quantité de vase.

VASSOLE, s. f. (*Coaming of the hatches.*) Espèce de chambranle qui borde l'ouverture d'une écoutille ; et c'est sur ses rebords que reposent les panneaux ou caillebotés qui servent à la fermer.

VEILLE (ANCRE DE), s. f. (*Anchor which is a-cockbill.*) Nom donné, à bord d'un vaisseau, aux ancres qui sont disposées pour être mouillées au premier ordre, ou pour descendre sans

Y

YACHT, s. m. (*Yacht.*) Petit navire de plaisance, généralement à vapeur, et servant à faire des promenades sur mer. 2° Petit pavillon anglais (*the union jack*), formé d'une double croix rouge appliquée sur une double croix blanche, un peu plus large que la première, lesquelles se découpent toutes sur un fond bleu. Comme cette disposition se représente au coin supérieur du grand pavillon du Royaume-Uni, on dit souvent le yacht britannique (*British jack*), pour dire le pavillon de cette nation.

YEUX DE CIVADIÈRE, s. m. pl. (*Large holes in the sprit sail.*) Trous percés au bas de la civadière. (*Voyez* TROU.)

YOLE, s. f. (*Yawl.*) Petit canot léger, marchant bien, soit à la voile, soit à l'aviron, et qui sert particulièrement aux officiers supérieurs des bâtiments de l'État. Pour désigner l'embarcation particulière du commandant, on dit yole du commandant.

FIN.

EXTRAIT DU CATALOGUE

DE

FIRMIN DIDOT FRÈRES, FILS ET Cie,

IMPRIMEURS DE L'INSTITUT DE FRANCE.

————∘⚬✕⚬∘————

COLLECTION ELZÉVIRIENNE,

FORMAT PETIT IN-18,

Exécutée avec des soins tout particuliers, avec notes marginales,
gravures, cartes, plans, etc.

————◆————

HORACE,

AVEC COMMENTAIRE, A L'IMITATION DE CELUI DE JEAN BOND,

PAR M. DÜBNER.

Ce savant critique, tout en conservant l'éminente clarté de l'interprétation qui a fait le principal mérite du travail de son prédécesseur, s'est astreint au soin minutieux d'expliquer brièvement toutes les difficultés, en mettant à profit les résultats de la critique et de la connaissance de l'antiquité depuis près de deux cents ans que l'édition des Elzéviers a paru. Dans ces derniers temps, M. Meineke, pour le texte, et M. Orelli, pour le commentaire, laissaient peu de chose à glaner. On peut donc affirmer que notre édition offre le dernier résultat de la science critique sur les poésies d'Horace.

Au mérite littéraire de cette édition, MM. Didot ont voulu joindre celui d'une exécution typographique qui rappelât celle des Elzéviers. Les divers tirages qui ont été faits et divers ornements permettent à toutes les fortunes de posséder ce livre qui convient à quiconque conserve quelque souvenir de ses études classiques et l'amour du beau et du vrai.

En tête de chaque édition est placée la notice sur la vie d'Horace, par M. Noël des Vergers, et chaque livre des poésies d'Horace est décoré d'une vignette où respire le sentiment de l'antiquité, que possède si bien le peintre Barrias.

Des exemplaires ont, en outre, les plans de la villa d'Horace et des campagnes environnantes, dressés par M. Rosa, ingénieur de Sa Sainteté, et sont décorés des vues de ces campagnes, dessinées sur les lieux par M. Benouville.

Le papier coquille, extrêmement solide, a été exécuté de manière à braver l'action du temps.

Prix des différentes éditions :

Édition filets noirs, titre et frontispice, vie d'Horace....... 10 fr. » c.
    Cartonné.. 11 50
Édition filets rouges, avec les vues et les deux plans....... 15 »
    Cartonné.. 16 50
Édition filets rouges, avec les dix vignettes, les deux plans et
    le frontispice photographiés, plus les six vues photogra-
    phiées, cartonné.................................... 30
Sur papier blanc (coquille, 20 fr.; sur papier de Chine, 20 fr.; sur papier
    jaune, 20 fr.; sur papier vert, 20 fr.; sur papier vert d'eau, 20 fr.; sur pa-
    pier chamois, 20 fr.

VIRGILE

COMPLET, Y COMPRIS LE MORETUM, CULEX, ETC.,

Avec un Commentaire perpétuel où toutes les difficultés sont expliquées par M. F. Dübner, et orné de 27 dessins par **M. Barrias**. I fort volume.

Jusqu'à présent, les œuvres de Virgile n'avaient jamais été accompagnées d'un commentaire conçu sur le plan suivi par Jean Bond. C'est en nous conformant, dans notre édition d'Horace, à son système d'explication que nous en avons reconnu toute l'utilité, si toutefois, comme nous l'avons fait, on y tient compte des progrès de la critique. Aussi avons-nous pensé que ce serait rendre service au public amateur de bons ouvrages, que de faire paraître une édition de Virgile pareille à celle d'Horace. Nous avons chargé de ce travail M. Dübner, qui y a consacré plusieurs années. Son nom si connu dans la philologie et la critique sera pour les lecteurs une garantie de l'excellence du travail, de la clarté et de la justesse des explications, qui se présentent toutes sous la forme la plus simple. Toutes les fois cependant que l'intelligence du texte et de l'intention de l'auteur a nécessité des notions d'un ordre plus savant, provenant soit de l'histoire de l'antiquité, soit des travaux de la critique, M. Dübner les a introduites sans hésiter dans son commentaire. Mais il a su, par la netteté et la concision de ses explications, les mettre à la portée de tous les lecteurs. Il a suivi de préférence les commentateurs de l'antiquité, Servius, Probus, etc., toutes les fois qu'ils lui ont paru être dans le vrai, et il a su tirer de ces anciens auteurs plusieurs explications lumineuses, négligées ou méconnues par ses devanciers.

Ce beau travail qui, outre les œuvres complètes de Virgile, contient encore plusieurs opuscules dont quelques-uns semblent faussement attribués au poëte de Mantoue, s'adresse donc aussi bien aux jeunes écoliers qu'aux lecteurs érudits et aux amateurs des chefs-d'œuvre de l'antiquité.

Prix des différentes éditions :

Édition filets rouges et vignettes gravées par M. Huyot..... 12 fr. »
    Cartonné................................. 14 »
Édition filets rouges, vignettes imprimées sur papier de Chine. 18 »

Édition filets rouges avec vignettes photographiées. Cartonné
en deux volumes... 40 fr.

Sous presse :

**Dante, Pétrarque, Rabelais, Montaigne, Racine, Boileau,
La Fontaine.**

———oo{o}oo———

BIBLIOTHÈQUE LATINE,

AVEC LA TRADUCTION FRANÇAISE

SOUS LA DIRECTION ET AVEC LA COLLABORATION

DE M. DÉSIRÉ NISARD,

DE L'ACADÉMIE FRANÇAISE,
INSPECTEUR GÉNÉRAL DE L'ENSEIGNEMENT SUPÉRIEUR.

Cette belle *Bibliothèque des Auteurs latins* forme 27 volumes, qui tiennent lieu
de plus de 200 volumes ordinaires. Publiée sous la direction de M. Désiré Nisard,
elle ne laisse rien à désirer sous le rapport de la fidélité et de l'élégance. Les
traductions ont été confiées à MM. Andrieux, Littré, Patin, Génin, Dureau de la
Malle, Burnouf, Gérusez, Magin, Ch. Rémusat, Jacquinet, Bellaguet, Savalète,
Hauréau, Damas-Hinard, Th. Baudement, etc., etc., avec notes et notices sur
les auteurs.

27 volumes in-8° jésus. — Prix : 324 francs.

Cette Collection de Classiques latins, remarquable au point de vue littéraire,
se recommande en outre par la clarté aussi bien que par l'élégance du style,
par la fidélité de la traduction, qui, tout en reproduisant exactement le sens
du texte, n'en exclut en rien l'authenticité, si importante dans un travail de
cette nature.

Le succès justement mérité qu'a obtenu cette publication, non-seulement dans
le corps enseignant, mais encore dans les bibliothèques publiques ou particulières, nous dispense d'en faire l'éloge. — Cette Collection est indispensable
aussi bien aux professeurs qu'aux hommes de lettres ; et nous pensons, avec raison,
que les savants eux-mêmes qui ont le plus lu ou retenu trouveront encore à ap-
prendre ou à relire avec fruit dans cet immense recueil.

Pour donner une idée exacte des divers auteurs qui composent cette vaste
Collection des auteurs latins, nous offrons au lecteur une minutieuse indication
de chaque volume, avec le nom des traducteurs et le sommaire des sujets qu'il
renferme. — Chaque volume se vend séparément. — Prix : 12 fr.

POËTES.

Plaute. Amphitryon, l'Asinaire, les Captifs, le Câble, traduits par
feu M. Andrieux. Les autres pièces traduites par M. A. François.
— **Térence,** par M. Alfred Magin. — **Sénèque,** Hercule fu-

4

rieux, Thyeste, traduits par M. Th. Savalète. Les autres pièces
traduites par M. Desforges. — Notes et Notices par les traducteurs.. 1 vol.
Ovide. Les Héroïdes, les Amours, les Halieutiques, trad. par
M. Th. Baudement. — L'Art d'aimer ; le Remède d'amour, les
Cosmétiques, trad. par M. Ch. Nisard. — Les Métamorphoses,
trad. par MM. Louis Puget, Th. Guiard, Chevriau et Fouquier.
— Les Fastes, trad. par M. A. Fleutelot. — Les Tristes, les Pon-
tiques, Consolation à Livia Augusta, l'Ibis, le Noyer, les Épi-
grammes, traduction par M. Ch. Nisard. — Notes et Notices par
les traducteurs.. 1 vol.
Virgile, trad. de M. Désiré Nisard. — **Lucrèce**, traduit par
M. Chaniol. — **Valérius Flaccus**, trad. par M. Ch. Nisard. —
Notes et Notices par les traducteurs............................ 1 vol.
Horace, traduction nouvelle et Notice sur Horace, par M. Patin.
Odes, Épodes, Chant séculaire, trad. par M. Chevriau. Satires,
trad. par M. Génin. Épitres, trad. par M. Guiard. Art poétique,
par M. Aug. Nisard. — **Juvénal**, traduction nouvelle, par
M. Courtaud d'Iverneresse. — **Perse**, traduit par *le même*. —
Sulpicia, par *le même*. — **Catulle**, par M. Collet. — **Pro-
perce**, par M. Denne-Baron. — **Gallus**, par M. Louis Puget. —
Maximien, par *le même*. — **Tibulle**, par M. Théophile Bau-
dement. — **Phèdre**, par M. Fleutelot. — **Publius Syrus**, par
M. Th. Baudement. — Notes et Notices par les traducteurs... 1 vol.
Stace, traduction par divers auteurs.Les Sylves, trad. par M.Guiard.
La Thébaïde, trad. par M. Arnould. L'Achilléide, trad. par
M. Wartel. — **Martial**, trad. par M. Ch. Nisard. Notes sur
Martial, par M. Bréchot du Lut. — **Manilius**, traduction par
Pingré, revue. — **Lucilius Junior**, traduction nouvelle. — **Ru-
tilius**, traduction nouvelle. — **Gratius Faliscus**, traduction
nouvelle, par M. Jacquot. — **Calpurnius**, trad. par M. Louis
Puget. — Notes et Notices par les traducteurs................ 1 vol.
Lucain, traduction par M. Hauréau. — **Silius Italicus**, traduit
par M. Kermoysan. — **Claudien**, traduit par M. Delatour,
excepté l'Enlèvement de Proserpine, traduit par M. Géruzez. —
Notices sur Claudien, par M. Victor Le Clerc. — Notes et Notices par les traducteurs.. 1 vol.

PROSATEURS.

Cicéron. *Œuvres complètes*, Avant-propos. *Tome I*er. Vie de Cicéron, par M. Th. Baudement. Vie de Cicéron, par Plutarque,
traduction d'Amyot. Tableau synchronique des événements qui
se rattachent à la vie de Cicéron. Tableau et analyse des lois
citées dans Cicéron. Calendrier romain. Suite des consuls depuis

l'an de Rome 690 jusqu'en 711. — Rhétorique, traduction nouvelle par M. Thibaut. — De l'Invention oratoire, traduction nouvelle par M. Liez. — Les Trois Dialogues de l'Orateur traduit par M. Th. Gaillard. — Brusus ou Dialogues sur les orateurs illustres, trad. par M. Burnouf. — L'Orateur, trad. par M. Th. Savalète. — Les Topiques, dialogues sur les partitions oratoires, rad. par M. Damas-Hinard. — Des meilleurs genres d'Éloquence, traduction par M. Baillard. — Les Paradoxes, trad. par M. Lorquet. — *Tome II.* Plaidoyers et Discours ; traducteurs : MM. Burnouf, Guéroult, Paret, Baudement, Athanase Auger, Ch. Nisard, Taranne. — *Tome III.* Discours et Plaidoyers (suite), traduit par *les mémes*, plus MM. Bellaguet. Kermoysan, Guiard. — *Tome IV.* OEuvres philosophiques, trad. par M. Lorquet. — De la Divination, trad. par M. de la Pilorgerie. — Des Lois, trad. par M. Charles de Rémusat. — Fragments des ouvrages en prose et en vers, trad. par M. Ch. Nisard. — De la Demande du consulat, trad. par M. Eusèbe Salverte. — *Tome V.* Lettres de Cicéron, traduites par MM. Defresne et Th. Savalète............ 5 vol.

Tacite. Vie de Tacite, par M. Daunou. — Tableau généalogique de la famille des Césars. Annales, traduction de M. Dureau de la Malle. Histoires, trad. par *le méme.* La Germanie, trad. par M. D. Nisard. Vie d'Agricola, trad. par M. A. François. — Notes par les traducteurs................................. 1 vol.

Tite-Live, traduction par MM. Le Bas, Ch. Nisard, Kermoysan, Th. Baudement, Bouteville, Magin, Paret, Leprévost, Leudière, Capelle, Bellaguet. — Notes par M. Le Bas................ 2 vol.

Sénèque le Philosophe. De la Colère ; Consolation à Helvia, — à Polybe, — à Marcia ; de la Providence ; des Bienfaits ; Consolation du sage ; de la Brièveté de la vie ; Repos du sage ; Tranquillité de l'âme ; de la Clémence ; de la Vie heureuse, par M. Élias Regnault. — Apokolokyntose, par M. Hauréau. — Opuscules en vers, traduits par M. Baillard. Questions naturelles, par *le méme.* Fragments, par *le méme.* — Épitres, par Pintrelle, traduction revue et imprimée par les soins de la Fontaine, son parent, qui en a traduit en vers toutes les citations tirées des poëtes. — Notes et Notices par les traducteurs.............................. 1 vol.

Cornélius Népos, traduction par M. Kermoysan. — **Quinte-Curce,** traduction de Vaugelas, revue. — **Justin,** traduit par M. Ch. Nisard. — **Valère-Maxime,** traduit par M. Baudement. — **Julius Obsequens,** par *le méme.* — Notes et Notices par les traducteurs................................. 1 vol.

Quintilien, trad. par M. Louis Baudet. — **Pline le Jeune,** traduction revue par M. de Sacy. Panégyrique de Trajan, traduction par M. Burnouf. — Notes et Notices par les traducteurs.... 1 vol.

Pétrone, traduction par M. Baillard. — **Apulée,** trad. par di-

vers : M. Aulard et M. Th. Savalète. (Ce dernier pour les Métamorphoses.) OEuvres philosophiques et diverses, par M. Aulard.
L'Ane d'or, par M. Th. Savalète. — **Aulu-Gelle**, traduit par
M. Jacquinet et M. Favre. — Notes et Notices par les traducteurs. ... I vol.
Caton. Économie rurale, trad. par feu Antoine. — **Varron.** De
l'Agriculture, trad. par M. Wolff. — **Columelle.** De l'Agriculture, traduction revue de Saboureux de la Bonneterie. — **Palla-
dius.** De l'Agriculture, traduction revue *du même*........... I vol.
Suétone, traduction par M. Baudement. Les Écrivains de l'Histoire auguste, traduits par *le même*. — **Eutrope ,** trad. par *le
même.* — **Rufus,** par *le même.* — Notes et Notices par les traducteurs.. I vol.
Macrobe, traduction par M. Mahul. — **Pomponius Méla,** tra-
duct. par M. Huot, continuateur de *Malte-Brun.* — Notes et Notices par les traducteurs.................................... I vol.
Salluste. Vie de Salluste, par le président de Brosses. Conjuration
de Catilina, trad. par M. Damas-Hinard. — Guerre de Jugurtha,
trad. par M. Bélèze. Fragments, trad. par M. Damas-Hinard.
— **Jules César,** Vie de Jules César, trad. par M. Th. Baude-
ment. Commentaires sur la guerre des Gaules , par *le même.*
Commentaires sur la guerre d'Afrique, — sur la guerre d'Alexan-
drie, — sur la guerre d'Espagne, par *le même.* — **Velléius
Paterculus,** trad. par M. Herbet. — **Florus,** trad. par M. Th.
Baudement. — Notes et Notices par les traducteurs........... I vol.
Tertullien , traduction par M. Louis Baudet. — **Saint Augus-
tin ,** trad. par *le même.* — Notes et Notices par le traducteur. ... I vol.
Celse, traduction par le docteur des Étangs. Notes et Notices du
traducteur. — **Vitruve,** traduction de Perrault, revue par
M. Baudement. Notes et Notices du traducteur. — **Frontin,**
des Aqueducs, traduction de Rondelet. — **Censorin**.......... I vol.
Pline le Naturaliste, traduction par M. Émile Littré. Notes et
Notices par le traducteur.................................... 2 vol.
Ammien Marcellin, traduction par M. Th. Savalète. — **Jor-
nandès,** par M. G. Fournier de Moujan. — **Frontin** (les Stra-
tagèmes). — **Végèce.** — **Modestus**...................... .... I vol.

———∽∘⦂⦿⦂∘∘———

SCIENCES PHYSIQUES ET CHIMIQUES.

Berzélius. — Traité de chimie minérale et végétale , traduit par MM. *Esslinger* et *Hoefer,* sur les manuscrits inédits de
l'auteur et en partie sur la cinquième et dernière édition alle-
mande (seconde édition française).
La **Chimie minérale** forme quatre gros volumes in-8°, accom-

pagnés de planches. Tome I à 4. Prix...................... 33 fr.

La Chimie végétale forme deux gros volumes. Tome 5 et 6.... 29 fr. 75

L'édition que nous avons publiée avec le concours de M. Berzelius étant épuisée, nous nous sommes adressés a l'auteur pour donner une nouvelle édition d'après la cinquième édition dont l'impression s'achève en Allemagne. Les additions et changements nombreux apportés par M. Berzélius à cet ouvrage en font un répertoire tout nouveau et infiniment plus étendu que le précédent.

M. Hoefer, auteur de plusieurs ouvrages sur la chimie, et M. Eslinger, à qui nous devons la traduction de notre première édition, dont toutes les épreuves ont été envoyées à Stockholm et corrigées par M. Berzélius, ont presque entièrement retraduit cette nouvelle édition. C'est le cours le plus complet de chimie qui existe jusqu'à présent.

Gerhardt. — Chimie organique. 4 gros vol. in-8°........... 30 fr.

Berzélius étant mort avant d'avoir pu terminer cette partie de son ouvrage, M. Gerhardt, ancien professeur de chimie à Montpellier, s'est chargé de ce travail en le mettant au courant de la science actuelle et des nouvelles découvertes faites jusqu'à ce jour.

La chimie organique forme 4 très-gros volumes in-8°, avec gravures sur bois, d'environ 50 feuilles.

La chimie organique se divise en cinq parties. La *première* contient l'*analyse organique;* la *seconde* la description des *corps organiques classés en series naturelles*, d'après leurs métamorphoses. La *troisième partie* donne la description *des corps non series;* la quatrième contient les *généralités et les développements théoriques;* enfin, la *cinquième* se compose d'un recueil de *documents* servant à la physiologie végétale et animale.

Berzélius. — Théorie des proportions chimiques, 2e édition, revue et augmentée par l'auteur. I vol. in-8°, contenant les tableaux des proportions chimiques. Prix................ 8 fr.

Dans cet ouvrage, indispensable à tout praticien, M. Berzélius a vérifié de nouveau chaque calcul, en recommençant ou faisant recommencer sous ses yeux chaque expérience.

Barruel. — Chimie technique appliquée aux arts et à l'industrie, à la pharmacie et à l'agriculture. 7 vol. in-8°, avec un grand nombre de gravures. Cinq volumes sont en vente. Prix de chaque volume... 7 fr.

Cet ouvrage comprendra 7 volumes : le premier est consacré aux généralités préliminaires, à l'étude des corps non métalliques, à leurs combinaisons entre eux. Il traite des acides et de l'ammoniaque, de l'éclairage au gaz et de tout ce qui est susceptible d'application dans l'industrie, ainsi que des généralités sur les métaux et de leurs combinaisons.

Le second est consacré aux métaux alcalins et aux métaux terreux; à leurs oxydes, sulfates et sels. Fabrication de la poudre, extraction du sel : fabrication des verres, — des cristaux, — des émaux; de la chaux, des mortiers et des ciments, — du plâtre, — des aluns, — des argiles, — des poteries; — de la porcelaine, etc., etc.

Le troisième est consacré aux métaux proprement dits; à leurs oxydes, sulfures, sels; modes d'extraction des métaux qui ne sont pas traités par la

methodes metallurgiques; préparation des couleurs qu'ils peuvent produire, dorure, argenture, etc.... Galvanoplastie, photographie.

Dans le quatrième, on traite de la chimie organique sous le point de vue général.

Le cinquième a pour but les applications industrielles et les matières pour la fabrication du papier, du carton; les diverses boissons, entre autres, le vin artificiel, l'alcool; la blanchisserie, la teinture, le tannage, etc.

Le sixième et le septième seront entièrement consacrés à la chimie appliquée à l'agriculture; on y traitera des terrains, de leur analyse, des moyens de les amender, des engrais naturels ou artificiels les plus convenables aux diverses cultures que l'on veut entreprendre.

Hoefer.— Dictionnaire de chimie et de physique. 13e édition revue, corrigée et augmentée d'un supplément contenant les résultats des plus récentes découvertes. 1 vol. in-18............. 4 fr.

Becquerel. — Traité d'électricité et de magnétisme. Leurs applications aux Sciences physiques, aux Arts et à l'Industrie, par MM. *Becquerel*, membre de l'Institut, professeur-administrateur au Muséum d'histoire naturelle, et *Ed. Becquerel*, professeur au Conservatoire des arts et métiers.

Trois volumes in-8°, avec un grand nombre de planches.... 24 fr.

Cet ouvrage est l'exposé des leçons qui sont faites au Muséum d'histoire naturelle et au Conservatoire des arts et métiers sur l'électricité, le magnétisme et toutes leurs applications.

On y a joint, en outre, le traitement électro-métallurgique du minéral d'argent, de plomb, de cuivre, mis en regard de l'amalgamation et des autres traitements en usage.

Cet ouvrage se compose de trois parties formant chacun un volume.

1er volume : Électricité, principes généraux; — 2e vol. : Électro-chimie : — 3e vol. : Magnétisme et électro-magnétisme.)

Chaque volume renferme les applications relatives au sujet principal qui s'y trouve traité. — Les figures, dessinées et gravées avec soin, sont intercalées dans le texte.

— Résumé de l'histoire de l'électricité et du magnétisme, et des applications de ces deux sciences à la chimie, aux sciences naturelles et à l'industrie. 1 vol. in-8°. Prix.................. 6 fr.

Cet ouvrage est le complément indispensable du Traité de Physique et d'Électricité de MM. Becquerel et Edmond Becquerel. Dans cet ouvrage, l'électricité et le magnétisme y sont traités sous le point de vue chronologique, didactique et philosophique, sans l'intermédiaire d'aucune figure, ni d'aucune formule algébrique, ni de description d'appareils.

— Traité d'électricité et de magnétisme, suivi d'un exposé de leurs rapports avec les actions chimiques et les phénomènes naturels, par M. *Becquerel*, membre de l'Institut, professeur au Muséum d'histoire naturelle. 7 volumes in-8° et atlas. L'ouvrage complet.... ....72 fr. 50

On peut regarder cet ouvrage comme l'encyclopédie de tout ce qui concerne l'électricité et le magnétisme, sciences dont les progrès doivent tant à

M. Becquerel. Les physiciens, chimistes, médecins, ne sauraient se dispenser d'étudier un ouvrage qui est si en avant de la science et qui les intéresse sous tant de rapports.

— **Traité de physique dans ses rapports avec la chimie et les sciences naturelles**, par M. *Becquerel*. 2 vol. et atlas... 15 fr.

Précédé d'une Introduction comprenant l'Histoire de la Physique, depuis les temps les plus anciens dans ses rapports avec la civilisation.

— **Traité complet du magnétisme.** I. vol. in-8° avec 18 pl. 10 fr.

— **Eléments de physique terrestre et de météorologie.** I fort vol. avec pl.. 12 fr. 50

Cet ouvrage, d'un intérêt universel, est le résultat du Cours de physique appliquée fait par M. Becquerel au Muséum d'histoire naturelle. Il contient la théorie de la terre, à laquelle se rattachent les tremblements de terre, sa température, les glaciers, les changements survenus à la surface du sol, les climats, les mers, l'atmosphère, l'air, l'aurore, l'arc-en-ciel, la polarisation, l'électricité atmosphérique, l'action magnétique du globe, les étoiles filantes, l'altération des roches, etc.

———◦◦❀◦◦———

OUVRAGES CLASSIQUES.

COURS THÉORIQUE ET PRATIQUE DE LANGUE FRANÇAISE,

A L'USAGE DES COLLÉGES, DES ÉCOLES NORMALES ET DES GENS DU MONDE,

PAR M. P. POITEVIN,
ANCIEN PROFESSEUR AU COLLÉGE ROLLIN.

Ouvrage entièrement neuf, adopté par le Conseil supérieur de l'Instruction publique et autorisé pour l'usage des colléges.

L'auteur n'a suivi à la trace aucun de ses devanciers; il a compris qu'il devait faire une grammaire en s'appuyant non des grammairiens connus, mais des grands écrivains, qui sont les seuls législateurs en fait de langage.

Le côté vraiment remarquable du travail de M. P. Poitevin, ce qui lui appartient en propre et ce que nul ne peut lui revendiquer, c'est la forme même de son livre. Le plan de l'auteur est si heureux qu'il est parvenu à présenter une *double grammaire*, composée d'une théorie toujours claire et d'une suite nombreuse d'applications dont la solution est laissée à l'intelligence des élèves. Dans ce *Cours*, la théorie et les exercices marchent constamment de front et se prêtent un mutuel appui : les uns rendent clair ce que l'autre pourrait laisser obscur, et de leur concours perpétuel résulte la double évidence et de l'exactitude des principes et de la vérité des faits.

L'excellence d'une pareille méthode est incontestable et lui a mérité l'honorable sanction du Conseil de l'Instruction publique qui a mis le livre de M. Poitevin au nombre de ceux qu'il recommande particulièrement pour l'usage des colléges.

COURS COMPLET.

PARTIE DE L'ÉLÈVE

Ire ANNÉE.

IIe ANNÉE.

IIIe ANNÉE.

PARTIE DU MAITRE.

Ire ANNÉE.

IIe ANNÉE.

IIIe ANNÉE.

SÉPARÉ :

fr. c.

Le premier livre de l'enfance .... » 50

Premières lectures .... » 50

Lhomond, Grammaire française, théorique et pratique, rédigée conformément au nouveau programme du Conseil supérieur de l'instruction publique, par M. Poitevin. I vol. in-12, cartonné.   75 c.

Dans cet ouvrage, M. Poitevin a conservé presque sans changement le premier travail du maître; toutefois il l'a augmenté et complété en lui donnant la forme pratique de son propre cours. Ainsi aux principes de Lhomond il a rattaché des exercices et des devoirs nombreux. Il a placé à la suite de chaque chapitre des récapitulations qui en rappellent toutes les règles et des modèles d'analyse graduée qui, de l'étude des mots, conduisent pas à pas et sans peine les élèves à l'étude des phrases.

------o◦>◦◦<◦◦------

DICTIONNAIRES UNIVERSELS ET MANUELS.

FORMAT IN-12 ANGLAIS A DEUX COLONNES, EN PETITS CARACTÈRES.

Chacun de ces volumes contient la matière d'au moins quatre volumes ordinaires. C'est la première fois qu'ont été exécutés à un prix aussi modique des dictionnaires aussi complets servant de manuels.

Biographie, par M. le professeur Barré; *quatrième édition, revue et augmentée.* I fort vol. Charmante édition contenant plus de 5,000 notices étendues sur tous les principaux personnages de l'univers, depuis les temps les plus anciens jusqu'à nos jours; la liste de leurs principaux ouvrages, etc. ....   1 fr.

Mythologie, Biographie mythique des dieux et des personnages fabuleux de la Grèce, de l'Italie, de l'Égypte, de l'Inde, de la Chine, du Japon, de la Scandinavie, de la Gaule, de l'Amérique, de la Polynésie, etc., etc.; ouvrage composé sur un plan entièrement neuf, par le docteur Jacobi; traduit de l'allemand, refondu et complété par M. Th. Bernard ....   4 fr.

Géographie, par M. Béraud, et revue par M. Eyriès, membre de l'Institut. Ce dictionnaire, qui forme un gros vol. de 860 p., contient les résultats des plus récentes découvertes ....   6 fr.

Chimie et physique, par M. le docteur Hoefer. *Troisième édition*, revue, corrigée et augmentée d'un supplément contenant les résultats des plus récentes découvertes ....   4 fr.

Médecine pratique, par M. le docteur Hoefer. *Troisième édition, revue et augmentée.* Ce Dictionnaire, dégagé des termes d'histoire naturelle, de botanique, etc, qui dans les dictionnaires de médecine envahissent en grande partie la place destinée aux maladies et à leur traitement, renferme tout ce qui concerne les maladies et les moyens de les guérir. Cette troisième édition contient un supplément des nouvelles découvertes. Consacré

surtout à la pratique, c'est le *vade-mecum* des médecins....... 4 fr.

Botanique pratique et horticulture, par M. le docteur Hoefer. Dans la nomenclature si nombreuse des plantes indigènes et exotiques dont cet ouvrage donne la description, on s'est appliqué plus particulièrement aux plantes utiles ; les renseignements donnés pour leur culture rendent pratique cet ouvrage. *Seconde édition*.. 5 fr.

Minéralogie, Géologie, Métallurgie et sciences qui en dépendent, ainsi que l'explication des termes employés dans l'art d'exploiter les mines, par M. Landrin, ingénieur civil, ouvrage accompagné de plusieurs gravures dans le texte.............. 5 fr.

Agriculture, par plusieurs agriculteurs, sous la direction de M. le docteur Hoefer, d'après les meilleurs ouvrages publiés en Angleterre, en Allemagne, en Belgique et en France; ouvrage accompagné de gravures dans le texte........................ 6 fr.

Astronomie, par A. Guynemer, à l'usage des gens du monde, d'après W. et J. Herschell, La Place, Arago, de Humboldt, Francœur, Mitchell et autres savants français et étrangers, avec figures et planisphère, précédé de l'exposition d'un nouveau système sur les formations planétaires. Des lecteurs étrangers aux mathématiques trouveront dans cet ouvrage, sans aucuns calculs, les notions les plus variées et les plus intéressantes sur tous les sujets ayant rapport à l'astronomie, dans l'état actuel de cette première des sciences. In-8°. Seconde édition........ 6 fr.

Dictionnaire de Théologie, à l'usage des gens du monde et des ecclésiastiques, par M. l'abbé Jacquin. I vol................ 4 fr.

Antiquités Grecques et Romaines, par M. Ant. Rich, professeur au collège de Cambridge, traduit et revu par Chéruel, inspecteur d'Académie. I vol. avec nombreuses gravures..... 12 fr.

Archéologie, d'après Ottfried Müller, par M. Léon Renier. (*Sous presse.*)

Chronologie, par M. Savagnier. (*Sous presse.*)

Zoologie, comprenant les diverses branches de cette science, envisagée dans l'ensemble du Règne animal, par M. GERVAIS, professeur à la faculté des sciences de Montpellier. (*Sous presse.*)

Dictionnaire Latin-Français. (*Sous presse.*)

Petit dictionnaire de l'académie française, par les Correcteurs de l'imprimerie de MM. Firmin Didot. I vol. in-12. Adopté par le Conseil supérieur de l'Instruction publ. Broché, 2 fr. 75. Cartonné, 3 fr. Relié, 3 fr. 50.

Ce petit Dictionnaire, dont le prix est très-modique, a été exécuté avec le plus grand soin.

Typographie de Firmin Didot frères, fils et Cie, rue Jacob, 56.

Imprimé en France
FROC011859060720
24425FR00013B/569

9 782329 421407